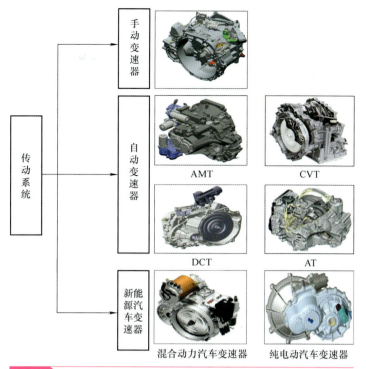

图 1-2　乘用车变速器主要类型

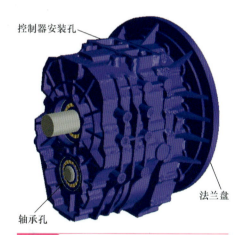

图 1-4　变速器壳体

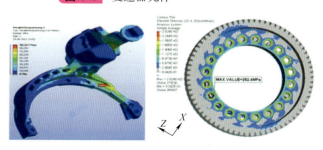

a) 换档拨叉三维模型　　　　b) 换档同步器

图 1-6　换档拨叉和换档同步器

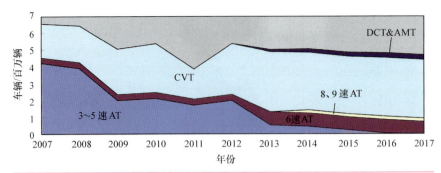

图 1-7　日本汽车变速器需求情况

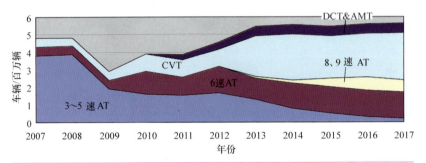

图 1-8　美国汽车变速器需求情况

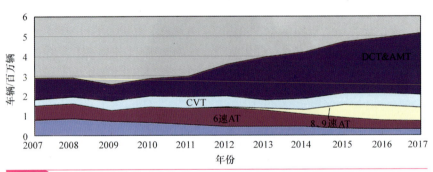

图 1-9　欧洲汽车变速器需求情况

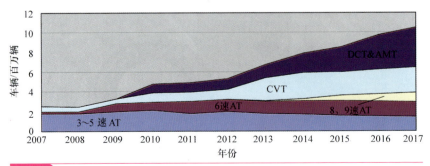

图 1-10　中国汽车变速器需求情况

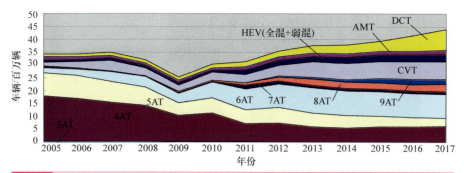

图 1-11　汽车自动变速器需求情况

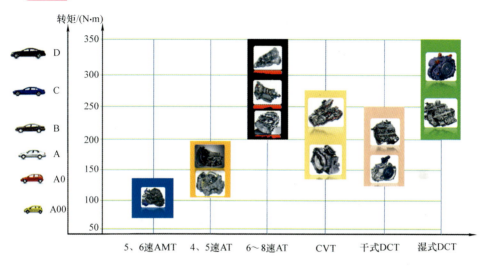

图 1-12　我国乘用车自动变速器搭载现状

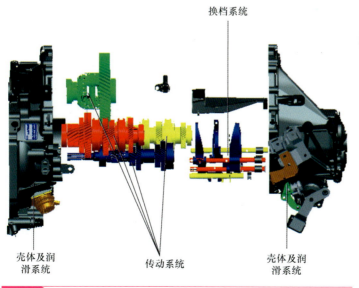

图 2-1　手动变速器结构简图

a) 阶段1：空档位置

b) 阶段2：锁止滑块、接合套动作

c) 阶段3：同步器动作，转速同步

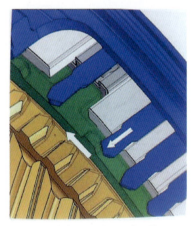
d) 阶段4：同步后同步器错开

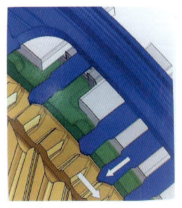
e) 阶段5：接合套接触接合花键

f) 阶段6：接合套和接合花键接合完毕

图 2-4　同步器换档过程中各阶段的状态

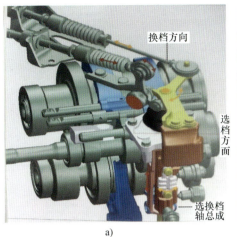
a)
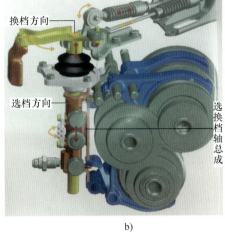
b)

图 2-11　变速器选换档机构

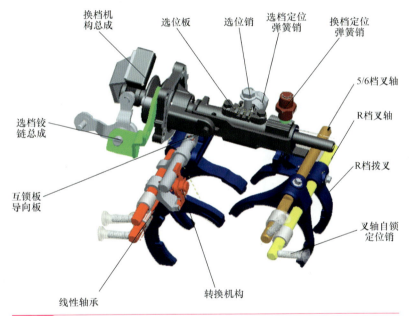

图 2-12　变速器选换档机构的结构

图 3-1　8速液力式自动变速器（图片来源：采埃孚公司）

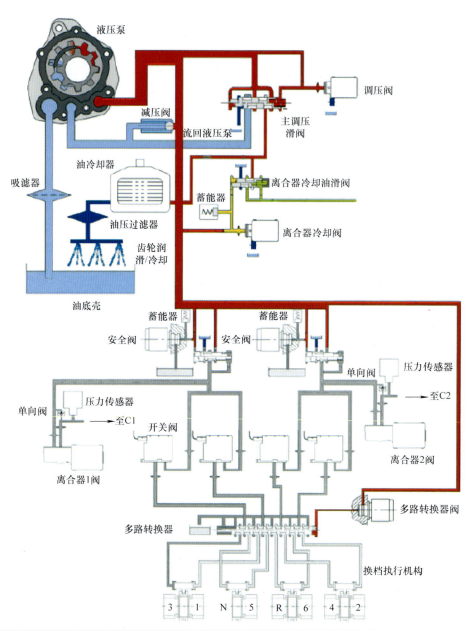

图 5-37　DQ250 的液压系统

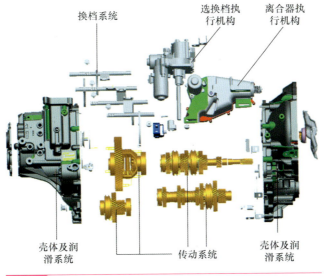

图 6-1　AMT 系统的结构图

图 6-2　马瑞利电液 AMT 变速器

图 6-3　格特拉克 AMT 变速器

图 6-4　青山 AMT 变速器

图 6-15　离合器执行机构外观

图 6-16　离合器执行机构内部结构

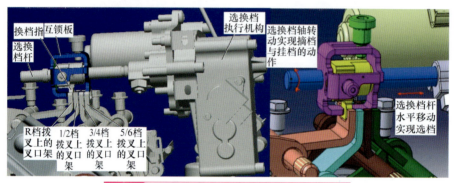

图 6-20　选档、换档原理

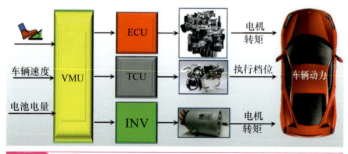

图 7-7　马瑞利的 AMT 混合动力控制方案

图 7-11　AT 的强混合动力变速器

图 7-13　HONDA CIVIC 混合动力变速器

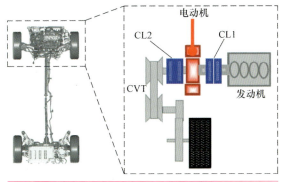

图 7-16　在 CVT 基础上形成的混合动力变速器

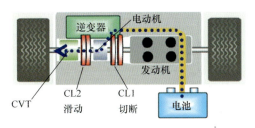

图 7-17　发动机停机电机驱动起步

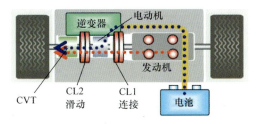

图 7-18　发动机和电机混合驱动起步

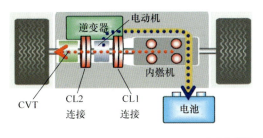

图 7-19　发动机驱动同时充电

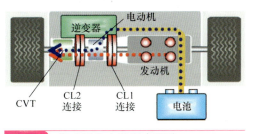

图 7-20　发动机和电机混合驱动

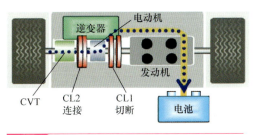

图 7-21　滑行工况回收能量

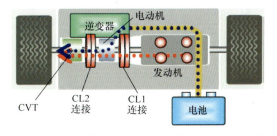

图 7-22　低温情况下减少废气

图 7-23 HEV 综合控制流程

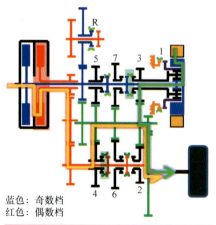

图 7-24 本田飞度的干式 7DCTH 混合动力系统

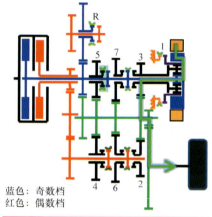

图 7-25 7DCT 纯电驱动模式（EV）

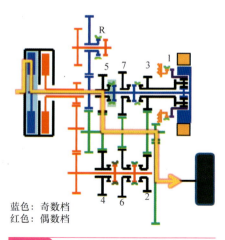

图 7-26 7DCT 混合动力驱动模式

图 7-27 7DCT 发动机驱动模式

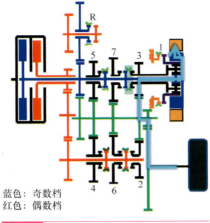

图 7-28　7DCT 能量回收模式

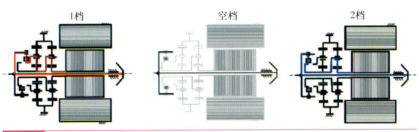

图 7-43　2 档电机变速器的传动路线

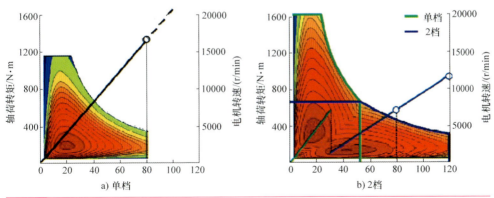

图 7-44　两种电机变速器效率的比较

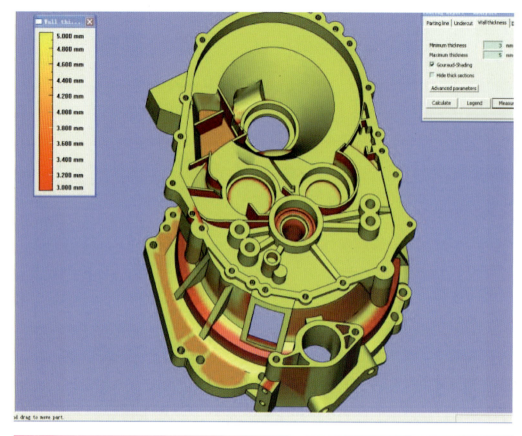

图 8-34　壳体常用壁厚区间检测

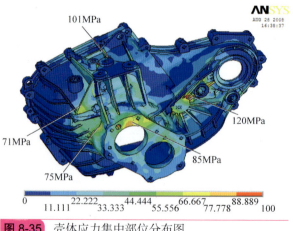

图 8-35　壳体应力集中部位分布图

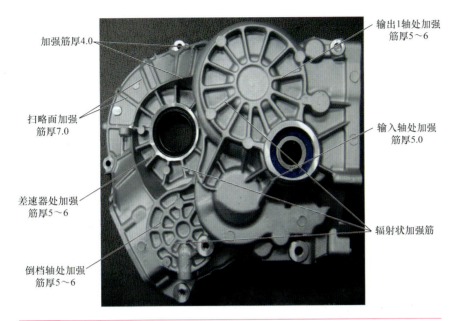

图 8-36 变速器壳体加强筋的分布情况

图 8-37 变速器壳体外壁加强筋的分布情况

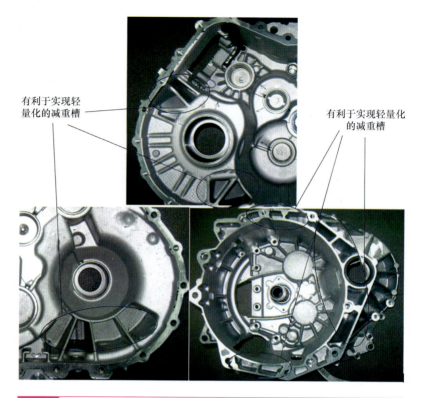

图 8-38 变速器壳体减重槽

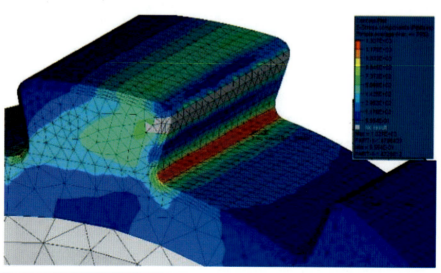

图 8-51 棘轮强度分析

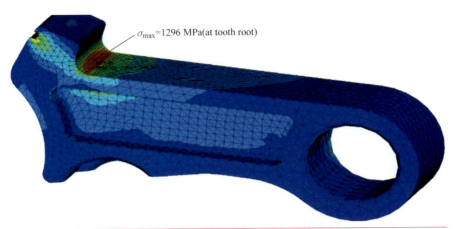

图 8-52　棘爪强度分析

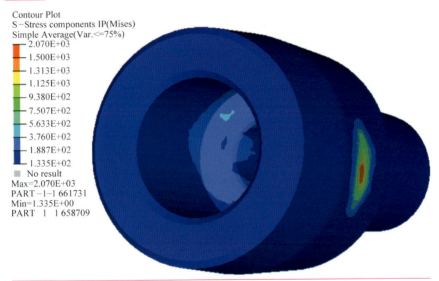

图 8-53　锥形压头强度分析

a) 耦合单元　　　　　　　　　　　　b) 接触形式

图 8-72　同步器耦合单元和接触形式

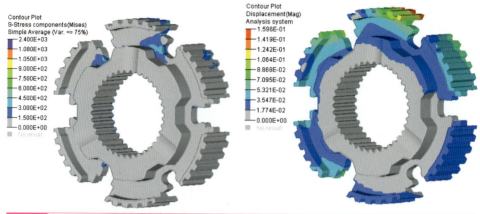

图 8-73　齿毂应力和位移云图

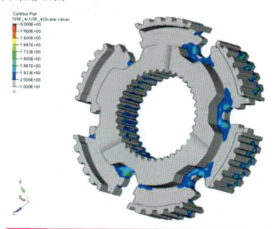

图 8-74　齿毂安全系数分布云图

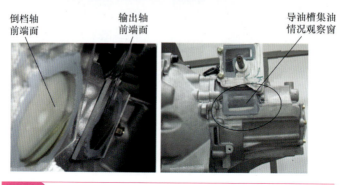

图 8-86　设置观察窗的变速器

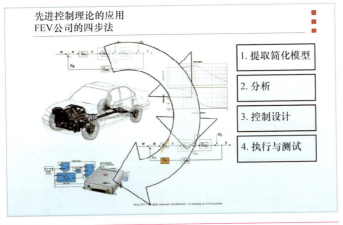

图 12-22　四步法控制器设计方法

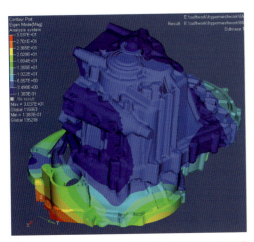

图 13-22　变速器壳体 1 阶自由模态阵型位移云图（$f = 897.0$ Hz）

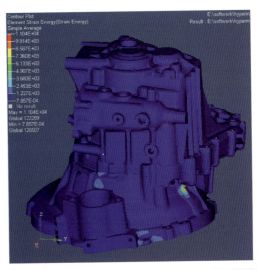

图 13-23　变速器壳体 1 阶自由模态阵型应变能云图（$f = 897.0$ Hz）

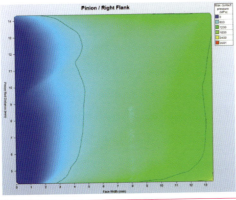

图 13-27　齿向直线修形前接触应力的分布情况

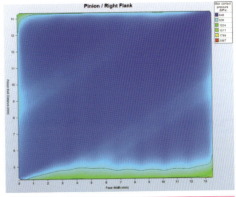

图 13-28　齿向直线修形后接触应力的分布情况

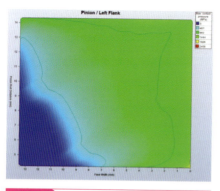

图 13-29 未设计鼓形量时的接触应力分布情况

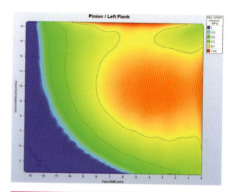

图 13-30 设计鼓形量后的接触应力分布情况

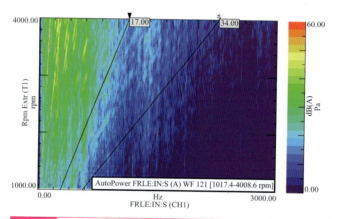

图 13-31 1 档加速时车内驾驶人右耳噪声彩色图

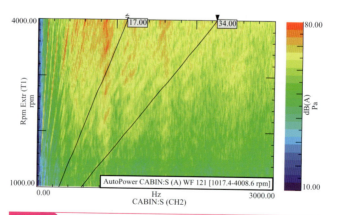

图 13-32 1 档加速时发动机舱内变速器上方噪声彩色图

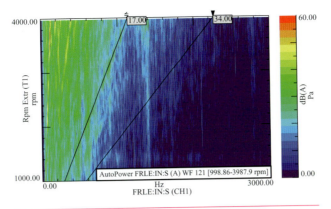

图 13-33　1 档滑行时车内驾驶人右耳噪声彩色图

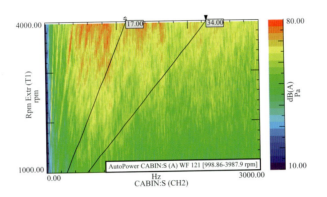

图 13-34　1 档滑行时发动机舱内变速器上方噪声彩色图

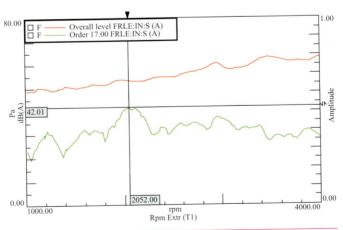

图 13-35　汽车加速时车内驾驶人右耳噪声阶次图

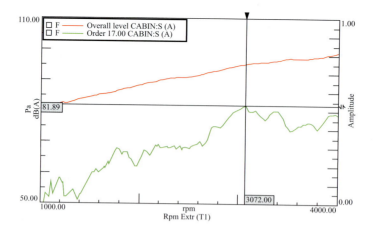

图 13-36　汽车加速时发动机舱内变速器上方噪声阶次图

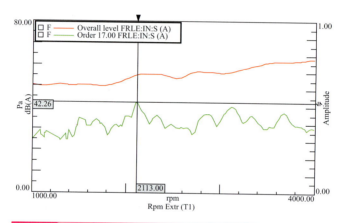

图 13-37　车内驾驶人右耳噪声阶次图

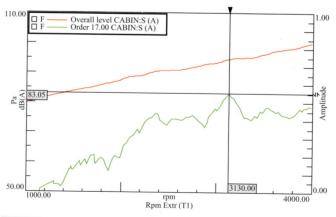

图 13-38　发动机舱内变速器上方噪声阶次图

汽车技术创新与研发系列丛书

天津市科学技术协会资助出版
编号：TJSKX2017-XSZZ-08

汽车变速器理论、设计及应用

陈　勇　郭立书　高炳钊　著

机械工业出版社

本书论述了汽车变速器的理论、设计及应用，共分13章，内容包括绪论、手动变速器、自动变速器、无级变速器、双离合器自动变速器、电控机械式自动变速器、新能源汽车变速器、变速器的设计、变速器油、液力变矩器设计、行星齿轮传动、自动变速器电子控制系统和汽车及变速器振动噪声。

本书是一本汽车变速器领域的参考书，书中的大部分内容来自作者及其课题组的研究成果。本书适合高等院校车辆工程专业的师生使用，也可供各汽车公司、设计公司的变速器工程师使用。

图书在版编目（CIP）数据

汽车变速器理论、设计及应用/陈勇，郭立书，高炳钊著. —北京：机械工业出版社，2018.6

（汽车技术创新与研发系列丛书）

ISBN 978-7-111-59945-6

Ⅰ.①汽… Ⅱ.①陈…②郭…③高… Ⅲ.①汽车－自动变速装置 Ⅳ.①U463.212

中国版本图书馆 CIP 数据核字（2018）第 097810 号

机械工业出版社（北京市百万庄大街22号 邮政编码100037）
策划编辑：孙　鹏　责任编辑：孙　鹏
责任校对：郑　婕　责任印制：常天培
北京铭成印刷有限公司印刷
2018年7月第1版第1次印刷
169mm×239mm · 27.75印张 · 12插页 · 565千字
0 001—2 500 册
标准书号：ISBN 978-7-111-59945-6
定价：188.00元

凡购本书，如有缺页、倒页、脱页，由本社发行部调换

电话服务　　　　　　　　　　网络服务
服务咨询热线：010-88361066　　机工官网：www.cmpbook.com
读者购书热线：010-68326294　　机工官博：weibo.com/cmp1952
　　　　　　　010-88379203　　金 书 网：www.golden-book.com
封面无防伪标均为盗版　　　教育服务网：www.cmpedu.com

序

陈勇教授长期以来一直从事汽车变速器领域的研究开发工作。他曾经在日本日产汽车所属的世界著名自动变速器公司（JATCO）工作十九年，完成了多款自动变速器产品的开发及量产；之后作为"千人计划"特聘专家在国内车企耕耘九载，领导吉利汽车手动和自动变速器的自主研发大业，取得了丰硕成果；如今转战高校，潜心学术，致力于将自己三十余年变速器研究的实战经验与技术积淀进行全面梳理和系统提炼，并分享传播，以惠及产业，助力中国汽车变速器事业的发展与进步。陈勇教授领衔合著的《汽车变速器理论、设计及应用》一书，凝聚了国内外一流变速器专家学者的深厚学识与宝贵经验，详细描述了国际上汽车变速器的先进技术和发展趋势，重点阐释了汽车变速器领域成熟的设计理论以及国际上最新的研究及应用进展，既可作为汽车及变速器研发工程师的工程技术用书，也可作为相关专业研究生、本科生学习基础理论及开展学术研究的参考书，是一部兼具理论性和实践性的难得佳作。

——赵福全，清华大学汽车产业与技术战略研究院院长
世界汽车工程师学会联合会（FISITA）轮值主席（2018—2020）

前 言

为改变发动机等动力系统输出的转矩和转速，通常的运载机械中都需要安装变速器。本书所涉及的主要是道路乘用车辆的变速器。在汽车原地起步、爬坡、转弯、加速等不同行驶工况下，汽车驱动轮所需的转矩和转速是不断变化的，而发动机所能够提供的转矩和转速变化范围是有限度的，变速器承担的任务是通过改变传动比来调节发动机的性能，将发动机的动力平稳、可靠、经济地传递给车轮，很好地适应外部负荷与道路条件的需求，实现发动机提供的特性场与汽车所需特性场的最佳匹配。

汽车变速器是高技术水平和工艺水平的大批量产品，汽车变速器的开发设计在满足环境和法规要求的同时应以市场需求为导向。必须充分考虑法规要求（如节能和排放政策）和用户需求。汽车变速器主要的设计目标是在汽车宽广的车速范围内，实现从发动机或是电动机动力向汽车驱动力的最佳转化，以保证车辆的动力性、加速性及燃油经济性。同时考虑新技术和新工艺的应用可靠性、使用寿命等。鉴于汽车对油耗、排放、驾驶性能、尤其是换档舒适性和响应速度的越来越高的要求，变速器的设计将越来越有挑战性。当前的乘用车变速器种类，包括手动变速器（MT）、自动变速器（AT）、双离合变速器（DCT）、无级变速器（CVT）、机械式自动变速器（AMT），在将来相当长时间内将会基本维持不变。不过，混合动力变速器的应用将大幅增长。本书的第一作者曾经在日本的JATCO公司研发中心作为高级技术人员长期在AT&CVT研究开发第一线工作了19年，回国后在吉利汽车公司长期负责自动变速器和手动变速器的研究开发工作，深感变速器技术日新月异的进步和由计算机仿真技术带来的研究开发循环周期的加快，也深感研究开发一线对系统阐述变速器开发技术的紧迫性。

因此，本书主要目的是基于实践的开发经验系统总结手动变速器与自动变速器开发技术的主要技术领域，对变速器的理论与开发特征进行比较全面的阐述，为读者展示变速器开发的主要过程，特别是很多开发过程都是在经过反复试验验证的实践经验基础上总结而来的。本书适合在汽车和相关动力传递机器领域工作的工程师和在校研究生阅读，是一本为变速器技术研究与开发提供主要技术信息的参考书籍。在这里我也非常感谢吉利商用车研究院的高级技术专家郭立书博士、吉林大学汽车学院的高炳钊博士和我合作著书所付出的大量辛勤劳动。感谢上海通用泛亚研究院的田华博士，我的博士生臧立彬和助手曹展等河北工业大学新能源汽车研究中心的研究生同学，以及其他为本书付出辛勤劳动的人。感谢天津市科学技术协会对本书的资助。

作 者

目 录

序
前言
第1章 绪论 ··· 1
   1.1 变速器的功用和对变速器的要求 ··· 2
   1.2 变速器的类型和优缺点 ·· 3
   1.3 变速器的基本结构 ·· 9
   1.4 变速器的发展现状和趋势 ··· 11
   参考文献 ·· 16
第2章 手动变速器 ·· 19
   2.1 概述 ·· 19
   2.2 变速器传动机构 ·· 19
   2.3 同步器 ··· 21
   2.4 变速器操纵机构 ·· 30
   2.5 传动比的确定 ··· 33
   2.6 发动机和变速器联合工作 ··· 39
   2.7 换档性能评价 ··· 43
   2.8 手动变速器的新技术 ··· 45
   参考文献 ·· 47
第3章 自动变速器 ·· 49
   3.1 概述 ·· 49
   3.2 自动变速器的组成及控制原理 ··· 50
   3.3 自动变速器的机械结构 ·· 54
   3.4 自动变速器变速过程分析 ··· 61
   3.5 自动变速器的液压控制系统 ·· 66
   3.6 自动变速器的电子控制系统 ·· 77
   3.7 自动变速器性能试验 ··· 78
   3.8 自动变速器的发展方向 ·· 81
   参考文献 ·· 84
第4章 无级变速器 ·· 86
   4.1 概述 ·· 86
   4.2 无级变速器的组成 ·· 88
   4.3 VDT带的组成及传动理论 ··· 92
   4.4 液压控制系统的组成及原理 ·· 100
   4.5 无级变速器电控系统 ··· 108
   4.6 无级变速器的控制 ·· 111

4.7　金属带式 CVT 的主要性能试验 ………………………………………………… 114
4.8　无级变速器的升级 ……………………………………………………………… 115
参考文献 ……………………………………………………………………………… 118

第 5 章　双离合器自动变速器 …………………………………………………… 119
5.1　概述 ……………………………………………………………………………… 119
5.2　DCT 的系统组成及工作原理 …………………………………………………… 120
5.3　DCT 的典型设计方案 …………………………………………………………… 122
5.4　双离合器 ………………………………………………………………………… 125
5.5　选换档执行机构 ………………………………………………………………… 134
5.6　液压控制系统 …………………………………………………………………… 137
5.7　控制系统硬件设计 ……………………………………………………………… 143
5.8　控制系统软件设计 ……………………………………………………………… 147
参考文献 ……………………………………………………………………………… 150

第 6 章　电控机械式自动变速器 ………………………………………………… 152
6.1　概述 ……………………………………………………………………………… 152
6.2　AMT 控制系统的组成和工作原理 ……………………………………………… 153
6.3　换档器 …………………………………………………………………………… 157
6.4　离合器 …………………………………………………………………………… 159
6.5　选换档机构 ……………………………………………………………………… 162
6.6　液压控制系统 …………………………………………………………………… 166
6.7　AMT 控制策略 …………………………………………………………………… 168
6.8　AMT 性能评价指标 ……………………………………………………………… 175
参考文献 ……………………………………………………………………………… 177

第 7 章　新能源汽车变速器 ……………………………………………………… 178
7.1　概述 ……………………………………………………………………………… 178
7.2　混合动力汽车的动力性和经济性 ……………………………………………… 180
7.3　AMT 混合动力变速器 …………………………………………………………… 183
7.4　AT 混合动力变速器 ……………………………………………………………… 188
7.5　CVT 混合动力变速器 …………………………………………………………… 190
7.6　DCT 混合动力变速器 …………………………………………………………… 195
7.7　行星齿轮混合动力变速器 ……………………………………………………… 197
7.8　电动汽车变速器 ………………………………………………………………… 198
7.9　其他混合动力装置 ……………………………………………………………… 202
参考文献 ……………………………………………………………………………… 205

第 8 章　变速器的设计 …………………………………………………………… 207
8.1　齿轮的设计 ……………………………………………………………………… 207
8.2　轴的设计 ………………………………………………………………………… 220
8.3　轴承的选择和设计 ……………………………………………………………… 224
8.4　壳体的设计 ……………………………………………………………………… 228
8.5　驻车机构的设计 ………………………………………………………………… 235
8.6　同步器的设计 …………………………………………………………………… 251

8.7　密封件的选择 ………………………………………………………………………… 263
8.8　变速器通气设计 ……………………………………………………………………… 268
8.9　变速器试验 …………………………………………………………………………… 269
参考文献 ……………………………………………………………………………………… 272

第9章　变速器油　273

9.1　手动变速器油 ………………………………………………………………………… 273
9.2　自动变速器油 ………………………………………………………………………… 274
9.3　无级变速器油 ………………………………………………………………………… 275
9.4　双离合器变速器油 …………………………………………………………………… 275
9.5　变速器油的性能要求及试验 ………………………………………………………… 276
9.6　变速器油的选择 ……………………………………………………………………… 281
参考文献 ……………………………………………………………………………………… 282

第10章　液力变矩器设计　283

10.1　液力变矩器的工作原理及特性 …………………………………………………… 283
10.2　液力变矩器的预设计 ……………………………………………………………… 293
10.3　叶形设计 …………………………………………………………………………… 298
10.4　液力变矩器内流场的数值模拟与分析 …………………………………………… 312
10.5　液力变矩器的参数调整 …………………………………………………………… 326
10.6　液力变矩器与发动机的匹配 ……………………………………………………… 330
参考文献 ……………………………………………………………………………………… 332

第11章　行星齿轮传动　333

11.1　行星齿轮机构传动效率的理论计算 ……………………………………………… 335
11.2　行星齿轮机构传动效率试验 ……………………………………………………… 345
11.3　行星齿轮机构振动、噪声理论计算 ……………………………………………… 354
11.4　行星齿轮机构振动、噪声试验 …………………………………………………… 358
参考文献 ……………………………………………………………………………………… 369

第12章　自动变速器电子控制系统　370

12.1　自动变速器电子控制系统简介 …………………………………………………… 370
12.2　自动变速器控制系统开发 ………………………………………………………… 373
12.3　自动变速器的控制策略 …………………………………………………………… 385
参考文献 ……………………………………………………………………………………… 405

第13章　汽车及变速器振动噪声　406

13.1　振动噪声基础 ……………………………………………………………………… 406
13.2　汽车振动噪声 ……………………………………………………………………… 409
13.3　典型的汽车振动噪声 ……………………………………………………………… 414
13.4　变速器的振动噪声分析 …………………………………………………………… 421
13.5　变速器的典型振动噪声控制 ……………………………………………………… 429
参考文献 ……………………………………………………………………………………… 432

第1章 绪　论

由于汽车发动机的转矩变化范围较小，不能适应汽车在各种道路条件下行驶的要求，为使发动机等动力系统输出的转矩和转速能在相当大的范围内变化，在汽车传动系中，采用了可以改变转速比和传动转矩的装置——变速器。本书所涉及的主要是道路乘用车辆的变速器。在汽车原地起步、爬坡、转弯、加速等不同行驶工况下，汽车驱动轮所需的转矩和转速是不断变化的，而发动机能够提供的转矩和转速变化范围是有限度的，变速器承担的任务是通过改变传动比，调节发动机的性能，将发动机的动力平稳、可靠、经济地传递给车轮，以很好地适应外部负荷与道路条件的需求，实现发动机提供的特性场与汽车所需特性场的最佳匹配。

汽车变速器是高技术水平和工艺水平的大批量生产产品，汽车变速器的开发设计在满足环境要求和法规要求（如节能和排放政策）的同时，应以市场需求为导向，充分考虑用户需求，如图1-1所示。设计汽车变速器时，主要的设计目标是在汽车宽广的车速范围内，实现从发动机或电动机动力向汽车驱动力的最佳转化，这样才能保证车辆的动力性、加速性及燃油经济性。同时考虑新技术和新工艺的应用可靠性、使用寿命等。由于汽车对油耗、排放、驾驶性能，尤其是换档舒适性和响应速度的越来越高的要求，变速器的设计将越来越有挑战性。当前乘用车变速器的种类包括手动变速器（MT）、自动变速器（AT）、无级变速器（CVT）、双离合变速器（DCT）、机械式自动变速器（AMT），这在将来相当长的时间内将基本维持不变。但是，混合动力变速器的应用将越来越广，其数量将大幅增长。本书作者曾经作为高级技术人员在日本JATCO公司研发中心工作19年，长期从事AT&CVT的研发工作；回国后，又在吉利汽车公司长期负责自动变速器和手动变速器的研究开

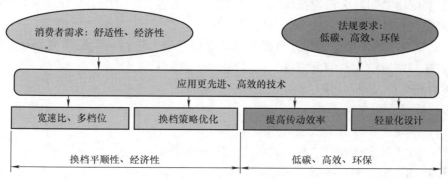

图1-1　变速器的设计需求

发工作，深感变速器技术日新月异的进步和由计算机仿真技术导致的研究开发循环周期的缩短，也深感研究开发一线工作人员对系统阐述变速器开发技术的迫切性。

本书在作者对国内外汽车变速器 30 年以上的开发实践经验基础上，系统总结了手动变速器与自动变速器开发技术的主要技术领域，对变速器的理论与开发特征进行了比较全面的阐述，为读者展示了变速器开发的主要过程，其中很多开发过程是在经过反复试验验证的实践经验基础上总结而来的。本书适合在汽车和相关动力传递机器领域的工程师和在校研究生阅读，是一本为变速器技术研究与开发提供主要技术信息的参考书籍。

1.1 变速器的功用和对变速器的要求

变速器的功用是根据汽车在不同行驶条件下提出的要求，改变发动机的转矩和转速，使汽车具有合适的牵引力和速度，并同时保持发动机在最有利的工况范围内工作。为保证汽车能够倒车以及动力传动系统能够分离，变速器除具有前进档外，还必须具有倒档和空档。在有动力输出需求时，还应有功率输出装置。

对变速器的主要要求是：

1）应保证汽车具有良好的动力性和经济性指标。在汽车整体设计时，根据汽车的载重量、发动机性能参数、轮胎性能参数及汽车使用要求，选择合适的变速器档位数及传动比，来满足这一要求。

2）工作可靠，操纵轻便。汽车在行驶过程中，变速器内不应该有自动掉档、乱档、换档冲击等现象发生。

3）良好的安全性。能保证汽车在任何工况下都安全、可靠地行驶。

4）体积小、重量轻。通过合理利用工程塑料等非金属材料，采用先进的材料成形工艺和热处理工艺，来满足这一要求。

5）成本低。在满足整车对变速器要求的前提下，尽可能降低成本。

6）传递效率高。为了减少齿轮啮合损失及轴承摩擦损失，应该提高零部件的制造、装配质量和减少齿轮搅油损失。例如，选用适当的润滑油及其装机量可以降低搅拌损失和摩擦损失，从而提高传动效率。

7）噪声小。采用斜齿轮并选择合理的变位系数，进行齿轮的齿向修形及齿廓修形，提高制造精度及装配刚度，均可减小齿轮噪声。

8）满足最大输入转矩要求。

9）满足驱动方式要求。

10）满足整车布置和安装要求。

11）除手动变速器外，应满足坡道可靠驻车要求。

12）满足跛行回家要求。

13）对于电控变速器，控制系统硬件应满足电磁兼容性和抗干扰性要求，软件应满足 ISO26262、ASPICE、AUTOSAR 等标准的要求。

14）考虑驾驶乐趣和换档舒适性等因素。尽量减少换档时的"顿挫"冲击感。

1.2　变速器的类型和优缺点

一、汽车变速器的类型

根据传动比是否固定，变速器可分为有级式和无级式两种类型，有级变速器的传动比为固定值，包括普通变速器和行星齿轮变速器，由齿轮传动，是目前使用得最为广泛的变速器；无级变速器的传动比可在一定范围内变化，又包括电力式和液力式两类。电力式无级变速器的变速传动部件为直流串励电动机，液力式无级变速器的传动部件为液力变矩器。无级变速器能克服普通自动变速器突然换档、节气门反应慢、油耗高等缺点，多用于无轨电车和重型汽车。

当前乘用汽车使用的变速器主要有手动变速器（MT）、自动变速器（AT）、无级变速器（CVT）、双离合变速器（DCT）、机械式自动变速器（AMT）和活齿无级变速器（VIT）等类型，此外还有在上述变速器基础上演变而成的纯电动汽车变速器和混合动力汽车变速器，如图 1-2 所示。

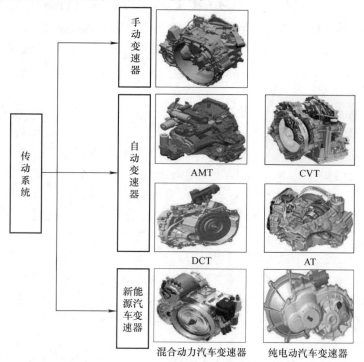

图 1-2　乘用车变速器主要类型

1. 手动变速器

手动变速器（MT），也称为机械变速器，即用手拨动变速杆才能改变变速器内齿轮的啮合位置，从而达到改变传动比实现变速的目的。它的优点是传动效率高、能进行大转矩传递、易于制造且价格低廉、结构简单、油耗低、加速时间短、开发周期短等，在变速器家族中占有一席之地。当前手动变速器主要是5速或6速手动变速器，覆盖SUV、中型车及紧凑型车等车型，为了降低油耗并提高驾驶乐趣，传递转矩逐级增大，手动变速器中6档位的变速器将成为主流，目前采埃孚公司和宝马公司正在研发7速手动变速器。

2. 自动变速器

自动变速器（AT），也称为有级式自动变速器。按照轴的布置方式不同，自动变速器可以分为固定轴式自动变速器和旋转轴式自动变速器两种。由于固定轴（平行轴）占用空间体积较大，故无法实现更多的档位（局限于5速、6速），目前是本田公司的主推技术。绝大多数变速器公司采用旋转轴式技术方案，按照AT档位不同可以分为4AT、5AT、6AT、7AT、8AT、9AT，通用、大众等汽车公司已经开始研发10AT。其中，4AT技术成熟、体积小，虽然舒适性及经济性较差，但仍是目前小型车搭载的主要自动变速器；5AT的舒适性及经济性略好于4AT，但换档顿挫感依然明显，后期的开发空间有限；6AT的经济性及舒适性比较优越，小车型、紧凑型及中型车搭载6AT已成为主流趋势；7AT及8AT被雷克萨斯、宝马、奥迪和奔驰等的一些高档进口车型采用，国内的盛瑞传动股份有限公司成功开发出8AT，搭载在陆风汽车上；9AT代表科技的创新，采埃孚公司和爱信精机公司的9AT也相继研发成功。

3. 无级变速器

无级变速器（CVT）因为可产生连续改变的传动比，实现发动机与动力传动系统的最佳匹配，并且能够简化操作，减轻驾驶人员劳动强度，提高行车安全性，提高驾驶的平顺性和舒适性，改善排放，而成为汽车自动变速器领域的一个重要分支。无级变速器包括金属带式CVT、链条式CVT和锥环式CVT。其中金属带式CVT的重量轻、体积小、结构简单、换档平顺，但成本相对较高、维护不便、承载能力有限，它因具有其他自动变速器无法比拟的舒适性，而在小型车及紧凑型车上得到应用，有较大的上升空间。链条式CVT是德国舍弗勒集团在CVT方面的主推技术，相对于金属带式CVT，其传动效率更高，结构更加紧凑，它的缺点是链条侧面突出的销与滑轮点接触时会产生噪声。目前，锥环式CVT对于大多数人而言可能是陌生的，不过这种变速器可能会成为未来小排量汽车上的主流变速器，其低成本、高效率、简单的结构和在功能和平顺性上的多重优势值得人们关注。

4. 双离合变速器

双离合变速器（DCT）是一种新型的自动变速器，它将变速器档位按奇偶数分别布置在与两个离合器所连接的两个输入轴上，通过离合器的交替切换完成换档过程，实现了动力换档。DCT 具有 AT 和 AMT 的优点，其传动效率高、结构简单、生产成本低，不仅保证了车辆的动力性和经济性，而且极大地改善了车辆运行的舒适性。DCT 分为干式和湿式两种类型。其中干式 DCT 又分为电液干式 DCT 和电动干式 DCT，前者结构复杂、可靠性有待提高，大众双离合变速器属于这种类型；后者相对而言结构简单可靠，在未来中小转矩自动变速器发展过程中将成为主流趋势。湿式 DCT 的承载能力大，后期在中级以上级别车型中的占有率将呈跨越式提高。

5. 机械式自动变速器

机械式自动变速器（AMT）是在传统固定轴式变速器的基础上，应用电子技术和自动变速理论，通过电子控制单元控制液压执行系统或电动执行系统来实现离合器的分离与接合、选换档操作，从而实现起步、换档的自动操纵。AMT 因其传动效率高、易于制造、成本低等优点在微型车及小型车上尚有一定的发展空间，但其在换档过程中存在动力中断，在紧凑型级别以上的车型上发展空间不大。

AMT 通常包括电控液压 AMT 和电动驱动 AMT。电控液压 AMT 中以电－液执行器为核心的 AMT 变速器，已经在奇瑞 QQ3、瑞麒 M1、雪佛兰赛欧、上汽 MG3 等车型上得到广泛应用；电动驱动 AMT 相对电控液压 AMT 结构更加简单、可靠性更好、成本更加低廉，是以后 AMT 发展的主流趋势。

6. 活齿无级变速器

活齿无级变速器（VIT）是在滑片无级变形活齿啮合原理基础上研制成功的一种新概念大功率、高效机械式无级变速器。滑片无级变形活齿轮的工作表面由系列滑片（或滑针）叠合组成，通过滑片自由无级滑移可构成任意形状的啮合齿形，此设计思想等效于对齿轮进行"微分再积分"，通过多个微元面的有机组合即可形成任意所需齿形，即构成滑片无级啮合活齿轮。由于滑片的滑移方向与受力方向不同，滑片可以自由随当前啮合齿形变形，而传递功率时的受力方向与自由滑移方向相互垂直或两者的夹角在当量摩擦角之内具有自锁性，所以滑片承载受力时不会改变齿廓形状，具有"刚柔融合、活齿固化"效应，承载能力强，传动效率高，是真正意义上的"活齿啮合无级变速"，其应用领域涵盖轿车、客车、卡车等大功率、大转矩车辆。

7. 纯电动汽车变速器

纯电动汽车变速器主要包括单级减速器、多级变速器和减速器与电机做成一体的轮边驱动电机。目前，小型电动汽车多采用固定速比的一档减速器，这种传动方式结构简单、制造成本低，但对牵引电机提出了较高的要求，即牵引电机既要在恒转矩区提供较高的瞬时转矩，又要在恒功率区提供较高的运行速度，以满足车辆的加速性能要求和最高车速的设计要求。同时，采用固定速比的一档减速器存在电机利用效率较低的问题，为了保证汽车的最高车速，减速器速比往往选择得比较小，这就使牵引电机长期处于高转矩、大电流的工作状态，电机效率比较低，从而浪费了电池能量而使续驶里程减小。为了使电动汽车能更好地满足其动力性能，同时降低其对牵引电机和电池的要求，电动汽车传动系统的发展趋于多档化。意大利Oerlikon Graziano公司开发出了匹配小型电动汽车的两档变速器。安东诺夫公司设计了一款用于纯电动汽车的全新高效3速自动变速器，在提升能源效率和保证动力性能的同时，优化了动力总成的尺寸、重量和开发成本。

8. 混合动力汽车变速器

（1）混合动力驱动类型　在介绍混合动力汽车变速器之前，首先要知道混合动力驱动类型。如图1-3所示，混合动力驱动类型主要包括串联混合动力驱动、并联混合动力驱动、功率分流混合动力驱动及其他混合动力驱动。

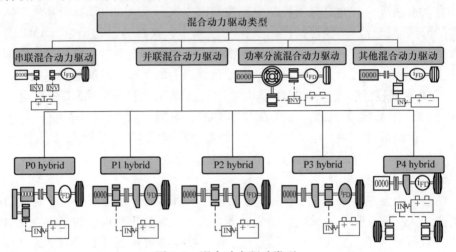

图1-3　混合动力驱动类型

1）串联混合动力驱动。发动机和驱动车轮完全解耦，发动机只是带动发电机用于对动力电池充电，动力电池通过电机控制器驱动另一台电机使车辆行驶，此方案由于动力传动环节多，故整体效率低，但因发动机和驱动车轮完全解耦，所以舒适性较好。

2）并联混合动力驱动。根据电机在整车上的布置不同，分为P0（BSG）结构混合动力驱动、P1（ISG）结构混合动力驱动、P2结构混合动力驱动、P3结构混合动力驱动和P4结构混合动力驱动等。P0结构混合动力驱动中，电机集成在传统发动机的发电机位置处，起发电、助力和起动等作用，同时在能量回收时起发电机的作用，回收制动能量；P1结构混合动力驱动中，电机集成在发动机曲轴输出端，起发电、助力和起动等作用，同时在能量回收时起发电机的作用，回收制动能量；P2结构混合动力驱动中，电机也集成在发动机和变速器之间，不同之处在于电机通过离合器分别和发动机、变速器连接，可以起发电、助力和起动作用，同时在能量回收时起发电机的作用，回收制动能量，电机单独驱动车辆行驶，可以是全混合动力或插电式混合动力，这是混合动力驱动的主要形式之一；P3结构混合动力驱动中，电机集成在变速器输出端，起助力、发电作用，同时在能量回收时起发电机的作用，回收制动能量，电机单独驱动车辆行驶，可以是全混合动力或插电式混合动力；P4 结构混合动力驱动中，发动机驱动一个驱动桥，电机驱动另一个驱动桥，电机起助力、发电等作用，同时在能量回收时起发电机的作用，回收制动能量，电机也可以单独驱动车辆行驶，可以是全混合动力或插电式混合动力。

3）功率分流混合动力驱动。它利用行星齿轮机构把发动机和两个电机集成于一体，实现混合动力驱动的各种功能。其典型代表是丰田普瑞斯混合动力汽车，由于利用行星齿轮机构和电机对发动机及行星齿轮机构输出端加以变速，通常该机构也称为 eCVT。

4）其他混合动力驱动。最典型的代表是本田飞度的 7DCTH 混合动力驱动，电机通过传动机构与 7DCT 的一个输入轴连接，形成一种新型独特的驱动形式。此种方案中与电机输入轴连接的各档在换档时需要电机进行同步跟踪，以缩小同步器的主、被动转速差，来延长响应同步器的寿命。

(2) 混合动力汽车上的常用变速器　传统的汽车变速器在混合动力汽车上均有应用，其中自动变速器的应用更多，主要应用如下。

AMT 是混合动力汽车变速器的理想选择，基于 AMT 变速机构的电驱动变速器，其最大特点是通过高强度静音链传动将新能源汽车用的电机与 AMT 变速器耦合在一起，解决了换档过程中的动力中断问题。这种新型电驱动变速器充分结合了电机和 AMT 的优点，可以显著地降低油耗。德国 FEV 基于 AMT 开发出 7H – AMT 混合动力变速器，该变速器的最大特点是低档升档时，驱动电机通过其他齿轮传递动力，输出一定转矩，消除换档时由动力中断造成的冲击。

AT 变速器在混合动力汽车上的应用方案有变速器的输入端耦合电机，也有变速器的输出端耦合电机，最近一种新的方案是取消 AT 变速器的液力变矩器，在液力变矩器的位置使用电机。这些方案都需要对润滑系统加以改进，用电子油泵代替传统 AT 的机械油泵或者增加一个电子油泵，否则，EV（电驱动）模式将难以满足系统的润滑要求及快速起停要求。

CVT 是已量产混合动力汽车上用得最多的传动方案，混合动力汽车的自动变速器有动力传动一体化的特点，即将电机与变速器集成在一起，使系统的结构更紧凑、动力的传动更平稳、控制性能更好。

DCT 变速器在混合动力汽车上的应用主要有驱动电机通过减速机构与变速器输入 1 轴相连、驱动电机通过减速机构与变速器输入 2 轴相连、驱动电机通过减速机构与变速器输出轴相连等方式。前两种方案的优点是电机驱动可以变速，缺点是与电机相连输入轴的档位在同步挂档时需要电机进行同步跟踪；后一种方案的优点是换档时电机不需要进行同步跟踪，缺点是电机驱动不能变速。

除此之外，丰田普瑞斯（PRIUS）混合动力系统是混联式混合动力系统的典型例子，该系统的最大特点是利用一个行星齿轮机构将两个电机和一个发动机耦合在一起，单行星齿轮机构可以实现无级变速器的功能。典型混合动力变速器的应用见表1-1。

表1-1 典型混合动力变速器的应用

结构	厂商	车型	变速机构
起停-BSG	别克	君越	6AT
	雪佛兰	迈锐宝	6AT
	奇瑞	A5 BSG	原变速器
ISG（E-M-C-T）	本田	Fit Hybrid	MT/CVT
	本田	CIVIC Hybrid（第二代）	CVT
	本田	CIVIC Hybrid（第三代）	CVT
	本田	Insight	CVT
	本田	CR-Z	MT/CVT
	宝马	宝马7 Hybrid	8AT
	奔驰	奔驰S400 Hybrid	7AT
ISG（E-C-M-T）	现代	现代索纳塔混合动力	6AT
	日产	日产风雅	7AT
	奥迪	奥迪A6 Hybrid	8AT
	奥迪	Q5 Hybrid quattro	8AT
	奥迪	Q7 Hybrid（停产）	
	保时捷	保时捷Panamera S Hybrid	8AT
	大众	大众途锐	8AT
并联后轴电驱	标志	标志3008	6AMT
混联/双电机单行星齿轮机构	丰田	丰田普锐斯	单级减速
	日产	日产Altima Hybrid	单级减速
	福特	Fusion Hybrid	
	福特	Escape Hybrid	—
	福特	C-MAX Hybrid	
混联/双电机双行星齿轮机构	雷克萨斯	RX400h/Highlander Hybrid	单级减速
混联/双电机三行星齿轮机构	雷克萨斯	GS450h/LS600h	单级减速
	宝马	宝马X6	7AT
	奔驰	奔驰ML450	7AT

二、汽车变速器的优缺点

变速器作为汽车动力总成系统中的重要组成部分，决定了汽车的动力输出状况，对整车的燃油经济性、舒适性、可靠性等性能有直接影响。不同类型的变速器具有不同的特点，当今市场主流变速器的优缺点见表1-2。

表1-2 汽车变速器的优缺点

变速形式		转矩	效率	舒适性	换档平顺性	可靠性	燃油经济性	排放性	寿命	成本	应用范围
MT	有级手动	大	高	差	动力中断	好	好	较好	好	低	功率不受限制成本不受限制
AT	有级自动	大	低	好	动力接近不中断	好	不好	较好	较好	高	功率不受限制成本受限制
CVT	无级自动	有限	低	最好	动力不中断	较好	较好	好	不好	高	功率受限制成本受限制
DCT	有级自动	大	高	好	动力接近不中断	较好	较好	好	较好	高	功率不受限制成本不受限制
AMT	有级自动	大	高	较好	动力中断	不好	好	较好	较好	较低	功率不受限制成本不受限制

1.3 变速器的基本结构

变速器由壳体、传动部分和换档操纵装置组成。

1. 壳体

壳体是基础件，用以安装和支承变速器的全部零件以及存放润滑油，其上有安装轴承的精确镗孔。变速器承受变载荷，所以壳体应有足够的刚度，内壁有加强筋，形状复杂，多为铸件（材料为灰铸铁，常用HT200），如图1-4所示。

为便于安装，传动部分和换档操纵装置常做成剖分式，箱盖与壳体用螺栓连接并可靠定位。壳体上有加油、放油口，油面检查尺口，还应考虑散热问题。

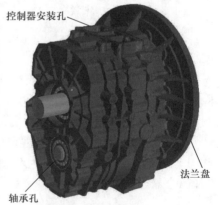

图1-4 变速器壳体

2. 传动部分

传动部分即变速器的齿轮、轴、轴承等传动件。轴的几何尺寸通过强度、刚度校核计算确定；其材料的选择主要取决于刚度是否满足要求，而碳钢与合金钢的弹性模量近乎相等，所以一般用碳钢（常为45钢）制造，只有齿轮与轴制成一体或轴承受重载时才用合金钢。齿轮通常采用低碳合金钢（如20CrMnTi、20MnCrS等）制造。轴与齿轮多为花键连接，其具有对中性好，能可靠传递动力，挤压应力小等优点。轴的花键部分和安装轴承处经表面淬火处理。轴多用滚动轴承支承，其润滑简单，效率高，径向间隙小，轴向定位可靠，润滑方式多采用飞溅润滑（$v > 25\text{m/s}$，只要黏度适宜即可甩到壁上）。变速器剖面图如图1-5所示。

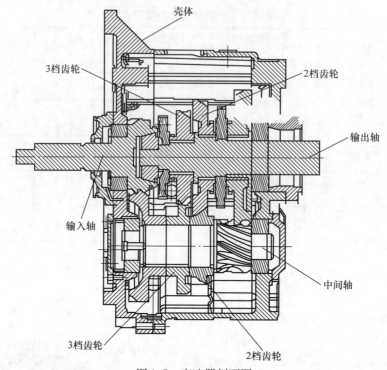

图1-5　变速器剖面图

3. 换档操纵装置

在手动变速器中，由驾驶人员操纵实现换档。自动变速器则依靠大量自动化技术，部分或完全由电子执行系统完成换档，空档、倒档、驻车档依然由驾驶人员通过操纵换档操纵装置完成。换档操纵装置中元件的选用与变速器类型和车辆类型有关。乘用车变速器的换档元件主要包括：

1）内部换档元件：换档拨叉（图1-6a）、换档同步器（图1-6b）、锁止装置、多片离合器、制动器等。

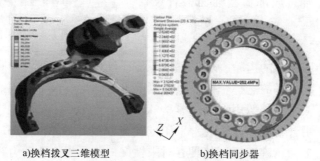

a) 换档拨叉三维模型　　　b) 换档同步器

图1-6　换档拨叉和换档同步器

2)外部换档元件:换档杆系、拉索机构、变速杆等。

1.4 变速器的发展现状和趋势

一、汽车变速器发展现状

不同地区对变速器的需求有很大差异。日本用户青睐于自动变速的小型汽车,这种持续的需求在一定程度上让 CVT 受益,成为日本最畅销的自动变速器类型。图 1-7 所示为日本汽车变速器需求情况。日本主要变速器企业除向高档位(8 档、9 档)AT 发展外,CVT 的发展速度不断加快并逐渐向大转矩方向发展。

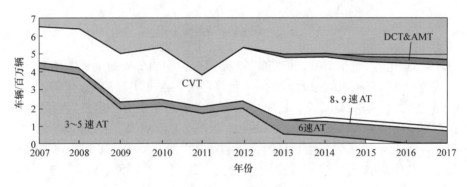

图 1-7 日本汽车变速器需求情况

在美国,AT 占有绝对优势,这主要是因为消费者要求汽车必须操控简单、驾乘舒适,但对油耗不敏感,这种消费习惯造就了美国以 AT 为主的自动变速器市场。图 1-8 所示为美国汽车变速器需求情况。美国主要变速器企业目前主要以 6AT 为发展目标,随着博格华纳湿式离合器技术的不断发展,湿式 DCT 在美国也会快速发展。高端车型则采用欧洲变速器公司生产的更高档位的 AT。

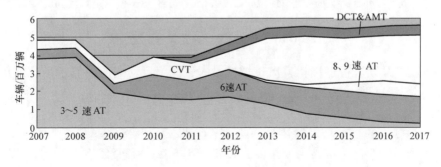

图 1-8 美国汽车变速器需求情况

欧洲消费者注重驾驶体验及驾驶乐趣,喜欢手动操控机械带来的感觉,并且对油耗非常看重。因此，具有节能和运动特性的 DCT 出现后，立刻成为欧洲市场的宠儿。图 1-9 所示为欧洲汽车变速器需求情况。欧洲主要变速器企业已经向高档位（8 档、9 档）AT 及 DCT 方向发展，各大工程公司也在全力推广混合动力技术。

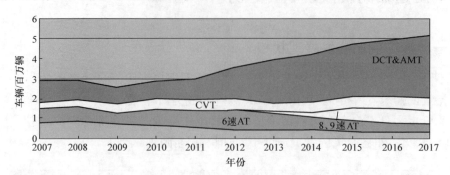

图 1-9　欧洲汽车变速器需求情况

在中国这一新兴汽车市场，传统的 AT 是以前自动档车型的主要选择，但最近几年，影响消费者购车决策的最大因素为"价格"类因素（车辆油耗、车辆价格），装配 DCT 车型的数量有大幅增长，装配 CVT 车型的占有率也有一定提升。图 1-10 所示为中国汽车变速器需求情况。因在手动变速器开发方面积累了一定经验，以及 AMT 及 DCT 具有良好的工艺继承性，且随着变速器开发能力突出的工程公司的参与，变速器技术这几年发展速度较快，同时也在尝试在 AT 及 CVT 领域有所突破。

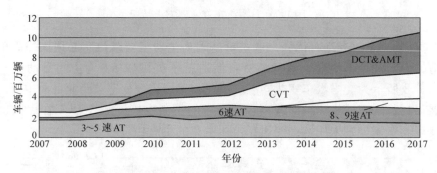

图 1-10　中国汽车变速器需求情况

由于 AT 继续进行多档化，DCT 增幅最大，汽车自动变速器需求呈现逐年增加的态势，图 1-11 所示为汽车自动变速器需求情况。

我国乘用车自动变速器的搭载现状如图 1-12 所示。4 速及 5 速 AT 以搭载 1.3~1.6L 排量的小型车及紧凑型车为主；6 速、7 速、8 速 AT 主要搭载 2.0L 排量以上车型；CVT（不带液力变矩器）以搭载 1.5~1.8L 紧凑型车为主；CVT（带液力变矩器）以搭载 1.5~2.5L 排量车型为主；干式 DCT 以搭载 2.0L 以下排量车型为主，湿式 DCT 以搭载 2.0L 以上排量车型为主；涡轮增压发动机 + DCT 组合的应用数量会较快速地增加。

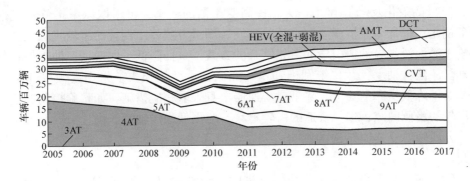

图 1-11　汽车自动变速器需求情况

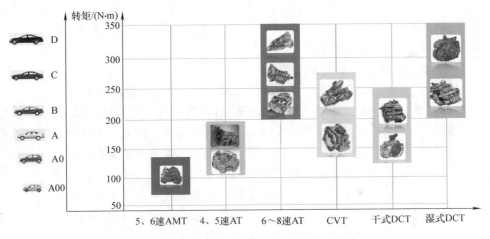

图 1-12　我国乘用车自动变速器搭载现状

二、汽车变速器发展趋势

节能、环保、安全、高效是汽车变速器发展的主题，从消费者角度，追求舒适性、经济性和安全性；从法规角度，追求高效、低碳、环保。这就要求各变速器公司应用先进、高效的设计技术、制造技术、控制技术及先进的材料，实现变速器的宽传动比及多档化、换档策略的优化、传动效率的提高、变速器的轻量化。

1. 手动变速器的发展趋势

（1）变速器多档化和大传动比化　三轴式结构 6 档变速器逐渐取代二轴式结构 5 档变速器，由欧洲、美国、日本的一些公司主导的这种更新换代从两三年前开始。采埃孚公司向保时捷 911 卡雷拉及卡雷拉 S 车型供应 7 速手动变速器，这是乘用车首次使用 7 速手动变速器。其低档传动比增大，档位更加合理，实现了动力性与经济性的综合优化。

（2）高效化及降低 NVH　为了提高变速器的效率，可采取以下措施：变速器的多档化；降低差速器浸入润滑油的高度，润滑方式将由传统的齿轮飞溅润滑变为齿轮飞溅润滑与导油槽引导润滑相结合的方式，从而降低了润滑油搅油损失；使用球轴承+滚柱轴承代替传统圆锥轴承，降低轴承摩擦损失；采用高效变速器润滑油。对于降低噪声的要求，除了对变速器本身采取相应措施，如精确控制变速器配合齿轮的齿侧间隙、选择合适的齿轮材料、应用低噪声轴承、设计阶段充分考虑齿轮啮合激励对变速器结构的影响之外，还应考虑离合器及传动轴与变速器的最佳匹配。

（3）轻量化和低成本化　采用先进的成形技术以及合理应用塑料等非金属材料，可实现轻量化和低成本化。基于 CAE 的变速器壳体轻量化设计，可缩短开发周期长，降低开发成本，提高产品竞争力。

（4）进一步减少变速器占用空间，优化各零部件的空间和尺寸　由于停车起步系统的应用，通过可靠的空档位置信号的探测，可识别空档和倒档的低成本、高可靠性的高度集成性解决方案获得了应用。

2. 自动变速器的发展趋势

（1）液力变矩器发展趋势　液力变矩器实现扁平化，变矩系数逐渐减小，闭锁范围及滑摩范围扩大，液力变矩器效率得到提高。随着发动机增压技术的运用，发动机转矩不断提高，对变速器减振提出了更高的要求，出现了带离心式钟摆吸振器的变矩器和带涡轮吸振器的变矩器，显著地提高了变矩器的减振性能。对液动部分进行优化，提高液力变矩器容量和优化轴向空间。

（2）AT 的多档化。6~9 档自动变速器正逐步取代 4 档或 5 档变速器的主导地位，档位增多可以使变速器具有更大的传动比范围和合理的传动比分配。目前采埃孚公司已成功研发出 9AT，一些公司已经开始研发 10AT。

（3）AT 模块化设计　模块化设计在 AT 中体现得非常明显，主要包括液力变矩器的模块化、液压阀体的模块化、离合器的模块化、制动器的模块化等。根据不同用户的需求，通过不同的模块组合，即可实现各种方案，减少了设计变动，缩短了开发周期，提高了产品竞争力。

（4）多电磁阀的应用　采用多电磁阀控制换档，可明显改善换档质量。在采埃孚公司的 6AT 中，为了控制系统压力实现换档，设置了 6 个高流量特点的 PWM 电磁阀，简化了阀体结构，提高了变速器的综合性能。若使用无泄漏电磁阀或近无泄漏电磁阀，则可进一步提高变速器的效率。

（5）零部件集成化以减小质量　例如，ZF6H26 变速器采用一种名为 Lepetler 的齿轮，整个变速器齿轮组质量减小了 11kg；丰田公司 A750E/A750F 变速器把 3 个离合器合成一体，装入同一离合器毂内；ZF9HP 采用犬牙式离合器，该离合器比普通离合器长，但其直径小，看起来像花键；有的变速器公司采用镁合金变速器箱体，进一步减轻了变速器的重量。

（6）采用新材料、新工艺　新型轻质高强度材料的应用、冲压成形技术的应用，在降低成本及减轻重量方面均有很大的贡献。

3. 无级变速器的发展趋势

（1）提高 CVT 效率

1）减少锥盘压紧损失。通过应用转矩传感器，对施加的压紧力进行优化，对调节和压紧面积加以优化，可有效降低调节过程中液压系统的流量，从而可以采用更小的液压泵，既减少了泵的油耗，又减少了相关的能量损失。

2）减少链条损失。采用连接片和摆动销设计，它具有效率高、尺寸小、工作可靠、噪声低的特点。

3）减少液压泵损失，采用低能耗电动液压泵。

4）减少 CVT 轴承损失，利用离合器代替液力变矩器等。

（2）降低 CVT 成本　从加工工艺上，使用钢板冲压成形的锥盘组作为主要零件，可以降低成本和重量，使用冷挤压加工成形的轴也可以降低成本；根据市场需求的不同，可以采用干式离合器或湿式离合器代替液力变矩器，以降低成本；对 CVT 壳体进行优化设计，也可以减轻重量，降低成本。

（3）发动机与 CVT 精确控制综合优化　转矩传感器已经有了广泛应用，尤其是对于小批量增压发动机，它能够对压紧力进行优化，实现 CVT 的精确控制；将它与发动机集成在一起进行综合控制，可进一步降低油耗和排放。

（4）增大传动转矩　增大 CVT 传递转矩一直是其研发的重点，新结构 CVT 传动系统的研发，如 BOSCH 公司应用新的柔性环材料设计出的钢带动力性更好、成本更低、效率更佳、中心距更小，可传递更大的转矩。模块化设计可以满足快速发展市场下客户的特殊要求，缩短研发周期，提高市场竞争力。CVT 是混合动力汽车发动机与驱动电机的耦合机构之一，采用 CVT 传动系统的混合动力汽车油耗可以降低 30%，排放可以降低 50%。

4. 双离合自动变速器的发展趋势

（1）宽传动比、多档化、轻量化　在保证传动效率的前提下，实现宽传动比、多档化、轻量化。

（2）模块化设计　如电机控制式 DCT 双离合器的电液执行机构、选换档执行机构和湿式双离合器等。

（3）集成控制　将 DCT 控制同发动机、ABS、ESP、EPS、ACC 控制相结合，实现动力传动系统一体化控制，提高传动系统性能，优化控制效果。

（4）混合动力传动　DCT 与电动机/发电机相结合，形成混合动力传动，可以实现发动机单独驱动、电机单独驱动、发动机和电机联合驱动，制动时电动机/发电机处于发电状态，汽车动能转化为电能储存起来。此种方案为混合动力汽车提供了易于实现的动力耦合装置。

（5）集成化、智能化　变速器所有功能被集成在一个单元内，通过一体化，减少故障源，提高可靠性。在控制策略上，采用自适应控制、模糊控制等智能控制方法，提高 DCT 的自适应能力。

5. 机械式自动变速器的发展趋势

（1）动力传动系统一体化　应用集成控制将 AMT 控制同发动机、ABS、ESP、EPS、ACC 控制相结合，实现动力传动系统一体化控制，提高传动系统性能，优化控制效果。

（2）采用新结构　例如，英国 Zeroshift 公司发明了一种新的 AMT 技术，通过使用一系列滑动爪和齿槽来实现换档时两齿轮在同一时间啮合，它拥有双离合器的全部优点，设计简单、成本低廉。

（3）混合动力传动　AMT 与轮边电动机/发电机结合，形成混合动力传动，可以实现发动机单独驱动、电动机单独驱动、发动机和电动机联合驱动。换档期间由电动机驱动汽车，提高汽车动力性；制动时电动机/发电机处于发电状态，汽车动能转化为电能储存起来。此种方案为混合动力汽车提供了易于实现的动力耦合装置。

（4）集成化、智能化　变速器所有功能被一体化在一个单元内，通过一体化，减少故障源，提高可靠性；在控制策略上采用自适应控制、模糊控制等智能控制方法，提高 AMT 的自适应能力。

总之，由于交通拥堵日益严重以及女性驾驶者的逐渐增多，更多用户为了驾驶方便而选择自动档汽车；自动变速器技术不断成熟，质量和效率不断提高，对车型的覆盖面不断增加；最近及未来几年集中量产的自动变速器大多是 DCT，以 DCT 为主的中系和欧系车型的产量将超过以 CVT 为主的日系车型；6AT 已进入成熟期，更多档位数的 AT 将主要应用于高端车型，AT 市场份额总体持平或略有下降；受油耗和成本的影响，AMT 的市场份额将略有增加。自主品牌自动变速器的增加主要来自 DCT，MT 数量减少，但受消费者购买力限制减少速度不会过快。政府在税收、补贴等方面采取的实质性鼓励措施，是新能源汽车市场快速增长的主要原因，企业为满足 2020 年 5L/100km 的油耗标准，需要大力发展新能源汽车。

参 考 文 献

[1] 陈勇. 自动变速器技术的最新动态和发展趋势，[J]. 汽车工程，2008，30（10）：938-945.

[2] 葛安林. 自动变速器（一）——自动变速器综述 [J]. 汽车技术，2001（5）：1-3.

[3] 吴光强，杨伟斌，秦大同. 双离合器式自动变速器控制系统的关键技术 [J]. 机械工程学报，2007，43（2）：13-21.

[4] 李君，张建武，冯金芝，等. 电控机械式自动变速器的发展、现状和展望 [J]. 汽车技术，2000（3）：1-3.

[5] 牛铭奎，程秀生，高炳钊，等. 双离合器式自动变速器换档特性研究 [J]. 汽车工程，2004，

26（4）：453-457.

[6] 杨伟斌，吴光强，秦大同. 双离合器式自动变速器传动系统的建模及换档特性［J］. 机械工程学报，2007，43（7）：188-194.

[7] 牛铭奎，高炳钊，葛安林，等. 双离合器式自动变速器系统［J］. 汽车技术，2004（6）：1-3.

[8] 郭立书，葛安林，张泰，等. 电控机械式自动变速器换档过程控制［J］. 农业机械学报，2003，34（2）：1-3.

[9] 李永军，陈树星，崔勇，等. 机械式自动变速器起车过程综合控制［J］. 汽车工程，2003，25（2）：178-181.

[10] 葛安林. 自动变速器（二）——液力变矩器［J］. 汽车技术，2001（6）：1-5.

[11] 曹桂军，葛安林，郑磊，等. 电控机械式自动变速器换档过程中离合器的接合控制［J］. 机械工程学报，2005，41（12）：234-238.

[12] 雷雨龙，李永军，葛安林. 机械式自动变速器换档综合智能控制［J］. 汽车工程，2001，23（5）：311-314.

[13] 金伦，程秀生，孙俐，等. 双离合器自动变速器仿真研究［J］. 汽车技术，2005（8）：4-7.

[14] 廖承林，张俊智，卢青春. 混合动力轿车机械式自动变速器换档过程中的动力系统协调控制方法［J］. 机械工程学报，2005，41（12）：37-41.

[15] 秦大同，刘永刚，胡建军，等. 双离合器式自动变速器两离合器起步控制与仿真［J］. 机械工程学报，2010，46（18）：121-127.

[16] 陈勇，赵文江，刘文忠. 中国汽车自动变速器技术现状及市场展望［J］. 中国汽车工程学会年会论文集，2009.

[17] 周兵，江清华，杨易. 两挡变速器纯电动汽车动力性经济性双目标的传动比优化［J］. 汽车工程，2011，33（9）：792-797.

[18] 翁晓明. 湿式双离合器变速器换档品质的研究［J］. 汽车工程，2009，31（10）：927-931.

[19] Justin K, Anne-Catrin U, Lowy F D. Staphylococcus Aureus Infections：Transmission within Households and the Community ［J］. Trends in Microbiology, 2015, 23（7）：437-44.

[20] Haydon P G, Giorgio C. Astrocyte Control of Synaptic Transmission and Neurovascular Coupling. ［J］. Physiological Reviews, 2006, 86（3）：1009-1031.

[21] Oh H R, Song H. Energy Efficient MAC Protocol for Delay-Sensitive Data Transmission over Wireless Sensor Network ［J］. Wireless Communications & Mobile Computing, 2012, 12（9）：755-766.

[22] Kumnuan U, Prasert A, Dowell S F, et al. Probable Person-to-Person Transmission of Avian Influenza A（H5N1）［J］. New England Journal of Medicine, 2005, 352（4）：333-40.

[23] Clayton D. A Generalization of the Transmission Disequilibrium Test for Uncertain Haplotype Transmission. ［J］. American Journal of Human Genetics, 2010, 65（4）：1170-1177.

[24] Jackson J B, Musoke P, Fleming T, et al. Intrapartum and Neonatal Single-Dose Nevirapine Compared with Zidovudine for Prevention of Mother-to-Child Transmission of HIV-1 in Kampala,

Uganda: 18 – month follow – up of the HIVNET 012 Randomised Trial [J]. Lancet, 2003, 362 (9387): 859 – 868.

[25] Seto W H, Tsang D, Yung R W H, et al. Effectiveness of Precautions Against Droplets and Contact in Prevention of Nosocomial Transmission of Severe Acute Respiratory Syndrome (SARS) [J]. Lancet, 2003, 361 (9368): 1519 – 1520.

[26] Han S H, Lee J H. An Overview of Peak – to – Average Power Ratio Reduction Techniques for Multicarrier Transmission [J]. IEEE Wireless Communications, 2005, 12 (2): 56 – 65.

第 2 章 手动变速器

2.1 概述

尽管自动变速器技术发展迅速,但是传统的发动机匹配手动变速器在未来一段时间内仍然会扮演重要角色,主要原因是手动变速器成本低、效率高、工作稳定可靠。目前国内主要使用 5 速手动变速器,一部分汽车开始搭载 6 速手动变速器,覆盖 SUV、中型及紧凑型等车型,6 速手动变速器将逐步成为主流。国外采埃孚公司、宝马公司正在研发 7 速手动变速器。

手动变速器按照发动机和驱动轴连接方式不同,可以分为前置前驱动、前置后驱动和后置后驱动;按照轴的形式和布置方式不同,可以分为两轴式和三轴式;按照齿轮类型不同,可以分为直齿轮式和斜齿轮式;按照同步器类型不同,可以分为常压式、惯性式和惯性增力式,目前应用最为广泛的是惯性式同步器,其结构形式有滑块式、锁销式、锁环式和多锥式等;按照档位数,通常可以分为 5 档、6 档、7 档变速器。轿车多采用前置前驱动方式,随着变速器的多档化,受变速器空间及轴向尺寸的限制,三轴式 6 档或 7 档变速器将逐渐成为变速器的主流。

2.2 变速器传动机构

手动变速器主要由传动系统、换档系统、润滑系统和壳体等部分组成。其中传动系统由输入轴、输出轴、齿轮、轴承、同步器和差速器等组成;换档系统由换档拨叉、拨叉轴、自锁装置和互锁装置等组成。图 2-1 所示为手动变速器结构简图,该变速器有 6 个前进档和 1 个倒档(R 档),采用 3 平行轴结构(1 个输入轴、2 个输出轴),由于轴向距离小,便于空间布置,因此在前置前驱动乘用车上获得了广泛应用。图 2-2 所示为手动变速器传动示意图,图中 g1~g17 为齿轮,S1~S4 为同步器,各档传动路线如下:

1 档传动路线:离合器 C→输入轴→齿轮 g2→齿轮 g9→同步器 S1 左移→输出 1 轴→齿轮 g7→齿轮 g17→差速器→车轮。

2 档传动路线:离合器 C→输入轴→齿轮 g3→齿轮 g10→同步器 S1 右移→输出 1 轴→齿轮 g7→齿轮 g17→差速器→车轮。

3 档传动路线:离合器 C→输入轴→齿轮 g5→齿轮 g12→同步器 S2 右移→输出 1 轴→齿轮 g7→齿轮 g17→差速器→车轮。

4 档传动路线：离合器 C→输入轴→齿轮 g4→齿轮 g11→同步器 S2 左移→输出 1 轴→齿轮 g7→齿轮 g17→差速器→车轮。

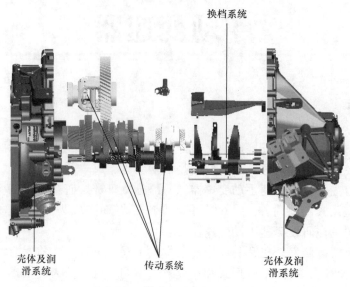

图 2-1 手动变速器结构简图

5 档传动路线：离合器 C→输入轴→齿轮 g4→齿轮 g15→同步器 S3 左移→输出 2 轴→齿轮 g13→齿轮 g17→差速器→车轮。

6 档传动路线：离合器 C→输入轴→齿轮 g6→齿轮 g16→同步器 S3 右移→输出 2 轴→齿轮 g13→齿轮 g17→差速器→车轮。

R 档传动路线：离合器 C→输入轴→齿轮 g1→齿轮 g8→齿轮 g14→同步器 S4 左移→输出 2 轴→齿轮 g13→齿轮 g17→差速器→车轮。

基于上述分析，各档传动比见表 2-1。各齿轮的齿数用 Z_i 表示，下标 i 与图 2-2 中的齿轮标号相对应，其中倒档时输入轴与主减速器输出齿轮旋转方向相反，其他档位时输入轴与主减速器输出齿轮旋转

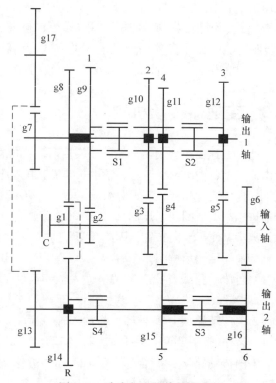

图 2-2 手动变速器传动示意图

方向相同。

表 2-1　各档传动比

档位 k	1	2	3	4	5	6	R
传动比 i_{gk}	$\dfrac{Z_9 Z_{17}}{Z_2 Z_7}$	$\dfrac{Z_{10} Z_{17}}{Z_3 Z_7}$	$\dfrac{Z_{12} Z_{17}}{Z_5 Z_7}$	$\dfrac{Z_{11} Z_{17}}{Z_4 Z_7}$	$\dfrac{Z_{15} Z_{17}}{Z_4 Z_{13}}$	$\dfrac{Z_{16} Z_{17}}{Z_6 Z_{13}}$	$\dfrac{Z_{14} Z_{17}}{Z_1 Z_{13}}$

2.3　同步器

同步器是手动变速器的重要组成部分，它对变速器的换档轻便性、平顺性等主要技术指标都有很重要的影响，能够减小换档手柄上的换档力，减轻换档冲击和驾驶人员的疲劳。理想的同步器应该具有良好的同步性能和锁止性能，既能用较小的换档力得到尽量短的同步时间，又能保证在其输入、输出端角速度未达到一致时接合套与锁环不会进入接合。

目前，所有同步器均采用摩擦原理，即在工作表面产生摩擦力矩，克服被啮合件的惯性力矩，使其在短时间内达到同步状态，以便轻松换档。

一、同步器的结构及特点

同步器有常压式、惯性式和自增助力式等类型，应用最广泛的是惯性式同步器。轿车及轻型货车主要采用锁环式惯性式同步器，如图 2-3 所示，它由接合花键、同步环、同步花键毂、接合套、锁止滑块和弹簧等组成。

接合花键和传动齿轮组合成一体，挂上该档时接合花键和接合套内花键相啮合，用于传动驱动力矩。其外锥面圆锥角与同步环圆锥角相等，挂档时外锥面与同步环产生同步摩擦力矩。

同步环是一个圆锥环，其内锥面上加工有可破坏油膜且能迅速排

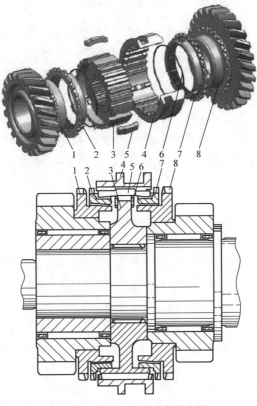

图 2-3　锁环式惯性式同步器
1、8—接合花键　2、7—同步环　3—同步花键毂
4—接合套　5—锁止滑块　6—弹簧

出润滑油液的沟槽。这些沟槽可以是径向的，也可以是周向的。在外锥面上，通常有与滑块数量相等的均布的缺口，可以容纳和推动锁止滑块；除此之外还加工有短的锁止齿，锁止齿斜面间的夹角为锁止角，当接合花键和同步齿毂达到同步后，这些斜面允许接合套滑入时有微小的转动。

同步花键毂通过内径上的花键与轴连接，外径上也加工有花键，该花键与接合套连接，同时在同步轮毂的外侧均匀、一致地分布着装载锁止滑块。

接合套内圈上加工有与同步齿毂相连接的花键；其外圈上则加工有周向大沟槽，用于放置换档拨叉，整个的换档机构通过轴向操作换档拨叉，然后作用在接合套上。

锁止滑块和弹簧组成中心锁止定位机构，通常有三对或四对均匀分布的锁止定位机构，其作用为在一定轴向力的作用下，保持空档时接合套处于两个齿轮之间的同步齿毂的中间位置上，保持接合套在空档位置，当轴向力没有达到给定值时，阻止接合套与同步轮毂产生轴向相对滑动。

二、同步器的换档过程

同步器的换档过程主要分为如下 6 个阶段，各阶段状态如图 2-4 所示。

阶段 1：接合套与接合花键没有啮合，处于空档位置，如图 2-4a 所示。此时即使离合器处于接合状态，变速器也不能传动力矩，车轮不能转动，汽车保持静止状态。锁止滑块在弹簧力作用下压在接合套的内周面，锁止滑块表面的凸起抑制接合套的轴向移动，外部施加在接合套上的力在一定限度内，接合套保持自然状态。

阶段 2：驾驶人员向选择的档位方向操纵变速杆，换档拨叉的动作传递给接合套，接合套和锁止滑块动作，如图 2-4b 所示。向选择的档位方向移动时，锁止滑块压在同步环侧面上，在这个力的作用下，同步环与接合花键一体化的锥面相接触，由于同步环与接合花键间有转速差，同步环只能在锁止滑块安装沟槽允许的范围内转动，接合套端面的锁止倒角和同步环的锁止倒角转到相对的位置，这种状态称为同步的标志状态。

阶段 3：锁止滑块停在这个位置，接合套进一步向接合花键移动，接合套端面的锁止倒角和同步环的锁止倒角接触，如图 2-4c 所示，同时同步环压在接合花键锥面上，产生摩擦力矩，输入轴→同步花键毂→接合套的转动力矩传给接合花键，转速开始同步。为了保证可靠接触和顺利换档，接合套端面锁止倒角和同步环锁止倒角的形状选择上有许多技巧，这是 MT 设计的关键部分。

阶段 4：接合套和接合花键完全同步，如图 2-4d 所示，同步环和接合花键锥面之间的摩擦力矩逐渐消失，在这种状态下，接合套继续向接合花键方向移动，接合套端面花键的倒角和同步环倒角的接触面一边滑动，接合套一边向与接合花键啮合方向移动，进入所谓的拨转行程（错开），接合套的倒角和同步环的倒角在拨转行程中产生的力矩对换档操纵感有影响，是 MT 的设计参数之一，也是 MT 设计的

第 2 章 手动变速器

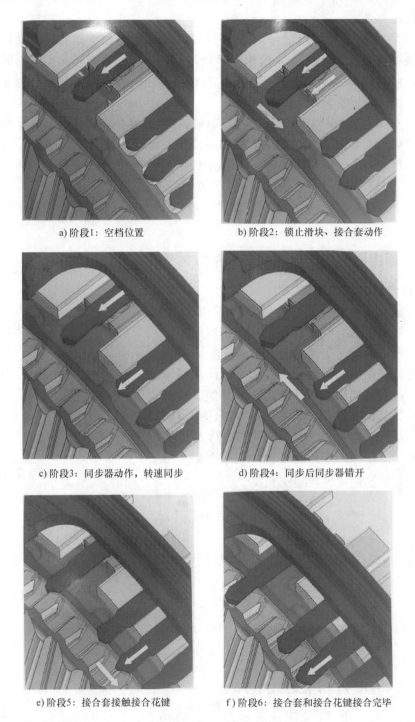

图 2-4　同步器换档过程中各阶段的状态

关键部分。

阶段 5：接合套继续向接合花键方向移动，接合套花键倒角和接合花键倒角开始相互接触，如图 2-4e 所示。换档操纵期间，这一阶段变速杆的操纵力处于较小的状态，接合套和接合花键已经完全同步，为保证不产生噪声且接合相对平滑，倒角的形状设计仍然是关键部分。

阶段 6：接合套继续向接合花键方向移动，接合套和接合花键完全接合，处于换档结束状态，如图 2-4f 所示。驱动轴→同步花键毂→接合套→同步环与接合花键机械连接，处于一体旋转状态，发动机转矩和转速根据所选择档位的传动比，变换为相应的变速器输出转矩和转速，经变速器输出轴再经差速器传给车轮，在转矩传动状态下，接合套和接合花键的接触面需要承受大的传动转矩，应易于啮合且不能掉档。

三、同步器的工作原理和主要参数的确定

1. 同步器的工作原理

换档前要先摘档，使变速器处于空档状态。因为变速器输出端与整车相连，具有相当大的转动惯量，所以此时与变速器输出端相连的同步器输出端的转速在换档瞬时是不变的，而同步器输入端的转速与其输出端的转速是有差异的，同步器输入端的转速通过同步器的摩擦力矩达到与同步器输出端的转速一致。假设同步器输入端的搅油损失和轴承摩擦力矩忽略不计，利用图 2-5 所示的同步器示意图，可得到如下力矩方程

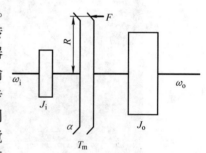

图 2-5 同步器示意图

$$T_m = J_i \frac{d\omega_i}{dt} \tag{2-1}$$

式中　T_m——同步器的摩擦力矩；
　　　J_i——同步器输入端的转动惯量；
　　　ω_i——同步器输入端的转动角速度；
　　　t——时间。

通过变速杆作用于同步器的轴向力与同步器的摩擦力矩之间存在如下关系

$$T_m = \frac{F\mu R}{\sin\alpha} \tag{2-2}$$

式中　F——作用于同步器的轴向力；
　　　μ——工作面间的摩擦因数；
　　　R——锥面平均半径；
　　　α——圆锥角。

假设同步器输入端和输出端的转动角速度之差为 $\Delta\omega$，在 Δt 时间同步，则同步时的摩擦力矩方程为

$$\frac{F\mu R}{\sin\alpha} = J_i \frac{\Delta\omega}{\Delta t} \quad (2\text{-}3)$$

如图 2-4c 所示的同步器动作，即转速同步阶段，接合套端面的锁止倒角和同步环的锁止倒角相接触，锁止面受力分析如图 2-6 所示，轴向力 F 和切向力 F_z 分别为

$$F = N(\sin\beta + \mu_s\cos\beta) \quad (2\text{-}4)$$

式中　N——作用于锁止面的正压力；
　　　β——锁止角；
　　　μ_s——锁止面间的静摩擦因数。

$$F_z = N(\cos\beta - \mu_s\sin\beta) \quad (2\text{-}5)$$

式中　F_z——作用于同步环的切向力。
由式（2-4）和式（2-5）可得

$$F_z = \frac{F(\cos\beta - \mu_s\sin\beta)}{\sin\beta + \mu_s\cos\beta} \quad (2\text{-}6)$$

作用于同步环的切向力 F_z 形成一拨环力矩 M_T

$$M_T = F_z R_s \quad (2\text{-}7)$$

式中　R_s——同步环锁止倒角节圆半径。

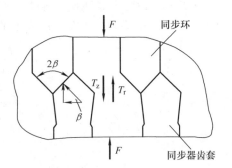

图 2-6　锁止面受力分析

为了确保同步后才能换档，必须满足 $T_m \geq M_T$ 这一锁止条件，即

$$\frac{\mu R}{\sin\beta} \geq \frac{R_s(\sin\beta - \mu_s\cos\beta)}{\cos\beta + \mu_s\sin\beta} \quad (2\text{-}8)$$

如果 $\mu_s = 0$，则式（2-8）变为

$$\frac{\mu R}{R_s \sin\beta} \geq \tan\beta \quad (2\text{-}9)$$

式（2-9）用来确定满足锁止所需要的锁止角度，对于轿车为了换档省力，采用 $\beta = 105° \sim 125°$，这样可以产生较大的拨环力矩。

2. 转动惯量的计算

换档过程中需要计算各档同步器输入端的转动惯量，以图 2-2 所示的手动变速器传动示意图为例，这部分转动惯量包括输入轴及其连接齿轮的转动惯量、离合器从动盘的转动惯量、输入轴齿轮中常啮合的齿轮的转动惯量。

转动惯量转换的基本关系式为

$$J_Z = J_B \left(\frac{Z_Z}{Z_B}\right)^2 \quad (2\text{-}10)$$

式中 J_Z——转换后的转动惯量；

J_B——被转换的转动惯量；

Z_Z——转换轴上齿轮齿数；

Z_B——被转换轴上齿轮齿数。

空档时转换到输入轴的转动惯量为

$$J_{rk} = J_L + J_{sr} + J_1 + J_2 + J_3 + J_4 + J_5 + J_6 \tag{2-11}$$

式中 J_L——离合器从动盘的转动惯量；

J_{sr}——输入轴及其连接齿轮的转动惯量；

J_1——齿轮g8 和齿轮g14 转换到输入轴的转动惯量；

J_2——齿轮g9 转换到输入轴的转动惯量；

J_3——齿轮g10 转换到输入轴的转动惯量；

J_4——齿轮g11 和齿轮g15 转换到输入轴的转动惯量。

J_5——齿轮g12 转换到输入轴的转动惯量；

J_6——齿轮g16 转换到输入轴的转动惯量。

$$J_1 = J_{g8}\left(\frac{Z_1}{Z_8}\right)^2 + J_{g14}\left(\frac{Z_1}{Z_{14}}\right)^2 \tag{2-12}$$

$$J_2 = J_{g9}\left(\frac{Z_2}{Z_9}\right)^2 \tag{2-13}$$

$$J_3 = J_{g10}\left(\frac{Z_3}{Z_{10}}\right)^2 \tag{2-14}$$

$$J_4 = J_{g11}\left(\frac{Z_4}{Z_{11}}\right)^2 + J_{g15}\left(\frac{Z_4}{Z_{15}}\right)^2 \tag{2-15}$$

$$J_5 = J_{g12}\left(\frac{Z_5}{Z_{12}}\right)^2 \tag{2-16}$$

$$J_6 = J_{g16}\left(\frac{Z_6}{Z_{16}}\right)^2 \tag{2-17}$$

式中 J_{g8}——齿轮g8 的转动惯量；

J_{g9}——齿轮g9 的转动惯量；

J_{g10}——齿轮g10 的转动惯量；

J_{g11}——齿轮g11 的转动惯量；

J_{g12}——齿轮g12 的转动惯量；

J_{g14}——齿轮g14 的转动惯量；

J_{g15}——齿轮g15 的转动惯量；

J_{g16}——齿轮g16 的转动惯量。

各档同步器输入端的转动惯量见表2-2。

表 2-2 同步器输入端的转动惯量

档位	1	2	3	4	5	6	R
输入端转动惯量（$\times J_{rk}$）	$\left(\dfrac{Z_9}{Z_2}\right)^2$	$\left(\dfrac{Z_{10}}{Z_3}\right)^2$	$\left(\dfrac{Z_{12}}{Z_5}\right)^2$	$\left(\dfrac{Z_{11}}{Z_4}\right)^2$	$\left(\dfrac{Z_{15}}{Z_4}\right)^2$	$\left(\dfrac{Z_{16}}{Z_6}\right)^2$	$\left(\dfrac{Z_{14}}{Z_1}\right)^2$

3. 角速度差计算

换档前后同步器输入端零件的角速度是变化的，而换档前后车速可以认为是不变的，因此，各种情况下换档前后同步器输入端零件的角速度可以通过车速计算得到，结合图 2-2，当车速为 v (m/s)，车轮半径为 r (m) 时，以 3 档换其他档位为例，分析其换档前后同步器输入端零件的角速度差，见表 2-3。

表 2-3 换档前后同步器输入端零件的角速度

档位 k	1	2	3	4	5	6
(a) 换档前同步器输入端零件的角速度 $\left(\times \dfrac{v\, i_{g3}}{r}\right)$	$\dfrac{Z_2}{Z_9}$	$\dfrac{Z_3}{Z_{10}}$	$\dfrac{Z_5}{Z_{12}}$	$\dfrac{Z_4}{Z_{11}}$	$\dfrac{Z_4}{Z_{15}}$	$\dfrac{Z_6}{Z_{16}}$
(b) 换档后同步器输入端零件的角速度 $\left(\times \dfrac{v\, i_{g3}}{r}\right)$	$\dfrac{Z_5}{Z_{12}}$	$\dfrac{Z_5}{Z_{12}}$	$\dfrac{Z_5}{Z_{12}}$	$\dfrac{Z_5}{Z_{12}}$	$\dfrac{Z_5}{Z_{12}}$	$\dfrac{Z_5}{Z_{12}}$
(c) 换档前后同步器输入端零件的角速度差 $\left(\times \dfrac{v\, i_{g3}}{r}\right)$	(a)-(b)	(a)-(b)	(a)-(b)	(a)-(b)	(a)-(b)	(a)-(b)
(d) 同步器输入端角速度升降	升	升	—	降	降	降

4. 同步环最大线速度

同步器同步环的摩擦线速度 u 对热应力具有重要作用，摩擦表面的温度随着线速度的增加呈指数型增高，最大角速度差 $\Delta\omega_{max}$ 下的最大线速度为

$$u_{max} = R_s \Delta\omega_{max} \tag{2-18}$$

5. 同步环阻力矩 T_v

每个档位的同步环阻力矩 T_v 均难以计算，表 2-4 所列为油温 80℃ 时在输入轴测得的阻力矩 T_{vi}，两者之间的关系为

$$T_v = T_{vi} i_g z \tag{2-19}$$

式中 i_g——输入轴到同步器的传动比；

z——油温修正系数，常温时取 1，随着温度的降低该系数将大于 1。

表 2-4 油温 80℃ 时在输入轴测得的阻力矩 T_{vi}

经验值	乘用车	商用车	带副变速器车辆
阻力矩 T_{vi}/(N·m)	2~5	4~8	10~14

6. 考虑阻力矩 T_v 的同步环摩擦力矩 T_r

同步过程中，考虑阻力矩 T_v 的同步环摩擦力矩 T_r 可以表示为

$$T_r = -J_{rk}\frac{\Delta\omega}{t_r} - T_v \tag{2-20}$$

式中 t_r——同步时间。

升档时，$\Delta\omega<0$，阻力矩T_v和同步环摩擦力矩T_r方向相同，两者共同作用，有利于换档；降档时，$\Delta\omega>0$，阻力矩T_v和同步环摩擦力矩T_r方向相反，两者共同作用，不利于换档。

7. 摩滑功 W

同步过程中摩滑功 W 与 $\Delta\omega$、T_v、t_r 的关系为

$$W = -\frac{1}{2}(J_{rk}\Delta\omega^2 + T_v\Delta\omega t_r) \tag{2-21}$$

升档时，$\Delta\omega<0$，阻力矩T_v使摩滑功 W 减小；降档时，$\Delta\omega>0$，阻力矩T_v使摩滑功 W 增加。

8. 摩滑功率 P_m

$$P_m = \frac{W}{t_r} \tag{2-22}$$

9. 单位面积应力 σ

同步过程中在换档力 F 的作用下，产生同步环接触面压力 N，在接触面压力 N 作用下的单位面积应力 σ 为

$$\sigma = \frac{N}{A_r} \tag{2-23}$$

式中 A_r——所有同步器摩擦面积总和。

10. 锁止角

对于手动变速器，由于离合器及其传动机构存在拖曳转矩，即使同步器的输入与输出部分完全同步，接合套若想和接合齿完全啮合，除了接合套要穿过同步环外，还需要在换档力的作用下克服拖曳转矩的转动输入部分。因此，拖曳转矩T_z与换档力 F 必须满足如下关系

$$T_z < \frac{FR_s(\cos\beta - \mu_s\sin\beta)}{\sin\beta + \mu_s\cos\beta} \tag{2-24}$$

图2-7 所示为换档力 F 与拖曳转矩T_z的关系。对于某一锁止角而言，只有当某一换档力 F 产生的转动转矩大于此时的拖曳转矩时，才能保证接合套和接合齿完全啮合，也就是说拖曳转矩位于曲线下方时才可以挂档。随着锁止角的减小，能克服的拖曳转矩T_z增大。

11. 换档力

驾驶人员实际施加的换档力在很大程度上依赖于驾驶风格、温度和道路条件，温度低时，变速器拖曳转矩大，换档力增加，换档时间变长。表2-5 所列为可接受的换档力和同步时间标准值，图2-8 所示为换档力和同步时间的关系。

第 2 章 手动变速器

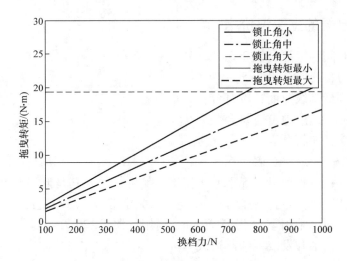

图 2-7 换档力与拖曳转矩 T_z 的关系

表 2-5 换档力和同步时间标准值

标准值	档位	乘用车	商用车
换档力/N	1 档~最高档	80~120	180~250
同步时间/s	1 档~最高档	0.15~0.25	0.25~0.40

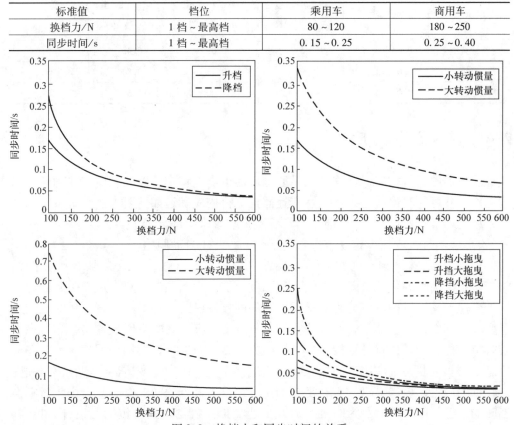

图 2-8 换档力和同步时间的关系

四、同步器的主要评价指标

1）同步时间：应符合表2-5。

2）换档力：应符合表2-5。

3）同步环最高线速度：应符合表2-6。

4）单位面积压应力：应符合表2-6。

5）摩滑功：应符合表2-6。

6）摩滑功率：应符合表2-6。

7）可靠性：各种操纵工况下同步器均工作可靠，尤其是低温时要确保换档可靠，输入、输出转速不同步时阻止强制啮合，完全啮合后防止脱档。

8）寿命：通常乘用车大于15万km，商用车大于120万km。

9）成本：包括开发成本和制造成本。

10）质量和安装空间要求。

表2-6 钢与某些材料形成摩擦副时的设计允许值

同步环	摩擦因数	最高线速度 /(m/s)	单位面积摩滑功/(J/mm^2)	单位面积摩滑功率/(W/mm^2)	单位面积压应力/(N/mm^2)
特种黄铜	0.08~0.12	5	0.09	0.45	3
喷钼	0.08~0.12	7	0.53	0.84	6
烧结材料	0.08~0.12	9	1.00	1.50	7

2.4 变速器操纵机构

变速器操纵机构应保证驾驶人员能准确而可靠地将变速器挂入所需要的任一档位工作，并可随时使其退到空档。变速器操纵机构应满足如下要求：

1）换档时只允许挂一个档，通常靠互锁装置来保证。

2）换档时，应使齿轮在全齿长上啮合，并防止自动脱档。

3）防止误挂倒档，通常采用倒档锁来保证这一要求。当变速器开始挂倒档时，由于倒档锁的作用，阻力很大，使驾驶人员产生明显的手感，从而引起注意。

变速器操纵机构可以分为直接操纵式和间接操纵式两种类型。直接操纵式变速器操纵机构中，变速器布置在驾驶室的下方，变速杆由驾驶室底板伸出，布置在驾驶人员座位旁，其优点是结构简单、操纵方便，但要求各档换档行程相等，它在前置后驱汽车上获得了应用。间接操纵式变速器操纵机构中，变速器布置在离驾驶座椅较远的位置，该操纵机构应有足够的刚度，且连接点处间隙要小，否则将影响换档时的手感。图2-9所示为间接操纵式变速器操纵机构，主要包括变速杆、拉索、选换档机构等。

一、变速杆

变速杆是汽车变速器操纵杆的简称,它是变速器总成的一部分,也是人机交互装置的组成部分,其作用是通过驾驶人员的操纵改变汽车变速器的传动比,实现汽车行驶档位的改变。各种车型手动变速器的档位数和位置不尽相同,但档位排列原理基本一致:前进档由上而下,先左后右顺序递增;倒档在左上角或右下角位置;横向中间位置为空档。图 2-10 所示为常用手动变速杆档位布置图。

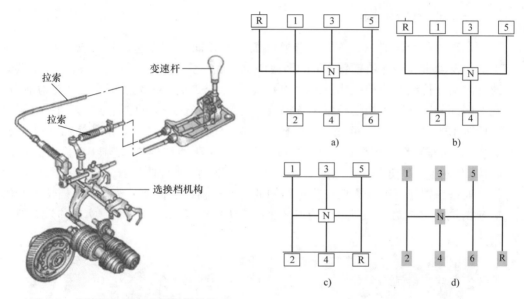

图 2-9　间接操纵式变速器操纵机构

图 2-10　常用手动变速杆档位布置图

二、拉索

变速器操纵拉索总成的作用是把变速杆动作的位移变成选换档机构的角位移或线位移。为了准确地实现变速杆档位与实际档位之间的对应关系,拉索总成在性能方面需要满足如下要求:

1)效率上,拉索推与拉的负载效率应不低于 80%,行程效率应不低于 90%。
2)耐久前拉索间隙不大于 1.6mm,耐久后间隙不大于 2mm。
3)芯线与芯线接头之间的拉脱力不小于 1500N,护管与护管接头之间的拉脱力不小于 1500N。
4)拉索在表 2-7 中规定的最小工作曲率半径下弯曲 360°时,仍能拉动自如,且拉索滑动阻力不大于 5N。
5)拉索在表 2-7 中规定的最小工作曲率半径下弯曲 360°后,分别放于 130℃

31

（高热地区150℃）和-40℃（高寒地区-60℃）的环境温度下进行试验，试验完成后各零部件不能出现熔解、龟裂及其他异常现象。

6）在进行防水性能试验后，去除防尘套，拉索内应无水汽、水滴等现象。

表2-7 产品曲率半径范围

护管外径/mm	最小工作曲率半径/mm
<8	150
≥8	200

三、选换档机构

发动机和变速器纵置MT的选换档机构比较简单，变速杆直接安装在变速器上。但发动机和变速器横置MT的选换档机构远离变速杆，必须把驾驶人员操纵变速杆的动作传给选换档机构。通常的方法是把驾驶人员对变速杆的操纵分为前后、左右两部分，分别用换档拉索和选档拉索与变速器选换档机构相连。例如：对于图2-10所示的变速杆档位布置，变速杆只有两个动作，即前后动作是换档（挂档和摘档），左右动作是选档；对于图2-11所示的变速器选换档机构（档位布置如图2-10a所示），驾驶人员要想把变速杆从空档位置挂到1档，首先选档拉索传递动作，通过选档连杆改变方向，变速机构的选换档轴上下移动，选择在1档位置，然后换档拉索传递动作，通过换档连杆变速机构中选换档轴的转动，实现挂入1档。

a)

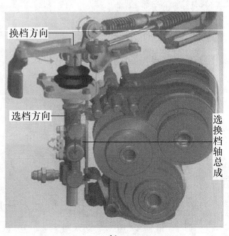
b)

图2-11 变速器选换档机构

图2-12所示为变速器选换档机构的结构，变速器选换档机构的选换档轴总成既可以上下移动，也可以转动，在其周围安装有选档定位球弹簧座总成、换档定位球弹簧座总成、换档定位板。选档定位球弹簧座总成中的定位球在一定的弹簧力作

用下压在选换档轴侧面的 V 形槽内，选换档轴上下移动时定位球沿 V 形斜面上下滚动，形成选档方向的阻力感。换档定位球弹簧座总成中的定位球在一定的弹簧力作用下压在选换档轴下边的轴向 V 形槽内，选换档轴左右移动时定位球沿轴向 V 形斜面上下滚动，形成换档方向的换档手感。同时选档定位球弹簧座总成和换档定位球弹簧座总成也起到选换档轴上下移动和旋转运动的限制作用。换档定位板安装在选换档轴总成靠近箱体一侧，在箱体一侧有定位销，定位销装入换档定位板的沟槽中，起互锁作用。

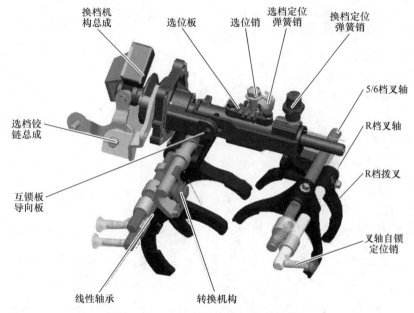

图 2-12 变速器选换档机构的结构

上下移动是选择换档拨叉，对于图 2-10a 所示的变速杆档位布置形式，包括倒档在内有 4 个换档拨叉，拨叉轴个数和变速杆档位布置形式对应，4 个换档拨叉分别安装在各自的拨叉轴上。

换档时，选换档机构使所选择的换档拨叉横向移动，实现摘档或挂档。

2.5　传动比的确定

汽车行驶过程中受各种阻力作用，为了克服这些阻力，必须为车轮提供一定的牵引力和功率这一任务由驱动系统完成。驱动系统由发动机、离合器、变速器和主减速器组成。不同行驶条件下需要不同的牵引力，利用不同传动比来适应不同要求，传动比对汽车的动力性和经济性有很大影响，因此必须选择合适的传动比，使牵引力和功率的特性更加接近理想状态。

一、汽车理想特性分析

在道路坡度不大的情况下,汽车行驶方程式为

$$F_t = mgf + mgi + \frac{C_D A v^2}{21.25} + \delta ma \tag{2-25}$$

式中　F_t——牵引力（N）；
　　　m——汽车质量（kg）；
　　　g——重力加速度（9.8m/s^2）；
　　　f——滚动阻力系数；
　　　i——坡度；
　　　C_D——空气阻力系数；
　　　A——迎风面积（m^2）；
　　　v——车速（m/s）；
　　　δ——旋转质量换算系数；
　　　a——汽车加速度（m/s^2）。

汽车行驶所需要的功率为

$$P_t = F_t v \tag{2-26}$$

汽车所需要的牵引力和功率如图 2-13 所示,图中曲线所示数值为 $i + \dfrac{\delta a}{g}$ 的值,该值越大,表示汽车所需要的爬坡能力或加速度越大,汽车所需要的牵引力和功率也就越大。

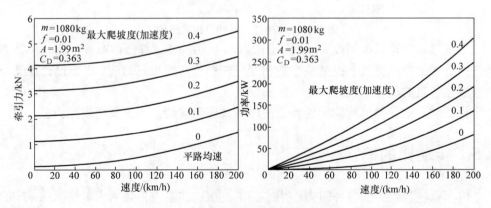

图 2-13　汽车所需要的牵引力和功率

汽车驱动系统能够提供的牵引力和功率受以下条件限制:发动机最大功率、汽车最高速度、道路附着系数。基于上述限制,汽车驱动系统能够提供的理想牵引力和功率如图 2-14 所示。显然,图 2-13 和图 2-14 差别很大,为了使驱动系统满足汽车的需求,必须增设变速器。

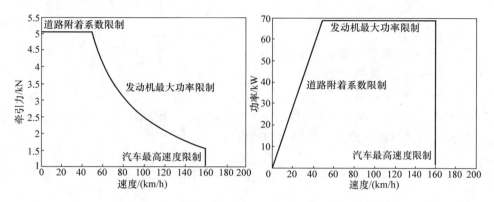

图 2-14 汽车驱动系统能够提供的理想牵引力和功率

二、最大传动比选择

确定最大传动比时要考虑以下因素：道路附着系数、最大爬坡度、最大加速度、发动机最低稳定转速。

轮胎与路面之间所能传递的最大驱动力受道路附着系数的限制，即必须满足下式

$$F_t \leq F_\varphi = F_z \varphi \tag{2-27}$$

式中 F_φ——路面能传递的最大驱动力；

F_z——驱动轮法向反作用力；

φ——道路附着系数。

低档低速行驶时，空气阻力可以忽略不计，可得到的最大驱动力等于所需要的最大驱动力，即

$$\frac{T_{e\max} i_{g\max} \eta}{r} = mg(f\cos\alpha + \sin\alpha) + \delta ma \tag{2-28}$$

式中 $T_{e\max}$——发动机最大转矩；

$i_{g\max}$——最大传动比；

η——传动系统效率；

r——车轮半径；

α——坡度角。

最大传动比 $i_{g\max}$ 需要考虑以下两个极限情况：一是加速度为 0 时能够通过的最大坡度；二是水平路面的最大加速度。由式（2-28）可以得到根据最大爬坡能力而设计的最大传动比为

$$i_{g\max} = \frac{mgr(f\cos\alpha + \sin\alpha)}{T_{e\max}\eta} \tag{2-29}$$

当驱动轮上的驱动力很大且要求汽车必须低速稳定行驶时，传动系的最大传动比为

$$i_{gmax} = 0.377\frac{n_{min}r(1-s)}{v_{min}} \tag{2-30}$$

式中 n_{min}——发动机最低稳定转速；

v_{min}——汽车最低稳定车速；

s——驱动轮滑移率。

对于式（2-30），实际设计时取 $s=0$，实际的最大传动比取上述较大值，可以得到最大传动比时水平路面上的最大加速度为

$$a_{max} = \frac{T_{emax}i_{gmax}\eta}{\delta mr} - \frac{gf}{\delta} \tag{2-31}$$

三、最小传动比选择

假设汽车高速行驶时驱动轮没有打滑，则有

$$i_{gmin} = 0.377\frac{nr}{v_{max}} \tag{2-32}$$

式中 n——发动机转速。

选择最小传动比时需要考虑很多因素，对于乘用车，该档运行时间可达 80%。根据设计类型的差异，分为以下三种设计方案：

（1）最佳传动比设计　为了将发动机的最大功率转变为最高性能，阻力功率必须通过发动机的最大功率点，即如图 2-15 所示的曲线 2 和曲线 4 的交点 A。在这种特殊情况下，最高车速、发动机功率、传动比配合非常简单，只需把式（2-32）中的发动机转速 n 换成发动机最高功率时的转速即可。这种设计方案能较好地兼顾最高档的加速功率储备和燃油经济性。

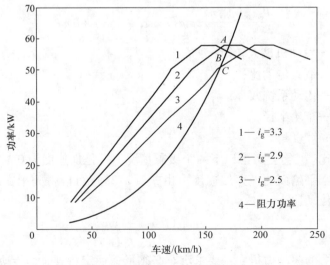

图 2-15　汽车最小传动比的选择

(2) 运动型设计 运动型设计要求在最高档时也需要大量的功率储备,可用功率与阻力功率在发动机功率下降段相交,如图 2-15 所示的 B 点,此时,最小传动比要比最佳传动比大。

(3) 经济型设计 经济型设计要求在最高档时阻力功率接近发动机功率,注重汽车的燃油经济性,可用功率与阻力功率在发动机功率上升段相交,如图 2-15 所示的 C 点,此时最小传动比比最佳传动比小。该方法确定的最小传动比称为节能档,这一传动比应使阻力曲线向油耗最低曲线靠拢,最高车速档是次高档。

综上所述,三种选择最小传动比的方案中,第一种兼顾动力性和经济性,能达到的车速最高;第二种更注重动力性,经济性差,能达到的车速较高;第三种更注重经济性,动力性差,能达到的车速比前两种低。实际应用中根据设计需要进行选择,也可以采用经济型设计方案得到的最小传动比作为最高档,其他两种设计方案得到的最小传动比作为次最高档。

四、传动比展开度确定

传动比展开度就是最大传动比与最小传动比之比,它主要取决于汽车的用途、发动机转速的展开度、汽车的比功率,通常最大传动比由起步条件决定,最小传动比由发动机特性图上的节油范围或最高车速决定。传动比展开度的公式为

$$i_{G,\text{tot}} = \frac{i_{\text{gmax}}}{i_{\text{gmin}}} \tag{2-33}$$

五、中间传动比选择

不同类型的汽车具有不同的档位数。增加档位数会提高汽车的动力性和经济性,但会使变速器结构变得复杂,增加变速器的成本和重量。随着燃油经济性要求的不断提高,变速器的发展趋势是多档化。

相邻两档传动比之间的关系(速比级差 Ψ)可以表示为

$$\Psi = \frac{i_{g,k-1}}{i_{g,k}} \leq \frac{n_{\max}}{nT_{\max}} \tag{2-34}$$

选择中间传动比时需要考虑以下几个方面:

1) 档位数越多,就越能充分地利用发动机低油耗区的工作范围,从而能更好地兼顾汽车的动力性和经济性。但是增加档位数,换档频率、变速器的重量和尺寸都会相应增加。

2) 低档行驶距离所占比例小,高档行驶距离所占比例大。

3) 每个档位行驶距离所占比例取决于比功率、道路分布、交通状况和驾驶风格。

4) 速比级差 Ψ 越小,换档操作越容易,驾驶趣味性越强。

5) 同步器同步环的热负荷与速比级差 Ψ 的平方成正比。

上述几个方面有的是相互矛盾的,因此在设计变速器时,必须进行折中考虑,实践证明,几何速比级差和渐变速比级差是两种有效的计算方法。

(1)几何速比级差 在进行档位设计时,各档位之间速比级差的理论值总是相等的,即

$$q = \frac{i_{g1}}{i_{g2}} = \frac{i_{g2}}{i_{g3}} = \cdots \tag{2-35}$$

若最大传动比为 i_{gmax},最小传动比为 i_{gmin},有 m 个档位,则有

$$q = \sqrt[m-1]{i_{gmax}/i_{gmin}} \tag{2-36}$$

$$i_{g1} = i_{gmax} \quad i_{g2} = i_{g1}/q \quad i_{g3} = i_{g1}/q^2 \quad \cdots \quad i_{gm} = i_{g1}/q^{(m-1)} = i_{gmin} \tag{2-37}$$

几何速比级差在商用汽车变速器中最为常用,避免了各档位的重叠。

(2)渐变速比级差 渐变速比级差用于乘用车变速器,档位越高,级差越小。表 2-8 所列为最大传动比为 13.752、最小传动比为 2.637 的 6 档变速器在两种速比级差情况下的计算结果。图 2-16 所示为两种速比级差情况下,不同档位的发动机转速、驱动力随车速变化的计算结果。显然,几何速比级差时各档位与发动机等功率曲线偏差较小,适用于各档位使用时间较为均匀的情况;而渐变速比级差时各档位与发动机等功率曲线偏差不一致,低档位时相差较大,高档位时相差较小,因此,这种速比级差适用于低档位使用时间较短,而高档位使用时间较长的情况。

表 2-8 两种算法的 6 档变速器的计算结果

档位	1	2	3	4	5	6
几何传动比(理论)	13.752	9.883	7.103	5.105	3.669	2.637
相邻传动比级差		1.3915	1.3914	1.3914	1.3914	1.3914
渐变传动比(理论)	13.752	7.463	5.120	3.897	3.146	2.637
相邻传动比级差		1.8428	1.4575	1.3139	1.2389	1.1929
渐变传动比(实际)	13.752	7.954	5.303	4.036	3.173	2.637
相邻传动比级差		1.7289	1.4999	1.3139	1.2720	1.2033

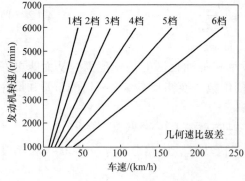
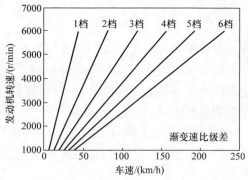

图 2-16 两种速比级差下发动机转速、驱动力随车速变化的计算结果

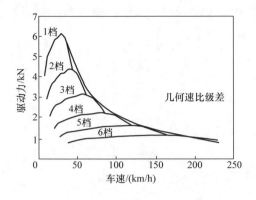
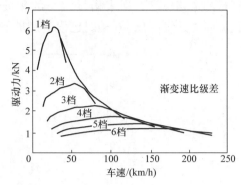

图 2-16　两种速比级差下发动机转速、驱动力随车速变化的计算结果（续）

2.6　发动机和变速器联合工作

发动机和变速器匹配后需要进行联合工作性能计算：汽车动力性计算，主要包括最高车速、爬坡能力、加速能力计算；汽车燃油经济性计算，在保证动力性的条件下，汽车以尽量低的燃油消耗量经济行驶的能力，通常用一定运行工况下汽车行驶百公里的燃油消耗量或一定燃油量能使汽车行驶的里程来衡量。

一、汽车动力性

1. 最高车速

最高车速是指在水平、良好路面上汽车能达到的最高行驶速度。理论上，最高车速是指在驱动力图上驱动力曲线与行驶阻力曲线的交点（图 2-17）或者驱动功率曲线与行驶阻力功率曲线的交点。实际测量方法是在 1km 的测量距离上，能够保持两个方向上的最高车速的平均值。主要的试验条件有：将汽车装载到一半的负载；路面水平、干燥，道路附着系数条件良好；最大风速不超过 3m/s；汽车必须在两个方向上沿着试验跑道行驶。

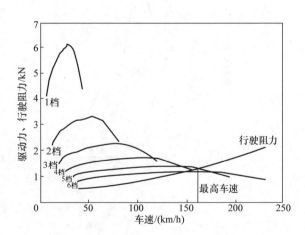

图 2-17　由驱动力图确定最高行驶车速

2. 最大爬坡度

最大爬坡度是指在车速不变的情况下，全部剩余驱动力用于爬坡时，汽车所能爬行的道路坡度，用来衡量汽车的爬坡性能。如图 2-18 所示，随着档位的升高，爬坡能力逐渐降低，6 档时已没有爬坡能力。

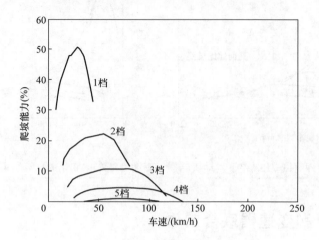

图 2-18　各档位汽车的爬坡性能

3. 加速能力

加速能力是指在平路上，汽车全部剩余驱动力用于加速的能力，如图 2-19 所示。

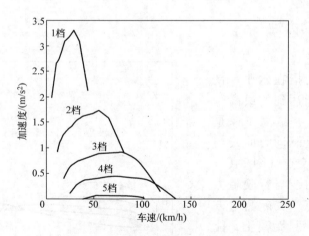

图 2-19　各档位时汽车的加速性能

二、汽车燃油经济性

任何一个时刻，工作点的比油耗 b_e 都可以从图 2-20 所示的发动机油耗特性曲线上读取出来，需要知道此时的发动机转速和转矩，其中发动机转速既可以通过发动机数据直接获得，也可以通过式（2-38）获得；发动机转矩既可以通过发动机数据直接获得,也可以通过式(2-39)获得。图 2-20 中的 A 点表示发动机转速为 3100r/min、转矩为 92N·m 时,燃油消耗率为 250g/(kW·h)。

$$n_e = \frac{i_g v}{0.377r} \quad (2\text{-}38)$$

$$T_e = \frac{F_t r}{i_g \eta} \quad (2\text{-}39)$$

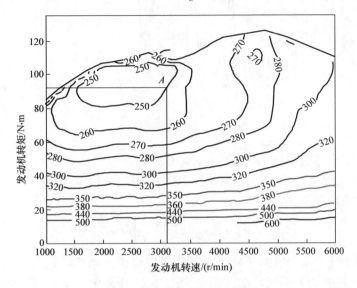

图 2-20 发动机油耗特性曲线

发动机功率 P_e 可以通过式(2-40)得到

$$P_e = \frac{F_t v}{\eta} \quad (2\text{-}40)$$

百公里燃油消耗 Q_s 为

$$Q_s = \frac{100\, b_e P_e}{\rho v} = \frac{100\, b_e F_t}{\rho \eta} \quad (2\text{-}41)$$

式中 b_e——比油耗;
ρ——燃油密度。

百公里燃油消耗计算实例:对于图 2-20 中的 A 点而言,$b_e = 250\text{g}/(\text{kW} \cdot \text{h})$,$P_e = \frac{T_e n_e}{9549} = 29.9\text{kW}$,$\rho = 755\text{g/L}$,6 档时车速 $v = 0.377\,\frac{rn}{i_g} = 0.377 \times \frac{0.269 \times 3100}{2.674}$ km/h = 117km/h,则百公里燃油消耗 $Q_s = 8.46\text{L}/100\text{km}$。

汽车燃油经济性计算就是计算图 2-21 所示的试验用运转循环下的燃油经济性,主要包括等速行驶、等加速行驶、等减速行驶、怠速停车等工况下燃油消耗量的计算。

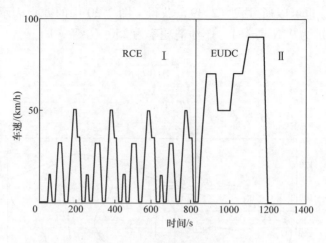

图 2-21 试验用运转循环

1. 等速行驶时的燃油消耗量

等速行驶工况下,发动机提供的动力需要克服滚动阻力和空气阻力,假设车速为 v,则发动机应该提供的功率为

$$P_e = \left(mgf + \frac{C_D A v^2}{21.25}\right)v/\eta \tag{2-42}$$

把图 2-20 所示发动机油耗特性曲线的横坐标由发动机转速变为车速,把纵坐标由发动机转矩变为发动机功率,即变为图 2-22 所示的发动机万有特性曲线。然后利用式(2-41)和式(2-42)即可求出等速行驶工况下的百公里燃油消耗量。已知行驶里程或时间就可以计算出此段的燃油消耗量 $Q_{等速}$。

2. 等加速行驶时的燃油消耗量

等加速行驶工况下,发动机提供的动力除需要克服滚动阻力和空气阻力外,还需要克服加速阻力。某一速度时,发动机应该提供的功率为

$$P_e = \left(mgf + \frac{C_D A v^2}{21.25} + \delta m \frac{dv}{dt}\right)v/\eta \tag{2-43}$$

以开始时车速为 v_a,结束时车速为 v_b,加速度为 $\dfrac{dv}{dt}$ 为例,计算此段的燃油消耗量。

1)把车速每隔 1km 分为一

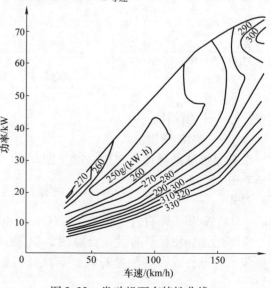

图 2-22 发动机万有特性曲线

段，总计分为 $n = \dfrac{v_b - v_a}{1} = v_b - v_a$ 段。

2）第 i 段（$i=1, 2, \cdots, n$）的平均车速为 $v_i = v_a + (i - 0.5)\dfrac{dv}{dt}$。

3）第 i 段（$i=1, 2, \cdots, n$）的时间为 $t_i = \dfrac{1}{v_i}$。

4）第 i 段（$i=1, 2, \cdots, n$）的功率为 $P_{e,i}$，由式（2-43）算出。

5）由式（2-41）算出第 i 段（$i=1, 2, \cdots, n$）的百公里燃油消耗量。

6）计算第 i 段的燃油消耗量 Q_i。

7）等加速行驶段总的燃油消耗量 $Q_{加速} = \sum\limits_{i=1}^{n} Q_i$。

3. 等减速行驶时的燃油消耗量

减速行驶时，节气门松开并进行轻微制动，发动机处于强制怠速状态，其油耗为正常怠速油耗。仍以开始时车速为 v_a，结束时车速为 v_b，减速度为 $\dfrac{dv}{dt}$ 为例，计算此段的燃油消耗量。

1）总的减速时间 $t = \dfrac{v_a - v_b}{dv/dt}$。

2）如怠速燃油消耗率为 q_d，则减速期间的燃油消耗量为 $Q_{减速} = q_d t$。

4. 怠速停车时的燃油消耗量

若怠速停车时间为 $t_s(s)$，则怠速期间的燃油消耗量为 $Q_{怠速} = q_d t_s$。

对于带有起停系统的汽车，怠速停车期间的耗油量主要与温度有关，与怠速停车时间无关，此期间的燃油消耗量应该是冷却液温度的函数，可以表示为 $Q_{怠速} = f(t_{温度})$。

5. 整个循环工况的百公里燃油消耗量

图 2-21 所示的试验用运转循环的百公里燃油消耗量为

$$Q_s = \dfrac{Q_{等速} + Q_{加速} + Q_{减速} + Q_{怠速}}{S} \times 100 \qquad (2\text{-}44)$$

式中　S——整个循环行驶距离。

2.7　换档性能评价

换档性能评价主要包括静态、动态、低温等工况下换档性能的评价，评价标准从 1 到 10，1 最差，10 最好。把表 2-9 所列的换档性能主观评价项目按照表 2-10 所列的换档性能主观评价标准进行加权打分，各项目的评价结果用图 2-23 所示的蜘蛛网图表示。图 2-24 所示为动态换档力测量结果，从 2 档摘档到空档前段有一定的不平滑阻力，后段有一定的吸入感；从空档挂到 1 档时有轻微的台阶感，挂档力偏大,二次冲击明显。

表2-9 换档性能主观评价项目

项目	静态	动态	低温
换档噪声		○	○
档位自由间隙	○	○	○
换档平顺性		○	○
过调量		○	○
选档力	○	○	○
精确度		○	○
换档安全性		○	○
静态换档力	○		
动态换档力		○	○
换档力模式		○	○
二次冲击		○	○
吸入感	○	○	○
不规则换档阻力	○	○	○
换档黏滞阻力	○	○	○
滥用换档		○	
低温换档			○
升档刮擦声		○	
低温刮擦声			○
离合器分离	○	○	○
倒档锁止	○	○	○
恢复空档操纵力		○	○
变速杆振动		○	
保持力	○	○	○
人机工程	○	○	○
换档行程	○	○	○

注:○表示需要进行主观评价项目。

表2-10 换档性能主观评价标准

评价指标	1	2	3	4	5	6	7	8	9	10
评价	不可接受		拙劣的		不明确	可接受	较好	好	非常好	极好
顾客满意度	不满意				部分不满意	满意		非常满意		十分满意
改进需求	全部顾客				一般顾客	爱挑剔的顾客				
NVH	非常响亮		响亮		烦扰声	清脆的听得见	听得见	部分听得见	刚刚听得见	听不见

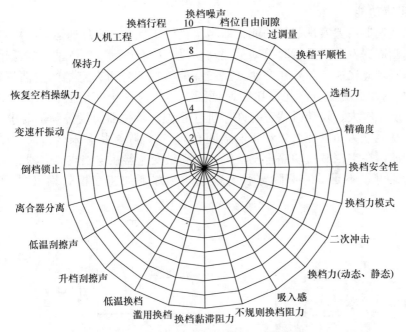

图 2-23 换档性能评价结果蜘蛛网图

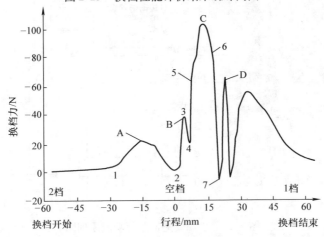

图 2-24 动态换档力

1—摘档 2—空档 3—同步器定位销脱出点 4—预同步点 5—同步开始 6—同步结束
7—接合套与接合齿啮合点 A—最大脱档力 B—最大挂档力 C—最大同步力 D—二次冲击力

2.8 手动变速器的新技术

从节省能源的角度出发,手动变速器主要有 3 项新技术获得应用:一是起停功能,二是换档提示,三是换档过程中发动机主动调速控制。

1. 起停功能

手动变速器需要实现起停功能，即当车辆停止且发动机怠速运行时可自动停止发动机，当需要发动机运行时自动重起发动机，从而达到节省燃油、降低排放的目的。为了实现此功能，需要在变速器上安装能够检测是否在空档的空档位置开关。图2-25所示为手动变速器起停功能原理图，当车速低于一定值、电池电量充足、制动真空度足够大、发动机状态允许停机（水温、催化器温度等满足要求）、满足安全条件（驾驶人员在座及发动机舱盖闭合）、空调除雾状态未被请求、加速踏板松开、变速器在空档时自动停止发动机；在满足变速器在空档或离合器分离的情况下，当电池电量不足、空调除雾状态被请求、踩下加速踏板时均可自动重起发动机。

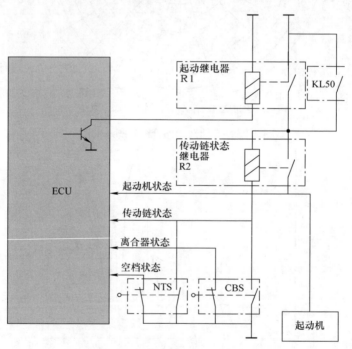

图2-25　手动变速器起停功能原理图

2. 换档提示技术

欧洲联盟议会及理事会修改和增加了"M1类车辆装用换档提示器（GSI）的要求"的规定，该规定的实施日期对于新定型的车辆为2012年11月1日，对于所有在产新车为2014年11月1日。虽然目前国内未见相关的规定，只在合资和进口高档车中有所见，但是作为车辆的节能性功能，换档提示技术仍是比较值得推广的。在过去的几十年中为实现节能减排，前沿技术不断地被运用在汽车上来提高燃油经济性，但是基于驾驶习惯来提高节能性的研究比较少。换档提示是建议或者提示驾驶人员在行车过程中何时换档的指示器。在恰当的时机换档意味着可获得更低的油耗,可确保更高效地利用燃油,同时减少排放,有助于初学驾驶者尽快掌握合适的换档时机,提高驾驶乐趣。图 2-26 所示为手动变速器换档提示仪表信息。图中所示目前档位为 3 档,升档提示信息提示驾驶人员进行升档操作。为了实现这一功能,需要获取发动机、变速器等的相关信息,并根据一定的控制规则做出决策,向换档提示显示装置发出提示信息,以便驾驶人员操作。

3. 发动机主动调速控制技术

在雪佛兰克尔维特跑车的 7 档手动变速器上,提供了一项自动化的功能。那就是在换档过程中,离合器分离之后,发动机不再自由运转,而是通过电子节气门进行主动调速控制,从而使发动机转速跟踪新档位的目标转速,达到减小离合器接合的滑摩时间和滑摩功,并减少离合器接合带来的换档冲击。在动力降档工况,通常的手动变速器车辆会给乘员动力补充延后的感觉,而换档过程中发动机主动调速控制可以明显改善这个问题。因为利用这一技术,可以在离合器分离的时间段,将发动机的转速提高到等于或稍大于新档位的目标转速,从而在离合器接合时,其摩擦力矩的方向都是驱动作用力方向,而不会产生反拖的作用力,大大改善了换档的加速感和平顺性。在升档工况,利用该功能也能缩短换档时间和减少换档冲击。不同的是在升档工况,发动机调速控制是进行降速控制,在离合器分离后将发动机的转速降低到新的高档同步转速附近,但还要保证挂入新档后离合器接合的瞬间,发动机的转速是上升的,而且稍高于新档位的目标转速,从而使离合器摩擦力矩都起到驱动作用,缩短动力中断时间。

图 2-26 手动变速器换档提示仪表信息

参 考 文 献

[1] 陈玉祥,臧孟炎,陈勇,等. 基于虚拟样机技术的手动变速器换挡力分析 [J]. 中国机械工程,2012,23(8).

[2] 王富 赵富强,李光辉. 手动变速器建模实例教程:PRO/ENGINEER 野火版(附光盘)[M]. 北京:机械工业出版社,2007.

[3] 周方,胡子涛. 手动变速器的试验方法 [J]. 海峡科学,2012(12):9–11.

[4] 马小英,彭国民,余波. 汽车手动变速器怠速敲击噪声研究及优化 [J]. 汽车工程学报,2011,01(z1):167–167.

[5] 谢越. 实施汽车离合器和手动变速器维修 [M]. 北京:机械工业出版社,2010.

[6] 相龙洋,左曙光,孙庆,等. 汽车手动变速器振动噪声特性试验研究 [J]. 制造业自动化,2013,35(6):50–53.

[7] 范文波,方伟荣. 乘用车手动变速器换档性能的开发和优化 [C] // 2015 中国汽车工程学会年会论文集,2015.

[8] 吴俊林. 手动变速器的检测与诊断的方法 [J]. 中国机械, 2015 (20): 131 – 132.

[9] 胡志华, 陈玉祥, 陈勇, 等. 汽车手动变速器换档性能的多体动力学评价方法 [C] // 2011 中国汽车工程学会年会论文集, 2011.

[10] 郑立朋, 柳见喜, 徐雷. 手动变速器空挡位置传感器在智能启停系统中的应用 [C] // 国际汽车变速器及驱动技术研讨会, 2014.

[11] 李益南, 方伟荣, 陈安红. 高效率手动变速器开发 [C] // 2010 中国汽车工程学会年会论文集, 2010.

[12] 李益南, 方伟荣, 刘启华. 手动变速器换档性能评价方法 [C] // 2008 中国汽车工程学会年会论文集, 2008.

[13] 姜凤翔, 韩涌波, 黄利华. 一种手动变速器汽车起步的控制方法: CN102518519A [P]. 2012 – 06 – 27.

[14] 张慧芳, 张立荣. 手动变速器传动效率的影响因素分析与改善对策研究 [J]. 制造业自动化, 2011, 33 (4): 31 – 33.

[15] 相龙洋, 左曙光, 孙庆, 等. 汽车手动变速器振动噪声特性试验研究 [J]. 制造业自动化, 2013, 35 (6): 50 – 53.

[16] 张浩源, 白要要, 王伟, 等. 手动变速器换挡力仿真分析 [J]. 科技与企业, 2015 (19): 251 – 251.

[17] De la C M, Theodossiades S, Rahnejat H. An investigation of Manual Transmission Drive Rattle [J]. Proceedings of the Institution of Mechanical Engineers, Part K: Journal of Multi – Body Dynamics, 2010, 224 (2): 167 – 181.

[18] Lucente G, Montanari M, Rossi C. Modelling of an Automated Manual Transmission System [J]. Mechatronics, 2007, 17 (2 – 3): 73 – 91.

第3章 自动变速器

3.1 概述

　　液力式自动变速器（Automatic Transmission，AT）是使用最早的自动变速器，其主要组成部分为液力变矩器、行星齿轮机构和换档操纵系统，其变速和变扭功能主要是通过齿轮的不同组合方式和液力的传递来完成的。液力自动变速器主要分为两种类型：一种为前置后驱式，另一种为前置前驱式。液力自动变速器的档位变化主要是根据车速和负荷，即加速踏板的行程进行双参数控制来完成的。液力变矩器是 AT 中最重要的组成部件之一，其主要组成部分为泵轮、涡轮和导轮等，它通过液体动量矩的变化来改变转矩，对外负载有很好的适应性和自动调节功能，同时还具有离合、无级连续变速、调节转矩大小等作用。AT 中另一重要组成部件为行星齿轮系，AT 各档传动比的确定便是由行星齿轮系的个数和离合器、制动器控制其不同组合来完成的。

　　自动变速器技术应用到汽车工业中已经有 80 余年历史了，它使汽车具有通过性较高、行车安全性更好、自适应性良好、操纵简单轻便等特点。随着更多汽车新技术的出现，液力自动变速器的结构也在不断地改进，其技术逐渐发展成熟。与传统手动变速器相比，液力自动变速器不仅可以更好地适应汽车的行驶要求，还具有以下显著优点。

　　1）操纵简单轻便，驾驶性能优良。一方面，采用液压操纵或者电子控制的装配自动变速器的汽车，实现了自动化换档。使用自动变速器时，只需要操纵液压控制装置中的滑阀便可以轻松地实现换档，而手动变速器在换档时需要繁琐地用拨叉拨动滑移齿轮才可以完成换档，显然，在换档方面自动变速器的操纵更加简便。另一方面，除了汽车结构方面的影响外，汽车驾驶性能是否优良还与控制和操纵方式选择得正确与否有关。自动变速器可以使汽车获得最好的动力性和经济性，是因为其总在既定的最佳换档规律下自动换档，驾驶人员的技术和经验则与换档无关。

　　2）使行车更加安全，降低驾驶人员的疲劳强度。有人做过这样的调查，小轿车在闹市区行驶时平均每公里要换档 5～9 次，即换档密度为 3～5 次/min，最大换档密度高达 4 次/20s，而每次换档一般都会有 4～6 个协同动作，这样必然会产生两个结果：一是加快驾驶人员精神和身体上的疲劳速度，分散其行驶中的注意力，时间久了必然会造成交通隐患；二是驾驶人员因疲劳而减少换档次数，只以操纵加速踏板来实现变速，从而使整车的燃油经济性降低。车辆实现自动变速后，驾驶人员只需控制加速踏板就可以轻松实现自动变速，从而取消了对离合器踏板和变速杆的操纵，在很大程度上降低了驾驶人员的操纵疲劳强度，从而使行车更加的安全。

3）改善了车辆的动力性能。由于液力自动变速器的自动换档特性和液力变矩器的变矩特性，可有效提高整车的起步加速性。自动换档过程中，整个传动系统传递的功率不间断，没有手动换档时的控制供油量操作，并保证总在发动机功率得到充分利用的时刻换档，从而可改善汽车的动力性能。

4）减少废气的排放。汽车装配了自动变速器，便可以使发动机总在其经济转速区域内工作，即在排放污染较少的转速范围内运转。这是因为自动变速器可以根据车速和负荷在一定范围内实现传动比的自动调节，这样便大大减少了废气的排放和污染。

5）燃油经济性较好。通常人们总认为自动变速器因具有较低的传动效率而不利于实现汽车的燃油经济性，但是从汽车整个行驶状况考虑，自动变速器总是自动地采取与发动机的最优匹配，并能自动适应阻力的变化在最佳换档时刻换档，从而可使汽车具有较好的燃油经济性。

6）延长传动系统零部件的使用寿命。AT采用液力传动，可减少甚至消除动力传动装置中的振动，特别是在行驶条件恶劣的情况下。相关试验表明，装备自动变速器的汽车在不好道路行驶时，其传动轴所承受的动载转矩最大值是装备手动变速器汽车的20%～40%；而在原地起步时，其动载转矩最大值是手动变速器的50%～70%，这样便延长了汽车各零部件的使用寿命。

当然，AT也存在很多缺点：传动时效率较低，并且没有无级连续变速的功能；零部件的加工精度和制造工艺要求很高，从而造成了制造成本的提高，机构复杂、修理困难。

3.2 自动变速器的组成及控制原理

图3-1所示为采用液力变矩器和行星齿轮变速器组合而成的8速液力式自动变速器。其工作原理是：节气门传感器和车速传感器将发动机节气门开度和车辆行驶速度转变为电信号，连同其他反映汽车各部分和系统工作情况的传感器信号一起，送到电子控制系统的电子控制单元（ECU），然后，将输入信号与存储在ECU存储器中的控制规律进行比较计算，并由ECU向相应的若干个电液比例阀发出指令，调节流向控制阀等的液压油量，使执行机构、各离合器和制动器的动作得到控制，从而精确地控制换档时机和锁止离合器的工作。液力式自动变速器的控制原理如图3-2所示。它主要由液力传动装置（液力变矩器）、机械变速装置、液压控制单元

和电子控制单元四部分组成。

图3-1　8速液力式自动变速器（图片来源：采埃孚公司）

一、液力传动装置

汽车液力传动装置分为液力耦合器和液力变矩器，现代自动变速器液力传动装置大都采用液力变矩器。

液力变矩器位于自动变速器的最前端，安装在发动机的飞轮上，其作用与采用手动变速器的离合器相似。它是以液体为工作介质的叶片传动机械。工作时，利用工作轮叶片与工作液体间的相互作用实现机械能与液体能的相互转换（即泵轮不断地吸收内燃机的动力并传递给涡轮），通过液体动量矩的变化来改变所传递的转矩。它具有无级连续变化速度与转矩的能力，是目前最成功地用于汽车的无级变速传动（Continuously Variable Transmission，CVT）装置，从根本上简化了操纵程序；使车辆起步平稳，加速迅速、柔和，有优良的减振性能，从而延长了动力传动系统的寿命，提高了乘坐舒适性、车辆的平均速度和行驶安全性；失速时有最大的变矩比，不仅有防止发动机熄火的功能，更主要的是大大提高了汽车的通过性。

液力变矩器的不足之处是效率不高，高效范围窄，这些损失以热的形式散发，进一步加重了散热器的负担，故燃油经济性不高。

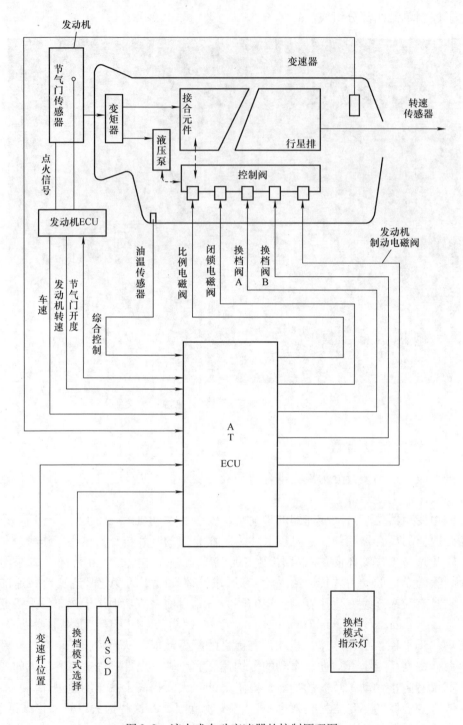

图 3-2 液力式自动变速器的控制原理图

二、机械变速装置

机械变速装置包括行星齿轮机构和换档执行机构。

行星齿轮机构是自动变速器的重要组成部分之一，它主要由太阳轮、齿圈、行星架和行星齿轮等元件组成。行星齿轮机构是实现变速的机构，传动比的改变是通过以不同的元件为主动件和限制不同元件的运动来实现的。在传动比改变的过程中，整个行星齿轮组还存在运动，动力传递没有中断，从而实现了动力换档。

换档执行机构主要用来改变行星齿轮机构中的主动元件或限制某个元件的运动，改变动力传递的方向和传动比。它主要由多片式离合器、制动器和单向超越离合器等组成。离合器的作用是把动力传给行星齿轮机构的某个元件使其成为主动件。制动器的作用是将行星齿轮机构中的某个元件抱住，使其不动。单向超越离合器也是行星齿轮变速器的换档元件之一，其作用和多片式离合器及制动器基本相同，也是用于固定或连接几个行星排中的某些太阳轮、行星架、齿圈等基本元件，使行星齿轮变速器组成不同传动比的档位。

三、液压控制单元

液压控制单元起传递、控制、操纵、冷却和润滑等作用，主要由液压泵、主调压阀、节流阀、手控阀、电液比例阀等组成。液压控制系统受电控系统的控制，按照行车要求，把液压油输入到需要工作的离合器或制动器液压缸内，从而改变变速器速比，达到行车要求。

四、电子控制单元

电子控制单元包括信号输入装置、电子控制单元和执行机构三部分。

信号输入装置包括传感器和信号开关装置。信号输入装置负责将汽车行驶的有关状态信息转变为电信号，以便控制电路接收。传感器信号一般有模拟量、脉冲量和开关量三种类别。

电子控制单元（ECU）是电子控制系统的核心，它接收传感器检测到的汽车行驶状态信息和驾驶人员给出的干预信息，并进行比较运算。再按照某种规律发出指令，自动控制传动系统工作。ECU 主要由输入通道、控制器和输出通道三部分组成。输入通道接收各种输入信号，控制器将这些信号与内存中的数据进行对比，根据对比结果做出是否换档等决定，输出装置对控制信号进行处理或直接将其输送给电磁阀等执行机构。

执行机构主要指电液比例阀，它根据 ECU 的命令调节液压回路中的压力。

3.3 自动变速器的机械结构

一、液力变矩器的机械结构

液力变矩器主要由可旋转的泵轮 B 和涡轮 W 以及固定不动的导轮 D 组成,如图3-3 所示。各工作轮用铝合金精密铸造,或用钢板冲压焊接而成。泵轮 B 与变矩器壳 4 连成一体,用螺栓固定在发动机曲轴 1 后端的凸缘上。变矩器壳 4 做成两半,装配后连接成一体。涡轮 W 安装在从动轴 2 上,导轮 D 固定在导轮固定套管 3 上。所有的工作轮装配好后,形成断面为循环圆的环状体。

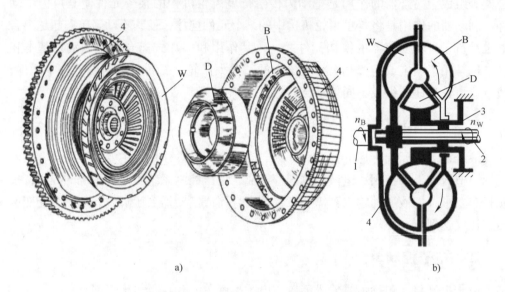

图 3-3 液力变矩器的机械结构

1—发动机曲轴 2—从动轴 3—导轮固定套管 4—变矩器壳 B—泵轮 W—涡轮 D—导轮

综合式变矩器在耦合器工况区时,即使是在最高效率点,泵轮与涡轮仍有 5% 左右的滑转,即有相应的能量损失。自动变速器的多档化减轻了对液力变矩器功能的依赖,为了降低油耗,可在一定条件下采用锁止离合器使泵轮与涡轮连接为一体。它装于涡轮轴的花键上,车辆低速或变矩器低速比时,工作油压通过涡轮轴与泵轮轴的空腔流入锁止离合器的前部,$F_2 > F_1$,使其处于脱开状态,如图3-4 所示。当汽车以中、高速行驶或变矩器在 $i > i_M$ 工况时,工作油压通过涡轮与导轮轴套间的油路进入其后部,前部的油通过涡轮轴空腔排出,$F_1 > F_2$,液力变矩器锁止。因此,无功率损失,不会引发油温升高,无需将液力变矩器油送至散热器进行冷却。

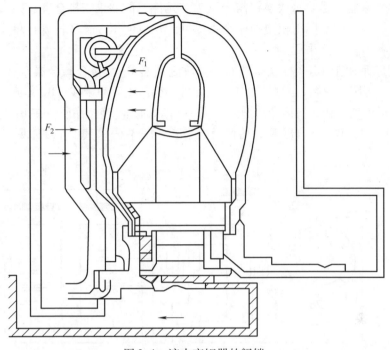

图 3-4　液力变矩器的闭锁

二、行星齿轮机构的机械结构

1. 辛普森行星齿轮机构

3 档辛普森行星齿轮机构如图 3-5 所示，它由两个齿轮参数完全相同的行星排组成。其特点是齿轮种类少，加工量小，工艺性好，成本低；以齿圈输入、输出，强度高，传递功率大；无功率循环，效率高；构成元件转速低，换档平稳；对于三

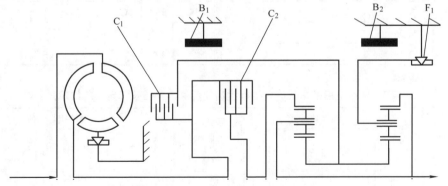

图 3-5　3 档辛普森行星齿轮机构

B_1—2 档制动器　B_2—低档及倒档制动器

C_1—倒档及高档离合器　C_2—前进档离合器　F_1—低档单向离合器

自由度的变速器,尽管每次换档需操纵 2 个元件,但如果安排合理,则其与相邻档为同一操纵件,即实际上仅更换一个操纵件。从发明至今,辛普森行星齿轮机构一直为世界各国所广泛采用。

图 3-5 所示结构由 2 档换 3 档时,释放制动器 B_1 与接合离合器 C_1 的交替应及时、准确,否则 C_1 接合得过早,各独立元件间会产生运动干涉;B_1 释放得太快,则会使发动机出现空转,换档冲击增大(表 3-1)。为提高换档品质,在 B_1 与太阳轮组件之间串联一个单向离合器 F_2,可使换档平顺(图 3-6),其工作规律见表 3-2。

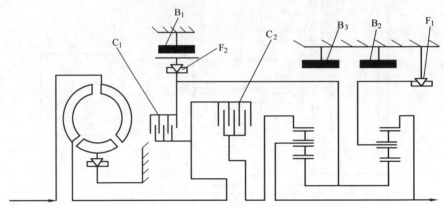

图 3-6 改进后的 3 档辛普森行星齿轮机构

B_1—2 档制动器 B_2—低档及倒档制动器 B_3—2 档强制制动器
C_1—倒档及高档离合器 C_2—前进档离合器 F_1—低档单向离合器 F_2—2 档单向离合器

表 3-1 辛普森 3 档行星齿轮变速器换档执行元件工作规律

操纵手柄位置	档位	换档执行元件					操纵手柄位置	档位	换档执行元件			
		C_1	C_2	B_1	B_2	F_1			C_1	C_2	B_1	B_2
D	1 档		○			○	R	倒档	○			○
	2 档		○	○			S, L	1 档		○		○
	3 档	○	○					2 档		○	○	

注:○表示接合、制动或锁止。

表 3-2 改进后的辛普森 3 档行星齿轮变速器换档执行元件工作规律

操纵手柄位置	档位	换档执行元件					操纵手柄位置	档位	换档执行元件					
		C_1	C_2	B_1	B_2	F_1			C_1	C_2	B_1	B_2	B_3	F_2
D	1 档		○			○	R	倒档	○			○		
	2 档		○				S, L	1 档		○				
	3 档							2 档						

注:○表示接合、制动或锁止。

为进一步提高燃油经济性和降低噪声，车辆向多档化发展，4 档已成为标准装备。其前、后行星排除用一个辅助构件相连外，其他全部独立，形成具有 5 个独立元件（上述为 4 个独立元件）的辛普森机构，故可用增加一个操纵元件的办法（离合器或制动器）实现了 4 档变速（图3-7，表3-3）。它具有尺寸小、质量小等特点。

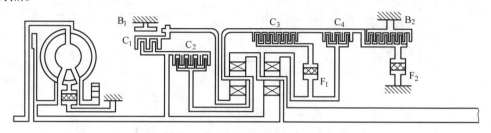

图 3-7 4 档辛普森行星齿轮机构

B_1—2 档及 4 档制动器 B_2—低档及倒档制动器 C_1—倒档离合器 C_2—高档离合器 C_3—前进档离合器 C_4—前进档强制离合器 F_1—前进单向离合器 F_2—低档单向离合器

表 3-3 4 档辛普森行星齿轮变速器换档执行元件工作规律

操纵手柄位置	档位	换档执行元件							
		C_1	C_2	C_3	C_4	B_1	B_2	F_1	F_2
D	1 档			○				○	
	2 档			○		○		○	
	3 档		○	○				○	
	超速档		○	●		○			
R	倒档	○					○		
S, L	1 档			●	○		○	○	
	2 档			●	○	○		○	
	3 档		○	●	○				

注：○表示接合、制动或锁止；●表示接合、制动或锁止，但不传递动力。

也有在原 3 档辛普森行星齿轮机构基础上，用积木构成法加一个参数与前两排一样的行星排来获得 4 档的轿车自动变速器，所加行星排可以前置或后置，用来实现超速或降速运动，又可得 4 种方案。其零件通用性好，有利于降低成本。

2. 拉维娜行星齿轮机构

拉维娜行星齿轮机构是由一个单行星排与一个双行星排组合而成的复合式行星齿轮机构，它们共用一个行星架、长行星轮和齿圈，故该机构只有 4 个独立元件（图3-8，表3-4）。其特点是构成元件少，转速低；结构紧凑，轴向尺寸小；传动比变化范围大，灵活多变；适合 FF 式布置。

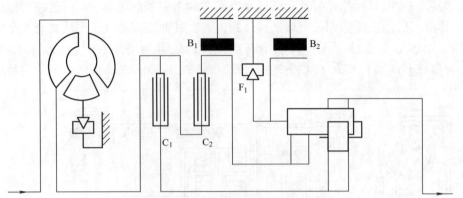

图 3-8 拉维娜行星齿轮机构

B_1—2 档制动器　B_2—低档及倒档制动器　C_1—前进档离合器

C_2—倒档及高档离合器　F_1—1 档单向离合器

表 3-4 拉维娜 3 档行星齿轮变速器换档执行元件工作规律

操纵手柄位置	档位	换档执行元件					操纵手柄位置	档位	换档执行元件					
		C_1	C_2	B_1	B_2	F_1			C_1	C_2	B_1	B_2	F_1	F_2
D	1 档	○				○	R	倒档		○		○		
	2 档	○		○			S，L	1 档	○			○		
	3 档	○	○					2 档	○		○			

注：○表示接合、制动或锁止。

改进后的拉维娜 3 档行星齿轮机构如图 3-9 所示，它在输入轴和后太阳轮之间增加了一个强制离合器 C_3 和单向离合器 F_2，既改善了换档品质，又能在 2 档、3 档实现发动机制动。其执行元件工作规律见表 3-5。

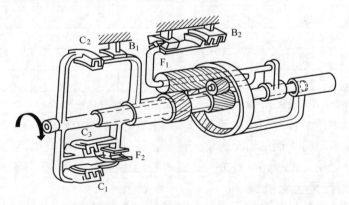

图 3-9 改进后的拉维娜行星齿轮机构

B_1—2 档制动器　B_2—低档及倒档制动器　C_1—前进档离合器

C_2—倒档及高档离合器　C_3—前进档强制离合器　F_1—低档单向离合器　F_2—前进档单向离合器

表3-5 改进后的拉维娜行星齿轮变速器换档执行元件工作规律

操纵手柄位置	档位	换档执行元件						操纵手柄位置	档位	换档执行元件					
		C_1	C_2	C_3	B_1	B_2	F_1	F_2			C_1	C_2	C_3	B_1	B_2	F_1	F_2
D	1档	○					○		R	倒档		○			○		
	2档	○			○			○	S, L	1档	○					○	
	3档	○	○							2档	○			○			

注: ○表示接合、制动或锁止。

在改进的拉维娜3档行星齿轮变速器的输出轴和行星架之间增加一个离合器C_4,就可变为4档变速器。也可采用增加制动器B_3的方法实现4档变速(图3-10,表3-6),同时在3档时采用功率分流方案,发动机功率的60%由机械传动,40%通过液力变矩器传动;4档时变矩器闭锁,以提高效率。

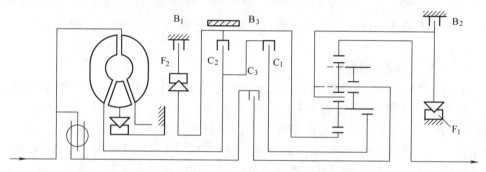

图3-10 有分流的4档拉维娜行星齿轮机构

B_1—2档制动器 B_2—低档及倒档制动器 B_3—2档预制动器
C_1—前进档离合器 C_2—倒档离合器 C_3—锁止离合器 F_1—1档单向离合器 F_2—2档单向离合器

表3-6 功率分流的拉维娜行星齿轮变速器换档执行元件工作规律

变速杆手柄位置	档位	换档电磁阀A	换档电磁阀B	换档执行元件						
				C_1	C_2	C_3	B_1	B_2	B_3	F_1	F_2
P	停车档	OFF	ON								
R	倒档	OFF	OFF		○			○			
N	空档	OFF	ON								
D	1档	OFF	ON	○						○	
	2档	ON	ON	○			○				○
	3档	ON	OFF	○		○					
	超速档	OFF	OFF			○			○		
3	1档	OFF	ON	○						○	
	2档	ON	ON				○				
	3档	ON	OFF	○		○					

(续)

变速杆手柄位置	档位	换档电磁阀A	换档电磁阀B	换档执行元件							
				C_1	C_2	C_3	B_1	B_2	B_3	F_1	F_2
2	1档	OFF	ON	○					○		
	2档	ON	ON	○			●	○			
1	2档	OFF	ON	○				○			

注：○表示接合、制动或锁止；●表示接合、制动或锁止，但不传递动力。

三、变速机构中换档执行机构的机械结构

因为行星齿轮机构的所有齿轮都处于常啮合状态，其档位变换不同于手动变速器用移动拨叉变速，而是通过对行星机构的基本元件进行约束（即固定或连接某些元件）来实现。换档执行机构由多片离合器、制动器和单向离合器三种执行机构组成。具有连接、固定或锁止功能，可使变速器获得不同传动比，从而达到换档的目的。

1. 多片离合器的结构

如图3-11所示，驱动毂8通过花键与涡轮轴2相连，并用卡环12控制轴向位移，离合器从动毂14与行星齿轮机构的太阳轮焊接在一起，离合器主动摩擦片（钢盘）10通过内花键与离合器驱动毂8的键槽连接，离合器从动摩擦片13通过内花键与离合器从动毂14连接，离合器主动摩擦片10与从动摩擦片13数量相等、交互放置。当电控单元控制相应换档电磁阀通、断电时，液压油从液压油供给孔3进入，使活塞5克服活塞复位弹簧15的作用力压紧主动摩擦片10和从动摩擦片13，使其呈接合状态，涡轮轴2的动力传递给行星齿轮机构的太阳轮。反之，活塞5右边液压油卸压，复位弹簧15使活塞5复位，主、从动摩擦片彼此松开，形成间隙，切断涡轮轴2传递给太阳轮的动力。

2. 制动器的结构

汽车自动变速器中的带式制动器如图3-12所示，它采用一条内敷摩擦材料的制动带包绕在制动鼓的外圆表面，制动带的一端固定在变速器壳体上，另一端则与制动液压缸中的活塞相连。当制动油进入制动液压缸后，压缩活塞复位弹簧推动活塞，进而使制动带的活动端移动，箍紧制动鼓。由于制动鼓与行星齿轮机构中的某一部件构成一体，所以箍紧制动鼓即意味着夹持固定了该部件，使其无法转动。制动油压力解除后，复位弹簧使活塞在制动液压缸中复位，并拉回制动带活动端，从而松开制动鼓，解除制动。

3. 单向离合器的结构

单向离合器如图3-13所示，它是以单向锁止原理来实现固定或者连接作用的。单向离合器传递转矩容量大；空转时摩擦小；无控制机构，工作完全由与其相连的元件的受力方向控制，瞬间即可进行接合或脱离，自动切断或接通变速时的转矩，

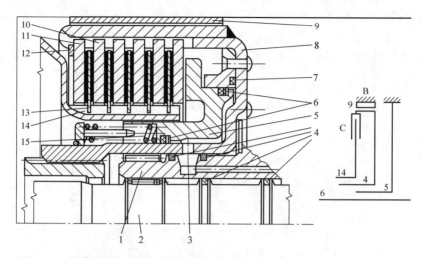

图 3-11 梅赛德斯-奔驰 W5A5 档自动变速器的多片离合器和带制动装置
1—外壳 2—涡轮轴 3—液压油供给孔 4—油环 5—活塞 6—槽环
7—O 形环 8—钢板载体（驱动毂）和制动鼓 9—制动带 10—主动摩擦片（钢盘）
11—端板 12—卡环 13—从动摩擦片 14—摩擦片载体（从动毂） 15—活塞复位弹簧

从而保证平顺、无冲击换档，且大大简化了液压控制系统的结构。最常见的单向离合器类型是滚柱式和楔块式。

使用单向离合器可防止动力从输出轴传递到发动机（可防止发动机制动），但在汽车下坡等工况下需要发动机制动，则需另加辅助制动器。

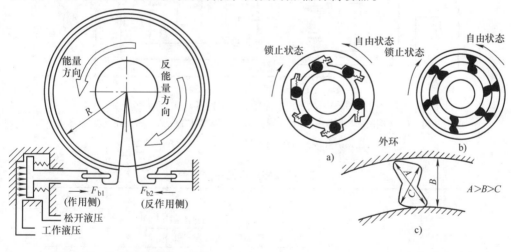

图 3-12 带式制动器

图 3-13 单向离合器

3.4 自动变速器变速过程分析

U340E 型自动变速器是一款前轮驱动、电子控制 4 速自动变速器。U340E 型自动变速器行星齿轮机构与换档执行元件的布置如图3-14a所示，其传动路线如图3-14b所示。U340E型自动变速器内部有3个离合器、3个制动器、2个单向离合器，共8个换档执行元件，各换档执行元件的作用见表3-7，执行元件工作表见表3-8。

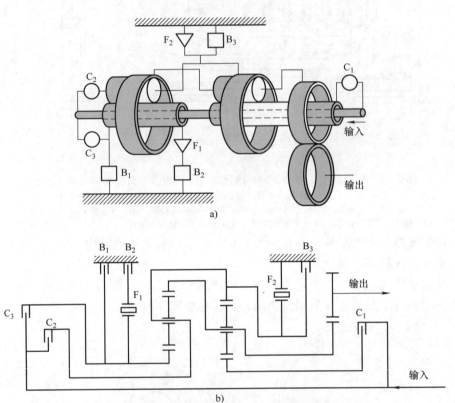

图3-14　U340E型自动变速器的结构和动力传动路线

B_1—超速档/2档制动器　B_2—2档制动器　B_3—1档/倒档制动器　C_1—前进离合器
C_2—直接档离合器　C_3—倒档离合器　F_1、F_2—单向离合器

表3-7　各换档执行元件的作用

换档执行元件	作用
C_1（前进离合器）	驱动前排太阳轮
C_2（直接档离合器）	驱动后排行星架、前排内齿圈
C_3（倒档离合器）	驱动后排太阳轮
B_1（超速档/2档制动器）	在2档、4档时固定后排太阳轮
B_2（2档制动器）	在2档时工作，通过单向离合器F_1单向固定后排太阳轮
B_3（1档/倒档制动器）	倒档时固定前排内齿圈、后排行星架
F_1（单向离合器）	在2档时制动器B_2处于锁止状态，单向固定后排太阳轮
F_2（单向离合器）	单向固定前排内齿圈、后排行星架

第3章 自动变速器

表3-8 执行元件工作表

档位		C_1	C_2	C_3	B_1	B_2	B_3	F_1	F_2
R				○		○			
D	1	○							○
	2	○				○		○	
	3	○	○			○			
	4		○		○	○			
2	1	○							○
	2	○			○			○	
L	1	○					○		○

注：○表示接合、制动或锁止。

一、倒档动力传递路线

倒档动力传递路线如图3-15所示。倒档时，倒档离合器C_3接合，驱动后排太阳轮顺时针旋转，则后排行星轮逆时针旋转；1档/倒档制动器B_3工作，固定后排行星架、前排内齿圈，后排行星轮驱动后排内齿圈逆时针旋转，则前排行星架、后排内齿圈反向减速输出。

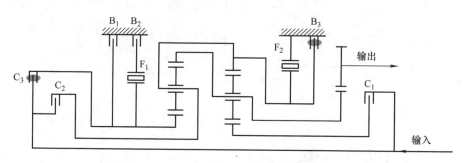

图3-15 倒档动力传递路线

二、1档动力传递路线

1. D1档动力传递路线

D1档动力传递路线如图3-16所示。在D1档，前进离合器C_1接合，驱动前排太阳轮顺时针旋转，前排行星轮逆时针旋转，前排行星架与车体相连，运动阻力较大，可暂时视为固定，则前排内齿圈有逆时针旋转的趋势。此时，低档单向离合器F_2锁止，以防止前排内齿圈逆时针旋转，则行星轮逆时针旋转的同时带动前排行星架绕前排内齿圈顺时针旋转，即前排行星架、后排内齿圈同向减速输出。在D1档，低档单向离合器F_2锁止，单向固定前排内齿圈、后排行星架是动力传递不可缺少的条件,它不能逆向传递动力,故在 D1 档没有发动机制动。

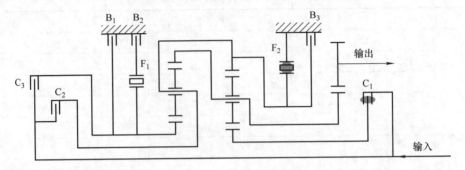

图 3-16　D1 档动力传递路线

2. L1 档动力传递路线

L1 档动力传递路线如图 3-17 所示。在 L1 档,除了 D1 档工作部件外,1 档/倒档制动器 B_3 工作,双向固定前排内齿圈、后排行星架,低档单向离合器锁止不再是动力传递所不可缺少的条件,可以逆向传递动力,故在 L1 档有发动机制动。

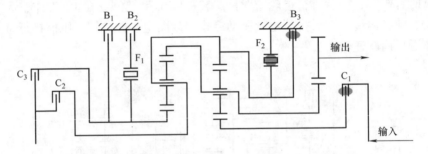

图 3-17　L1 档动力传递路线

三、2 档动力传递路线

1. D2 档动力传递路线

D2 档动力传递路线如图 3-18a 所示。在 D2 档,前进离合器 C_1 接合,驱动前排太阳轮;2 档制动器 B_2 工作,单向离合器 F_1 锁止,单向固定后排太阳轮,则前排行星架、后排内齿圈同向减速输出。在 D2 档,单向离合器 F1 锁止是动力传递不可缺少的条件,它不能逆向传递动力,故在 D2 档没有发动机制动。

下面对 1、2 档时的传动比进行定性分析。对于后排行星齿轮机构,在 1 档时,后排行星架、前排内齿圈固定,后排内齿圈、前排行星架(动力输出端)沿顺时针方向减速旋转。在升 2 档后,后排行星架放松,后排太阳轮固定,后排内齿圈与车体相连,仍是同向减速旋转,则后排行星架、前排内齿圈由静止变为同向减速旋转。对于前排行星齿轮机构,如果前排太阳轮与输入轴同向等速旋转,前排内齿圈固定，则前排行星架同向减速旋转，这正是 1 档；如果前排内齿圈也以输入轴速度同向等速旋转，则前排行星架同向等速旋转，这正是 3 档；如果前排内齿圈同向减速旋转，则前排行星架的转速介于以上两种情况之间，这正是 2 档。也就是说，1 档和 2 档时，前排行星齿轮机构在输入元件（太阳轮）状态不变的情况下，内齿圈由固定变为同向减速旋转，故前排行星架转速增加。

2. 2 位 2 档动力传递路线

2 位 2 档动力传递路线如图 3-18b 所示。在 2 位 2 档，除了 D2 档工作元件外，超速档/2 档制动器 B_1 工作，B_1 与 $(B_2 + F_1)$ 是并联关系，双向固定后排太阳轮。此时，单向离合器 F_1 锁止不再是动力传递的唯一条件，故在 2 位 2 档有发动机制动。

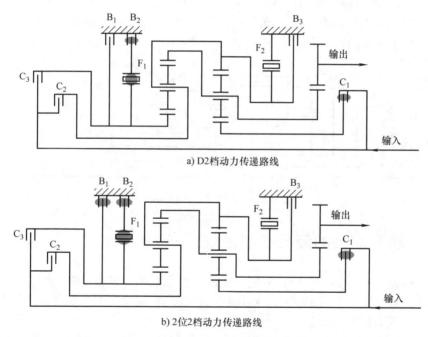

a) D2 档动力传递路线

b) 2位2档动力传递路线

图 3-18 2 档动力传递路线

四、D3 档动力传递路线

D3 档动力传递路线如图 3-19 所示。在 D3 档，前进离合器 C_1 接合，驱动前排太阳轮；直接档离合器 C_2 接合，驱动后排行星架、前排内齿圈。因行星齿轮机构中有两个部件被同时驱动，则整个行星齿轮机构以一个整体旋转，为直接传动档。在 D3 档时，制动器 B_2 仍处于接合状态，但因单向离合器 F_1 处于超越（打滑）状态，它在此时不起作用。在 D3 档没有单向离合器参与动力传递，故有发动机制动。

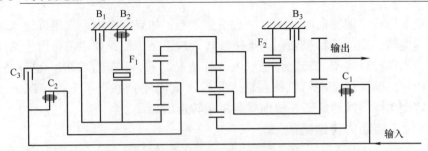

图 3-19 D3 档动力传递路线

五、D4 档动力传递路线

D4 档动力传递路线如图 3-20 所示。在 D4 档时,直接档离合器 C_2 接合,驱动后排行星架、前排内齿圈;超速档/2 档制动器 B_1 工作,固定后排太阳轮,则前排行星架、后排内齿圈同向增速输出。同理,D4 档有发动机制动。

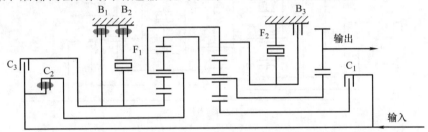

图 3-20 D4 档动力传递路线

3.5 自动变速器的液压控制系统

液压控制系统分为四部分,分别是主液压控制系统、换档操纵系统、换档品质控制系统、液力变矩器控制系统。液压控制系统向自动变速器各部分提供符合要求的液压油,其具体作用是:

1)向控制系统供油,并维持主油路的工作油压,保证各控制机构顺利工作。
2)保证各换档执行元件的供油,以满足换档等操纵需要。
3)为整个变速器中的各运动零件,如齿轮、轴承、止推垫片、离合器摩擦片等提供润滑用油,并保证正常的润滑油温度。
4)通过油液的循环散热冷却,使整个自动变速器的热量得以散出,保持变速器在合理的温度范围内工作。
5)控制液力变矩器工作,并及时将液力变矩器工作时的热量带走,以保持正常的工作温度。

一、主液压控制系统

主液压控制系统是整个液压系统的动力源,主要包括液压泵和液压调节系统。

液压泵供给的液压通过控制阀分配给控制执行元件，液压回路由图 3-21 所示的阀体构成，可进行液压切换和调节的线轴式阀置于阀体内，如图 3-22 所示。

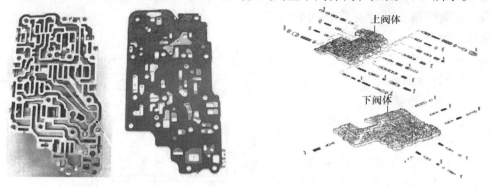

图 3-21　阀体外观　　　　　　　　　图 3-22　液压阀总成

通过 A/T 控制单元向液压控制用电磁阀（图 3-23）输送电流使其发生变化来进行液压控制。电磁阀可以分为三大类：一种是根据电波信号进行 ON – OFF 切换来改变液压的电磁阀，即 ON – OFF 电磁阀；一种是定期供应脉冲电流，通过改变每个脉冲的电流附加宽度（DUTY）来模拟调整液压的电磁阀，即 DUTY 电磁阀；还有一种是内部设有调压阀，将电磁力转换为液压的电磁阀，即线性电磁阀。

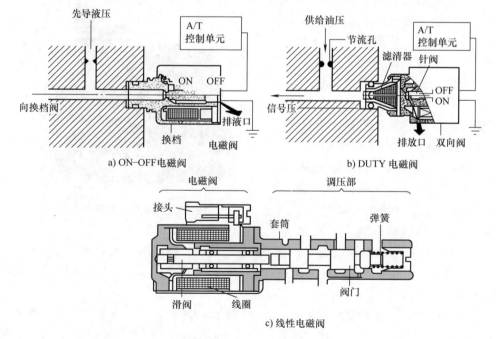

图 3-23　液压控制用电磁阀

通过组合上述电磁阀，可构成图 3-24 所示的具有不同功能的液压控制回路。对所有控制功能进行整合后，便形成了图 3-25 所示的阀总成部件。

（一）液压泵

1. 液压泵的功能

液压泵是自动变速器的动力源，它安装在液力变矩器与行星齿轮机构之间，由液力变矩器壳后端的轴套驱动。液压泵技术性能的好坏，对自动变速器的工作性能有很大的影响。

2. 液压泵的结构与原理

自动变速器中的液压泵主要有内啮合式齿轮泵、转子泵和叶片泵三种形式。

（1）内啮合式齿轮泵　内啮合式齿轮泵主要由小齿轮、内齿轮、外齿轮、月牙形隔板、壳体等组成，如图 3-26 所示。小齿轮为主动齿轮，由液力变矩器轴套驱动，内齿齿轮为从动齿轮，月牙形隔板将主、从动齿轮之间的工作腔分隔为吸油腔和压油腔。液压泵工作时，主动齿轮带动从动齿轮一起转动。在吸油腔，由于主、从动齿轮不断地脱离啮合，容积增大，形成局部真空，从而

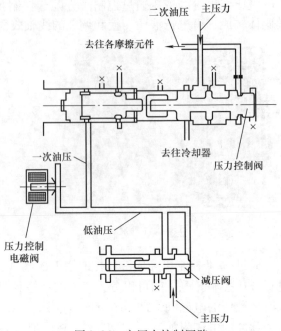

图 3-24　主压力控制回路

图 3-25　阀总成部件外观

产生吸力将液压油从进油口吸入。随着齿轮的转动，吸油腔内的油液通过齿隙被带入压油腔，在压油腔内，齿轮不断地进入啮合，其容积减小，使油液从出油口以一定的压力排出。

（2）叶片泵　叶片泵的结构如图 3-27 所示，它由定子、转子、叶片、壳体及泵盖等组成。转子旋转时，叶片在离心力及其底部油液压力的作用下向外张开，紧靠在定子内表面上，并随着转子的转动在转子叶片槽内做往复运动，这样，在每两个相邻叶片之间便形成了密封的工作腔。叶片泵具有运转平稳、噪声小、泵油油量

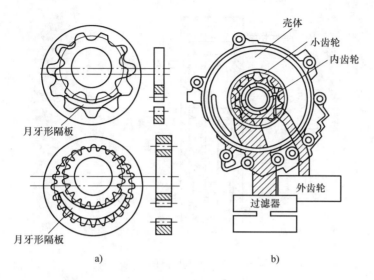

图 3-26 内啮合式齿轮泵

均匀、容积效率高等优点,但其结构复杂,对液压油的污染比较敏感。

由于自动变速器的液压系统属于低压系统,工作油压通常不超过 2MPa,因此齿轮泵的应用最为广泛。

(二)液压调节系统

1. 液压调节系统的功能

自动变速器供液系统的液压调节系统由主调压阀、副调压阀等组成,用于控制主油路油压和液压泵流量。

2. 液压调节系统的结构与原理

(1)主调压阀 液压泵泵出的油液首先进入主调压阀进行油压调节。主调压阀的结构如图 3-28 所示,它主要由阀芯、弹簧、柱塞、柱塞套等组成。

液压泵不转动时,在弹簧弹力的作用

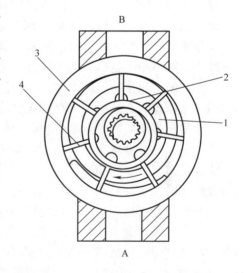

图 3-27 叶片泵
1—转子 2—定子 3—壳体 4—叶片

下,主调压阀中的阀塞 1~3 上移到顶端,阀塞 4、5 下移到底部。液压泵工作时,泵出的油液经 A 阀口进入主调压阀的顶部,克服弹簧弹力将阀塞 1~3 压下。当作用在阀芯顶端的油液压力与弹簧的弹力相等时,阀塞便停在相应的位置,B 阀口保持一定的开度;油液经 B 阀口进入,一路经出油阀口流入副调压阀,为液力变矩器和润滑油路供油;另一路经 C 阀口泄回油箱,使主油路油压保持一定数值。

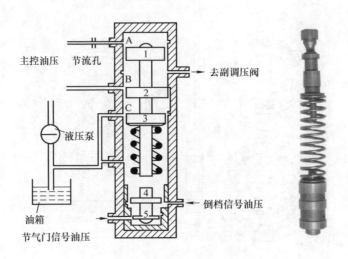

图 3-28 主调压阀的结构
A—信号油压进油口　B—去副调压阀的进油口　C—泄油口

发动机转速发生变化时，液压泵的泵油量也有所不同。当发动机转速上升时，液压泵泵油量增加，作用在主调压阀阀芯上端的油压瞬时上升，阀塞 1~3 下行，C 阀口开度增大，泄油量增加，使油压迅速下降，从而阀塞 1~3 又上升，C 阀口开度减小。在不断进行自动调节的过程中，主控油压保持了稳定。当发动机转速下降时，阀体的工作情况与此类似。即使液压泵转速在很大范围内变化，经主调压阀调节后，液压控制系统中主油路油压也能保持稳定。

发动机负荷不同时，自动变速器所传递的转矩也不同，对主油路的油压有不同的要求。节气门开度增大时，发动机的负荷和自动变速器所传递的转矩也随之增大，为保证离合器、制动器等换档执行元件不打滑，主油路油压应升高。而当节气门开度较小时，主油路油压应降低。此外，在主调压阀底部还作用有节气门信号油压。当节气门开度增大时，发动机转速增加，液压泵产生的油液压力也随之升高。此时，主调压阀中阀塞 1~3 受到的向下的油液压力增大，但此时主调压阀下端来自节气门开度的信号油压也增大，使得阀芯受到的向上的作用力也随之增大，使 C 阀口开度减小，泄油量减少，主油路油压升高。同理，当节气门开度减小时，主油路油压随之下降。

倒档时，主调压阀引入倒档信号油压（由手动阀控制），油液压力作用在阀塞 4 上，向上的作用力增大，使 C 阀口开度减小，泄油量减少，使主油路压力较前进档时有所增大，以防止倒档执行元件在接合时出现打滑现象。

（2）副调压阀　副调压阀的结构如图 3-29 所示。它的作用是将主调压阀引出的部分油流调节为一定油压，对变速器各传动部件进行润滑并为液力变矩器供油；另外，当发动机停转时，它切断液力变矩器的泄油油路，使液力变矩器内保持有足够的油液。

A 阀口接冷却器，与阀塞 2 形成一个开度变化的泄油口；B 阀口为施压阀口，它将润滑油路的压力施加到阀塞 1 上；C 阀口为进油口；D 阀口与阀塞 2 组成液力变矩器泄油油路的开关阀，当发动机停转时，阀塞 2 将 D 阀口堵塞；E 阀口接到节气门信号油压上，向上的作用力增大，使 D 阀口开度减小，泄油量减少，使主油路压力较前进档时有所增大，防止倒档执行元件在接合时出现打滑现象。

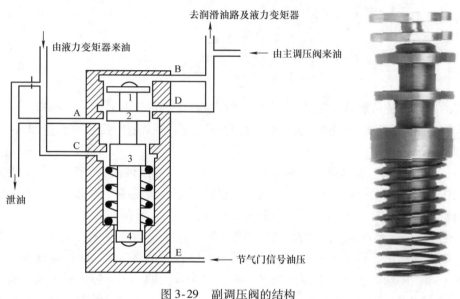

图 3-29　副调压阀的结构

二、换档操纵系统

1. 换档操纵系统的组成

换档操纵系统由手动阀、换档阀等液压阀和电磁阀以及相应的油路组成，该油路根据变速杆手柄位置，使自动变速器处于不同的档位。另外，在各个前进档中，可根据发动机负荷、车速等信号，自动控制升档或降档，使自动变速器档位与行驶状态相适应。

2. 换档执行元件的结构及原理

（1）手动阀　手动阀阀杆经传动杆与变速杆手柄相连，当驾驶人员操纵变速杆手柄处于不同位置时，手动阀阀芯也随之移到相应的位置，实现档位、油路的切换。

如图 3-30 所示，手动阀左端通过连杆与变速杆手柄相连。操纵变速杆手柄，使手动阀分别位于 P、R、N、D、2、L 等位。如图 3-30a 所示，当变速杆手柄位于 N 位时，由手动阀通往控制油路的油道被关闭，控制油路中无油压。当变速杆手柄分别位于 P、D、2、L、R 位时，手动阀接通来自液压泵的主控油路至各档位的

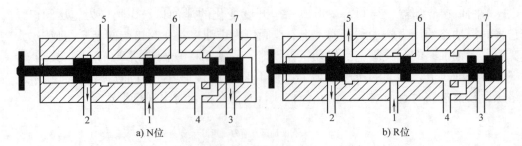

图 3-30 手动阀的结构

1—主控油压进油口 2、3—泄油口 4—2 位出油口
5—R 位出油口 6—前进档出油口 7—L 位出油口

控制油路,以完成相应的工作。例如,当变速杆手柄位于 R 位(图 3-30b)时,手动阀使主油路与倒档油路接通,控制油液经换档阀控制高档/倒档离合器和低档/倒档制动器。

(2)换档阀 换档阀是一种换向阀,用来改变控制油液的流动方向,使主油路油压控制不同的换档执行元件,从而使自动变速器实现各传动比。对于 4 速自动变速器,通常设有 3 个换档阀,分别为 1-2 档、2-3 档和 3-4 档换档阀。

图 3-31 所示为电液控制的辛普森式行星齿轮机构自动变速器的 1-2 档换档阀,该换档阀由 2 号电磁阀控制。电磁阀通电时,主油路控制油液经电磁阀泄油口泄油,换档阀阀芯上端无控制油压,阀芯在弹簧弹力的作用下位于最上端;电磁阀断电时,主油路油液作用在换档阀阀芯最上端,克服下端弹簧弹力,使阀芯位于最下端。

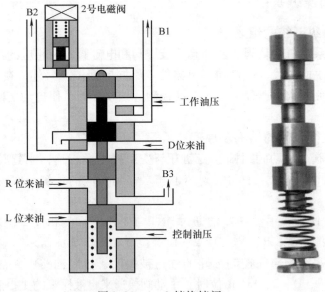

图 3-31 1-2 档换档阀

三、换档品质控制系统

1. 换档品质控制基本原理

自动变速器通过控制换档执行元件的工作而实现档位变换,换档执行元件在接合或分离时的工作情况将直接影响换档质量。如果油压的建立速度过快,会导致离合器和制动器接合得过快,易产生换档冲击;而在泄压排油时若速度过慢,则会导致离合器和制动器分离得过慢,将会出现打滑现象。因此,在自动变速器的液压控制系统中,应装有起缓冲和安全作用的装置,主要包括蓄能器、调节阀、单向阀等。

2. 换档品质控制元件

(1) 蓄能器 通常自动变速器的每个前进档油路中都设有相应的蓄能器,蓄能器位于各档控制油路中的换档阀至换档执行元件之间的油路中,它一般由缸筒、减振活塞和弹簧组成,如图3-32所示。

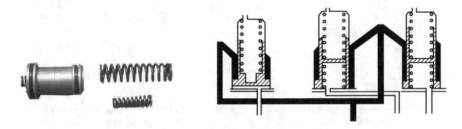

图3-32 蓄能器结构示意图

换档时,来自换档阀的控制油液作用在离合器、制动器等换档执行元件上的同时,也流入相应的蓄能器中。工作初期,油液压力不能推动蓄能器活塞动作,因此,所控制的执行元件工作缸内油压升高得快,使执行元件快速消除自由间隙。随着进入蓄能器油液的增多,油液压力克服弹簧弹力将活塞压下,容积增大,控制管路中油液压力升高的速度减缓,使执行元件接合柔和,减小了换档冲击,同时吸收来自油液的冲击,保证液压控制系统内工作压力稳定。当执行元件解除工作时,油液在蓄能器弹簧弹力的作用下迅速泄压,可保证执行元件分离彻底,防止执行元件打滑。

(2) 调节阀 油路中设有低档滑行调节阀和2档中间调节阀,它们主要由滑阀和弹簧组成,如图3-33所示。当变速杆手柄位于L位、2位时,调节阀降低来自主油路的管道压力,以减小作用在执行元件活塞上的油压。图3-33所示为2档滑行调节阀,其进油口接来自1-2档换档阀的油压,出油口接制动器B1控制油路,油压同时还作用在该阀体的右侧,克服弹簧弹力以推动阀芯向左移动,进油口截面积减小,从而使出油口处的控制油压降低,有助于减少换档冲击。

（3）单向阀　在自动变速器阀板中装有许多球阀，除了作为单向阀使用外，它们还有一些其他功用：

1）安全阀如图 3-34 所示，它一般并联在主油路上，当主油路油液压力低于弹簧弹力时，阀球挡住泄油口。当主油路油压大于弹簧弹力时，将泄油口打开，主油路中的一部分油液经泄油口泄出，保证了液压控制系统的安全。

2）反向快出阀如图 3-35 所示。充油时，球阀关闭，以减小换档冲击；回油时，球阀开启，不产生节流作用，加快了泄油过程，使换档执行元件迅速分离。

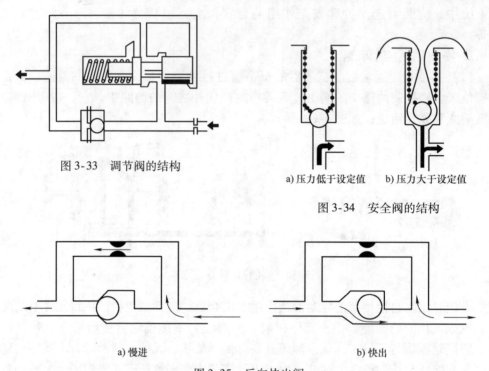

图 3-33　调节阀的结构

a) 压力低于设定值　　b) 压力大于设定值

图 3-34　安全阀的结构

a) 慢进　　b) 快出

图 3-35　反向快出阀

四、液力变矩器控制系统

1. 液力变矩器控制系统的功能

液力变矩器控制系统的作用主要有两个：一是为液力变矩器提供具有一定压力的液压油；二是控制液力变矩器中锁止离合器的工作。液力变矩器控制元件由液力变矩器阀（包括压力调节阀、限压阀、回油阀）、锁止信号阀、锁止继动阀、锁止离合器控制阀及相应的油路组成。

2. 液力变矩器控制元件的结构与原理

（1）液力变矩器阀　液力变矩器阀的作用是将主油路中的液压油减压后送入液力变矩器，液力变矩器内受热后的液压油经液力变矩器出油道被送至自动变速器外部的液压油散热器，冷却后的液压油被送至齿轮变速器中，用于润滑行星齿轮及各部分的轴承。有些液力变矩器控制元件在液力变矩器进油道上设置了一个限压阀，用来防止液力变矩器中的油压过高而导致油封漏油；在液力变矩器的出油道上常设有一个回油阀，以防止油压过低或过高，如图3-36所示。

（2）锁止信号阀和锁止继动阀 液力变矩器内锁止离合器的工作是由锁止信号阀和锁止继动阀一同控制的，如图3-37所示。

当汽车以超速档行驶，且车速及相应的速控阀油压升高到一定数值时，锁止信号阀在速控阀油压的作用下被推至图3-37b所示位置，使来自超速档油路的主油路液压油进入锁止继动阀下端。

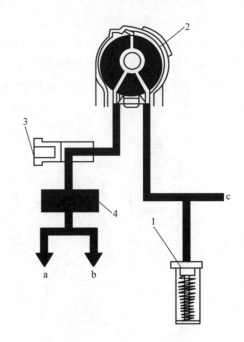

图3-36 限压阀和回油阀
1—限压阀 2—液力变矩器 3—回油阀 4—液压油散热器
a—至前部润滑通道 b—至后部润滑通道 c—主油路

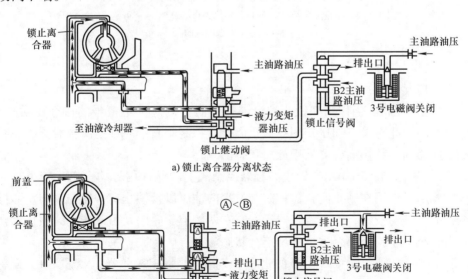

a) 锁止离合器分离状态

b) 锁止离合器接合状态
图3-37 锁止信号阀和锁止继动阀

（3）锁止离合器控制阀　新型电控自动变速器采用脉冲式电磁阀，即锁止离合器控制阀来控制锁止离合器的工作，如图3-38所示。ECU通过脉冲电信号占空比的大小来调节锁止离合器控制阀阀口的开度，以控制作用在锁止离合器控制阀右端的油压以及锁止离合器控制阀向左移动时所打开的排油孔的开度，由此控制锁止离合器活塞右侧油压的大小。

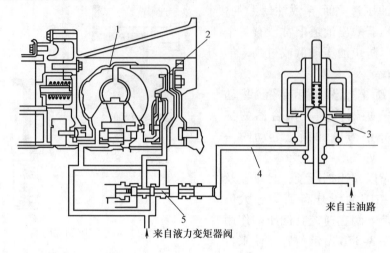

图3-38　液力变矩器锁止离合器控制阀的工作原理
1—变矩器　2—锁止离合器　3—脉冲线性式锁止电磁阀　4—可调节的控制压力
5—锁止离合器控制阀

工作情况分析：

1）分离控制。当作用在锁止离合器控制阀上的脉冲电信号的占空比为0时，电磁阀关闭，此时没有油压作用在锁止离合器控制阀右端，锁止离合器压盘左右两侧的油压相同，锁止离合器处于分离状态。

2）滑转控制。当作用在锁止离合器控制阀上的脉冲信号的占空比较小时，电磁阀的开度、作用在锁止离合器控制阀右端的油压以及锁止离合器控制阀左移打开排油孔的开度均较小，锁止离合器活塞左右两侧液压差以及由此产生的锁止离合器接合力较小，使锁止离合器处于半接合状态。

3）锁止控制。锁止电信号的占空比越大，锁止离合器压盘左右的压差及锁止离合器的接合力越大。当脉冲电信号达到一定数值时，锁止离合器完全接合。电子控制单元在控制锁止离合器接合时，能使接合过程更加柔和以减少冲击。

3.6 自动变速器的电子控制系统

一、电子控制系统的组成与作用

电子控制系统由传感器、电控单元和执行机构等部分组成，如图 3-39 所示。电子控制系统的基本作用是将车速传感器、节气门开度传感器的检测信号和换档程序选择开关信号输入给电控单元，电控单元经过计算处理后，根据预先编制的换档程序，确定档位与换档点并输出换档指令，控制电磁阀线圈电流的通断，自动切换换档执行元件的油路实现自动换档。此外，电子控制系统还具有液力变矩器锁止控制、油压调节、故障自诊断与故障安全保护等功能。

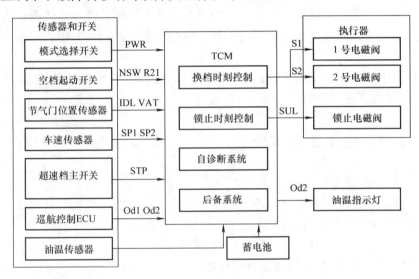

图 3-39　自动变速器电子控制系统框图

二、电子控制系统的基本任务

1. 控制换档规律

为满足汽车动力性或经济性的要求，通常设置为运动（动力）换档模式或经济换档模式，可通过换档模式选择开关进行选择或通过模糊逻辑控制自动选择。在经济换档模式下，变速器换档点和锁止液力变矩器时机的确定，是以提高汽车行驶时的燃油经济性为依据的；在运动换档模式下，为满足汽车加速性能的需要，需推迟升档点和液力变矩器锁止时机。

有些自动变速器的电子控制系统采用模糊逻辑控制换档模式，由电控单元根据加速踏板的开度变化率进行选择。电控单元有两种换档控制程序：与驾驶人员和行驶状况有关的换档时刻程序以及与行驶阻力有关的换档时刻程序。与驾驶人员和行驶状况有关的换档时刻程序又称为动态操纵程序（DSP），它利用模糊逻辑控制来满足不同驾驶人员的驾驶要求；与行驶阻力有关的换档时刻程序，电控单元按车速、节气门位置、发动机转速、加速情况等计算出行驶阻力，然后确定换档时刻。

2. 液力变矩器锁止控制

电控单元内部存储有液力变矩器锁止的控制程序，电控单元根据节气门位置传感器和车速传感器的检测信号以及变速杆位置，控制液力变矩器锁止控制阀的接通和关断，改变液力变矩器离合器油路的压力，操纵液力变矩器离合器的接合和分离，从而实现液力变矩器锁止控制。

3. 换档过程控制

换档过程控制主要控制发动机与变速器的协调关系，从而快速、平顺地完成换档过程。换档品质的好坏主要通过换档冲击、离合器滑摩功等参数体现。为了实现较高的换档品质，需要进行大量标定工作，包括预充油控制、力矩相控制、惯性相控制等。

本章简单介绍了自动变速器的电子控制系统，电子控制系统的详细内容见"自动变速器电子控制系统"一章。

3.7 自动变速器性能试验

1. 台架性能试验

台架性能试验的目的是评价各变速档的动力传递性能。试验项目包括：
1）对驱动状态下的各变速档的性能进行广泛研究的一般性的性能试验。
2）节气门全开转矩性能试验（主要检查发动机节气门全开运转时的性能）。
3）研究等速行驶性能的道路负荷性能试验）。
4）对逆驱动时的性能进行研究的惯性性能试验。
5）对输出轴在无负荷状态下各变速档的转矩损失进行研究的无负荷损失试验。

另外，虽然标准中没有涉及，但是有时也对带锁止离合器的自动变速器进行锁止离合器接合状态的测定。

图 3-40 所示为台架性能试验装置它通过检测输入轴或输出轴的转矩、转速变化，来测定此时输入轴或输出轴的状态并评价其各种性能。除此之外，为了把握自动变速器的运行状态，一般也对液力变矩器的出入口部分和油槽部分（油盘内部）的油温和管路油压以及各个离合器的工作油压进行测定。近年来，通过电子控制的自动变速器控制系统被广泛采用，需要对来自车速、发动机转速、节气门开度等传感器的信号和计算机的各种指令信号进行储存，开始进行针对来自计算机指令信号的油压特性和响应特性的评价试验，以及对上坡、下坡等运行状态中所使用的电动方式控制的评价试验。

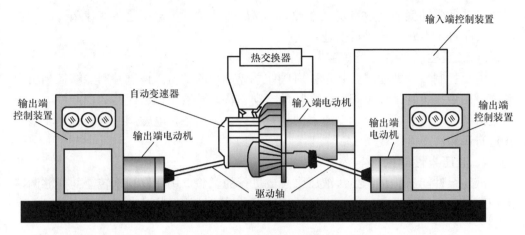

图 3-40　台架性能试验装置

上述均为正常运行温度下的试验，近年来为了进行实用性评价，对于可以自由设定环境条件的设备，开始进行低温时吸油性等油面评价、空档位低温时的转矩损耗评价、低温油压工作性能评价等低温实用领域性能试验，但还没有对这类试验进行标准化。

除上述试验外，还有评价液压泵的驱动转矩、摩擦接合装置、滑动转矩以及油液搅拌阻力等的试验。

2. 变速性能试验

变速性能试验是评价变速时和锁止离合器接合、分离时的瞬间特性（冲击和时间滞后）的试验。它包括以下内容：

1）利用可以进行设定的测功机（可设定发动机和相当于汽车质量的惯性质量以及行驶阻力负荷），在台架上进行的试验。

2）实际使用汽车在环境实验室中进行的试验。

3）在试车场跑道上进行实际行驶的试验。

目前，为了提高自动变速器在各种复杂环境下的变速性能，在模拟冬季的低温和高海拔地区低气压的环境实验室中进行相关试验和评价变得越来越重要。过渡性能一般根据汽车加速度或输出轴转矩（驱动轴转矩）以及发动机转速进行评价，同时采集作用在摩擦连接装置上的油压信号和采用电子控制的自动变速器的各种控制信号来改善变速特性。当与发动机进行协调控制时，也要采集来自发动机的信号。另外，加速度和转矩变化等所捕捉不到的变速感觉和变速造成的异常噪声要靠感官评价进行弥补。

自动变速器的变速，一般有因发动机负荷（节气门开度等）和输出轴转速变化而产生的自动变速，以及由变速杆的选档操纵、超速开关操作产生的手动变速。近几年，重视手动档汽车的驾驶感觉，通过转向盘上的换档拨片和变速杆前后操纵进行变速的手动变速器数量正在增加。其试验方法是预先掌握这些变速条件，在各种运转条件下有意识地进行变速。

3. 液压控制系统性能试验

液压控制系统性能试验是单独对阀体总成进行的试验。该试验用能够控制压力和流量的液压装置，评价阀的静态特性、动态特性及液压控制回路的稳定性等。作为主流产品的电子控制自动变速器的执行机构，采用各种电磁阀，有时也用驱动装置进行试验。

4. 液压泵性能试验

液压泵性能试验是单独对液压泵总成进行的试验。用可以控制转速并能够调整液压泵输出性能的设备驱动，来评价液压泵的输出性能、脉动、驱动转矩和噪声大小等。

5. 壳体类强度试验

壳体类强度试验是根据来自驱动力、驱动反作用力、悬置部分的外部输入力以及由旋转体所产生的振动、温度变化等，对箱体、壳体部分等壳体类的强度耐久性所造成的影响以及接合面的密封性进行评价的试验。

6. 驻车制动试验

驻车制动试验的目的是对驻车制动装置的输出轴固定和放开功能，包括坡道上汽车停止和误操作等误用条件在内的性能、强度耐久性进行评价。

7. 变速杆操纵感觉试验

变速杆操纵感觉试验根据变速杆的操纵力或自动变速器的外操纵杆操纵力变动模式（图3-41），确认、评价变速杆的操纵性、节奏感等感觉和自动变速器的外操纵杆操纵力。

8. 油位、通风装置性能试验

油位、通风装置性能试验针对自动变速器油（ATF），对机能上所必需的油量设定、实际行驶中的吸油性能以及通风装置的功能性进行评价。

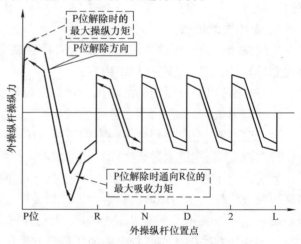

图3-41 变速杆操纵力与外操纵杆位置点

9. 摩擦试验

摩擦试验用于检测各个变速档位下的转矩损失情况，大致分为在输出轴无负荷状态下进行的无负荷损失试验和传递效率试验两种类型。无负荷损失试验用来评价由液压泵驱动转矩、摩擦元件打滑转矩、液压油搅拌阻力等所造成的转矩损失。传递效率试验是针对前述的转矩损失，进一步评价由齿轮效率等造成的转矩损失。

10. 其他性能试验

自动变速器的性能试验还有冷却系统试验、润滑性能试验、对使用环境条件的适应性评价试验、振动噪声等有关安静性的评价试验等。

3.8 自动变速器的发展方向

近年来，随着微电子技术的飞速发展，电子控制自动变速器问世，给汽车带来了更理想的传动系统。机电一体化技术进入汽车领域，推动了汽车变速装置的重大变革，自动变速器装置均出现了电子化的趋势。现代轿车自动变速器的发展方向如下。

1. 使用电子控制全域锁止离合器

为了提高传动效率，改善经济性能，轿车用自动变速器普遍采用了液力变矩器锁止离合器，并进行电子控制，以保持其换档的平顺性。锁止式液力变矩器的功能特点决定了自动变速器经历液力耦合器—液力变矩器—锁止式液力变矩器的过程。液力变矩器除了能传递转矩外，还能增大发动机的转矩，吸收扭转振动作用，液力耦合器却不能。带锁止离合器的液力变矩器，克服了普通液力变矩器输出轴与输入轴之间存在滑动而使其传动效率降低的缺点。液力变矩器在锁止离合器锁止时将不起作用，此时变速器输入、输出均为刚性连接，ECU 的电子控制使其换档更加平顺。现代自动变速器的液力变矩器中普遍采用锁止离合器，这对改善燃油经济性和降低变速器的温度都有益处。

2. 多档化

AT 向多档位发展的趋势在业界已经形成了共识，从早期的 4AT 到现在普遍装备的 5AT、6AT，自动变速器的档位数越来越多。档位数的增加具有以下优点：

1）档位数的增加能够使发动机在更多的时间里工作在最省油的工况下，经济性更好。

2）高档位的 AT 具有更大的传动比范围和更细密的档间传动比差，对汽车的各种性能均有一定的改善作用。

例如，ZF9HP 变速器（图3-42）的核心结构是4个行星齿轮组和6个换档执行元件，比 ZF8HP 变速器多了一个换档执行元件。它通过换档执行元件来控制行星齿轮的不同组合，实现了 9 个前进档、1 个倒档的设定。它利用嵌套的行星齿轮来缩短变速器箱体的长度，通过优化变速器箱体的结构，以及在满足强度的基础上使用轻质的零部件材料，使变速器的整体质量得到了控制。

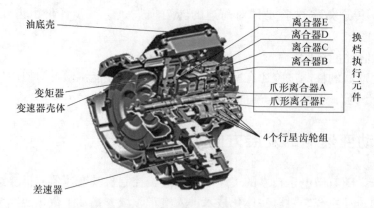

图 3-42 ZF9HP 变速器的结构

ZF9HP 变速器与横置 8 速及 6 速自动变速器齿比的比较见表 3-9。由表可知，ZF9HP 变速器的超速档（齿比低于 1）数量达到了 4 个，从 6 档开始就是超速档，9 档的齿比仅为 0.48，远远低于一般超速档的齿比，总的齿比范围更是达到了 9.81（最大齿比与最小齿比的比值）。可见，这台 9 个档位的变速器在齿比设定上明显偏向经济性，使车辆能够在更宽泛的车速区间以更经济的转速行驶。同样道理，宽泛的齿比对于动力性能的发挥也有益处，能让车辆在更宽泛的车速区间内保持最高性能输出转速。

表 3-9 ZF9HP 变速器与 8 速及 6 速自动变速器齿比的比较（均为横置）

变速器	ZF9HP 9 速自动变速器	Aisin AW TG80-LS 8 速自动变速器	Aisin AW TF80-SC 6 速自动变速器
1 档	4.70	5.20	4.15
2 档	2.84	2.97	2.37
3 档	1.90	1.95	1.56
4 档	1.38	1.47	1.16
5 档	1.00	1.22	0.86
6 档	0.80	1.00	0.69
7 档	0.70	0.82	—
8 档	0.58	0.69	—
9 档	0.48	—	—
倒档	0.80	4.25	3.39
齿比范围	9.81	7.59	6.05

如图 3-43 所示，ZF9HP 变速器控制元件的组合逻辑也非常巧妙，无论是隔档换档还是顺序换档，都只需要两个换档执行元件动作，这就保证了该变速器在这两种执行方式下都能拥有很快的响应速度，其 0 至 100km/h 的加速时间相比 6 速自

动变速器最多能够减少约 2s。

档位	制动器		离合器		爪型离合器	
	C	D	B	E	F	A
1		○			○	○
2	○				○	○
3		○		○	○	
4				○	○	○
5		○	○			○
6	○					○
7		○		○		○
8	○			○		○
9		○	○	○		
R		○	○		○	

注：○表示接合、制动或锁止。

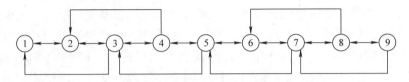

图 3-43　ZF9HP 变速器控制元件的组合

3. 采用多电磁阀控制换档

自动变速器的换档采用多电磁阀方式控制，在很大程度上改善了换档品质。

自动变速器的执行元件由之前的只有一个或两个电磁阀发展为现在的由多个电磁阀组成，电磁阀数量的不断增加，使得对 D 档的升降档控制由原来的节气门油压和速度油压控制逐步发展为换档电磁阀控制。很多新型电磁阀在变速器上得到应用，如强制降档电磁阀、正时电磁阀、扭力缓冲电磁阀、倒档电磁阀、扭力转换电磁阀等，这些电磁阀的大量涌现进一步扩大了电控系统的控制范围。目前，一些被称为电子控制式的自动变速器对手动模式、D 档和倒档的控制都由换档电磁阀来负责。模糊控制技术的出现使汽车更具有人性化，这种技术可以使变速器 ECU 模拟和学习驾驶人员的驾驶习惯，并能够自动修正 ECU 控制指令。

之前，液压控制系统的压力控制阀为先导阀与主阀，两者共同控制油压，而现在出现了一种新型的比例阀（图 3-44），单个比例阀就能够控制油压，这样就减小了液压系统的质量。

4. 变速器小型化

减轻重量、缩短动力传递路线，能使汽车节油，自动变速器的小型化正起着这种作用。20 世纪 70 年代以来，微型车数量急剧增多，从而为自动变速器小型化提供了前提条件。此外，采用自动驱动桥（即把变速器与驱动桥合为一个整体）的趋势十分明显，变速器小型化又推动了 FF 化和自动驱动桥的发展。与液压控制相比，电子控制具有以下明显优势：可以实现液压控制难以实现的更复杂多样的控制

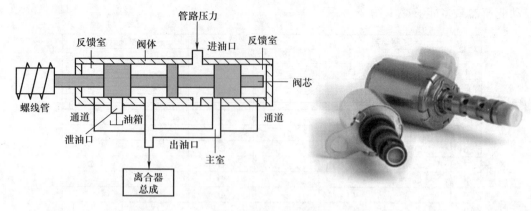

图 3-44 新型比例阀

功能,使变速器的性能得到提高;可以极大地简化控制系统的结构,减少生产投资等;借助软、硬件的结合实现控制功能,由于软件易于修改,可使产品具有适应结构参数变化的特性。随着汽车电子化的发展,汽车传动系的电子控制可以与发动机、制动系、安全气囊等系统通过总线联网进行资源共享,实现整体控制,从而进一步简化控制结构。

5. 降低工作噪声

目前国内外对于降低噪声的研究主要集中在如下几方面:提高零部件的几何精度和表面质量并改进装配质量;通过有限元软件仿真技术获得能够达到低噪声效果的齿形结构;优化改进齿轮的螺旋角和齿宽来提高啮合齿轮的接触面积,从而减小齿轮摩擦引起的噪声等。

6. 换档控制的优化

换档控制主要从换档点控制的智能化和换档过渡过程的高品质化两方面进行优化改进。在换档点控制的智能化方面,以车速和节气门开度为基本控制参数,将行驶工况、驾驶人员性格和操纵意愿等因素作为确定换档规律的辅助条件,采用鲁棒控制、模型控制、自适应控制以及神经网络控制等智能控制技术;在换档过程高品质化方面,改善过渡过程的平稳性以及减小接合元件的热负荷将会是今后研究的两个关键问题。

参 考 文 献

[1] 汽车工程手册编辑委员会. 汽车工程手册:设计篇 [M]. 北京:人民交通出版社,2001.
[2] 陈家瑞. 汽车构造:下册 [M]. 北京:机械工业出版社,2009.
[3] Harald Naunheimer, et al. Automotive Transmissions [M]. New York:Spring Heidelberg, 2011.
[4] 曹利民. 自动变速器动力传递路线分析(二十八)——广汽丰田雅利士 U340E 自动变速器动力传递路线 [J]. 汽车维修与保养,2009 (5):33 - 34.
[5] 日本自动车技术会. 汽车工程手册4:动力传动系统设计篇 [M]. 中国汽车工程学会,译. 北

京：北京理工大学出版社，2010.
［6］杨朝英．自动变速器液压控制系统分析研究［D］．石家庄：河北科技大学，2013.
［7］日本自动车技术会．汽车工程手册6：动力传动系统试验评价篇［M］．中国汽车工程学会，译．北京：北京理工大学出版社，2010.
［8］赵强，谢峰，余天明．汽车自动变速箱的发展现状及其技术趋势［J］．机械，2010，37（12）：1－5.
［9］Kubalczyk R，Gall R，Liang Z．采埃孚混合动力变速箱模块［J］．传动技术，2013（3）：001.

第4章 无级变速器

4.1 概述

无级变速器（Continuously Variable Transmission，CVT）是一种通过非齿轮传动机构进行传动的、能连续改变传动比的变速器。

在无级变速技术的发展过程中，出现了很多构思巧妙、结构精巧的传动机构形式（图4-1a）。目前广泛应用的金属带式CVT是由荷兰人H. Van Doorne博士在20世纪60年代末期研制，当时只在小型汽车上有一些市场。

在当代，由于材料科学技术和制造水平的提高，CVT已经可以应用于3.5L的大排量汽车上了。

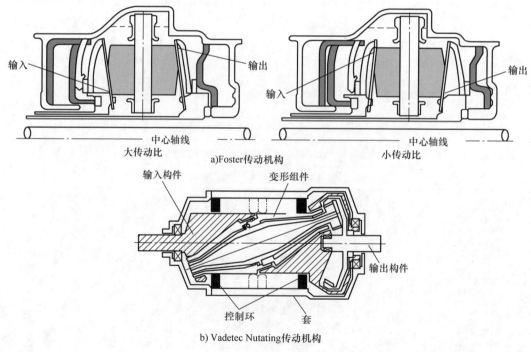

图4-1 两种传动机构

无级变速器有机械式和液力式之分，现实应用于汽车上的是机械式CVT，主要传动形式有带式、圆环接触式等。在普及程度上，通过改变带轮槽沟宽度来改变传动比的带式CVT得到了广泛应用。带式CVT中又包含VDT带式、链式、复合带式和橡胶带式等结构，其中VDT带式占有主流地位。

本章主要介绍汽车用VDT带式无级变速器。20世纪70年代中后期，荷兰VDT公司研制出VDT带；1987年，斯巴鲁公司首次将这款VDT带式CVT装备在其Justy车型上；1995年，荷兰VDT公司被德国BOSCH公司收购。到2015年，CVT带的年产量已经突破4千万根。

自动变速器如AT、DCT等，其传动比不能连续地变化。而要连续地改变车速，就必须使发动机工作在不同转速下。因此会产生换档冲击。此外，若给定某一行驶车速，就有可能使发动机无法在适宜的转速下工作，这会降低汽车的燃油经济性和动力性。

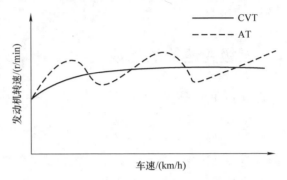

图4-2　行驶车速与发动机转速之间的关系曲线

相对于AT，CVT则可以获得连续的传动比，图4-2所示为行驶车速与发动机转速之间的关系曲线。图4-3所示为发动机工作点对应的功率与燃油消耗，可以看出，装备有CVT的汽车在改变行驶车速的过程中，发动机转速的变化相当小且无明显波动，并能使发动机工作点靠近最低燃油消耗率曲线，保证了汽车具有良好的

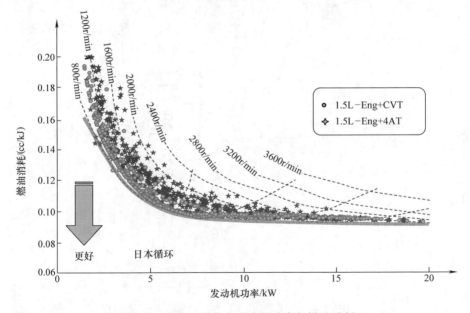

图4-3　发动机工作点对应的功率与燃油消耗

动力性、舒适性和燃油经济性。

但与 AT 相比，CVT 的造价较高，且摩擦损失较大，特别是在变速过程中要使带与带轮在径向有相对运动，效率会降到 60% 左右。受到结构的限制；CVT 的传动比变化范围要比 AT 小，转矩容量不高；由于带轮尺寸等原因，带式 CVT 的布置也受到一定限制。

4.2 无级变速器的组成

按照动力传递顺序，金属带式 CVT（图 4-4）的主要组成部分及其功能如下：
1）液力变矩器：起步；减缓冲击。
2）行星齿轮系：前进档/倒档/空档切换。
3）带传动机构：变速；驻车（锁止从动工作轮）。
4）主减速器：减速。
5）差速器：差动。

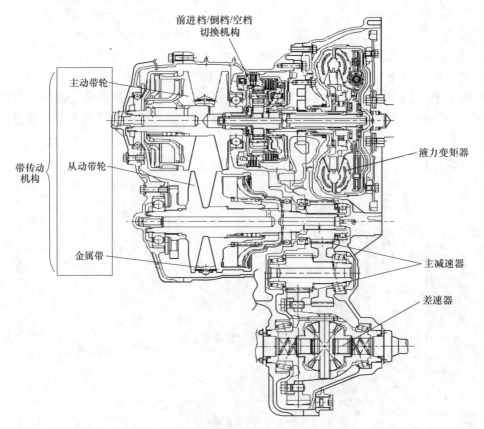

图 4-4　金属带式 CVT 的组成及动力传递

发动机输出的转矩通过液力变矩器、前进档/倒档/空档切换机构后传递给主动带轮；动力以带传动形式传递给从动带轮，再经主减速器、传动轴，最终驱动车轮转动。

1. 液力变矩器

CVT 的液力变矩器只在起步后行驶 5～10m 以内，车速在 20～25km/h 以下的范围内工作，超出该范围则立即被锁止，使用率低。受到布置空间的限制，液力变矩器的轴向尺寸相对 AT 要小，虽然这牺牲了液力传动的优势，但对 CVT 而言实际影响并不显著。

除液力变矩器外，其他形式的起步装置还有湿式离合器和电磁式离合器等。

2. 前进档/倒档/空档切换机构

在图 4-5 所示的 CVT 变速器中，液力变矩器和主动带轮之间设有单排行星齿轮机构，内齿圈与主动带轮轴相连，中心轮与液力变矩器输出轴相连；在中心轮和行星架之间设置离合器，行星架和变速器壳体之间设置制动器。通过控制行星排中离合器和制动器的接合与分离，实现前进档和倒档的切换。

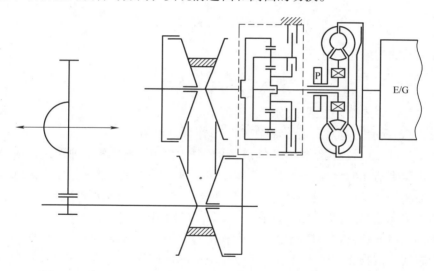

图 4-5　前进档/倒档/空档切换机构（引用：日本专利 JP 2012－241745）

前进时，离合器接合，制动器分离，内齿圈和中心轮的角速度方向相同；倒车时，离合器分开，制动器接合。齿圈和中心轮的角速度方向相反。

3. 带传动机构

得到广泛应用的带式 CVT 主要有 VDT 带式、链式、复合带式和橡胶带式等形式。不同的带式 CVT 的结构和工作原理基本相似：带传动机构由带和主、从动带轮构成；每组带轮都由两组锥盘组成，每组锥盘包括一个可沿轴向移动的滑动锥盘和一个与轴固连在一起的固定锥盘；带位于两个锥盘之间。

如图 4-6 所示，滑动锥盘轴向移动时，两个锥盘锥面所形成的沟幅发生变化，带的节圆半径也会随之变化。因为带的长度和带轮中心距不变，另一侧的节圆半径也要相应发生变化。

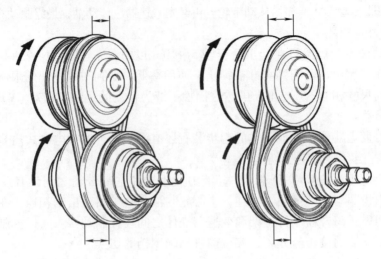

图 4-6 变速时带轮沟幅发生变化

带传动的传动比为

$$i = \frac{\text{从动侧节圆半径}}{\text{主动侧节圆半径}} \qquad (4\text{-}1)$$

带式 CVT 中带的主要形式如图 4-7 所示。

图 4-7a 所示的 VDT 带结构将在 4.3 节作详细说明。

图 4-7b 所示为链式结构，相邻链节的链板之间由一对滚销轴连接，滚销轴的两端与带轮锥盘相贴合。当相邻链节相互转动时，弧面相接的滚销轴对之间有相对滚动，减小了摩擦损失。链式带具有较大的转矩容量，但振动噪声较大。

图 4-7c 所示为复合带结构，它与 VDT 带结构相似，但所用材料、功能及使用环境不同。单元块由耐热树脂成型，内有铝合金强化片，以承受带轮压紧力；内嵌有芳纶芯线。两根张力带上开槽，从单元块组两侧插入，与单元块组成复合带。复合带在开式环境下工作，无润滑，摩擦因数大，变速器质量较轻；但带的耐热性差，且噪声大。

图 4-7d 所示为内齿橡胶带，它分为三层：最顶层为伸张层，由高强度纤布组成，其作用是保护第二层及第三层；第二层为抗拉层，内有尼龙纤维束，主要用来承受带的张力；第三层为压缩层，由橡胶材质构成，用来承受带轮压紧力，产生摩擦力以传递动力，利用轴向一致的纤维使橡胶的轴向刚度变大。设计内齿能够降低弯曲硬度且能提供较大的接触面积，从而减少带弯曲时的损耗，减少发热，提高传动效率。

4. 驻车制动机构

驻车制动机构中的驻车齿轮直接设置在变速器输出轴上，通过驻车制动爪与驻车齿轮的咬合来实现驻车。

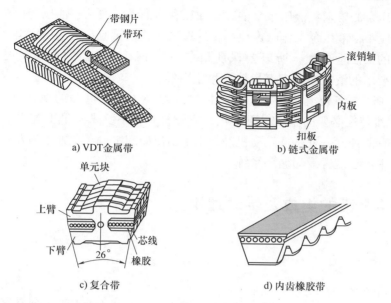

图 4-7 带的主要形式

5. 减速齿轮与差动机构

装备 CVT 的汽车中，发动机飞轮的旋转方向普遍设计为和前进时车轮的旋转方向相同，这样可以减少变速冲击。如图 4-8 所示，为使 CVT 实现上述旋转方向的关系，会在从动带轮轴和输出轴之间设置二级减速。二级减速也增大了从动带轮轴和输出轴之间的距离，保证了传动轴的空间要求。

装备 CVT 汽车用的差动机构与差动限滑机构，与装备其他种类变速器汽车所用的差动机构并无明显不同，在此不做赘述。

6. 液压、冷却、润滑系统

CVT 所使用的自动变速器油（Automatic Transmission Fluid，ATF）主要起以下作用：

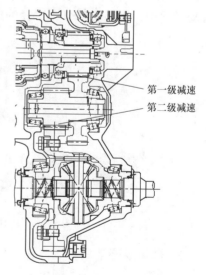

图 4-8 CVT 二级主减速器

1）控制主、从动带轮滑动锥盘轴向运动。
2）控制锁止离合器的接合与分离。
3）控制前进档/倒档机构中离合器、制动器的分离与接合。
4）充当液力变矩器介质。
5）润滑。
6）金属带、离合器、制动器、液力变矩器等的冷却。

对液压泵的要求：液压泵泵油时，油压和出油量的波动、油压变化对泵油量产生的影响应小；液压泵工作噪声应小，外形尺寸、质量应小；与 AT 相比，CVT 所用液压泵的泵油量更大，所以要保证泵在高压下工作时油的泄漏量要小。满足 CVT 应用要求的液压泵类型有齿轮泵和叶片泵。

CVT 中存在多处滑移接触、滚动接触，此外还存在机油的搅拌和高压泄漏，为使 CVT 维持在必要的温度以下工作，应设置冷却系统来降低变速器温度。冷却方式通常有两种：一种是从发动机冷却系中引出冷却水流经变速器冷却；另一种是在变速器中单独设置冷却循环系统。

4.3 VDT 带的组成及传动理论

一、带轮

1. 带轮的构造

带轮由固定锥盘和滑动锥盘组成。通过调整滑动锥盘的轴向位置改变主、从动带轮各自的节圆半径，进而改变带传动的传动比，如图 4-9 所示。滑动锥盘在轴向移动过程中，能够实现节圆半径的连续变化。

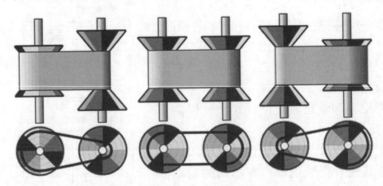

图 4-9　滑动锥盘的轴向位置与节圆半径的变化

2. 带轮承受的弯矩

滑动锥盘与带轮轴之间由滚珠花键连接（图 4-10），可降低滑动锥盘在轴向上的极限静摩擦与滑动摩擦，使得推力越过极限静摩擦后出现的（加）速度突变减小，摩擦阻力减小，变速过程更加平顺，操纵更加轻便。在与带接触的部分，带轮会有向外张开的趋势，将承受一定的弯矩。该弯矩由滑动锥盘毂和带轮轴之间的接触面压力平衡。实际上该弯矩非常大，为避免其对滚珠花键钢珠产生直接作用，轴和毂会设计成阶梯结构（图 4-11）。但带轮旋转时轴孔表面间隔仍然会发生周期性变化，因此滚珠花键钢珠仍会受到挤压，产生交变的径向压力，其三种变化规律如图 4-12 所示。

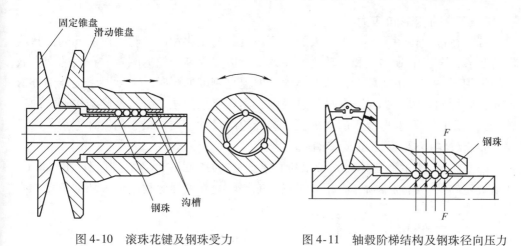

图 4-10　滚珠花键及钢珠受力　　　　图 4-11　轴毂阶梯结构及钢珠径向压力

3. 液压缸及其密封

如图 4-13 所示，分别对两组滑动锥盘的液压缸供油推动活塞，提供带轮对带的压紧力。该压紧力应保证在各种工况下带都不发生打滑，而且压力值不应过大。

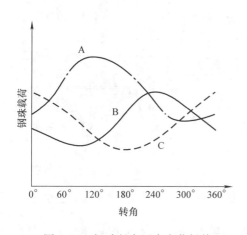

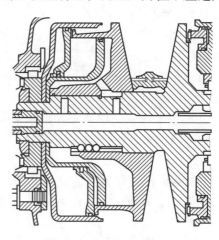

图 4-12　钢珠径向压力变化规律　　　　图 4-13　液压缸结构

控制节圆半径比改变传动比，实际上就是调节主、从动轮液压缸压力的平衡。
在液压缸内压力的作用下，锥盘运动。液压缸由缸体和活塞组成。缸体与工作轮为一体，油封安装在活塞杆上。缸体与活塞之间本身存在一定间隙，但带轮上作用有较大弯矩时产生的变形会使缸体和活塞之间的间隙发生变化。如果静态间隙量设计得过小，带轮变形后间隙可能消失，导致液压缸和活塞产生干涉，从而使油封受损。如果间隙过大，则当缸内压力过大时，会将油封压出。因此，要保证 CVT 带轮有足够的刚度来抵抗变形，合理设计静态间隙值，选取合适的油封材料，以满足耐久性要求。

4. 带轮的变形和应力

带轮在带的作用下会产生较大的弯矩。负载的变化和由带轮变形引起的油封或带的变形，会影响到油压和传动比的关系，所以要提高带轮的刚度。在大的交变载荷的作用下，带轮不需要有足够的强度，但提高刚度的同时，强度要求会伴随外形尺寸和质量的增大而提高。在设计过程中，利用有限元法，分析不同结构形式的带轮，在满足应力和变形要求的前提下，选择轮廓尺寸、质量最小的设计方案。

5. 带轮中心平面错位及其消除

如图 4-14 所示，变速时，带沿锥面径向移动的同时也会沿轴向移动，将主、从动带轮的两个滑动锥盘左右相对布置，能够防止在变速过程中主、从动带轮中心平面错位。

但两固定锥盘左右相对布置只抵消了一部分变速时中心平面的错位。带的长度一定，传动比变化时，主动带轮节圆半径的增加量却不等于从动带轮节圆半径的减少量，这就使带轮中心平面发生错位，金属带发生偏移。

传动比 i、固定锥盘间距 U 和偏移量 δ 的关系如图 4-14 所示。高、低速时，偏移量 δ 在同一侧（-）；而在传动比为 1:1 时，偏移量 δ 在另一侧（+）。一般来说，应用薄垫片调整固定锥盘的轴向位置，改变两固定锥盘锥面的间距 U，使 0 值位于偏移量变化范围的中央附近，以优化偏移量。

偏移对带的使用寿命的影响非常显著，改善错位一般有两种方法：设计锥

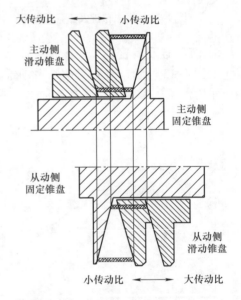

图 4-14 带轮中心平面错位产生机理

面素线和调整固定锥盘轴向位置。由于前者对锥盘加工工艺的要求过高，且影响锥面与钢片的接触，通常用后者改善错位。如图 4-15 所示，调整两固定锥盘的间距 U，错位量会随之发生变化，通常利用这一原理去优化错位量 0 值位置。

中心平面错位除受到上述传动比、固定锥盘间距的影响之外，还受到轴承制造误差、箱体或轴等的热膨胀等因素的影响。

6. 带轮楔角

若取大的带轮楔角，则会增大锥盘轴向移动范围，导致带的宽度、带轮轴向尺寸过大。而且带轮对带的径向压力也会变大，从而导致带内的张力增加，寿命缩短。

若取小的带轮楔角，则带轮对带压紧力的径向分量将过小，可能使带脱离带轮

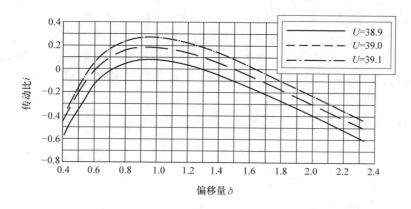

图 4-15 传动比 i、固定锥盘间距 U 和偏移量 δ 的关系

变得困难。而且楔角过小会导致带的松边张力变小。

二、VDT 带

1. VDT 带的构造

VDT 带由钢片与带环组成，如图 4-16 所示。钢片厚度约为 2mm，为防止两相邻钢片错位，一面有突起，另一面有凹坑；两侧斜面角度与带轮锥面相匹配。工作时数百枚钢片堆叠在一起，依靠钢片之间的推力传递动力。

带环由几片厚度仅为 0.2mm

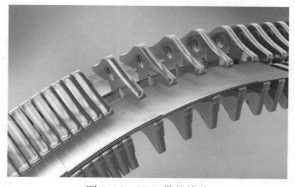

图 4-16 VDT 带的构造

的无缝钢质环片套合而成，具有极高的韧性，并能承受相当多的弯曲应力循环。

两组套合的环片组成的带环嵌入钢片左右的狭槽中，将钢片夹在当中，组合成可以弯曲的柔性传动带。带轮对带的压紧力由钢片承受，压紧力径向分量则由带环的张紧力平衡。

在周向上，带环和钢片之间存在摩擦力。在带的圆弧部和直线部交接处，带环变形，如果由一个环片组成带环，则会因单片带环厚度过大而产生较大的弯曲应力。故钢带由多个薄环片套合而成。

2. 转矩的传递

VDT 带传递转矩的能力由摩擦因数、节圆半径、压紧力、锥面素线与底面之间的夹角等因素决定。通常摩擦因数为 0.08~0.10，锥盘锥面素线与底面之间的夹角约为 11°。

为确保带不发生打滑,要求设计锥盘压紧力时要乘以一个安全系数,通常取 1.2~1.5。如果安全系数取值过小,则受到工作条件、零件加工误差、温度变化、持续工作后摩擦面变形等因素的影响,依然会出现打滑;如果安全系数取值过大,则摩擦损失就会过大,将对传动效率以及带和带轮等相关部件的使用寿命产生影响。

传递转矩所必需的压紧力 F_s 要满足如下关系

$$F_s > \frac{KT_e\cos\alpha}{2\mu R} \tag{4-2}$$

其中 K——安全系数,通常取 1.2~1.5;
T_e——传递的转矩;
μ——摩擦因数,一般取 0.08~0.10;
α——锥面素线与底面之间的夹角;
R——节圆半径。

一般情况下,μ 取 0.08~0.10,K 取 1.2~1.5。

带传动负载工作时,带会出现松边(图 4-17 上侧)和紧边(图 4-17 下侧)。VDT 带主要依靠松边钢片之间的推力传递转矩,因此被称为压缩带传动。VDT 带受力分析如图 4-17 所示;转矩计算公式如下。

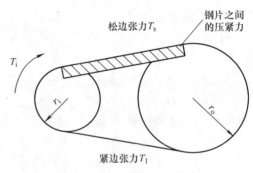

图 4-17 VDT 带受力分析

$$\left.\begin{array}{l}动力输入侧转矩\ T_i = (T_1 - T_S)r_i + Qr_i \\ 动力输出侧转矩\ T_o = (T_1 - T_S)r_o + Qr_o\end{array}\right\} \tag{4-3}$$

虽然这种金属带传动被称为压缩带传动,但仅仅在钢片之间存在相互挤压的力。对于整个带的松边张力,则是钢片推力与带环松边张力的差,该力必须保证为正值。

分析 VDT 带的运动,在带进入圆周运动状态时,钢片排列成一段圆弧,钢片能以图 4-18 中的 A 点为支点进行摆动,该支点到带轮中心的距离即为节圆半径。

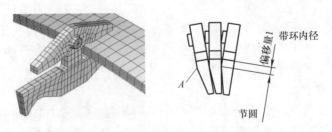

图 4-18 VDT 带节圆半径的确定

传动比由主、从动侧的节圆半径确定。

钢片与钢带里层的接触半径（带环内径）比节圆半径向外偏移1mm。相邻钢片之间作用的推力很大，对钢片正反面之间的平行度提出了较高的要求。

为保证系统运转平稳，除了要保证钢片正反面间的平行度误差符合要求外，还要保证各个单元的接触面积尽量大。这就要求钢片与带环之间的接触面，以及相邻钢片之间相互接触的1mm宽的钢片表面具有高的加工精度。

3. 带的离心力

因VDT带各个组成部分都由金属制成，所以其质量较大，高速旋转时会产生较大的离心力，即

$$F_e = m_e R \omega_e^2 \tag{4-4}$$

式中　F_e——单个钢片受到的离心力（N）；
　　　m_e——单个钢片的质量（kg）；
　　　R——钢片质心旋转半径（m）；
　　　ω_e——工作带轮的角速度（rad/s）。

离心力会对带轮与带之间的摩擦力产生影响。图4-19所示为作用在钢片上的离心力与压紧力径向分量之间的平衡关系。可以看出，在离心力的作用下，压紧力径向分量会减小，即压紧力减小，造成带轮与带之间的摩擦力变小。

4. 带内部的滑移与摩擦力矩

在传动比为1:1的情况下，钢片和带环以相同的角速度转动，钢片和最内圈带环之间不存在滑移。而在传动比不为1:1时，小径侧总会发生滑移。

如图4-20所示，不等速时，两带轮对带的拉力相等，设小径侧的包角为θ，则大径侧的包角为$\theta + 2\Delta\theta$。图中扇形阴影部分圆心角为$2\Delta\theta$，该部分外缘受到带的作用力是一对平衡力。小径侧包角θ与大径侧包角减去扇形阴影圆心角后的角度相同，所以两侧θ角部分的压紧力相同，而在大径侧，由于还要提供$2\Delta\theta$阴影部分的摩擦力，该侧的压紧力要大于小径侧的压紧力，所以大径侧不会发生滑移。

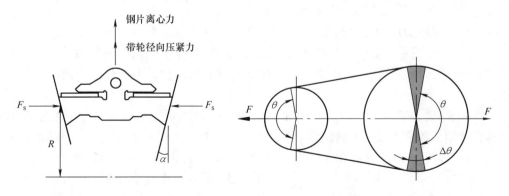

图4-19　钢片产生的离心力　　　　图4-20　不等速时的包角与受力情况

带内滑移的产生机理如图 4-21 所示,假设大径侧的钢片和带环速度已经确定,滑移量(速度差)为

$$\Delta v = \Delta v_1 - \Delta v_2 = \left(\frac{2\pi n_p t}{i} - 2\pi n_p t \right) \times \frac{1}{60} \qquad (4-5)$$

式中　n_p——主动带轮转速(r/min);
　　　i——传动比;
　　　t——钢片和钢带内侧之间的偏移(m);
Δv_1、Δv_2——钢片和内侧环片的速度差(m/s)。

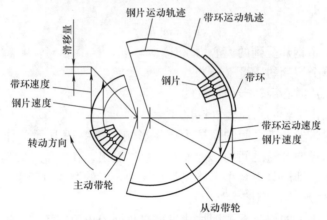

图 4-21　带内滑移的产生机理

一旦发生滑移,就会产生摩擦力矩,摩擦力矩等于各处滑移量、滑移面压力、滑移面间摩擦因数三者之积的总和。即

$$\text{摩擦力矩} \approx \sum (\text{滑移量} \times \text{滑移面压力} \times \text{摩擦因数}) \qquad (4-6)$$

滑移量在等速时最小,高速时变大。滑移面正压力与压紧力正相关,与离心力反相关,即摩擦力受到压紧力和转速两个因素的影响。环片之间的滑移量虽然小,但接触面积较大,因此对摩擦力的影响很大。

5. 带环和钢片的应力分析

在这种金属带传动中,存在节圆半径之比和带环半径之比两种比例关系,他们分别确定了两种传动比。为确定金属带传动的真正传动比,需要分析带内的作用力关系。

一般来说,带传动的特性是相对平带(即带环组成的张力带)而言的,V 带(即钢片组成的推力带)的转矩容量更大。因此,如果金属带所传递的转矩超出了带环的转矩容量,传动比就应该由节圆半径之比确定,反之则由带环半径之比确定。

前面的内容已说明,金属带在工作过程中,滑移发生在小径侧,而大径侧不发生滑移;内层带环半径要比节圆半径大 1mm;内层带环在小径侧会发生滑移。所以可推断出小径侧钢片的角速度大,钢片受到更大的离心力的作用,因而此处带环

内的张力更大。大传动比的情况下，如果传递的转矩较小，则钢片相互的挤压出现在带的下侧；而当传递转矩较大时，钢片的相互挤压出现在带的上侧，见表4-1。试验表明：增大转矩，滑移量变大，传动比降低约1%；继续增大转矩甚至会使相邻钢片分离，传动比进一步降低。而在小传动比情况下，上侧带环张力较大，而上侧钢片的压缩却不受传递转矩的影响，所以大传动比时的滑移率相对要小。

表4-1 载荷、传动比与带的张力之间的关系

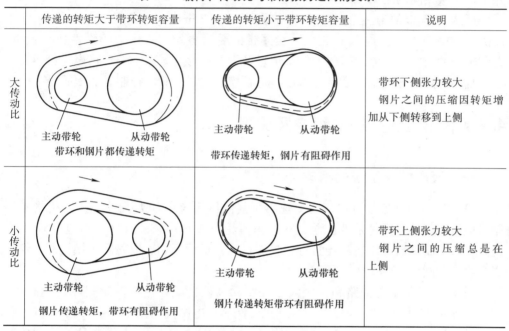

带环应力产生的原因如下：
1) 由带轮压紧力产生的带的张力引起的带环应力。
2) 由传递转矩时产生松边、紧边而引起的带环应力。
3) 由钢片与带环之间滑移摩擦力引起的带环应力。
4) 由钢片离心力引起的带环应力。
5) 由带的弯曲引起的带环应力。

上述前4项为拉应力，环片厚度大较好；第5项是弯曲应力，环片厚度小较好。

若两带轮中心平面错位量超出了允许量，钢片平面和锥面素线错位较大，钢片内部会产生较大的应力，如图4-22所示。错位量过大甚至可能损坏钢片。这时，钢片在受锥盘压力的同时还作用有弯矩。受力不均可引起某一钢片或少数钢片承担带轮的全部压紧力，导致钢片上的应力非常大。

图4-22 受力不均时钢片应力

为减少该现象带来的影响，要尽量保证钢片平面和锥面素线共面，并在各传动比的最高速度下进行试验。在设计时要考虑变速错位、装配误差、轴向抖动、热膨胀等因素，将错位量控制在允许范围之内。

6. 带噪声

噪声频率与带的速度成正比，与节距成反比。VDT 带的节距是指两相邻钢片与带轮接点间的距离。

虽然 VDT 带的节距较小，但在节圆半径为 35mm 时，位移传递误差达到了 90μm，噪声明显。但与齿轮相比，金属带的受力更均匀；且带的刚性比齿轮小，有利于缓冲吸振；另外，带轮的转动惯量较大，能够有效减小振动噪声。

减小噪声的方法是改变钢片厚度，分析模态将噪声频率控制在非敏感带上。

4.4 液压控制系统的组成及原理

一、液压控制系统的组成

CVT 是一种电控液力式自动变速器，其液压系统由动力元件、执行机构和控制机构组成。动力元件是液压泵，一般为齿轮泵或叶片泵；执行机构包括 CVT 内的离合器、制动器、带轮液压缸等；控制机构包括调压阀、电磁阀、换档阀、锁止离合器控制阀等，如图 4-23 所示。

图 4-21 中的部分油路和一些液压控制元件被集成在一个控制阀体（主阀体）中，如图 4-24 所示。主阀体内包含油道、阀芯、电磁线圈或步进电动机、蓄能器、分隔板、流量计等部件。主阀体是两块组合的形式，满足了 CVT 复杂油路布置的要求。阀体对设计、加工水平的要求很高：首先要保证其油路中有必要的油量和油压，能够将液压油可靠地传递给各执行部件，这同时也对密封性提出了较高的要求；油道宽度要合理；考虑布置空间和轻量化要求，阀体的轮廓尺寸和质量受到了一定的限制。另外，阀体加工工艺要好，拆装、维修以及调整要方便。

二、CVT 液压控制系统的工作原理

CVT 液压控制系统主要实现以下功能：
1）对主、从动带轮提供适当的压紧力，防止带打滑。
2）调节主、从动带轮压紧力平衡，得到需要的传动比。
3）控制 CVT 中离合器、制动器的工作，实现前进和倒车。
4）控制起步和液力变矩器锁止。
5）润滑与冷却。

下面根据功能需求，叙述其工作原理。

第 4 章 无级变速器

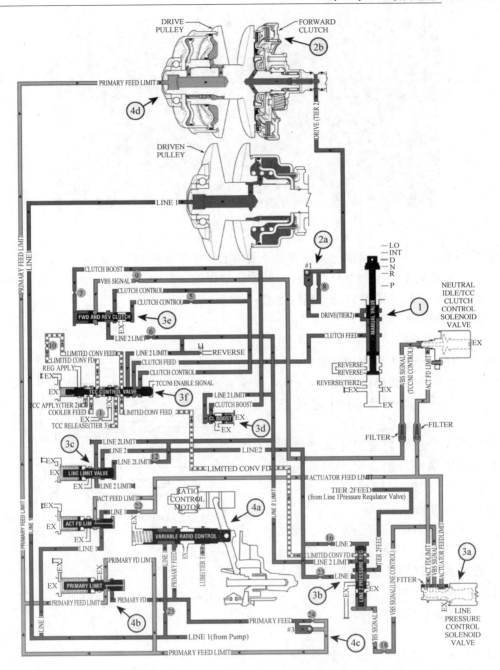

图 4-23 CVT 液压控制系统的组成

1. 防止带打滑的压紧力控制

带轮压紧力不足时会发生打滑，进而使摩擦表面磨损加剧，甚至会使接触面受损，带的寿命降低。要使 CVT 有足够的转矩容量，需要由液压系统给带轮提供足

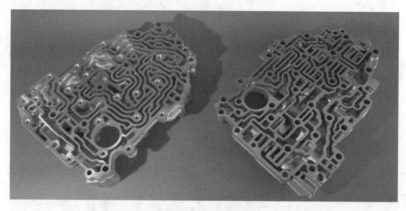

图 4-24 主阀体

够的压紧力。主、从动带轮的压紧力必须满足不等式（4-2）才能使带不打滑。

主、从动带轮压紧力分别由各自的液压缸提供，其中从动带轮液压缸中装有回位弹簧，并设置了消除离心作用的油腔，如图 4-25 所示。

工作带轮的压紧力为

$$F_s = F_p + F_b + F_c \quad (4-7)$$

式中 F_p——液力提供的压紧力；

F_b——弹簧提供的压紧力；

F_c——离心作用引起的压紧力。

油封、滚珠花键、滑动锥盘毂等位置的摩擦力也会使工作带轮压紧力发生变化，但这些摩擦力较小，通常可以忽略。

（1）液力提供的压紧力 推动锥盘滑动的力主要由液力提供。通过控制液压缸内压力，来保证带不打滑和调节传动比。

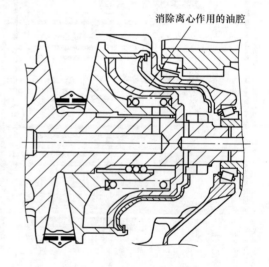

图 4-25 消除离心作用的油腔

液力提供的压紧力为

$$F_p = S_p p \quad (4-8)$$

式中 p——缸内压力（Pa）；

S_p——活塞面积，其公式为

$$S_p = \frac{\pi(d_o^2 - d_i^2)}{4} \quad (4-9)$$

式中 d_o——活塞外径（m）；

d_i——活塞内径（m）。

对于双活塞液压缸，压紧力可分为两部分，即
$$F_p = F_{p1} + F_{p2} \tag{4-10}$$
式中 F_{p1}、F_{p2}——双活塞式液压缸两个活塞各自提供的压紧力（N）。

提供相同压紧力的条件下，活塞面积越大，所需油压越小。活塞面积大时，虽然要求液压泵提高泵油量，但是降低了泵油压力，泄漏会减少，同时也可以减小液压泵驱动力和外形尺寸。对于减速器整体，摩擦损耗也会有所降低。

受布置空间限制，在主动缸一侧通常会采用尺寸较小的双活塞式液压缸。但实际上，为了使结构简单，尽量使用单活塞式液压缸。所以一般小排量汽车 CVT 中的液压缸都是单活塞式液压缸。

（2）弹簧提供的压紧力　发动机停转时，在下坡等情况下，回路处于无油压状态，但此时不允许带发生打滑，而且要避免因带的松弛而出现的干涉。为始终保持带的张紧状态，在液压缸内安装有弹簧来提供一部分压紧力，同时也可以减轻液压系统的负担，降低液压泵驱动力，变速器的摩擦损耗也会降低。

（3）离心作用引起的压紧力　液压缸内充满自动变速器油 ATF，工作时 ATF 随液压缸旋转，离心作用产生附加的离心压力，该压力会成为带轮压紧力的一部分。液力变矩器的离心压力甚至会使外壳膨胀，影响前进档/倒档离合器活塞内压力。所以对于 CVT 设计来说，离心力的影响是不可忽视的。由离心运动引起的压紧力为

$$F_c = \frac{\pi \rho \omega^2 (d_o^2 - d_i^2)^2}{4} \tag{4-11}$$

式中　ρ——油密度（N/m³）；
　　　ω——转速（rad/s）；
　　　d_o——油压室外径（m）；
　　　d_i——油压室内径（m）。

由上式可以看出，若转速过高，则离心力作用可能会使压紧力处于过高状态，带与带轮之间的摩擦力增加，导致其使用寿命下降。而且离心力带来的压力变化会破坏主、从动带轮压紧力的平衡，导致无法得到预期的传动比。为消除离心作用的影响，在常处于高转速的从动带轮液压缸中设置了如图 4-23 所示的消除离心作用的油腔。

即使设置了上述油腔，结构上也无法将 d_o 降到与 d_i 相同，即无法使离心力完全消除。所以准确调节带轮压紧力使其达到目标值，要依赖于电子控制，并考虑转速和传动比，适当降低油压。

（4）管路常压的调节　管路常压调节阀如图 4-26 所示。由高速开关电磁阀作为先导阀，应用脉冲宽度调制（PWM）技术得到低压信号来改变调节阀阀位，以控制管路常压。调节阀阀杆右侧作用有弹簧力和信号压力；左侧作用有与管路常压相关的液压力。如果右侧的力较大，则阀杆被推向左边，泄荷回路关闭，管路常压

升高。管路常压过高时，阀杆被推向右侧，泄荷回路开启，管路常压下降。

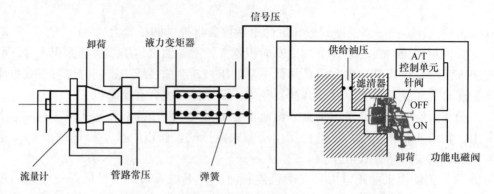

图 4-26　管路常压调节阀

管路常压按下式调节

$$P_L = \frac{F_S + P_S S_S}{S_L} \tag{4-12}$$

式中　P_L——管路常压（Pa）；

　　　F_S——弹簧力（N）；

　　　P_S——信号压力（Pa）；

　　　S_S——信号压力作用面积（m²）；

　　　S_L——管路常压作用面积（m²）。

2. 传动比调节液压控制

要改变带传动的传动比，需要调节主、从动轮之间压紧力的平衡。

压紧力计算公式为

$$F_x = \frac{T_e \cos\alpha}{2\mu k r_x} \tag{4-13}$$

式中　F_x——带轮压紧力（N）；

　　　α——锥面素线与底面之间的夹角（°）；

　　　μ——带轮与钢片之间的摩擦因数；

　　　k——摩擦力在圆周切线方向和法线方向的分配系数，$0 \leqslant k \leqslant 1$；

　　　r_x——节圆半径（m）。

同时，两侧节圆半径又满足以下关系

$$\begin{cases} 2A\cos\dfrac{\pi-\theta}{2} + r_1\theta + r_2(2\pi-\theta) = L \\ A\sin\dfrac{\pi-\theta}{2} = r_1 - r_2 \\ i = r_2/r_1 \end{cases} \tag{4-14}$$

由以上关系式，在已知目标传动比和负载时，可分别确定两带轮的压紧力。

（1）带轮压紧力的调节特性　在实际工作过程中，带接入主动带轮处受到的张力大，运行半径有减小的趋势；在从动带轮一侧，带接入处的张力小，运行半径有增大的趋势。如不进行调整，则主动带轮一侧的节圆半径会随转角减小，从动带轮一侧的节圆半径会随转角增大，导致传动比变小。为防止传动比发生变化，要增大主动侧压紧力，减小从动侧压紧力，使其有升高传动比的趋势，平衡传动比的减小趋势。该趋势会随载荷的增加变得更加显著。

图4-27所示为在不同负载下，为获得稳定的传动比，两侧带轮压紧力的调节特性。该调节特性受到负载、带的刚度、几何外形等诸多复杂因素的影响。横轴负载比的含义：0为空载，1.0为带恰好发生打滑的状态；纵轴压紧力比表示主、从动带轮的压紧力之比。

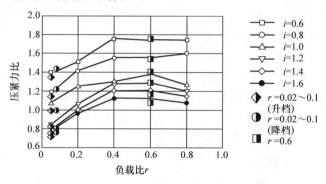

图4-27　压紧力的调节特性

要得到稳定的传动比，需要根据负载增大主动带轮的压紧力。

（2）提供给各带轮的压力　要使主、从动带轮的压紧力满足传动比调节要求，液压系统应分别对两带轮液压缸供给相应的压力。按照液压作用的功能，带轮液压缸的压力可看作管路常压和变速压力的和。调节传动比是以不打滑为前提，调节两个滑动锥盘的液压缸压力。

常见调速方式有两种：

1）单调压。从动带轮供给管路常压，主动带轮供给变速压力。该方式通过只改变一侧带轮的压力来调速。

2）双调压。小传动比时同单调压，大传动比时将供压方式颠倒。

两种调压方式的对比见表4-2。

表4-2　两种调压方式的对比

	主动带轮油压	从动带轮油压	优点	变速范围
单调压	变速压力	管路常压	1）调压阀结构相对简单 2）不限制管路常压时，主动侧活塞面积大 3）大传动比时油压降低，经济性好	全传动比范围
双调压	变速压力	管路常压	1）两带轮活塞面积相差不大 2）从动侧活塞面积大，油压降低 3）可获得良好的经济性	小传动比
	管路常压	变速压力		大传动比

综合来讲，双调压方式更好，应用更广泛。

(3) 控制变速的液压回路　活塞面积比与前述两液压缸的供压方式有很大关系。

单调压设定从动侧为管路常压，此时主动侧的活塞面积至少应是从动侧的 2 倍，这样才能使主动侧产生足够大的压紧力，将传动比调节为最大值。活塞面积比通常设置为 2.1 左右。

对于双调压方式，两侧带轮活塞面积比的选取较为自由，在实际应用中，常取为 1.6 或 1。取 1.6 时，可以使大传动比（负载小）时的油压降低，提高经济性；取 1 时，则可实现两侧带轮活塞的通用化。

一般来说，采用双调节方式且面积比选取 1 比选取 1.3~1.6 的综合性能要好。

要改变传动比，需调节两侧带轮压紧力的平衡关系。变速控制可以通过电磁阀或者步进电动机控制换档控制阀的工作来实现。上文提到，调速有单调压和双调压两种方式，这样就可以组合出以下四种调压方式。

1) 单调压步进电动机控制。从动侧油压为管路常压，以防止带打滑。主动侧的结构如图 4-28 所示。

步进电动机和滑动锥盘之间用连杆相连，连杆中部接换档控制阀阀杆。换档控制阀为一滑阀。

下面对调至小传动比（高速）的过程进行说明。TCU 电子信号控制步进电动机推杆向上，带动连杆使换档控制阀阀杆上移；这时液压缸接入管路常压回路，主动带轮液压缸内压力升高，滑动锥盘向下移动，

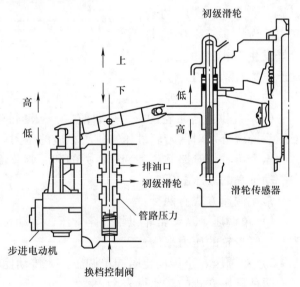

图 4-28　单调压步进电动机控制

推动带使节圆半径变大；而滑动锥盘向下移动后会带动连杆使换档控制阀阀杆也向下移动，当滑动锥盘移至使阀位在保压位置时，液压缸和管路常压回路的连接断开，变速过程结束。

若步进电动机位置不变，由于某些外部原因使传动比变小，即主动侧滑动锥盘向下移动，则会带动连杆牵引换档控制阀阀杆向下运动；这时液压缸接入泄荷回路，缸内压力降低，滑动锥盘又会返回左侧恢复设定的传动比并恢复保压状态。

应用步进电动机控制，能够使液压系统工作平稳、响应迅速，且不会有速度偏差。

2）双调压步进电动机控制。双调压步进电动机控制与单调压步进电动机控制的工作原理基本相同。不同之处为双调压步进电动机控制具有两组液压回路，它们分别与主、从动带轮相连，调压时，改变一侧液压缸的压力，另一侧设定为管路常压；两侧带轮压力都可调节。

这种结构形式的回路也可以采用降低从动带轮压力的方法实现调速。

3）单调压电磁阀控制。使从动侧液压缸保持管路常压，以防止带打滑。通过改变主动侧油压室内的压力，来调节传动比。

单调压电磁阀控制回路的构成及工作原理如图 4-29 所示。换档控制阀可由电磁信号控制，使回路压力为小于管路常压的任意值。

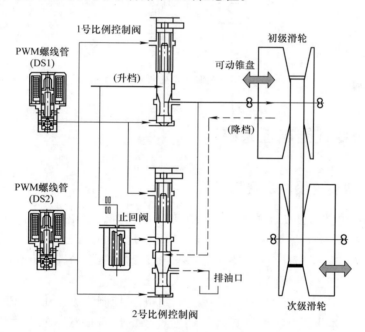

图 4-29　单调压电磁阀控制回路

与步进电动机控制形式相比，采用电磁阀控制可以取消连杆机构，使结构简单紧凑。

4）双调压电磁阀控制。双调压电磁阀控制回路如图 4-30 所示。调压阀调节液压回路压力，使带不发生打滑。两组电磁阀 + 滑阀的组合分别控制主、从动侧滑动锥盘，按照 TCU 指示分别调节两侧带轮压力。由于是双调压方法，两侧带轮活塞面积比的选取比较自由。

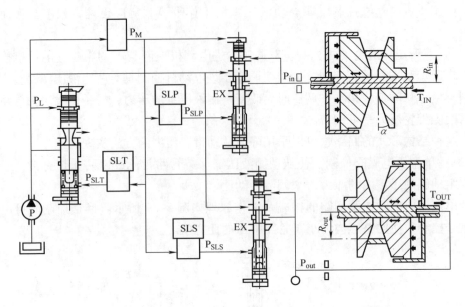

图 4-30 双调压电磁阀控制回路

4.5 无级变速器电控系统

一、无级变速器的发展与应用

尽管现代电控自动变速器的档位数量在不断增加,已由传统的 4 速改为 5 速、6 速、7 速,但其本质仍然是有级变速器(仅有几个固定的传动比)。要实现驾驶灵活、低油耗和低噪声,变速器档位越多越好,这种思想的进一步延伸,就是无级变速,它可以实现传动比的无级变化。

奥迪、日产、本田等的许多车型就采用了电子控制无级自动变速器,并且实现了手动/无级一体化。电子控制无级自动变速器的出现使汽车的动力性、经济性、操纵稳定性发生了质的飞跃,但也存在一些需要继续改进的问题,如传动冲击和噪声、起步控制、变速控制、传动带(轮)寿命等方面的问题。

目前,国内常见的采用了电控无级变速器的车型有奥迪 A6、飞度、旗云等。

1. 奥迪 A6 的 Multitronic 无级/手动一体变速器

奥迪的 Multitronic 变速器是在原有无级变速器的基础上安装了一种称为多片式链带的传动组件,这种组件大大拓展了无级变速器的使用范围,能够传递和控制峰值高达 310N·m 的动力输出,其传动比超过了以前各种自动变速器的极限值。Multitronic 还采用了全新的电子控制系统,以克服原有无级变速器的不足。例如在上下坡时,系统能自动探测坡度,并通过调整速比增加动力输出或加大发动机的制动转矩来协助车辆行驶。

2. 飞度 CVT

飞度的 CVT 无级自动变速器是专门为小型车设计的,属于新一代钢带无级自动变速器,可允许两个带轮之间进行高转矩传递,且运转平稳、传动效率高,是小型车里较好的变速器类型。

3. 旗云 CVT

旗云 CVT 采用了德国 ZF 公司生产的 VT1F 无级变速器,与其出色的发动机一起,这套动力和传动系统都来自于宝马 MINI Cooper。该无级变速器有无级变速、自动巡航、运动模式和 6 档手动四种驾驶模式。

二、电子控制系统的组成与控制原理

图 4-31 所示为奥迪 01J CVT 电子控制系统,它主要由电子控制单元、输入装置(传感器、开关)和输出装置(电磁阀)三部分组成。其特点是电子控制单元集成在速比变换器内,控制单元直接用螺栓紧固在液压控制单元上。3 个压力调节阀与控制单元直接通过插头连接(S 形接头),中间没有连接线。控制单元用一个 25 针脚的小型插头与汽车线束相连。电控系统更具特点的是其集成在控制单元内的传感器技术,壳体容纳全部的传感器,因此不再需要线束和插头,这种结构大大提高了工作效率和可靠性。另外,将发动机转速传感器和多功能开关设计成霍尔传感器,霍尔传感器没有机械磨损,信号不受电磁干扰,这使其可靠性得到了进一步提高。其缺点是传感器为控制单元的集成部件,若某个传感器损坏,则必须更换整个电子控制单元。

奥迪 01J CVT 的电子控制单元有一动态控制程序(DRP),用于计算额定的变速器输入转速。为了在每个驾驶状态下获得最佳传动比,驾驶人员的输入信息和车辆实际工作状态需要被计算在内。根据边界条件动态控制程序(DRP)计算出变速器额定输入转速。变速器输入转速传感器 G182 监测主动链轮处的实际转速。电子控制单元会对实际值与设定值进行比较,并计算出压力调节电磁阀 N216 的控制电流,这样 N216 就会产生液压换档控制阀的控制压力,该压力与控制电流几乎是成正比的。控制单元通过检查来自

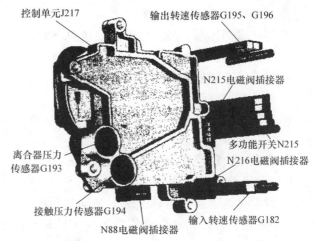

图 4-31 奥迪 01J CVT 电子控制系统

变速器输入转速传感器 G182 和变速器输出转速传感器 G195 以及发动机转速信号来实现对换档的监控。

三、电控无级变速器的检修

（一）检修要求及注意事项

1) 发动机运转时，对车辆进行维修前，务必将变速杆挂入 P 位，并拉紧驻车制动器，谨防发生事故。

2) 车辆静止时，挂入 D 档后切勿因一时疏忽打开节气门（如在发动机舱内作业时不慎用手碰开节气门），若发生此种情况，轿车将立即起步行驶，即使拉紧驻车制动器也无法阻止轿车移动。

3) 不允许用超声波清洗装置来清洁液压控制单元和电子控制单元。

4) 当挡盖已取下或未加 ATF 时，决不可起动发动机或拖动车辆。

5) 如果维修工作不马上进行，则必须将打开的部件小心地盖好或者封闭起来。

（二）维护与检修方法

1. 维护方法

维护工作主要包括检查 CVT 有无 ATF 渗漏、CVT 及主减速器润滑油油位，添加和更换 CVT 的 ATF。

(1) 检查 ATF 油位

1) 检查 ATF 油位的前提条件：

① 变速器不允许处于紧急运转状态。

② 车辆必须处于水平位置。

③ 连接车辆诊断、测量和信息系统 VAS5051，然后选择车辆自诊断和车辆系统"02 - 变速器电气设备"。

④ 发动机必须处于怠速运转状态。

⑤ 必须关掉空调和暖风。

⑥ 开始检查前，ATF 的温度不允许超过 30℃，必要时先冷却变速器。

2) ATF 油位检查步骤：

① 在车辆诊断、测量和信息系统 VAS5051 中读取 ATF 温度，在变速器温度为 30~35℃时进行操作。

② 发动机处于怠速运转，踩下制动器踏板，在所有档位（P、R、N、D）下分别停留一遍，并且在每一个位置上使发动机怠速运转约 2s，最后将变速杆置于 P 位。

③ 举升车辆，拧出检查螺栓，检查有无 ATF 从检查孔溢出，如果有则需加注 ATF。

(2) 更换 ATF

1）打开变速器底部放油螺栓将旧的 ATF 排出。

2）将变速器底部的 ATF 加注螺栓打开，使用专用 ATF 加注器将新的 ATF 加入变速器内部。

3）检查油面高度。

2. 检修方法

（1）问诊　通过询问车主，可以帮助诊断故障信息的来源、确认故障发生时间和故障症状等，这是故障维修的第一步。

（2）基本检查　基本检查主要是一些外围的检查，包括发动机怠速检查、ATF 液面高度检查、油质检查、换档操纵机构的检查等。

（3）自诊断检查　无级变速器电子控制系统具有故障自诊断功能，可通过故障指示灯的闪烁来指示故障，并将故障存储在控制单元内。01J 无级变速器的故障指示灯有三种故障诊断模式：轻微性故障，指示灯正常，驾驶人员根据车辆运行情况可感知到故障；一般性故障，故障指示灯全亮，替代程序使车辆行驶，故障被存储；严重性故障，故障指示灯全亮并闪烁，故障被存储，须马上维修。可通过故障指示灯的情况进行初步诊断，如果有故障被存储，应用专用检测仪调取故障代码，并按维修提示进行维修。

（4）电子液压控制系统的检修　有些 CVT 的液压控制系统是可以直接通过油压试验来检查故障原因的。大多数 CVT 的液压系统是通过油压传感器来反应变速器内部工作油压的，因此，必须使用专用检测仪器通过读取汽车运行状态下的动态数据来进一步确认故障信息。对于液压控制元件（阀体）和液压执行元件（离合器或制动器），可进行液压测试和解体检查。

CVT 电子控制系统的故障检修与其他电控自动变速器的故障检修几乎是一样的，可通过专用检测仪器的故障引导功能对故障码的分析、动态数据流的分析、波形的分析、计算机电路和网络数据通信的分析以及对电子元件（传感器、开关、电磁阀）进行元件测试和更换等，从而进行故障排除。

（5）机械元件的检修　对 CVT 机械元件的检修，只能进行解体检查或故障部位的维修和更换。

4.6　无级变速器的控制

CVT 变速器的控制项目可按控制结构分为以下两大类：1）~5）项为带传动部分的传动比控制；6）~8）项属于带传动以外部件的控制。

1）为工作带轮油压室提供油压，以控制传动比。

2）控制前进/倒车机构中的离合器、制动器，实现前进/倒车切换。

3）控制锁止离合器的接合与分离。

4）保持液力变矩器内的压力。

5）为冷却系统供油。

6）为润滑系统供油。

7）对湿式起步离合器，使起步平稳。

8）保证前进、倒车、滑行切换过程的平顺性。

一、速比控制策略

1）单参数（速比）跟踪控制策略（图4-32）。

2）综合控制策略（图4-33）。

3）模式跟踪控制策略（图4-34）。

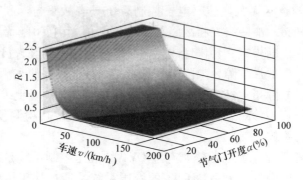

图4-32　速比跟踪控制策略

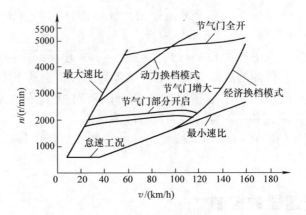

图4-33　综合控制策略

二、执行机构的油压控制策略

1）基本控制策略。

2）滑移控制策略（图4-35）。

3）基于最高效率的控制策略（图4-36）。

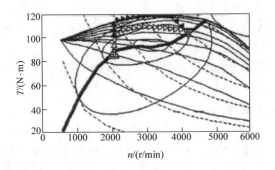

图 4-34　模式跟踪控制策略

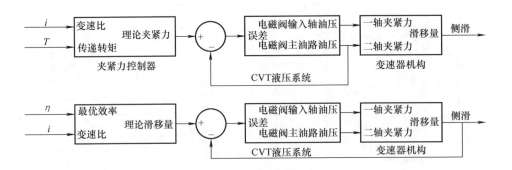

图 4-35　滑移控制策略

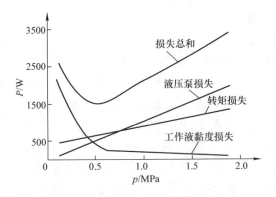

图 4-36　基于最高效率的控制策略

4.7 金属带式 CVT 的主要性能试验

金属带式 CVT 的性能试验包括零部件性能测试和整体性能测试，试验内容包括以下几个方面。

1. 转矩传递特性试验

转矩传递特性试验测定带传动的转矩传递特性，即测定转矩容量和传动效率。试验所用的双轴试验台架如图 4-37 所示。分别控制主动侧带轮和从动侧带轮的夹紧液压力，以设定夹紧力和带轮比（或固定某一带轮比进行试验）。此时可通过测定输入、输出轴的转矩，来计算带传动的转矩损失。

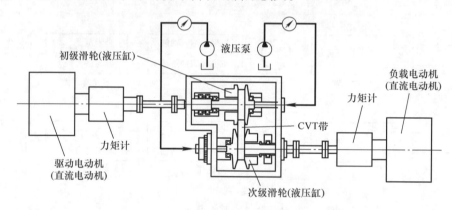

图 4-37 转矩传递特性试验装置

2. 变速机构控制试验

变速机构控制试验评价金属带式 CVT 变速机构的性能，包括稳态特性和动态特性的评价。被测试 CVT 装载于电动机上无负载运行，给予变速指令后，稳态特性的评价指标主要是实际得到的带轮比与给定带轮比的偏差；动态特性的评价指标主要有时滞、变速速度、超调量、冲击等。除此之外，还要测试作用有液压力变动等扰动时系统的稳定性（即带轮比的变动）。

对于牵引式环面 CVT 的变速机构，其试验目的主要是正确控制牵引环式 CVT 变速，通过试验获得变速机构（滚子）的运动特性。牵引环式 CVT 变速机构令一对滚子转动或上下移动来实现变速。应用各自的 Y – THETA 传感器检测出对应变速指令的转子运动的稳态、瞬态特性，利用滚子运动与传动比的关系得到牵引环式 CVT 的变速特性。

3. 液压控制系统性能试验

金属带式 CVT 的液压控制系统性能试验与自动变速器 AT 相同。对于用作执行器的各种电磁阀或步进电动机等，在测试时要与其驱动装置共同进行试验。

4. 噪声试验

CVT 的高频噪声容易引起车内的噪声问题。设定车内暗噪声等级的目标性能，通常应用以与车内暗噪声相关的能够测得的传动系附近的放射音为目标性能的方法。对于金属带式 CVT，噪声试验的作用除改善传动系整体的噪声灵敏度、减小部件间的偏差之外，还能够正确把握带噪声在总体噪声中的比重。

5. 可靠性试验

CVT 的可靠性试验包括液压执行机构可靠性、无级变速机构可靠性、齿轮及离合器可靠性以及控制系统可靠性等试验。对于整机 CVT，在装机之前都会对 CVT 的部件进行校核。在样机装车前，要对 CVT 整机连续运行 60h，以验证 CVT 的可靠性。

此外，还要对 CVT 进行行驶工况试验，包括控制系统仿真试验、硬件在环试验和实车试验，这是检验传动系综合性能的一种试验方法。

CVT 中的特有零部件试验主要有钢片、带环的摩擦耐久试验，金属带的疲劳试验等，如图 4-38 所示。

图 4-38　钢片、带环摩擦耐久试验

4.8　无级变速器的升级

目前，CVT 在性能上虽优于 AT，但在外形尺寸、重量和成本上仍存在劣势。而变速器的开发成本、生产设备等前期投资高、风险大，CVT 的应用虽然在不断扩大，但对仅有二十几年产业化历史的变速器新兴势力而言，CVT 成为主流仍有困难。

如今 CVT 的发展主要着眼于增大传动比变化范围，增大转矩容量，减少摩擦损失和降低重量和成本。在一些 CVT 新技术中，主要应用的手段为在带式 CVT 基础上进行升级和改变无级变速传动方式。下面介绍一种带有副变速器的金属带式 CVT 以及一种非带传动式的无级变速传动装置——牵引式环面 CVT。

1. 带有副变速器的金属带式 CVT

为改善起步响应和燃油消耗，加特可公司的 CVT8（图 4-39）将金属带传动机构与副变速器串联，使 CVT 具有更大的速比变化范围。副变速器采用行星齿轮系结构，从而改善了副变速器的换档品质。前进档/倒档的切换也由副变速器完成。在液力变矩器和带传动机构的主动轮之间还设有增速齿轮，用于使带传动的负载降低，减小了液压系统的损耗，抑制变速时的振动，提高了动力性、经济性和换档平顺性。

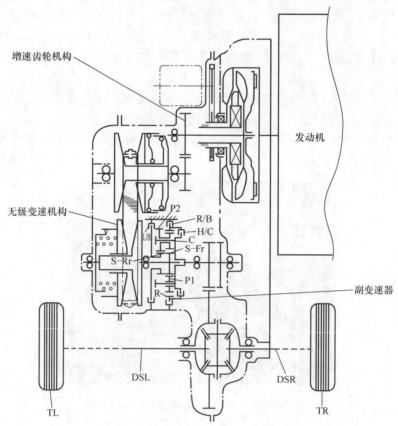

图 4-39 带有副变速器的金属带式 CVT

2. 牵引式环面 CVT

牵引式环面 CVT 能够实现传统带式 CVT 无法实现的快速变速功能，使变速响应更贴合驾驶人员的意图；与传统的 4AT 相比，牵引式环面 CVT 节省了 10% 的燃油消耗。牵引式环面 CVT 是未来 CVT 的一个发展方向。

牵引式环面 CVT 的变速结构单元如图 4-38 所示，它由一对彼此相对的环面金属盘和滚子构成，动力从一侧金属盘输入，从另一侧金属盘输出。两金属盘中间布置有两个能绕各自 x 轴旋转的滚子，滚子始终与两锥形金属盘保持接触。

变速结构单元中动力的传递实际上是依靠滚子与金属盘之间油膜内的剪切力完成的，牵引力 T 和压紧力 N 之间的关系为

$$T = \mu N \tag{4-15}$$

式中 μ——牵引系数，是由变速器润滑油决定的特性。

牵引式环面 CVT 所用的润滑油具有在接触面高压力作用下仍能保持油膜不破裂的特点，是一种特殊的合成油。

传动比的调节通过液压系统对滚子位置的调控来实现，两滚子绕 z 轴对称旋转，改变两滚子在锥形金属盘上的接触点位置，从而改变主、从动节圆半径，调节传动比。图中两金属盘上的深色圆环表示锥盘与滚子的接触印记，环面 CVT 的传动比由两个圆环半径之比确定。图 4-38a 所示牵引式环面 CVT 处于大传动比状态，图 4-40b 所示牵引式环面 CVT 处于超速档状态。

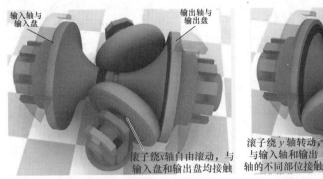

图 4-40 牵引式环面 CVT

对于单变速结构单元，传递动力的载荷过大会造成相应的摩擦损失增加，降低了经济性。为此，可将两个变速结构单元并联起来（动力从两端的金属盘输入，从中间的金属盘输出），以获得到更大的转矩容量（图 4-41）。这样的结构会增大

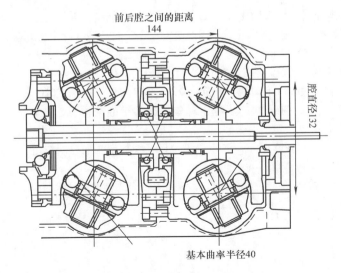

图 4-41 牵引式环面 CVT 结构示意图

变速器的纵向尺寸,适用于 FR 型汽车。

要使变速结构单元在传递动力时不发生打滑,须提供与输入转矩相适应的足够大的牵引力。牵引力由圆盘与滚子接触表面所需的压紧载荷 N 产生,压紧载荷由前、后两个碟形弹簧和自增力机构提供。后碟形弹簧提供了轴向最小载荷值;前碟形弹簧的作用是使轴向载荷由后碟形弹簧提供的状态转换到由自增力机构提供的状态。自增力机构如图 4-42 所示,它通过一对圆柱凸轮和凸轮之间的滚子,在传递给金属盘转矩的同时,在轴向产生金属盘对滚子的压紧载荷。

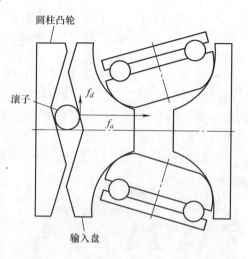

图 4-42 牵引式环面 CVT 的自增力机构

参 考 文 献

[1] 葛安林. 自动变速器(七)——无级变速器 CVT(上)[J]. 汽车技术, 2001(11): 1-4.

[2] 程乃士. 汽车金属带式无级变速器 CVT 原理和设计[M]. 北京: 机械工业出版社, 2007.

[3] 陈勇, 自动变速器技术的最新动态和发展趋势[J]. 汽车工程, 2008, 30(10): 938-944.

[4] 安颖, 宋传学, 高帅. CVT 金属带偏移量计算及其优化[J]. 汽车技术, 2009 (02): 26-28.

[5] D. A. 柯尔. 汽车工程手册(美国版) [M]. 田春梅, 等译. 北京: 机械工业出版社, 2011.

[6] 杨印权. 机械电子式无级变速器整机评价与试验规范研究[D]. 沈阳: 东北大学, 2010.

[7] 张沂阳, 李少波, 程越, 程乃士. 车用摆销链式 CVT 驱动系统设计及实验[J]. 中国机械工程, 2014, 25(18): 2456-2460.

[8] 郝允志. 无级变速器控制系统与硬件在环仿真研究[D]. 重庆: 重庆大学, 2011.

[9] 田佳佳. 橡胶带式 CVT 传动特性研究[D]. 重庆: 重庆大学, 2010.

[10] 卢小虎, 陈跃平, 何维廉. 金属带式 CVT 金属带的结构与强度分析[J]. 传动技术, 2007, 21(2): 20-27.

[11] 杨阳, 秦大同, 杨亚联, 等. 车辆 CVT 液压系统功率匹配控制与仿真[J]. 中国机械工程, 2006, 17(4): 426-431.

[12] 蔡源春. 金属带式无级变速器燃油经济性及系统可靠性关键技术研究[D]. 长沙: 湖南大学, 2011.

第5章 双离合器自动变速器

5.1 概述

双离合器自动变速器（Dual Clutch Transmission，DCT）与其他自动变速器不同，它采用两个离合器，通过控制离合器执行机构及选换档执行机构来实现无动力中断换档。DCT 主要包括双离合器系统、轴齿系统、控制系统、换档执行系统、离合器执行系统、冷却润滑系统和驻车系统等模块。

按离合器冷却方式不同，DCT 可以分为干式 DCT 和湿式 DCT。干式 DCT 采用空气作为冷却介质，不需要额外强制冷却和润滑，双离合器通过从动盘上的摩擦片传递转矩；湿式 DCT 采用油液作为介质，强制进行冷却和润滑，双离合器通过浸没在油液中的离合器摩擦片来实现转矩的传递。

按离合器执行机构的控制方式不同，DCT 可以分为液压式 DCT、电液式 DCT 和电动机式 DCT。液压式 DCT 中，双离合器通过变速器内部液压泵产生的油液压力来推动离合器摩擦片结合，从而实现转矩的传递；电液式 DCT 中，双离合器通过电动机驱动液压缸，在固定油路形成一定油液压力来推动离合器摩擦片结合，从而实现转矩的传递；电动机式 DCT 中，双离合器直接通过电动机驱动机械结构来推动离合器摩擦片结合，从而实现转矩的传递。

按换档执行机构的驱动模式，DCT 可以分为液压驱动换档式 DCT 和电动机驱动换档式 DCT。液压驱动换档式 DCT 通过液压驱动方式来控制变速器换档执行机构进行档位切换；电动机驱动换档式 DCT 通过电动机驱动方式来控制变速器换档执行机构进行档位切换。

按输入轴布置形式不同，DCT 可以分为同轴式 DCT 和平行式 DCT。同轴式 DCT 对应的两输入轴采用内外同轴式的位置进行布局；平行式 DCT 对应的两输入轴采用平行式的位置进行布局。

按前进档数不同，DCT 可以分为 6 档 DCT、7 档 DCT 等，目前一些相关研究机构还在开发 9 档 DCT 或 10 档 DCT。

按驱动方式不同，DCT 可以分为横置前驱 DCT、纵置前驱 DCT 和纵置后驱 DCT。横置前驱 DCT 对应车身采用横向放置方式，通过前轮驱动方式传递动力；纵置前驱 DCT 对应车身采用纵向放置方式，也是通过前轮驱动方式传递动力；纵置后驱 DCT 对应车身采用纵向放置方式，通过后轮驱动方式传递动力。

按驱动轮数量不同，DCT 分为两驱 DCT 和四驱 DCT。两驱 DCT 通过驱动车辆前轮或后轮来传递动力；四驱 DCT 通过同时驱动车辆前轮和后轮来传递动力。

按动力来源不同，DCT 分为内燃机动力 DCT 和混合动力 DCT。内燃机动力 DCT 由内燃机提供动力输入；混合动力 DCT 采用两种动力源提供混合动力输入。

按传动转矩大小不同，DCT 分为中小转矩 DCT 和大转矩 DCT。干式 DCT 主要应用在中小转矩的车型中，属于中小转矩 DCT；而湿式 DCT 可以应用到更大转矩的车型中，属于大转矩 DCT。这主要是因为湿式离合器采用的是润滑油的主动冷却和润滑，而干式双离合器和普通离合器一样采用被动冷却，热容量有限，不适宜匹配大转矩的发动机。但随着材料技术的发展，干式双离合器的承载能力会逐步提高，其传动转矩也会逐渐提高。

按驻车机构的形式，DCT 可分为机械式驻车 DCT、电子式驻车 DCT 和自动式驻车 DCT。机械式驻车 DCT 通过一定的机械结构与驻车操纵机构连接，实现驻车和解锁功能；电子式驻车 DCT 的通过控制信号使驻车操纵机构实现驻车和解锁功能；自动式驻车 DCT 的驻车机构处于常闭状态，根据液压力来控制驻车功能的关、闭，以实现正常行驶时驻车打开，停车时驻车闭合的功能。

随着 DCT 技术的不断成熟和驾驶性不断改善，DCT 得到了越来越多用户的认可，最近及未来几年集中量产的自动变速器将大多是 DCT，装备 DCT 的车辆将成为中系和欧系车型中的主力车型。

5.2 DCT 的系统组成及工作原理

一、系统组成

DCT 主要由双离合器系统、轴齿机构、选换档机构和电子控制系统等组成，其机械系统的组成如图 5-1 所示。下面以图 5-2 所示的湿式 6 档 DCT 为例进行介绍，该 DCT 有 6 个前进档和 1 个倒档。它主要由多片湿式双离合器、三轴式齿轮变速器、自动换档机构和电子控制液压控制系统等组成，两个液压驱动的湿式离合器采用同心布置结构，使得整个变速器总成具有较小的轴向长度。图中外侧标记为红色的离合器为奇数档位离合器，简称离合器 C1；内侧标记为绿色的离合器为偶数档位离合器，简称离合器 C2。DCT 有 2 根同轴线的输入轴，输入轴 1 空套在输入轴 2 里面。输入轴 1 与离合器 C1 相连，输入轴 1 上的常啮合齿轮分别与 1 档、3 档、5 档齿轮相啮合；输入轴 2 为空心轴，与离合器 C2 相连，输入轴 2 上的常啮合齿轮分别与 2、4、6 档齿轮相啮合；倒档齿轮通过倒档轴齿轮（图中未示出）与输入轴 1 的常啮合齿轮啮合。也就是说，离合器 C1 负责 1 档、3 档、5 档、R 档，离合器 C2 负责 2、4、6 档。与两个输入轴对应的是两个输出轴，两输出轴通过前端的齿轮与差速器输入齿轮连接,使得两输出轴都通过差速器输出。各个档位的换档通过同步器实现,同步器则通过支承在变速器壳体上的拨叉来推动。两个离合器的接合、分离以及拨叉的移动均由液压执行机构完成。

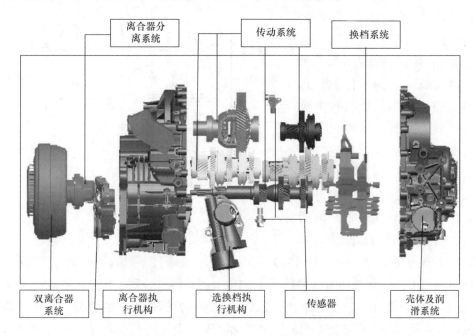

图 5-1 DCT 机械系统的组成

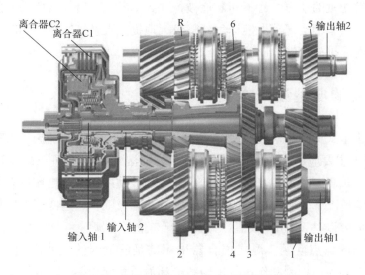

图 5-2 典型双离合器自动变速器传动结构

二、工作原理

图 5-3 所示为 DCT 的工作原理。假设 DCT 以 1 档运行,动力通过离合器的主动部分经离合器 C1 传递到输入轴 1,再经过输入轴 1 上的 1 档齿轮传递到 1 档同步器,然后传递到输出轴。变速器电控单元 TCU 可以根据当前的各种信息判断变速器是否可以预挂 2 档,如果判断可以预挂 2 档,则可以提前接合 2 档的同步器。因为此时 2 档对应的离合器 C2 处于

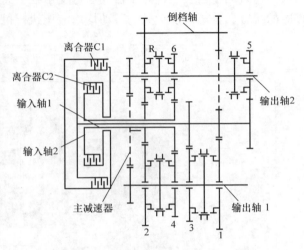

图 5-3 DCT 的工作原理

分离状态不传递动力,所以 2 档的同步器是在空载条件下进入同步的。当 TCU 决定从当前的 1 档换到 2 档时,换档操纵实质上就是将离合器 C1 传递的动力平滑地过渡到离合器 C2 上,这就是双离合器自动变速器换档过程中最为关键的离合器交替过程。当离合器 C1 完全分离时,离合器 C2 就完全进入工作状态,车辆即在 2 档行驶。工作在其他档位时,其操纵过程相似,只是存在升档和降档的不同。在换档过程中,发动机的动力始终不间断地被传递到车轮上,所以这样完成的换档过程为动力换档。当车辆实现动力换档后,将极大地提高乘坐舒适性,同时也能够改善车辆的经济性及排放特性。

5.3 DCT 的典型设计方案

DCT 分为干式 DCT 和湿式 DCT,表 5-1 所列为干式 DCT 与湿式 DCT 的性能比较,干式 DCT 主要应用在中小转矩的车型中,而湿式 DCT 则可以应用到更大转矩的车型中。干式双离合器和普通离合器一样采用被动冷却,其热容量有限,因此在大功率输入的情况下,系统很快就会达到它的热容极限,远远低于相应液力变矩器或湿式离合器可以达到的极限值。另外,干式离合器摩擦片的磨损也是关系到 DCT 使用寿命的焦点问题。湿式离合器采用的是润滑油的主动冷却,热容量大,但湿式离合器必须与控制动作执行机构和冷却液压系统相结合,其结构复杂,价格昂贵,同时液压泵的损失也会导致高的燃油消耗。

表 5-1　干式 DCT 与湿式 DCT 的性能比较

比较项目	干式 DCT	湿式 DCT
热负荷性能	低	高
负载性能	较高	高
传动效率	高	较高
燃油经济性	好	较好
成本	较低	较高
维修性能	容易	不容易
结构	简单、紧凑	复杂
质量	小	较大
适用车型	中小型乘用车	大型轿车、越野车
换档可控性	好	较好

以下对各公司开发的 DCT 加以分析，图 5-4 所示为吉利湿式 7DCT，图 5-5 所示为格特拉克湿式 7DCT，图 5-6 所示为江淮湿式 6DCT，图 5-7 所示为大众湿式 6DCT。通过对比分析可知，湿式 DCT 传动方案布置还是以 2 根输出轴布置形式居多，格特拉克 DCT 采用了 3 根输出轴的布置形式，虽有利于控制轴向长度及倒档速比的匹配，但使零部件数量增多，径向空间加大。目前新开发的项目大多采用主动齿轮共用的设计原则（4/6 档、3/5 档等共用主动齿轮），这样有利于缩短轴向尺寸、降低重量、提高传动系统的传递效率。另外，1 档及 R 档应尽量布置在不同的输入轴上，这样有利于均衡离合器的使用寿命以及缩短倒档换 1 档的换档时间。

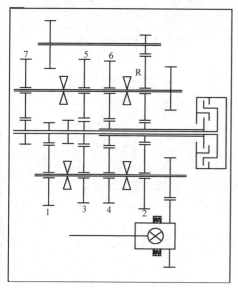

图 5-4　吉利湿式 7DCT

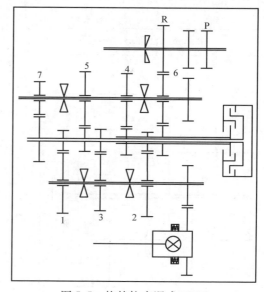

图 5-5　格特拉克湿式 7DCT

图 5-8 所示为吉利干式 7DCT，图 5-9 所示为格特拉克干式 6DCT，图 5-10 所示为现代干式 6DCT，图 5-11 所示为大众干式 7DCT。干式 DCT 因受干式双离合器

转矩容量及热容量的影响，传动能力受到了限制。目前，干式 DCT 普遍搭载在中低转矩车型上，所匹配的车型空间较小，且以 6 档居多，有利于整车布置。1 档和倒档全部布置在不同的输入轴上，有利于提高离合器的使用寿命以及缩短换档时间。因干式 DCT 和 MT 的润滑方式相同（飞溅润滑），应尽量将低速档布置在一起，并将其所在的输出轴布置在下方，驻车棘轮大都布置在输出轴上，这样有利于减小零部件尺寸，节约布置空间。

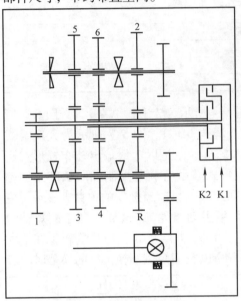

图 5-6　江淮湿式 6DCT

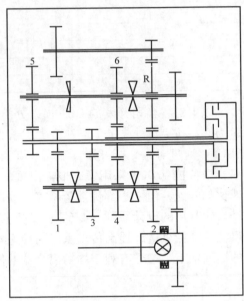

图 5-7　大众湿式 6DCT

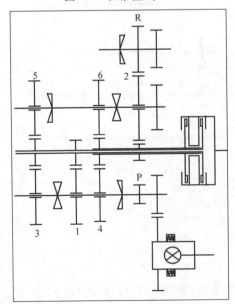

图 5-8　吉利干式 7DCT

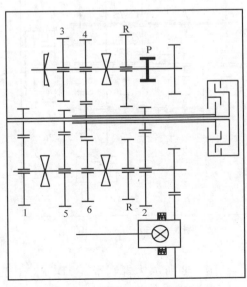

图 5-9　格特拉克干式 6DCT

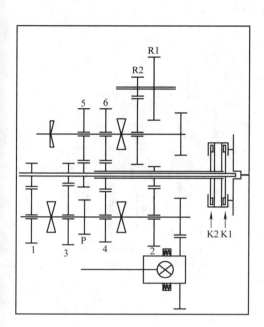

图 5-10　现代干式 6DCT

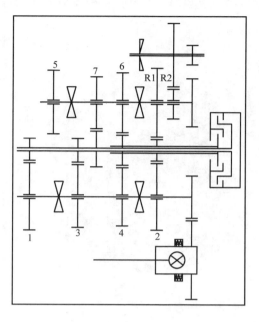

图 5-11　大众干式 7DCT

5.4　双离合器

双离合器是 DCT 的重要部件，DCT 系统的性能特点主要取决于其所采用的双离合器的形式。哪一种离合器系统（干式或湿式的）能够为新一代车辆提供更好的解决方案，是目前技术领域讨论的热点话题。目前，干式或湿式离合器都有其应用的市场空间，但两者在结构和工作特性上存在一定的差别。

一、干式双离合器

1. 干式双离合器的结构

干式 DCT 最大的特点就是采用了两个干式离合器，从而避免了湿式 DCT 由于湿式离合器拖曳转矩、离合器冷却及控制油液等因素引起的系统效率低的缺点，进一步提高了燃油经济性。干式 DCT 的典型代表是大众 DQ200，它有 7 个前进档，可传递 250N·m 的转矩，其内部工作原理与其他 DCT 相同。图 5-12 所示为干式双离合器的结构，图 5-13 所示为干式双离合器的工作原理。

2. 干式双离合器的执行机构

对双离合器执行机构的基本要求是不能自锁，离合器闭合时需要持续给电动机通电，为保证不引起电动机过热，电动机持续负荷的功率极限在 20W 左右；在离合器闭合状态下断电时，离合器应能够自动分离。

图 5-12　干式双离合器的结构

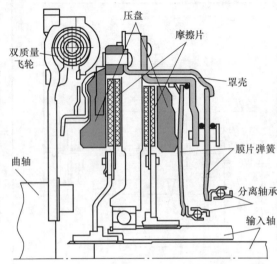

图 5-13　干式双离合器的工作原理

　　从分类上看，干式双离合器的执行机构主要有电控电动式执行机构和电液式执行机构。其中，电控电动式执行机构具有结构简单、易于控制、性能稳定、成本低、能耗小、对环境的污染小等优点，特别适合乘用车使用。图 5-14 所示为电控电动式离合器执行机构简图，图 5-15 所示为电控电动式离合器执行机构结构示意图。根据 DCT 的结构，出于安全原因的考虑，在离合器执行机构失效时，离合器必须能够自动分离，这一功能通过常开式离合器实现。DCT 的常闭会导致两个离合器互锁，并伴随着大量的能耗损失和齿轮输出端不可控的副转矩的产生。

图 5-14　电控电动式离合器执行机构简图

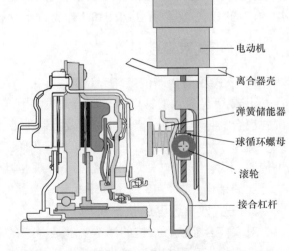

图 5-15　电控电动式离合器执行机构结构示意图

球循环螺母将旋转运动转化为直线运动；滚轮起接合杠杆支点的作用；弹簧储能器有一定的预压缩力，作用于接合杠杆的一端；分离轴承作用于接合杠杆的另一端，接合杠杆和离合器壳底板形成上宽下窄的结构，滚轮安装在两者之间。图 5-16 所示为接合杠杆的工作原理，离合器分离轴承端的作用力为

$$F_C = F_S \frac{x}{L-x} \quad (5-1)$$

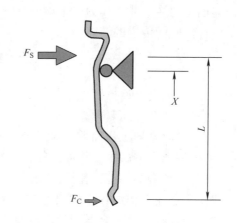

图 5-16 接合杠杆的工作原理

式中　F_C——离合器分离轴承端的作用力（N）；
　　　F_S——弹簧预压缩力（N）；
　　　L——F_C 和 F_S 间的距离（m）；
　　　x——滚轮支点和 F_S 间的距离（m）。

图 5-17 所示为通过移动支点进行接合的情况当电动机正向旋转带动滚轮向下移动时，接合杠杆下端左移，压紧力增加，离合器传递转矩；当电动机反向旋转带动滚轮向上移动时，接合杠杆下端右移，压紧力逐渐减小，离合器传递的转矩也逐渐减小；当在离合器接合位置电动机断电时，接合杠杆作用于滚轮上的力在电动机轴向的分力作为回位力，根据滚珠丝杠导程的关系，会产生作用于电动机的反向转矩，带动滚轮向上移动，返回到靠近电动机一侧的初始位置。

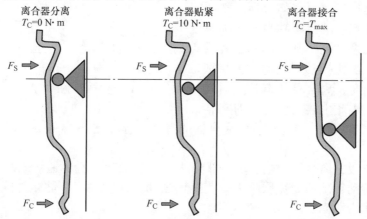

图 5-17 通过移动支点进行接合

3. 离合器传递转矩

双离合器作为 DCT 中最为关键的工作部件之一，其主要作用是实现车辆起步、

变速器档位切换功能。作为单个离合器本身，其转矩传递特性与普通干式离合器相同，离合器所能传递的转矩为

$$T_C = \frac{2\mu F_n Z}{3} \frac{R_o^3 - R_i^3}{R_o^2 - R_i^2} \tag{5-2}$$

式中　μ——离合器摩擦因数；
　　　F_n——离合器压紧力；
　　　Z——离合器工作面数，对于干式DCT，$Z=2$；
　　　R_o——离合器摩擦工作面外径；
　　　R_i——离合器摩擦工作面内径。

双离合器在工作过程中主要存在三种工作状态，分别为分离、接合及滑摩状态。对于三种状态，离合器实际传递的转矩分别为

$$T_C = \begin{cases} \dfrac{2\mu F_n Z}{3} \dfrac{R_o^3 - R_i^3}{R_o^2 - R_i^2} & 滑摩状态 \\ T_e & 完全接合 \\ 0 & 完全分离 \end{cases} \tag{5-3}$$

式中　T_e——发动机转矩。

针对离合器工作状态的研究通常最关心的是其滑摩状态，由式（5-3）可见，离合器传递的转矩主要与离合器压紧力有关，并受到摩擦因数和摩擦面积变化的影响。

4. 离合器滑摩功

车辆起步、换档过程中，发动机输出的动力要克服各种阻力来驱动车辆行驶。为将发动机与车辆之间的不同工作状态同步到一起，要靠离合器的滑摩来完成，滑摩产生的滑摩功将转化为热量使离合器温度升高。其中起步过程的离合器滑摩工况比换档时更恶劣，特别是在坡路起步时，离合器滑摩发热通常是最严重的，因此主要关注起步时离合器滑摩功的产生情况。汽车起步时离合器的滑摩过程如图5-18所示，它包括以下两个阶段。

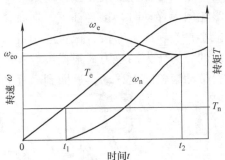

图5-18　汽车起步时离合器的滑摩过程

第一阶段，离合器的主、从动部分从开始接触起，所传递转矩T_C从0逐渐增大到T_n，传动转矩不能克服阻力矩使车辆运动，此阶段汽车静止，因此全部输入能量均转化为滑摩功

$$L_{C1} = \int_0^{t_1} T_C \omega_e dt = \int_0^{t_1} T_e \omega_e dt \tag{5-4}$$

第二阶段，$T_C > T_n$，离合器传递的转矩克服阻力矩使车辆移动，车辆开始起

步。此时，离合器从动盘转速 ω_n 从 0 开始逐渐增加，最后与发动机转速 ω_e 相等，此阶段所产生的滑摩功为

$$L_{C2} = \int_{t_1}^{t_2} T_C (\omega_e - \omega_n) \mathrm{d}t \tag{5-5}$$

则离合器接合过程中产生的总滑摩功为

$$L_C = L_{C1} + L_{C2} \tag{5-6}$$

由于滑摩功转化的热量是导致离合器温升的根本原因，而离合器温升对系统安全性、控制性能及寿命均有影响，因此，必须采取措施加以改善和控制。由式(5-6)可知，为了降低离合器滑摩功，需要降低发动机转速和转矩。为降低离合器传递转矩，在汽车总质量、车辆行驶阻力等客观条件一定的前提下，对于会产生大量滑摩功的车辆起步而言，适当加大变速器 1 档（或倒档）的速比，可以降低起步所需的发动机转矩，从而显著减少滑摩功的产生，有效降低离合器温升。这也符合目前自动变速器档位数增加、速比范围增大的发展趋势。

图 5-19 所示为汽车满载在 12% 的坡道上重复起步时，不同 1 档传动比时离合器的温升情况。其中曲线 1 为装有传动比与手动变速器相同的 DCT 车辆的温升情况；曲线 2 为处于相同工况，变速器 1 档传动比增大 20% 以后的温升情况。根据目前使用的摩擦材料，干式 DCT 的临界温度在 300 ~ 400℃ 之间，超过这个温度，摩擦系将产生永久损坏。由图 5-20 可见，曲线 1（图 5-19）可实现的重复起步次数很少，只有 6 次左右；而曲线 2 可实现的重复起步次数可达到 25 次以上。这就意味着，1 档传动比的增大使离合器温度上升的速度显著降低，离合器可以承受更频繁、更长时间的爬行、坡路驻车、起步滑摩等工况，对于提高干式双离合器的安全性、寿命等具有至关重要的意义。

图 5-20 所示为发动机最低稳定转速（通常为 1000r/min）时 1 档车速与可能起步次数之间的关系。显然发动机最低稳定转速时 1 档车速越低，可能起步次数越多，离合器工作越可靠。

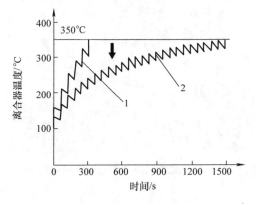

图 5-19　汽车满载在 12% 的坡道上重复起步时的温升情况

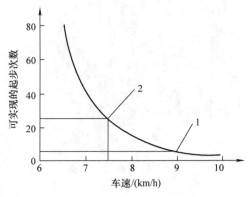

图 5-20　发动机最低稳定转速时 1 档车速与可能起步次数之间的关系

5. 双离合器的NVH

动力总成的NVH取决于多种因素，如阻尼、动力系统的传动特性、振动耦合、发动机的激励、离合器的激励、变速器的激励等。对于双离合器系统而言，为了提高驾驶舒适性，离合器处于滑摩状态的时间明显增加（爬行功能），而在滑摩过程中，尤其是在1、2、R档运行时，动力总成系统在其固有频率下运行，离合器输出端最小转矩的波动可能引起大的整车振动或噪声，这些振动或噪声之所以被放大，是因为DCT在起步时只有一个离合器受载，而另一个离合器可以自由振动，这就导致了更多噪声的出现，为了确保DCT也能达到AT的噪声水平，离合器的激励必须大幅度降低。优化双离合器的摩擦特性，使离合器摩擦副在相对滑动速度增加时摩擦因数也轻微增加，从而使摩擦片在离合器滑摩的大部分时间中都能显示出有助于减振的特性。

二、湿式双离合器

1. 湿式双离合器的结构

湿式DCT目前最具代表性的产品是美国博格华纳公司与德国大众公司合作开发，并于2003年正式投放市场的DQ250，它采用了两个湿式离合器、6个前进档的设计，传递转矩为350N·m。DQ250上市之初被应用在了高尔夫R32和奥迪TT两款车型上，由于其优越的性能，后来又被推广到帕萨特、捷达、甲壳虫等大众其他车型上，并获得了用户的广泛认可。图5-21所示为湿式双离合器的结构，图5-22所示为湿式双离合器的结构原理图。

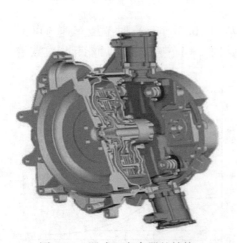

图5-21 湿式双离合器的结构

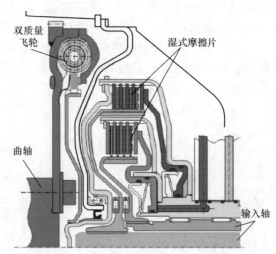

图5-22 湿式双离合器的结构原理图

2. 湿式双离合器的执行机构

图5-23所示为液控湿式双离合器的工作原理，正常情况下，系统主油压由C1

比例电磁阀和 C2 比例电磁阀分别控制离合器 C1 和 C2 的工作压力,该工作压力直接作用于离合器工作缸,产生压紧力,以满足不同工况下的工作压力需求。为了确保 DCT 的安全,增设了安全液压控制回路,当比例电磁阀在高油压下失效时,即使比例电磁阀阀芯卡死,不管是卡在油路开的状态还是关闭的位置,离合器里的油压都泄不掉,需要通过卸载离合器泄压阀使离合器油压卸载。此时退出所有该损坏比例电磁阀的控制档位,最后断开该开关电磁阀,以另一个离合器开回家,与损坏的比例电磁阀相应的离合器虽然接合,但由于没有挂入相应的档位,因此也不能传递转矩。

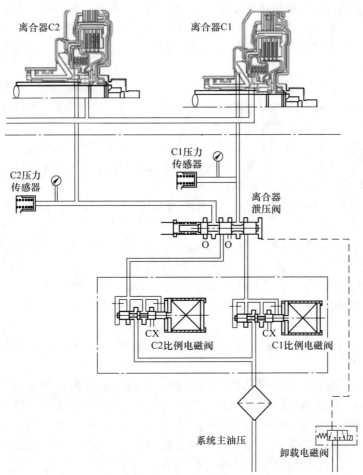

图 5-23　液控湿式双离合器的工作原理

3. 摩擦片

摩擦片是湿式双离合器的重要零件,其摩擦因数与摩擦材料和油品有关。不同的摩擦材料其表面属性不同,摩擦因数也不一样。面压对摩擦材料的表面属性也是有影响的,随着面压的增加,摩擦因数降低。温度的变化将改变油品的属性,从而影响摩擦因数，一般随着温度的升高，摩擦因数降低，但具体情况要随油品而定。摩擦因数和纤维组织的孔隙大小有关，孔隙越大，摩擦因数越大，使用一段时间后，油品中的杂质会充入摩擦材料的孔隙中，从而降低摩擦因数。有时摩擦片经过一段使用时间，其转矩容量反而略微提升，计算摩擦因数随之增加，其实是摩擦表面经过磨合后充分接触所致。

湿式双离合器所用摩擦片是双面摩擦片，增加摩擦面数量可以增加转矩容量。摩擦片和对偶片交替安装，摩擦因数是摩擦片和钢片之间的摩擦因数，它分为静摩擦因数和动摩擦因数。

（1）静摩擦因数　静摩擦因数越大，转矩容量越大。不同摩擦材料的摩擦因数不同，纸基摩擦材料的摩擦因数高于半金属摩擦材料和烧结合金摩擦材料的摩擦因数。对于纸基摩擦材料，影响摩擦因数的因素包括气孔比率、气孔直径、面压、沟槽形状和油品等。

1）通常气孔比率越大，摩擦因数越高。因为气孔越多，摩擦作用面越显粗糙，相对运动阻力越大，表现为摩擦因数变大。当然，气孔越多，摩擦材料的结构强度越低，摩擦片的耐磨损性越差。

2）气孔直径越大，摩擦因数越高。因为气孔直径越大，摩擦作用面越显粗糙，相对运动阻力也越大，表现为摩擦因数变大。当然，气孔直径越大，摩擦材料的结构强度越低，越容易磨损和剥落。

3）面压越大，摩擦因数越低，这是因为摩擦材料受压时，材料中的气孔比率降低，气孔直径变小。

4）沟槽形状不同，摩擦因数也不同，沟槽刮掉厚油膜，薄油膜在高压状况下变成可承受剪切力的弹性体，薄油膜形成的弹性体比厚油膜形成的弹性体能够承受更大的剪切力，所以薄油膜工况下传递的转矩更大，表现为摩擦因数更高。

5）油品在摩擦片和对偶片中间起着非常关键的作用，油品的特性影响动力传递的过程。

6）通常摩擦因数随温度的升高而降低，这是因为温度的升高会导致黏度降低、剪切力减小。

（2）动摩擦因数　要求动摩擦特性在档位切换过程和滑差控制过程中，有利于控制标定，降低振动和噪声。因此，用于换档离合器和滑差控制的闭锁离合器上，要求动摩擦特性 $d\mu/dv > 0$。影响 $d\mu/dv$ 大于零还是小于零主要是油品，因为油品与摩擦材料有关，摩擦材料中的添加剂对油品也有影响。应根据所使用离合器的实际使用工况，选择最合适的摩擦特性和油品。

摩擦稳定性是指动摩擦特性在经过一段时间的结合耐久后发生变化的性质。离合器工作一段时间后，由于杂质进入气孔、长时间承受面压等，使得摩擦材料的一些物理特性发生了变化，表现为摩擦因数下降、转矩容量降低等。因此，设计时需要对耐久试验后的摩擦片提出性能要求，即耐久试验后摩擦因数仍高于某一最小值的要求。

4. 摩擦片烧蚀

离合器接合过程中，在对偶片和摩擦片的配合接触面上将产生大量的热。因为纸基材料的导热性很差，所以热量几乎全部被对偶片吸收，使对偶片温度上升，当温度超过摩擦片的碳化温度时，将使摩擦材料碳化，摩擦材料中的纤维组织（天然纤维、合成纤维）变成碳化纤维。当碳化纤维的碳化率（碳化了的碳化纤维的质量与最初能够碳化的纤维质量的比值）超过一定值时，摩擦材料不可使用，因为这时摩擦材料的性能已发生突变。纸基摩擦材料的热量几乎都被对偶片吸收，然后通过摩擦片沟槽中的冷却油和外部的冷却油冷却对偶片，将热量带走。对于多片湿式离合器而言，由于两边对偶片更多的与外部冷却油接触，因此这两个对偶片的散热条件最好。假设每面摩擦面摩擦做功相同。纸基摩擦材料导热性差，热量几乎都被对偶片吸收，中间对偶片吸热，温度上升得快，而且散热条件不好，因此中间摩擦片最容易被烧损。两边的对偶片散热面积相同，但是厚对偶片质量大，热能储备多，因此散发相同的热量后，厚对偶片的温度下降的相对少，因此靠近厚对偶片的摩擦片烧损程度严重。散热差的比散热好的更容易烧损，摩擦片接触压板温度高的比温度低的更容易烧损，烧损程度按照散热和温度分布呈现相同的趋势。摩擦片烧损程度按照中间最严重，向两边依次减轻。

对于离合器两端，厚对偶片靠卡环被约束在边缘，活塞作用在另一端对偶片的大约中间位置，摩擦片的外边面压大，内边面压小。面压越大，滑差时摩擦功越大，产生的热量越多，因此摩擦片是从外边缘向内边缘发生烧损。

5. 离合器拖曳转矩

离合器拖曳转矩的影响因素包括离合器间隙、油槽设计参数（包括槽宽、槽深、摩擦片径向宽度、油槽数量及形状）、润滑油流量、润滑油黏度、温度和转速（摩擦片和对偶片之间的相对转速）。

离合器摩擦片间隙需要根据具体情况而定，间隙越大，拖曳转矩越小，但离合器动态响应时间越长。当摩擦副的分离间隙小到一定程度时，湿式离合器的拖曳转矩将急剧增大，从而大大地降低了传动系统的传动效率，而且会增加湿式离合器的热负荷，降低摩擦片的寿命。因此，设计时应尽量避免分离间隙过小。

摩擦片沟槽所占摩擦面面积比例越大，摩擦片的面压也越大，滑差时产生的热量越多，拖曳转矩越小。也有把摩擦片设计成波状结构的（如 CVT19 离合器的摩擦片），波状结构的摩擦片只是在凸起处与对偶片形成油膜，平状结构的摩擦片则是整个面上与对偶片形成油膜，因此波状结构可减小拖拽转矩；但是波状结构需要的轴向空间大，离合器的动态响应时间长。一般情况下，有沟槽摩擦片的拖曳转矩要大于无沟槽的摩擦片，且径向沟槽摩擦片的拖曳转矩最大，螺旋槽摩擦片的拖曳转矩最小，其他几种形式沟槽的拖曳转矩介于它们之间。同时，摩擦片表面的沟槽有利于降低高转速、低黏度时的拖曳转矩，但不利于降低低转速、高黏度时的拖曳转矩。摩擦片上沟槽数越多，拖曳转矩的峰值越小，且其峰值对应的相对转速越低。但是，当相对转速低于某一值时，沟槽数目的改变将不再影响拖曳转矩的大小。摩擦副的材料变化对拖曳转矩的影响较小。

在低速范围内，润滑油流量对拖曳转矩影响不大；在高速范围内，随着润滑油流量的增加，拖曳转矩也增大。随着润滑油黏度的增加，拖曳转矩也增大。

在低速范围内，随着相对转速的增加，拖曳转矩也增大；在某一转速时达到峰值拖曳转矩；其后随着相对转速的增加，拖曳转矩反而减小。

5.5 选换档执行机构

DCT选换档执行机构可分为高速开关阀控制的电控电动式执行机构和液控执行机构，电动换档执行机构具有响应快、精度高、价格低廉等优点，其缺点是控制系统复杂。电控电动换档执行机构根据选、换档控制电动机的数目，可以分为单电动机、两电动机和多电动机等传动方式。单电动机执行机构中，只用一个电动机通过机械机构来实现选、换档，该方案的优点是机构结构简单紧凑、易于布置，但只能顺序升降档，在升档时没有大的问题，但在降档时不能快速换入所需档位，格特拉克DCT采用此方案。两电动机执行机构中，各用一个电动机控制选、换档，此种执行机构结构简单紧凑、便于布置，其缺点是电动机的控制难度较大，尤其是选档、换档电动机之间的协调控制难度比较大，吉利DCT采用此方案。多电动机执行机构中取消了选档电动机，根据变速器的档位数及其分布形式来确定控制电动机数，该执行机构的明显缺点是电动机需求多、成本过高、布置困难、控制复杂，故很少采用。

液控选换档执行机构利用液压系统实现档位的选择及切换，选换档机构布置灵活，液压系统中的液压油与变速器油通常采用同一种油。也有液压系统中的液压油与变速器油不是同一种油的情况，此时需要单独的液压泵、蓄能器、液压控制阀块等，其密封性要求高，大众DQ200采用此方案。

1. 电控电动式选换档执行机构

图5-24所示为主动互锁式DCT选换档执行机构，它包括选换档组件/选档轴和驱动单元。图5-25所示为由换档指、锁止和脱离元件等构成的换档指组件，该组件作用于换档导槽以驱动换档同步装置。

主动互锁式DCT选换档执行机构的特殊性在于换档导槽的开口宽度大于换档指的宽度，因此，即使是在某一个档位已经接合的情况下，也可以反向旋转换档轴，并通过换档指选择另一个换档导槽（图

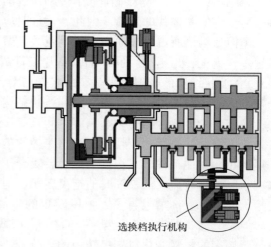

图5-24 主动互锁式DCT选换档执行机构

5-26)。

如果要预选一个新档位,锁止和脱离元件会将由同一离合器驱动的所挂入的档位摘掉,此时换档轴的旋转方向与换档指的移动方向无关。图5-27所示为主动互锁摘档。

图5-28所示为双电动机选换档执行机构,选档电动机负责将换档指定位在所需的变速杆导槽中,该电动机带有传感器,用于识别换档指组件的轴向位置;换档电动机负责挂档、摘档,将换档指退回中间的选档位置,该电动机也带有传感器,用于识别换档指组件的旋转角度,判断档位情况。

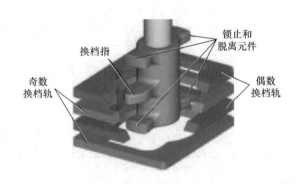

图5-25 换档指组件

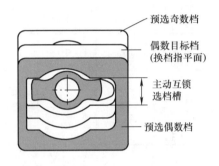

图5-26 主动互锁换档导槽

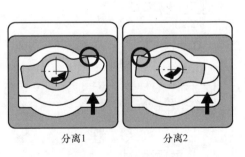

图5-27 主动互锁摘档

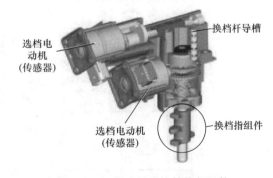

图5-28 双电动机选换档执行机构

2. 液控选换档执行机构

液控选换档执行机构主要是根据TCU发出的指令完成选档、挂档和摘档等动作。同步器的位置代码为:0表示空档;1表示在左侧;2表示在右侧;3表示不确定,各档同步器控制状态见表5-2。图5-29所示为换档控制模块液压原理示意图。

表 5-2　各档同步器控制状态表

动作	电磁阀 S11	电磁阀 S12	调节阀 S23	调节阀 S24	同步器 5、7 位置	同步器 1、3 位置	同步器 4、2 位置	同步器 6、R 位置
挂 1 档	0	0	1	0	0	0 > 1	0	0
摘 3 档						2 > 0		
挂 2 档	1	1	0	1	0	0	0 > 2	0
摘 4 档							1 > 0	
挂 3 档	1	0	1	0	0	0 > 2	0	0
摘 1 档						1 > 0		
挂 4 档	0	1	0	1	0	0	0 > 1	0
摘 2 档							2 > 0	
挂 5 档	0	1	1	0	0 > 1	0	0	0
摘 7 档					2 > 0			
挂 6 档	0	0	0	1	0	0	0	0 > 1
摘 R 档								2 > 0
挂 7 档	1	1	1	0	0 > 2	0	0	0
摘 5 档					1 > 0			
挂 R 档	1	0	0	0	0	0	0	0 > 2
摘 6 档								1 > 0

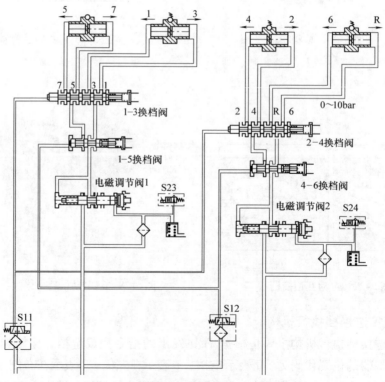

图 5-29　换档控制模块液压原理示意图

电磁阀 S11 和电磁阀 S12 是二位三通开关阀,不通电情况下阀的输入端保持系统压力,输出端与回油端相通;在电磁阀通电情况下,阀输入的系统压力与输出端相通,输出系统压力。电磁阀 S23 和电磁阀 S24 是 PWM 调节电磁阀,根据 PWM 的不同获得不同的电磁调节阀 1 和电磁调节阀 2 的控制压力,电磁调节阀 1 产生 1-3 换档拨叉、5-7 换档拨叉的工作压力;电磁调节阀 2 产生 2-4 换档拨叉、6-R 换档拨叉的工作压力。

5.6 液压控制系统

一、DCT 液压控制系统原理

对于电液控制 DCT 而言,液压控制系统主要包括液压泵供油模块、主油压调节模块、换档控制模块、双离合器控制模块、润滑冷却模块等,如图 5-30 所示。如图 5-31 所示为 DCT 液压系统原理图,表 5-3 所列为 DCT 液压控制系统各模块的功能。

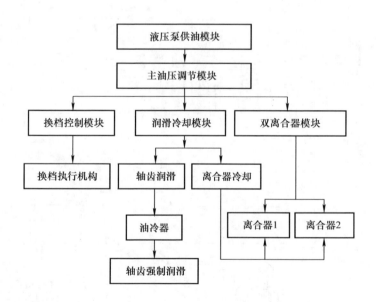

图 5-30　DCT 液压控制系统的组成

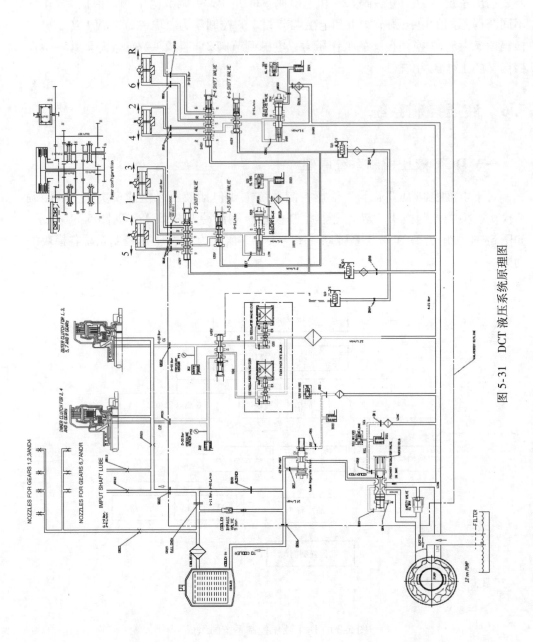

图 5-31 DCT液压系统原理图

表 5-3　DCT 液压控制系统各模块的功能

模块	功能
液压泵供油模块	作为液压油供油的动力源，由发动机或电动机驱动
主油压调节模块	根据变速器的不同工况来实现不同系统油压的调节
系统限压保护模块	保证系统油压在设计的油压范围内，防止系统油压超压
双离合器模块	根据不同的换档需求和行驶状况，精确地调节离合器的压力
换档控制模块	用来实现 1~7 档以及 R 档同步器的准确挂档、摘档
润滑冷却模块	包括离合器、轴承、齿轮的润滑和冷却，主要是对离合器的冷却流量进行精确控制，保证双离合器的可靠运行
滤清器系统	其作用是保证变速器油的清洁度，主要是保证进入阀体油液的清洁度，从而使电磁阀和阀芯能正常、可靠地工作

1. 液压泵供油模块

目前，AT 和 DCT 上普遍采用机械定量式液压泵，由发动机驱动，一般排量为 14~18mL/r，其基本布置原理如图 5-32 所示；也可以采用图 5-33 所示的电驱动液压泵，其作用是为液压系统提供所需油压，满足系统在各种工况下的油压需求。

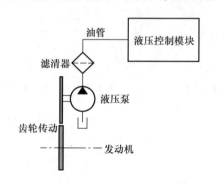

图 5-32　机械定量式液压泵的基本布置原理

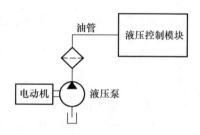

图 5-33　电驱动液压泵原理图

2. 主油压调节模块

主油压调节模块使得液压控制系统能够实现系统主压力、离合器供油压力、润滑冷却供油压力、换档系统供油压力等的控制作用。通常液压控制系统的主压力在一定范围内变化，以满足不同工况下的压力调节需求，以及在系统压力较高时的自我保护功能。

主调压阀是整个 DCT 液压控制系统中的核心部件，液压泵可以产生很高的油压，通常能将油压限制在 0.5~2.5MPa 之间，受调制的主油路压力的变化范围是由主压力控制电磁阀油压、弹簧共同决定的。主调压阀采用常闭的 VBS（Variable Bleed Solenoid）控制，主油压调节模块的基本工作原理如图 5-34 所示，其控制原理如图 5-35 所示。

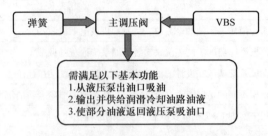

图 5-34　主油压调节模块的基本工作原理

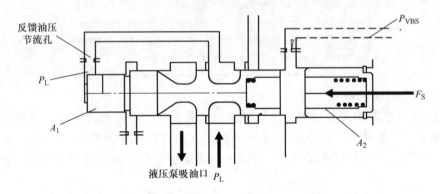

图 5-35　主油压调节模块的控制原理

由图 5-35 可得主调压阀的力学平衡方程为

$$P_L A_1 = P_{VBS} A_2 + F_S \tag{5-7}$$

则

$$P_L = \frac{A_2}{A_1} P_{VBS} + \frac{F_S}{A_1} \tag{5-8}$$

式中　P_L——主油压（Pa）；

　　　A_1——主油压作用面积（m²）；

　　　P_{VBS}——控制电磁阀油压（Pa）；

　　　A_2——控制电磁阀油压作用面积（m²）；

　　　F_S——弹簧力（N）。

根据式（5-8），当弹簧的预紧力及主调压阀的作用面积确定后，只需调节控制电磁阀油压，即可获得主油压。

3. 润滑冷却模块

润滑冷却模块主要实现离合器的润滑冷却、轴齿的润滑冷却、热交换及过滤。图 5-36 所示为 DCT 润滑冷却系统的控制原理，表 5-4 所列为润滑冷却模块的需求及具体实现方法。

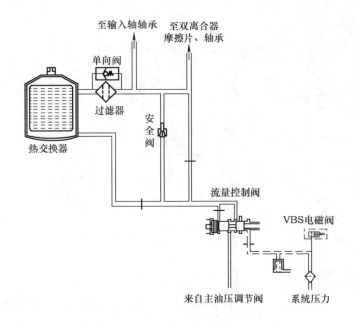

图 5-36 DCT 润滑冷却系统的控制原理

表 5-4 润滑冷却模块的需求及具体实现方法

功能	需求	实现
离合器的润滑冷却	最小润滑流量为 2~3L/min,最大润滑流量为 18L/min,并且要根据不同的换档要求和工况进行精确调节	用 VBS 和流量控制阀对离合器润滑冷却流量进行调节,同时采用常闭型电磁阀加以控制,可以在电磁阀失效的情况下保证以最大的冷却流量工作
轴齿的润滑冷却	润滑流量为 1~4L/min,不需要精确的控制,只要满足润滑需要即可	通过在润滑冷却油路上进行节流孔的直径设置来获得足够的流量
实现热交换和高效的过滤	为了保证高效的冷却及过滤,稳定状态下需要有 10~20L/min 流量	通过流量控制阀的调节及节流孔的设计来获得需求的流量

二、典型 DCT 液压系统介绍

DCT 液压系统是实现双离合器交替控制及换档拨叉控制的执行机构,其基本结构与传统的自动变速器和无级变速器的液压控制系统相似,但又有所不同。图 5-37 所示为是德国大众公司已经批量生产的双离合器自动变速器 DQ250 的液压系统,它主要包括供油部分、双离合器控制部分、换档拨叉控制部分及辅助部分。

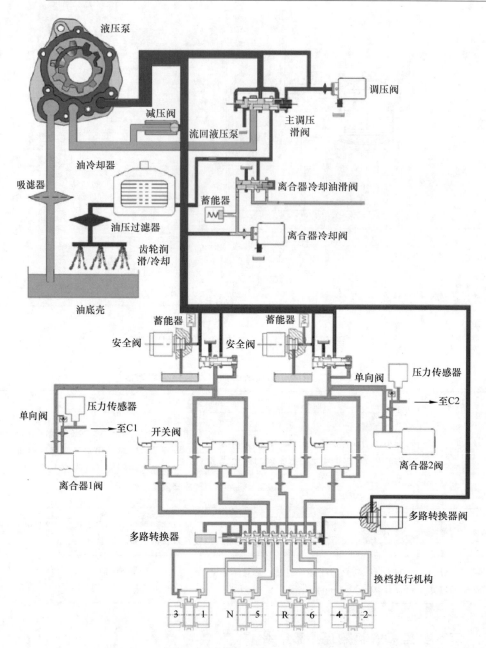

图 5-37 DQ250 的液压系统

供油部分由液压泵、减压阀、主调压滑阀及调压阀组成,通过调压阀控制主调压滑阀,从而实现对液压系统主油路压力的调节;当系统出现故障,压力上升到一定高度时,将推开减压阀释放压力来保护液压系统。双离合器控制部分主要由两路相对独立的油路组成,分别控制离合器 C1 和离合器 C2,两部分控制油路完全相同，包括安全阀、蓄能器、压力传感器及离合器控制比例阀。通过安全阀可以调节两个离合器控制油路的供油压力，并保证在其中一个离合器出现故障时，另一离合器能够安全地独立工作。离合器 1 阀与离合器 2 阀为比例电磁阀，它们可以实现对离合器工作压力的精确控制；两个压力传感器则为离合器压力的精确控制提供反馈信号。换档拨叉控制部分主要由四个开关阀与一个二位多路阀组合而成，多路阀通过另一个开关阀控制其工作位置的变换。辅助部分主要包括双离合器润滑部分、液压系统散热及过滤部分。

各种液压阀及电磁阀均统一集成在液压阀体中，如图 5-38 所示。其中 N88 为一档和三档换档拨叉控制开关电磁阀，N89 为五档换档拨叉控制开关电磁阀，N90 为六档和倒档换档拨叉控制开关电磁阀，N91 为二档和四档换档拨叉控制开关电磁阀，N92 为多路阀控制开关电磁阀，N215 为离合器 C1 的控制比例电磁阀，N216 为离合器 C2 的控制比例电磁阀，N217 为主调压滑阀的控制电磁阀，N218 为冷却油流量控制电磁阀，N233 为离合器 C1 控制油路安全阀，N371 为离合器 C2 控制油路安全阀，A 为主油路减压阀，B 为液压阀体电磁阀供电连接器。同时，该液压阀体中还集成了两个离合器的压力传感器。

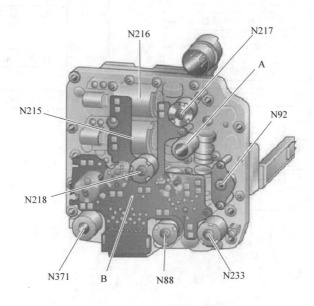

图 5-38　DQ250 的液压阀体

5.7　控制系统硬件设计

电控系统是 DCT 的核心器件，是整个变速器的神经中枢，开发出安全可靠的 DCT 电控系统是实现汽车动力性、经济性和排放目标的重要保障。

一、DCT 电控系统的组成和原理

DCT 电控系统主要由输入/输出轴转速传感器、驻车位置传感器、油温传感器、TCU、其他控制单元 CAN 信号、选换档执行机构、离合器执行机构、线束等组成,如图 5-39 所示。在 DCT 运行过程中,TCU 除接收变速器中传感器的输入信号外,还需通过 CAN 总线从其他控制单元获取输入信号。该信号主要包括从电子换档器获得的驾驶人员档位请求信号、从 EMS 获取的发动机转速信号、发动机转矩和加速踏板位置信号,以及从 ABS/ESP 控制系统获取的 ABS/ESP 状态信号和车速信号等。TCU 对输入信号进行分析、判断并做出决策,然后向选换档执行机构和离合器执行机构发送控制信号,由执行机构完成选换档及离合器的接合与分离,实现汽车的起步、换档等过程,同时把选换档状态和离合器接合、分离状态反馈给 TCU。

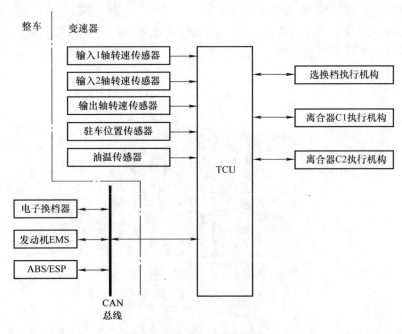

图 5-39 DCT 电控系统简图

二、DCT 电控系统的监控设计

DCT 电控系统组件可分为安全相关组件和非安全相关组件,其中非安全相关组件在整个电控系统中占极大比重。ISO 26262 对安全相关组件的开发流程和开发方法做出了很多严格要求,而对非安全相关组件的开发则没有要求。如果将非安全相关组件和安全相关组件都按照 ISO 26262 流程和方法进行开发,则会使开发成本大幅上升且开发过程极为复杂。为此，采用3层监控概念对DCT电控系统进行开发，DCT3层监控概念如图5-40所示。变速器控制器的硬件共包括功能控制器与监控控制器两部分。而软件共分为3层，其中第1层为非安全相关的功能软件，用来进行变速器的基本功能控制；第2层和第3层为安全相关的监控软件，第2层为功能监控层，用来监控第1层功能软件的运行是否正确，若发现变速器的功能运行发生错误，则进入失效响应模式，通过发出不允许的命令对第1层的功能进行限制，使整车进入安全状态；第3层为控制器监控层，利用监控控制器监测功能控制器是否发生硬件故障。DCT电控系统的第2层和第3层按照ISO 26262的开发流程和要求进行开发，而第1层按照一般的开发流程进行开发，这样既能符合ISO 26262标准的要求，实现功能安全，又能在最大程度上减少开发工作量和降低开发成本。

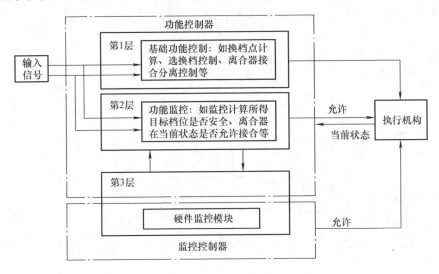

图5-40　DCT 3层监控概念

三、安全子系统设计

根据从整车得到的DCT电控系统功能安全概念，列出所有与安全相关的功能模块，结合各模块之间的信号传输关系，制定出DCT 3层监控概念中的第2层安全子系统逻辑框架，如图5-41所示。根据DCT运行的环境和边界条件限制，结合故障树分析、失效模式与影响分析（FMEA），制定各个模块实现7DCT功能安全需求的技术方案，并把功能安全需求细化为对各个模块的需求及模块之间相互作用的安全机制，最后把这些技术安全需求分配到图5-41中对应的模块与信号中，从而形成技术安全概念。

ISO 26262对硬件的安全需求指标主要为硬件随机失效率、单点随机失效率、潜在随机失效率等。由于DCT电控系统安全目标的最高ASIL等级为ASIL C，根据

ISO 26262 的要求，对 ASIL A 的安全目标相关硬件指标不做要求，对 ASIL B 和 ASIL C 的安全目标相关硬件指标做如下要求：硬件随机失效率 PMHF≤100FIT，其中 $1\text{FIT} = 10^{-9}\text{h}^{-1}$；单点随机失效率 SPFM≥97%；潜在随机失效率 LPFM≥80%；

由于 DCT 的电控系统由 TCU、传感器、执行机构等多个系统组成，上述指标是安全目标对各系统的总指标要求，当安全目标由多个系统共同作用实现时，这些系统失效率之和不能高于上述指标。

在硬件开发过程中，由于 TCU、选换档执行机构等组件比较复杂，为达到 ISO 26262 的要求，这些组件需按照 ISO 26262 的流程进行开发，并生成相应的工作文档。而对于传感器等简单的组件，国内外很少有公司按照 ISO 26262 流程对它们进行开发，可按照 ISO 26262 的要求对其进行资格认证，只要组件的性能、失效模式及对应失效率符合 DCT 的技术安全要求，即可在安全子系统中应用。

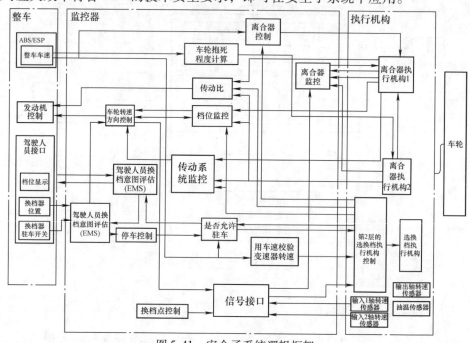

图 5-41 安全子系统逻辑框架

四、控制系统硬件测试

控制系统硬件测试是 TCU 开发所不可缺少的主要环节，是保证 TCU 控制系统质量的必要手段，针对 TCU 的硬件测试包括硬件单元电路测试、硬件集成测试和硬件台架测试。

1. 硬件单元电路测试

硬件单元电路测试是对测试对象基本组成单元进行的测试，它应该具有明确的功能、性能定义、接口定义，而且可以和其他单元区分开来，需要进行功能测试、故障注入测试和信号完整性测试等。

在功能测试中，驱动能力测试主要是检测单元电路输出口的输出能力，如单元电路输出的电压、电流是否符合设计要求；耐高压能力测试主要是检测单元电路的耐高压情况，通过对单元电路施加一个高于额定电压并维持一定时间的电压，判断其是否符合耐高压要求；故障保护能力测试检测单元电路在短路、断路、电源反接等情况下是否具有保护功能。

故障注入测试是验证在单元电路的各种失效模式下，保护是否符合设计需求，是否能在故障状态下最大限度地发挥单元电路的性能。

信号完整性测试是对信号的电平、超调、时序等指标进行的测试。

2. 硬件集成测试

在通过硬件单元电路测试的基础上，将各硬件单元电路组合在一起进行测试，主要目的是检测集成后整体功能的准确性和各单元之间接口的准确性。

功能测试是检验集成后系统逻辑功能的准确性，根据输入和输出的关系验证其是否符合系统要求。

信号完整性测试除包含单元电路测试的内容外，还增加了 CAN 总线信号测试、时钟信号测试。

鲁棒性测试是对硬件容错能力进行的测试，检验异常情况下系统是否有足够的保护，以及是否会由于某些异常条件造成故障不能自动恢复的严重后果。

3. 硬件台架测试

硬件台架测试是对所开发的系统硬件进行的综合测试，测试台架由 TCU、负载箱、dSPACE Simulator 和计算机组成，如图 5-42 所示。其中，TCU 为测试对象；负载箱为自主设计部分，包括继电器、电动机和电磁阀等执行器的模拟负载；

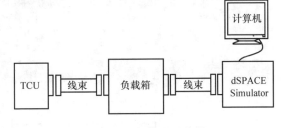

图 5-42　硬件测试台架

将 dSPACE Simulator 作为变速器传动模型的运行环境，在该环境下执行不同的变速器传动模型以模拟不同类型的自动变速器；计算机通过板卡与 dSPACE Simulator 连接，从而进行信息交互。

5.8　控制系统软件设计

一、DCT 软件架构

DCT 软件充分体现开发人员的设计意图，是控制系统智能化程度的直观体现，主要完成数据采集、信号处理、档位决策、故障诊断及处理、双离合器与发动机的协调控制等工作。作为 TCU 的灵魂，它对变速器的功能和特性起越来越大的作用。

DCT 的 TCU 软件遵循 Autosar 的架构来开发，它具有模块化、集成化、接口化的可控、可扩展、可维护等特点。图 5-43 所示为 Autosar 软件体系的结构，图 5-44 所示为 Autosar 软件的接口，其中的应用软件模块既可以是传感器软件模块、执行机构软件模块，也可以是其他模块。

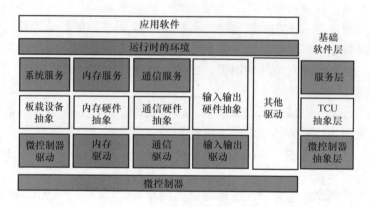

图 5-43　Autosar 软件体系的结构

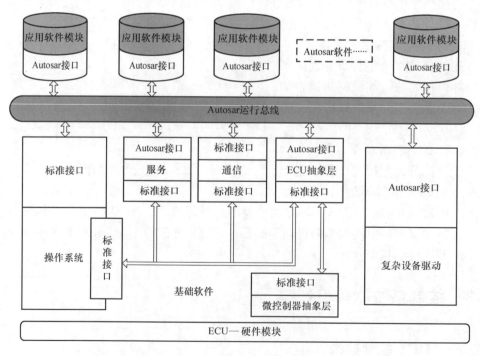

图 5-44　Autosar 软件的接口

二、DCT 底层软件

符合 Autosar 规范的底层驱动软件是硬件平台与上层操作系统、应用软件的桥梁。它是影响嵌入式系统质量和开发效率的关键软件元素。底层驱动程序的高可靠性、高开发效率与操作系统和应用软件之间的松散耦合是驱动软件开发中的关键问题。图 5-45 所示为 Autosar 底层软件设计的主要步骤。根据 Autosar 规范，首先定义数据类型和建立驱动工程文件结构体系，为后续的代码编写和管理做好准备，然后定义 TCU 各模块中寄存器等在内存中的映像，再按照相关模块的 Autosar 规范并结合具体 ECU 数据手册定义驱动程序抽象接口（API），根据 API 所需实现的功能，结合 ECU 数据手册构造参数配置接口，设计错误跟踪和处理机制，根据具体 ECU 中的驱动流程，设计 API 函数实现算法，最后进行测试。

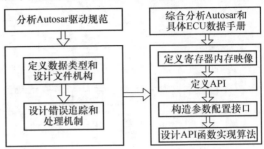

图 5-45 Autosar 底层软件设计的主要步骤

三、DCT 应用软件

应用软件一般采用 Autosar 开发方式，整个应用层分割为一个个软件组件（SWC），然后通过 RTE 与底层软件（BSC）集成起来。图 5-46 所示为 Autosar 软件的开发流程，图 5-47 所示为 DCT 控制系统应用软件模块。

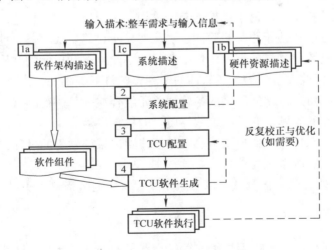

图 5-46 Autosar 软件的开发流程

四、DCT 软件测试

DCT 软件测试与其他控制系统软件测试是相同的，主要包括建模规范测试、单元测试、集成测试和系统测试。

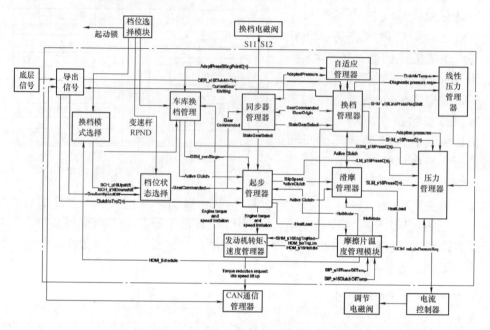

图 5-47　DCT 控制系统应用软件模块

建模规范要求模块可读性好，接口清晰，文档准确，模型、代码及文档一致；模型具有较好的移植性，易于维护、易于重用、易于修改；运行速度快，占用空间小，易于仿真分析；便于跟踪、验证、确认；易于代码生成，鲁棒性好。

单元测试是软件测试的重点，包括单元的功能测试和单元的结构测试，在该阶段发现 BUG 并修改完善，为集成软件的顺利实施打下基础。

集成测试是将通过单元测试的各软件单元组合在一起进行测试，发现各软件集成在一起后存在的问题，它是系统软件质量的根本保障。

系统测试是采用人工或自动手段来运行或测试系统软件的过程，以此检验被测系统是否满足规定的系统需求。

关于 DCT 软件的具体测试可以参照相关的软件测试资料。

参 考 文 献

[1] 荆崇波, 苑士华, 郭晓林. 双离合器自动变速器及其应用前景分析 [J]. 机械传动, 2005, 29 (3)：56-58.

[2] Edward J. Berger, FarshidSadeghi, Charles M. Krousgrill. Torque Transmission Characteristics of

Automatic Transmission Wet Clutches: Experimental Results and Numerical Comparison [J]. Tribology Transactions, 1997, 40 (4): 539-548.

[3] Yang Y, Lam R C. Theoretical and experimental Studies on the Interface Phenomena During the Engagement of Automatic Transmission Clutch [J]. Tribology Letters, 1998, 5 (1): 57-67.

[4] 刘振军, 秦大同, 叶明, 等. 车辆双离合器自动变速传动技术研究进展分析 [J]. 农业机械学报, 2005, 36 (11): 161-164.

[5] 邵佳林, 刘振军, 秦大同. 基于 DSP 的汽车双离合器自动变速系统电控单元硬件抗干扰设计 [J]. 机电一体化, 2009 (11): 29-36.

[6] Clark K S, Singh T, Buffa R P, et al. General Motors Front Wheel Drive Seven Speed Dry Dual Clutch Automatic Transmission [J]. Sae International Journal of Engines, 2015, 8 (3): 1379-1390.

[7] 贾志绚, 董永富, 葛友刚. 湿式双离合器自动变速器起步研究及仿真 [J]. 机械科学与技术, 2013, 32 (3): 410-415.

[8] Senatore A. Advances in the Automotive Systems: An Overview of Dual-Clutch Transmissions [J]. Recent Patents on Mechanical Engineering, 2009, 2 (2): 93-101.

[9] 刘玺, 程秀生, 冯巍. 湿式双离合器自动变速器换档最优控制 [J]. 农业工程学报, 2011, 27 (6): 152-156.

[10] S Hurley, C D Tipton, S P Cook. Lubricant Technology for Dual Clutch Transmissions [J]. SAE Technical Paper Series, 2006-01-3245.

[11] Kim N, Lohse-Busch H, Rousseau A. Development of a Model of the Dual Clutch Transmission in Autonomie and Validation with Dynamometer Test Data [J]. International Journal of Automotive Technology, 2014, 15 (2): 263-271.

[12] 刘振军, 刘飞, 董小红, 等. 双离合器自动变速器传动方案分析 [J]. 机械科学与技术, 2011, 30 (2): 270-274.

[13] Cheng Y, Dong P, Yang S, et al. Virtual Clutch Controller for Clutch-to-Clutch Shifts in Planetary-Type Automatic Transmission [J]. Mathematical Problems in Engineering, 2015.

[14] 张建国, 雷雨龙, 刘洪波, 等. 干式双离合器自动变速器快速控制原型与台架试验 [J]. 吉林大学学报: 工学版, 2010, 40 (4): 901-905.

第6章 电控机械式自动变速器

6.1 概述

自动变速控制是现代汽车中的一项重要技术，也是智能车辆的基本功能。随着汽车工业的发展，人们对汽车操纵的方便性和舒适性提出了越来越高的要求，非职业驾驶人员增多，使得能够方便驾驶、减轻驾驶人员劳动强度的自动变速器有了广阔的市场。汽车实现传动系统自动化的优点：降低驾驶人员的操纵频率；易于实现动力总成的最佳匹配，获得良好的动力性和经济性；减少排气污染。图6-1所示的电控机械式自变速器（AMT）是在MT的基础上发展而来的，它具有传动效率高、成本低和易于制造等优点，非常适合我国汽车工业的发展，具有很好的产业化前景和广阔的应用范围。

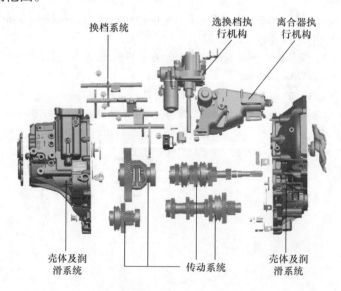

图6-1 AMT系统的结构图

根据选换档及离合器执行机构的不同，AMT主要分为电液AMT和全电驱动AMT两种。例如，图6-2所示的马瑞利电液AMT是在手动变速器的基础上增加一套电液执行机构，这套电液执行机构与目前比较流行的机电执行机构相比价格偏高，但凭借其良好的可靠性，目前还受到一部分主机厂的欢迎，已经在奇瑞 QQ3、瑞麒 M1、雪佛兰赛欧、上汽 MG3 等车型上得到广泛应用。全电驱动 AMT 主要包括格特拉克 AMT（图 6-3）和青山 AMT（图 6-4）。搭载格特拉克 AMT 的车型有东风景逸、海马骑士等，其应用特点是将转毂换档技术应用在 AMT 上；青山 AMT 采用蜗轮蜗杆式机电执行机构，主要搭载在长安 mini 奔奔及江淮同悦汽车上。

图 6-2　马瑞利电液 AMT 变速器

图 6-3　格特拉克 AMT 变速器

图 6-4　青山 AMT 变速器

6.2　AMT 控制系统的组成和工作原理

一、AMT 控制系统的组成

AMT 控制系统的组成如图 6-5 所示，它主要包括软件系统和硬件系统两大部分，硬件系统包括被控对象、执行机构、传感器以及电控单元（TCU）四部分；软件系统由应用层软件和底层软件组成。

1. 电控单元（TCU）

AMT 的电控单元（TCU）是其控制系统的核心，它具有储存程序，进行信号的采集、处理、判断、决策及发出指令等功能。电控单元硬件结构如图 6-6 所示，其功能如图 6-7 所示，其中离合器驱动电路、选换档驱动电路因所使用执行机构的不同而不同，对于电液控制系统是电磁阀，对于全电动机驱动系统是电动机驱动电路；只有电液控制系统才有而液压泵驱动电路。CAN 总线接口用于 TCU 与发动机、

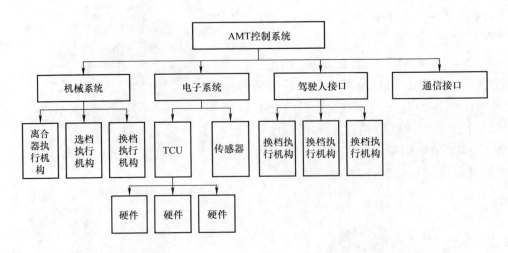

图 6-5　AMT 控制系统的组成

制动系统、仪表等进行数据交换通信。所储存的程序主要包括换档规律、起步、换档及故障诊断所用的函数和数据库，数据采集及处理程序，档位决策、起步、换档及制动等控制程序，以及车体质量、道路坡度和驾驶人员类型等判断推理程序。

2. 传感器及执行机构

传感器的作用是获得汽车行驶过程中的各种信息，并将它们传给 TCU，TCU 对此进行分析，识别驾驶人员的意图，判断运行工况，发出相应的控制指令。随

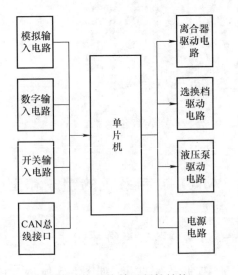

图 6-6　电控单元硬件结构

着控制理论的不断完善和控制精度的不断提高，AMT 控制系统所使用的传感器种类也不断增加，表 6-1 所列为目前 AMT 控制系统所使用的主要传感器及 CAN 通信信息，执行机构分为液压执行机构和电动机驱动执行机构，它接收 TCU 发出的控制指令，并实施起步、换档过程中的各种操纵动作。图 6-8 所示为 AMT 液压执行机构示意图。

第6章 电控机械式自动变速器

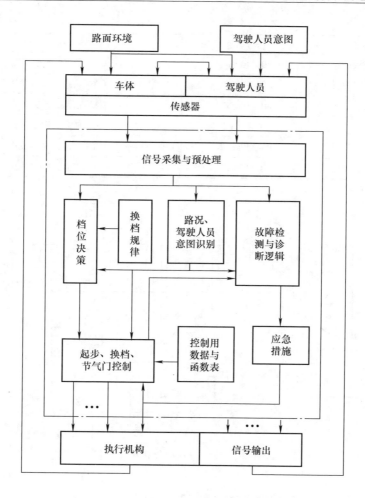

图 6-7 TCU 的功能及其与外界的关系

表 6-1 AMT 控制系统所使用的主要传感器及 CAN 通信信息

信号特征	信号名称	备注
输入轴转速	脉冲信号	霍尔转速传感器
变速器温度	0~5V 模拟信号	油温传感器
变速杆位置	由四个开关信号组成	R、N、Def、A/M、M+、M-
离合器位置	0~5V 模拟信号	角度传感器
选档位置	0~5V 模拟信号	角度传感器
换档位置	0~5V 模拟信号	角度传感器
制动状态	0、1 开关信号	位置传感器/CAN 信息，EMS 发送
加速踏板位置	0~100%	CAN 信息，EMS 发送
发动机转速	0~16000r/min	CAN 信息，EMS 发送
发动机真实转矩	0~100%	CAN 信息，EMS 发送

(续)

信号特征	信号名称	备注
驾驶人员需求转矩	0~100%	CAN 信息，EMS 发送
发动机最小转矩	0~100%	CAN 信息，EMS 发送
摩擦转矩	0~100%	CAN 信息，EMS 发送
蓄电池电压	0~25V	CAN 信息，EMS 发送
车速	0~360km/h	CAN 信息，EMS 发送
发动机节气门位置	0~100%	CAN 信息，EMS 发送

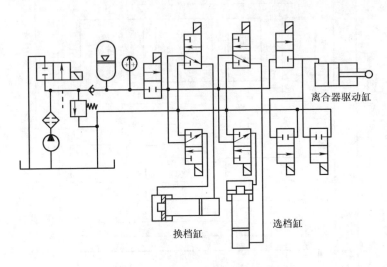

图 6-8　AMT 液压执行机构示意图

二、AMT 控制系统的基本功能和工作原理

AMT 控制系统具有如下基本功能：能按照最佳动力性换档规律进行自动平稳换档；能按照燃料消耗最少的最佳经济换档规律进行自动平稳换档；能在各种路面上平稳起步；具有一定的故障自诊断功能和故障显示与报警功能，便于维护维修；具有一定的容错控制措施，保证汽车在一些故障情况下仍具有基本的行驶能力。

AMT 控制系统除了具有上述基本功能外，还要达到以下几点要求：换档过程迅速，完成整个换档过程的时间不能过长；换档过程中，变速器应无明显的冲击和噪声；离合器的接合应平顺柔和，减小滑摩功，延长离合器摩擦片使用寿命；控制系统具有较强的抗干扰能力和较强的鲁棒性。

AMT 控制系统的工作原理如图 6-9 所示，TCU 根据驾驶人员操纵加速踏板、制动踏板、操纵杆等的意图（如起步、停车、倒车、强制档等）和车辆的工作状态（发动机转速、车速、档位、离合器状态等），依据适当的控制规律（换档规律、离合器接合规律等），控制相应的执行机构（离合器执行机构、选换档执行机构），来实现对车辆动力传动系统（离合器、变速器）的自动操纵。

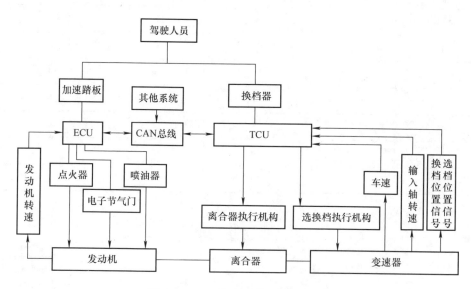

图 6-9　AMT 控制系统的工作原理

6.3　换档器

换档器的功用是向 TCU 提供驾驶人员的档位需求。换档器的种类很多，图 6-10 所示为一种换档器总成的外观及其接插件。

档位定义及各档位输出信号如下：

1) D（前进）、R（倒车）、N（空档）三个档位可停驻。

2) M/A、+、-三个档位不可停驻，当拨到这三个档位松手后，变速杆自动回位至 D 档。

3) M/A 为手动/自动切换模式，+、-档位在手动模式下有效，当前模式只能通过仪表显示进行判断。

表 6-2 所列为换档器在不同位置时内部电路真值输出情况，图 6-11 所示为电子换档器总成接口电路。

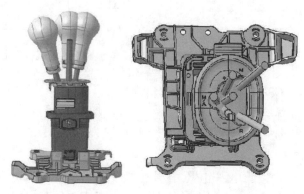

图 6-10　换档器总成的外观及其接插件

表 6-2 换档器真值表

GSL1	变速杆的位置	GSL2	GSL0	GSL3
	A/M	0	1	1	0
	+	0	0	1	1
	D	0	1	0	1
	-	1	0	1	0
	N	1	0	0	1
	R	1	1	0	0
	过渡状态	1	1	1	0

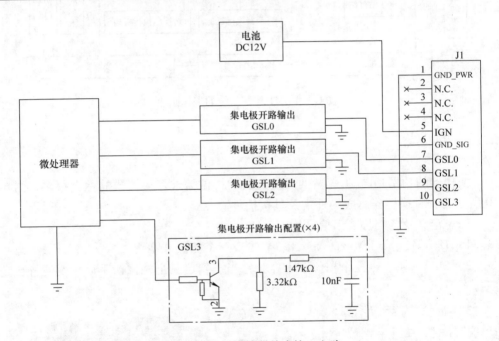

图 6-11 电子换档器总成接口电路

当 GSL 为低电平时（逻辑为 0），$V_{ad} = 1.47/(1.47+3.3) \times 5V = 1.54V$（不考虑晶体管导通电压）。

当 GSL 为高电平时（逻辑为 1），$V_{ad} = (3.32+1.47)/(3.32+1.47+3.3) \times 5V = 2.96V$。

因此，低电平电压信号范围为 $(1.54 \pm 5\%)$ V，高电平电压信号范围为 $(2.96 \pm 5\%)$ V。以上计算公式没有考虑电压与电阻值的误差。

换档力要求：各位置换档力范围为 15~20N。

换档行程（手柄顶点处行程）如图6-12所示。

M/A→D（S1）：32.2mm；
D→+（S2）：33.1mm；
D→−（S3）：33.1mm；
D→右极限位置（S4）：57.2mm；
右极限位置→N（S5）：51.5mm；
右极限位置→R（S6）：51.5mm。

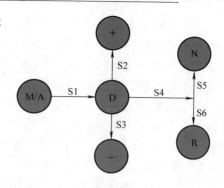

图6-12 换档行程（手柄顶点处行程）

6.4 离合器

离合器是AMT的一个重要组成部分，在传动系统中，发动机和变速器通过离合器连接在一起，起连接和中断动力的作用。起步时，离合器使发动机和传动系统平稳地接合，使汽车平稳起步；换档时，离合器使发动机和传动系统分离，减小变速器输入转动惯量，便于换档；在受到大的动载荷冲击时，离合器保护发动机和传动系统免受大的动载荷冲击。AMT离合器执行机构的作用是完成离合器分离和接合两个过程的自动操纵，其性能直接影响着离合器的控制过程和系统的寿命，进而影响起步过程和换档品质。

一、离合器的特性

AMT汽车传动系统所用离合器是膜片弹簧离合器，其特性如图6-13所示，图中B点为新离合器接合状态下膜片弹簧的工作点，A点为离合器的极限工作点，AB段为离合器摩擦片的最大允许磨损量。

膜片弹簧离合器的传递转矩可以表示为

$$T_c = z \mu_c R_c F_b \quad (6-1)$$

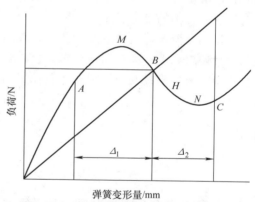

图6-13 膜片弹簧离合器的特性

式中 T_c——离合器传递转矩；
z——离合器摩擦面数；
μ_c——摩擦因数；
R_c——摩擦力等效半径；
F_b——摩擦面压紧力。

离合器传递转矩可以通过控制摩擦面压紧力来实现，试验表明，离合器传递转矩与从动盘变形量存在如下关系

$$T_c = a\delta^3 + b\delta^2 + c\delta \quad (6-2)$$

图 6-14 所示为离合器传递转矩图，图中 OA 对应离合器完全分离状态；A 点对应离合器刚刚接合状态；AB 段表示随着离合器的接合，离合器传递转矩逐渐增加，但离合器传递转矩还不能平衡汽车的下滑力产生的转矩；BC 段表示离合器传递转矩能够平衡汽车的下滑力产生的转矩；CE 段表示随着离合器的接合，传递转矩增加，汽车实现起步；E 点代表发动机的最大输出转矩。

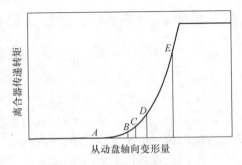

图 6-14　离合器传递转矩图

二、离合器执行机构

AMT 离合器执行机构主要有电控液动式和电控电动式两种类型，与电控液动式执行机构相比，电控电动式执行机构具有成本低、可靠性高、系统维护性好、能耗低、环境适应性强等优点，在此主要分析电控电动式 AMT 离合器执行机构。

1. 离合器执行机构总成应满足的性能要求

执行机构应能使离合器在工作过程中满足分离迅速、彻底，接合缓慢、柔和的要求；能够实现摩擦片磨损自动补偿功能；离合器执行电动机响应时间满足整车对离合器执行机构的要求。

根据离合器执行机构总成的要求，并结合整车布置情况，对离合器执行机构总成的设计要求如下：离合器执行电动机满足整车对该总成的可靠性和耐久性要求；离合器执行机构满足变速器上的布置位置和空间尺寸要求；离合器执行机构应有实现快速分离、缓慢接合的机构；离合器执行机构应有摩擦片磨损自动补偿机构。

根据离合器执行机构原理及整车布置空间要求，其最终外观如图 6-15 所示，内部结构如图 6-16 所示。

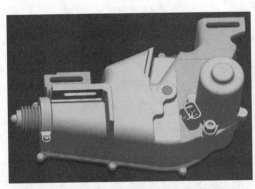

图 6-15　离合器执行机构外观

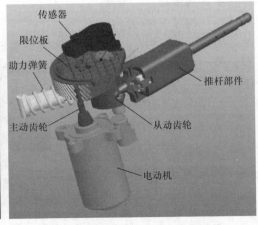

图 6-16　离合器执行机构内部结构

2. 离合器执行器总成原理

离合器执行机构主要由以下部分组成：电动机、主动齿轮总成、从动齿轮总成、外壳及外壳盖板、离合器推杆、磨损自调机构、助力弹簧、减振弹簧、防护罩等。该执行机构的驱动路径：电动机→主动齿轮总成→从动齿轮总成→离合器推杆→离合器分离杠杆。当转过转轴的轴线时，助力弹簧就突然伸长，推动涡轮迅速转动，从而使推杆推动离合器分离爪，使离合器快速分离。

离合器执行机构的作用是实现离合器的接合与分离，如图 6-17 所示。离合器执行机构推杆的伸缩运动实现了离合器的分离与接合。

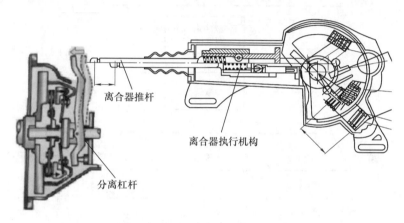

图 6-17 离合器的接合与分离

结合本文离合器执行机构的设计要求，现采用的离合器执行机构原理如图 6-18 所示。

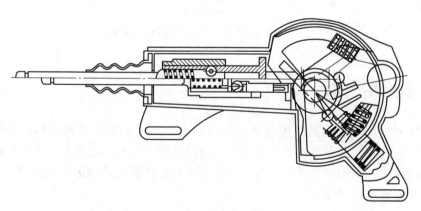

图 6-18 离合器执行机构的原理

离合器执行机构参数匹配计算流程如图 6-19 所示。

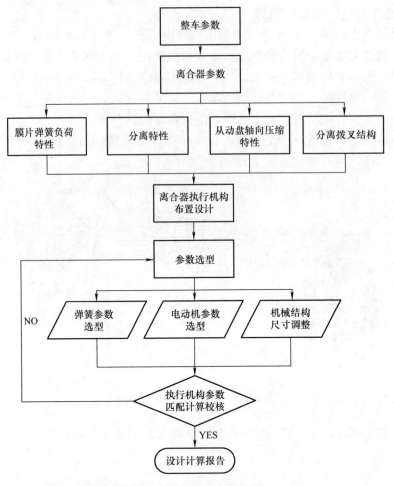

图 6-19 离合器执行机构参数匹配计算流程

6.5 选换档机构

AMT 档位的转换是通过控制选、换档电动机来完成的。选档和换档控制有严格的时序要求,即只有选档到位后才可进行换档操作,只有换档位置为空档时才能进行选档操作。要实现快速平稳地换档,变速器的选换档控制需要与发动机控制和离合器控制相互协调配合。

一、对选换档机构的性能要求和设计要求

选换档机构应具有高稳定性与高寿命,可适应不同工况;选换档应能快速完成,无换档冲击;换档期间有定位要求;不能同时挂两个档;具备档位识别功能。

根据选换档机构的要求,并结合整车布置情况,对选换档机构的设计要求如下:选换档电动机满足整车对该总成的寿命要求;选换档机构满足变速器上的布置位置和空间要求;选换档机构应有实现换档速度快、冲击小的目的的结构设计;选换档机构应有定位装置;选换档机构应有互锁板装置;选换档机构应有识别档位的电子器件,如传感器等。

二、换档原理

选换档机构的作用是实现换档机构的摘档→选档→挂档的过程,如图 6-20 所示。选换档轴的水平移动带动换档指移动,实现选档动作;选换档轴的轴向转动带动换档指转动,拨动相关档位拨叉叉口架,实现摘档与挂档动作。

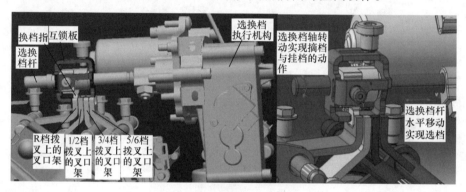

图 6-20　选档、换档原理

为了实现选换档轴的水平移动及轴向转动,并结合选换档机构的设计要求,现采用的选换档机构的内部结构如图 6-21 所示。

(1) 换档原理　通过执行机构内部的换档系统实现变速杆的轴向转动。运动传递方式:换档电动机→换档齿轮 1→换档齿轮 2/3(换档齿轮 2 和换档齿轮 3 在同一根轴上)→换档齿轮 4。换档齿轮 4 装在变速杆上,故可实现选换档轴的轴向转动。

(2) 选档原理　通过选档系统实现换档连杆的上下移动。运动传递方式:选档电动机→选档齿轮 1→选档齿轮 2/3(选档齿轮 2 和选档齿轮 3 在同一根轴上)→选档齿轮 4。选档齿轮 4 在变速杆上的滑槽结构内做转动,故可带动选换档轴上下移动。

(3) 定位原理　定位装置的作用是在摘档、选档及挂档每个阶段结束时,使换档指停留在预期的位置上,防止其产生偏移,即起定位作用。其中,换档定位装置利用换档定位槽及换档定位销来实现变速杆的转动定位;选档定位装置利用选档定位槽及选档定位销来实现换档连杆的上下移动定位,如图 6-22 所示。

(4) 互锁原理　互锁装置的作用是防止同时挂两个档位。在挂 R 档及 1/2 档之间时，换档指挂档受到互锁板的限制，换档拨叉叉口架将不能移动，如图6-23所示。

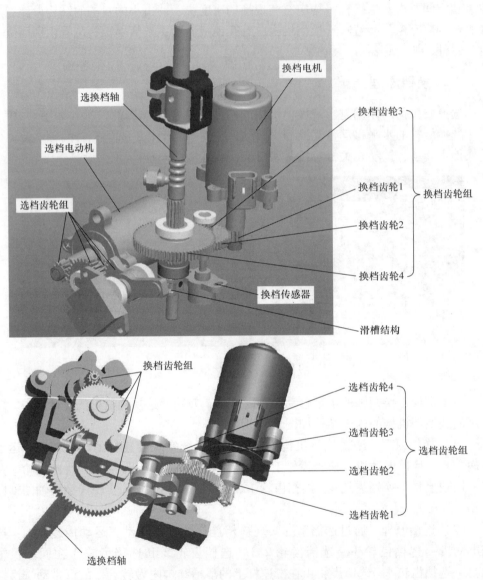

图 6-21 选换档机构的内部结构

（5）档位识别原理 使用角度传感器将当前档位信息传递给TCU，包括换档角度传感器和选档角度传感器。换档角度传感器安装在换档系统中换档齿轮4对应的轴上，可直接获取换档齿轮4的角度信息。选档角度传感器安装在选档系统中选档齿轮2/3对应的轴上，可直接获取选档齿轮2/3的角度信息。

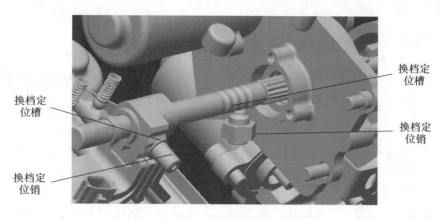

图 6-22　选换档定位原理

三、选换档机构结构参数的匹配计算

选换档机构结构参数的匹配计算流程如图 6-24 所示。

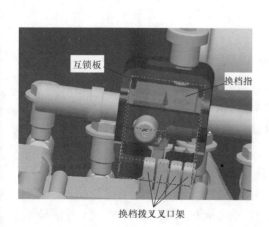

图 6-23　互锁原理

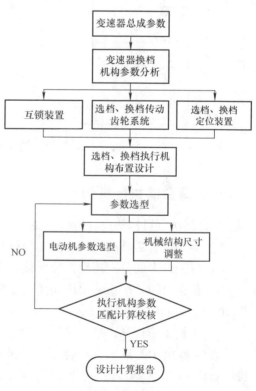

图 6-24　选换档机构结构参数的匹配计算流程

6.6 液压控制系统

AMT 的液压控制系统如图 6-25 所示，主要是 TCU 通过电磁阀实现对离合器及变速器选换档执行机构动作的控制。

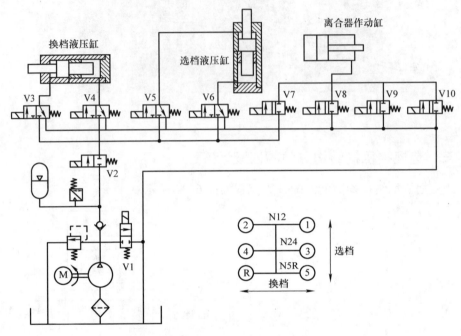

图 6-25 AMT 的液压控制系统

一、离合器执行机构

离合器执行机构的设计应该满足以下基本要求：
1) 满足离合器分离和接合的工作行程，并具备足够大的驱动力和自锁性能。
2) 保证最大的分离速度，确保接合平顺、冲击小。
3) 低速时转矩平稳输出以避免速度脉动，获得精确的位置控制。
4) 良好的频率响应、滞后小、成本低。
5) 机构工作可靠，结构紧凑，便于进行总体布置。

图 6-26 所示为液压式离合器执行机构示意图，发动机 1 与飞轮 2 相连，离合器从动盘 3、离合器压盘 4、膜片弹簧 5、分离轴承 6、回位弹簧 7、分离杠杆 8、液压缸 9 等组成离合器的操作系统，液压泵 14、滤油器 15、单向阀 16、蓄能器 17 等组成压力源，进油阀 10、出油阀 11、出油阀 12 等控制液压缸 9 的增压或减压。离合器执行机构的基本的控制过程：当进油阀打开、出油阀关闭时，蓄能器中的液

压油经进油阀进入液压缸，在压力作用下液压缸活塞右移，这时离合器膜片弹簧的小端在分离轴承的作用下左移，使得离合器主、从动片分离，从而切断动力；当进油阀关闭、出油阀打开时，离合器膜片弹簧在自身弹力和回位弹簧弹力的作用下回位，液压缸活塞在弹簧力的作用下左移，液压油经出油阀回到油箱。如果同时关闭进油阀、出油阀，则液压缸停止运动，通过两个出油阀的不同组合或对出油阀采用PWM控制离合器的接合速度。

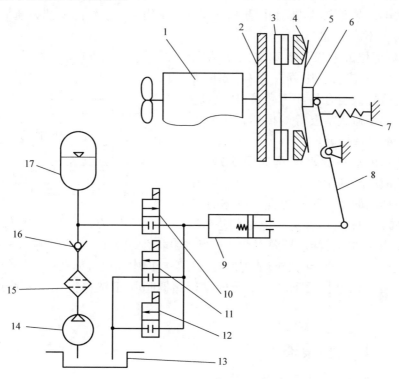

图 6-26　液压式离合器执行机构示意图

1—发动机　2—飞轮　3—离合器从动盘　4—离合器压盘　5—膜片弹簧　6—分离轴承
7—回位弹簧　8—分离杠杆　9—液压缸　10—进油阀　11、12—出油阀　13—油箱
14—液压泵　15—滤油器　16—单向阀　17—蓄能器

二、选换档执行机构

选换档执行机构必须达到换档平稳、冲击小、响应速度快、中间位置定位准确和防止产生过大的动载荷等目标。具体要求如下：

1）对执行机构的行程的要求。若行程过短，则可能出现挂不上档或脱档的现象；若行程过长，则会造成换档完成后同步器或滑套上仍受到较大的轴向推力，从而影响其寿命。

2）对换档速度的要求。换档速度影响换档力的大小。换档速度过快，会产生较大的冲击力;换档速度过慢,则增加了动力中断时间,从而影响整个挂档时间,最终将影响到车辆的加速性能。

3)对执行机构推力的要求。换档可靠性和同步器寿命受推力大小的影响。若推力过小,则可能造成挂不上档,啮合齿与滑套之间打滑,导致同步器过早损坏;若推力过大,则同样会影响同步器或滑套的寿命。通常情况下,执行机构的推力应以动态条件下,车辆的最大换档阻力为依据进行相关参数设计,通过不同方式控制推力的大小,保证换档品质和同步器的寿命。乘用车同步器的换档力通常为100～500N,最大不超过800N。

4)对定位的要求。变速器的换档执行机构有3个位置,中间位置定位不准确,将直接导致啮合齿和滑套接触,造成啮合齿、同步器或滑套等的损坏,甚至会导致不能顺利选档等。

拨叉轴的液压驱动回路如图6-27所示,换档液压缸利用两个二位三通电磁阀来控制换档轴的两个运动方向。具体的控制原理如下:图中,当左侧电磁阀进油、

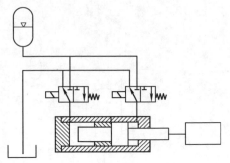

图6-27 拨叉轴的液压驱动回路

右侧电磁阀回油时,活塞杆向右移动;当左侧电磁阀回油、右侧电磁阀进油时,活塞杆向左移动;当两个电磁阀都进油时,活塞杆向中间位置移动;当两个电磁阀都回油时,活塞杆停止运动。该液压驱动回路既适用于选档控制,又适用于换档控制。

6.7 AMT控制策略

AMT控制策略主要框架如图6-28所示。

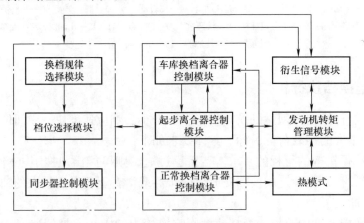

图6-28 AMT控制策略主要框架

一、衍生信号模块

衍生信号模块的作用主要是对硬线信号、底层软件处理信号、CAN 总线信号和控制策略发出的信号进行计算放大，并返回给控制策略使用。需要计算的衍生信号包括加速踏板变化率、输入轴转速变化率、输出轴转速变化率、发动机转速变化率、车速变化率、滑差、输出轴转速、离合器输入转矩、惯性力矩、动力检测、Roll-down、速比、空气密度、车辆载荷、预估输出轴转速等。

二、换档规律选择模块

换档规律包括正常模式、冬季模式、性能模式、寒冷模式、经济模式、暖机模式、发动机制动模式、催化剂加热请求模式、上坡模式、下坡模式、热模式和高原模式。

换档规律选择模块从上述换档规律中找出当前需要的模式和换档点。

三、档位选择模块

档位选择模块根据变速杆位置确定当前档位状态，包括手动、自动、空档、倒档。目标档位的确定方式如下：

1) 手动模式：通过手动加、减改变目标档位，如果手动选择的目标档位不合理，程序会把不合理的过滤掉并进行修正。

2) 自动模式：根据换档规律选择模块给出的换档点确定出自动换档模式下的目标档位，如果换档规律选择模块选择的目标档位不合理，程序会把不合理的过滤掉并进行修正。

3) 空档模式：变速杆在 N 位置就进入这个模式，高速时通过离合器分离实现此功能。

4) 倒档模式：变速杆在 R 位置就进入这个模式，高速向前行驶时不会立即挂入倒档。

四、车库换档离合器控制模块

车库换档离合器控制模块在车辆起步前控制离合器分离，离合器分离后变速器挂档，挂档结束后，离合器接合到分离点等待。该模块的功能包括离合器特性自学习及控制修正。车库换档离合器控制原理如图 6-29 所示。

五、起步离合器控制模块

起步离合器控制模块的作用主要是对离合器接合速度和发动机请求转矩进行协调控制，保障车辆起步平稳、快速，发动机响应及时，以及发动机转速不过高。起步过程离合器控制如图 6-30 所示。

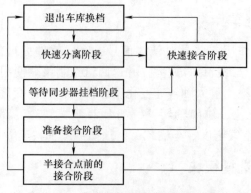

图 6-29 车库换档离合器控制原理图

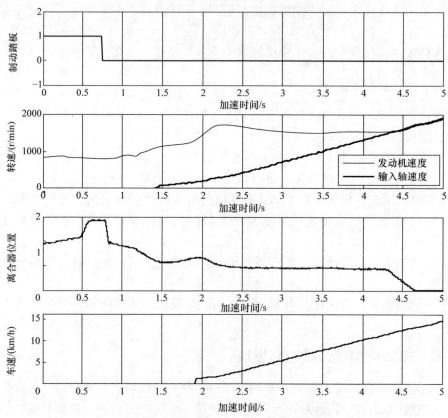

图 6-30 起步过程离合器控制

六、正常换档离合器控制模块

正常换档离合器控制模块用于车库换档、起步、正常换档的离合器控制。正常换档离合器控制原理如图 6-31 所示,正常换档离合器控制如图 6-32 所示。

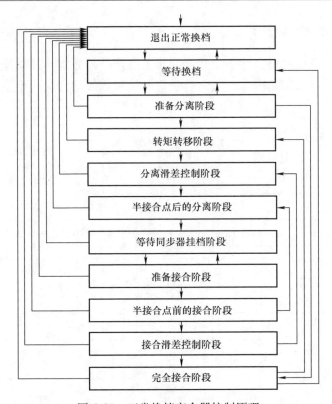

图 6-31　正常换档离合器控制原理

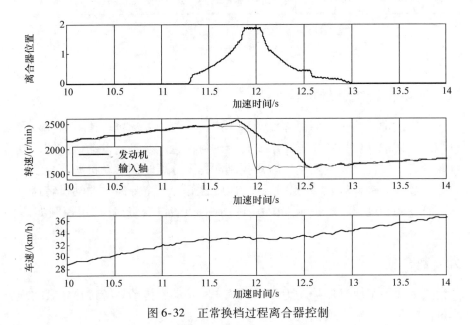

图 6-32　正常换档过程离合器控制

七、同步器控制模块

同步器控制模块根据目标档位控制同步器的接合与分离，通常控制时间是在离合器完全分离后执行相关动作，包含自学习及故障修复功能。同步器控制原理如图6-33所示。

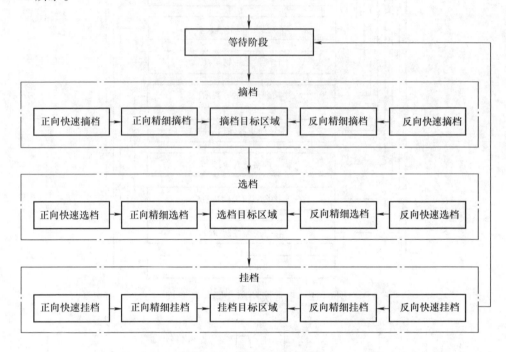

图 6-33　同步器控制原理

八、发动机转矩管理模块

在起步和正常换档时，为保障发动机不熄火和限制发动机转速，需要对发动机控制系统发出请求，包括变速器需求的转矩、目标怠速及最高发动机转速。其重点是离合器分离、接合过程的发动机减矩控制和完全分离时的发动机速度控制，评价标准是分离过程和接合过程平稳、快速、跟随性好，完全分离时发动机转速不能出现升高现象。起步过程转矩控制如图6-34所示；正常换档过程转矩控制如图6-35所示。

九、热模式

热模式的作用主要是保护动力传动系统，防止动力传动系统过热，其实现方式是减小过高的负荷，减少换档次数。

第6章 电控机械式自动变速器

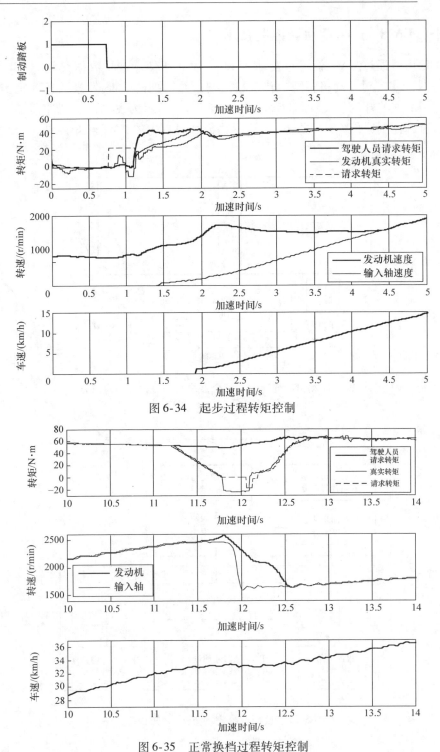

图 6-34　起步过程转矩控制

图 6-35　正常换档过程转矩控制

十、EMS 与 TCU 协调控制技术

TCU 可以通过 CAN 总线与发动机 ECU 建立通信，进行数据交互。TCU 通过 CAN 总线能实现对发动机转矩、转速的控制，并得到由 EMS 发来的发动机实际输出转矩、节气门开度、发动机转速信号。图 6-36 所示为发动机、变速器、离合器之间的协调控制通信方式。图 6-37 所示为换档过程中的 AMT 转矩控制。

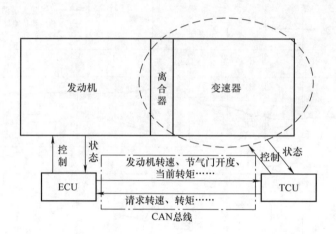

图 6-36　发动机、变速器、离合器之间的协调控制通信方式

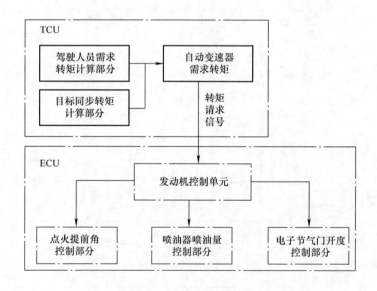

图 6-37　换档过程中的 AMT 转矩控制

6.8 AMT 性能评价指标

一、功能性指标

（1）Tip in

Tip in 45%：4 档，恒定节气门开度（45%）下突然加大到 100% 节气门开度，导致档位下降的功能。

Tip in 60%：5 档，恒定节气门开度（60%）下突然加大到 100% 节气门开度，导致档位下降的功能。

（2）Tip out

Tip out 30%：2 档，保持以 30km/h 的速度行驶过程中，驾驶人员通常由 30% 的节气门开度快速松开加速踏板至节气门开度为 0，以延迟升档的功能。

Tip out 75%：3 档，保持以 65km/h 的速度行驶过程中，驾驶人员通常由 60% 的节气门开度快速松开加速踏板至节气门开度为 0，以延迟升档的功能。

（3）制动控制逻辑　正常制动，6 档，车速为 100km/h：中等制动时，车速逐渐减小，加速度变化平稳；紧急制动时，车速迅速减小至 0，档位迅速降低到 1 档。

（4）操纵性　连续转向，以 50km/h 的车速行驶时，不应出现频繁换档。

（5）平路起步

1）急速爬行起步。

空载：起步时间为 6s，起步时的最大加速度为 $0.49m/s^2$。

满载：起步时间为 6.5s，起步时的最大加速度为 $0.49m/s^2$。

2）小节气门开度起步（25%~40%）至 2 档行驶。

空载：起步时间为 2.69s，起步时的最大加速度为 $2.49m/s^2$。

满载：起步时间为 2.71s，起步时的最大加速度为 $2.53m/s^2$。

3）中节气门开度起步（50%~65%）至 2 档行驶。

空载：起步时间为 2.21s，起步时的最大加速度为 $3.76m/s^2$。

满载：起步时间为 2.50s，起步时的最大加速度为 $3.0m/s^2$。

4）大节气门开度起步（>65%）至 2 档行驶。

空载：起步时间为 2.34s，起步时的最大加速度为 $3.96m/s^2$。

满载：起步时间为 2.74s，起步时的最大加速度为 $3.48m/s^2$。

（6）加速性能（节气门开度为 100%）　0 至 60km/h 的加速时间为 6.56s；0 至 100km/h 的加速时间为 14.86s；0 至最大车速的加速时间为 38.66s；60km/h 至 100km/h 的加速时间为 8.29s。

（7）上坡起步（坡度为 10%~15%）　以 0% 的节气门开度从 1 档起步行车至

2档，后溜距离在100mm以内；以30%的节气门开度从1档起步行车至2档，后溜距离在50mm以内。

(8) 下坡保护

自动模式：加速踏板踏下0%，0%或轻触制动踏板，保持1档。

手动模式：加速踏板踏下0%，0%或轻触制动踏板，可以实现手动降档。

(9) 坡道修正功能　为实现在不同坡道上坡，要包括坡道识别功能。

(10) 车辆模式状态　变速杆信号包括N、R、D、A-M、M+、M-和过渡信号NAA，变速杆模式包括：

1) 空档模式：变速杆在N位置，就进入这个模式。

2) 倒档模式：变速杆在R位置，就进入这个模式。

3) 自动档模式：变速杆从N到D、从R到D后会进入自动档模式；如果原先为手动模式，则从D到A-M后会进入自动档模式。

4) 手动档模式：变速杆从N到A-M、从R到A-M后都会进入手动档模式；如果原先为自动模式，则从D到A-M，从D到M+、M-后也会进入手动档模式。

二、AMT换档品质指标

1. 换档时的冲击度

评价换档时离合器接合过程平稳程度的指标是冲击度j，它是汽车纵向加速度a的变化率，即

$$j = \frac{da}{dt} \tag{6-3}$$

变速器输出转矩T_0是变化的，因此，换档时控制了离合器的传递转矩，也就控制了换档时的冲击度。

2. 换档时离合器滑摩功

评价换档过程中影响离合器使用寿命的指标是滑摩功，它是离合器在接合过程中主、从动摩擦间滑动摩擦做功的大小，即

$$W = \int_{t_0}^{t_s} T_c [\omega_e(t) - \omega_c(t)] dt \tag{6-4}$$

式中　T_c——离合器转矩（N·m）；

　　　ω_e——主动件角速度（rad/s）；

　　　ω_c——从动件角速度（rad/s）；

　　　t_0——开始接合；

　　　t_s——完全接合。

对于离合器而言，滑摩功越大，温升越高，离合器寿命越短。因此，为了延长离合器小寿命，应该尽量减小滑摩功，但减小滑摩功势必会增加换档冲击。合理的

离合器控制可以较好地兼顾冲击度和滑摩功。

3. 换档时间

从离合器的角度来看,换档时间 t 包括离合器分离时间 t_1、分离保持时间 t_2 和接合时间 t_3。其中分离保持时间 t_2 包括摘档时间、选档时间和挂档时间,则换档时间为

$$t = t_1 + t_2 + t_3 \tag{6-5}$$

由换档品质的评价指标可知,换档品质中的冲击度、滑摩功和换档时间之间存在矛盾,但又相互影响。因此,若想获得令人满意的换档品质,必须对离合器和发动机进行综合控制。

参 考 文 献

[1] 黄长顺,史瑞祥,蒋欣. 电控机械式自动变速器 [J]. 国内外机电一体化技术,2007 (12): 23 – 24.

[2] Yulong L, Yongjun L, Anlin G. Starting Process Control for Automated Mechanical Transmission [J]. Chinese Journal of Mechanical Engineering, 2000, 36 (5): 69 – 71.

[3] 朱红军,葛安林. 电子控制机械式自动变速器 [J]. 汽车电器,2000 (1): 11 – 13.

[4] 李君,张建武,冯金芝,等. 电控机械式自动变速器的发展、现状和展望 [J]. 汽车技术,2000 (3): 1 – 3.

[5] 廖承林,张俊智,卢青春. 混合动力轿车机械式自动变速器换档过程中的动力系统协调控制方法 [J]. 机械工程学报,2005,41 (12): 37 – 41.

[6] 过学迅,吴涛. 汽车自动变速器在中国的发展现状及前景 [J]. 汽车工程学报,1999 (6): 7 – 10.

[7] 曹青梅,周志立,张明柱. 车辆液压机械式自动变速器的换档品质控制 [J]. 河南科技大学学报:自然科学版,2005,26 (1): 18 – 21.

[8] 吴光强,杨伟斌,秦大同. 双离合器式自动变速器控制系统的关键技术 [J]. 机械工程学报,2007,43 (2): 13 – 21.

[9] Kim D, Peng H, Bai S, et al. Control of Integrated Powertrain With Electronic Throttle and Automatic Transmission [J]. IEEE Transactions on Control Systems Technology, 2007, 15 (3): 474 – 482.

[10] 牛铭奎,程秀生,高炳钊,等. 双离合器式自动变速器换挡特性研究 [J]. 汽车工程,2004,26 (4): 453 – 457.

[11] Zhong Z, Kong G, Yu Z, et al. Shifting Control of an Automated Mechanical Transmission without Using the Clutch [J]. International Journal of Automotive Technology, 2012, 13 (3): 487 – 496.

[12] 余荣辉,孙冬野,秦大同. 机械自动变速系统动力性换档控制规律 [J]. 农业机械学报,2006,37 (4): 1 – 4.

[13] Haj – Fraj A, Pfeiffer F. Optimal Control of Gear Shift Operations in Automatic Transmissions [J]. Journal of the Franklin Institute, 2001, 338 (2 – 3): 371 – 390.

[14] 李永军,陈树星,崔勇,等. 机械式自动变速器起车过程综合控制 [J]. 汽车工程,2003,25 (2): 178 – 181.

第 7 章 新能源汽车变速器

7.1 概述

混合动力汽车是由两种及两种以上的能量转换器提供驱动动力的混合驱动型汽车。根据混合能源的不同，混合动力可分为发动机（汽油或柴油）+电机、发动机（汽油或柴油）+液压系统、发动机（汽油或柴油）+机械系统等多种能源混合方案。目前，混合动力汽车中最常见的是"汽油机+电机"形式的混合动力汽车。

1. 按动力与传动装置的结构分类

混合动力汽车有多种分类方法，常见的是按动力与传动装置的结构分类，可分为串联型、并联型及混联型三类。

串联型混合动力汽车的特点是电动机单独驱动车辆，发动机仅作为发电机的动力源为电池充电。发动机工作在效率最高的区域，转速和转矩稳定，控制简单。但是由于能量需要经过多个环节的转化，整个过程中发动机效率、发电机效率、电池充电效率、电池放电效率、电动机效率等综合起来的总效率是较低的，所以对燃油经济性的改善有限。同时由于仅由电动机驱动，整车动力性能也不佳。因此，串联型方案在现有的混合动力汽车量产车型中很少见。

并联型混合动力汽车的两个动力源（发动机与电动机）能够共同或单独驱动车辆。所以，并联型混合动力汽车具有更加灵活的驱动模式，整车动力性能和燃油经济性能与串联型相比都有较大改善。

混联型混合动力汽车兼具串联型混合动力和并联型混合动力两种结构的优点，其结构最容易实现能量的优化，但是其结构也最复杂。

2. 按混合度分类

混合动力汽车也可以按照混合度分类。混合度是指电机功率在总功率中所占比重。根据混合度的不同从小到大依次是弱混合、中度混合和强混合。

弱混合的结构一般是增加一个采用带传动的电机（BSG 电机），该电机主要用于快速起动发动机，电机功率一般为 2~3kW。通过实现发动机的怠速停机功能，可以节省 5%~7% 的燃油。上海通用公司生产的君越混合动力汽车就是典型的弱混合型混合动力汽车。

中混合的典型结构是在发动机曲轴动力输出端加装一个 ISG 型电机，电机功率一般在 10kW 左右，可以实现快速地起动发动机、大功率需求时进行助力、减速和制动时回收制动能量、必要时进行主动发电等功能。通过怠速停机、减小发动机排量（负荷率提高）、优化发动机工作点、回收制动能量等基本功能，可以节油约 20%。本田思域就是典型的中混合型混合动力汽车。

强混合的典型特点是具有纯电动驱动功能，其电机功率一般在 20kW 以上。通过低速（低功率需求）时纯电动行驶，可以明显减少低速时的燃油消耗。再加上其他节油功能，总的节油率可以达到 40%。丰田 PRIUS 和凌志 CT200h 都是典型的强混合型混合动力汽车。

3. 根据是否可以外接充电分类

根据是否可以外接充电，混合动力汽车分为不可外接充电式混合动力汽车和插电式混合动力汽车。以上所述混合动力汽车均为不可外接充电式混合动力汽车。插电式混合动力汽车 PHEV（Plug–in Hybrid Electric Vehicle）的特征是可以外接电源充电，具有较长的纯电动里程，而且当电量较低时，又可以利用燃油实现较长的续驶里程。插电式混合动力汽车又可分三种模式。其中通用雪佛兰 VOLT 与江淮和悦插电式混合动力汽车是典型的串联式 PHEV，也称作串联增程式混合动力汽车；比亚迪 F3DM、沃尔沃 V60 属于并联插电式混合动力汽车；丰田普锐斯的插电式混合动力系统则属于典型的混联插电式系统。

4. AMT、AT、CVT、DCT 在混合动力汽车上的应用

新能源汽车变速器中，AMT、AT、CVT 和 DCT 四种变速器在混合动力汽车上均有尝试和应用，它们的结构特点、变速原理和操控方法不尽相同，应用到混合动力汽车上也各有优缺点。

AMT 作为混合动力汽车变速机构的优点是成本低、传递转矩可靠、传动效率高，能与多种动力耦合方式相配合；AMT 的换档控制策略可以加入到整车控制策略中，使混合动力汽车具有更好的燃油经济性，换档时通过电机对发动机驱动力矩加以补偿，可以提高汽车的动力性。其缺点是此种方案中电机不能参与变速。

AT 作为混合动力汽车变速机构通常是取消液力变矩器，把电机安装在原 AT 变速器液力变矩器的位置。本田的 Accord 混合动力轿车和通用的 U–Model 混合动力概念车均采用 AT 作为变速机构。通过对电机的控制实现发动机的稳步起车和平顺换档，既可以用于驱动又可以进行能量回收，提高了汽车的燃油经济性。

CVT 作为混合动力汽车变速机构，既能克服传统 CVT 车辆的不足，又能充分发挥混合动力汽车节能减排的优势。与 CVT 技术的融合，必将把混合动力汽车节能、环保的优势发挥到极致。

DCT 作为混合动力汽车变速机构，本田的传动方案是把电机集成在奇数档输入轴上，换档时需要电机进行同步跟踪，以缩小同步器输入、输出部分的转速差，控制策略复杂；而比亚迪是把电机集成在输出轴上，电机输出不参与换档，其最大的缺点是不具有停车充电功能。

7.2 混合动力汽车的动力性和经济性

混合动力汽车根据驱动方式不同可以分为：混合动力驱动模式，该模式下，汽车由发动机和电机等所有的车载动力系统根据管理逻辑（整车控制策略）参与车辆驱动；发动机驱动模式，该模式下，由发动机驱动汽车行驶；纯电动驱动模式，该模式下，由电机驱动汽车行驶。

混合动力汽车有两种或两种以上动力源，表7-1所列为混合动力汽车动力源的特征。对于发动机和电机动力源而言，通过变速器及相应的控制策略，充分利用发动机驱动及电机驱动各自的优势，达到整体性能的优化。

表7-1 混合动力汽车动力源的特征

动力源类型	优点	缺点	高效运行模式
发动机	1）输出转矩大 2）结构紧凑 3）能量密度高	1）低输出转矩时效率低 2）停车时发动机工作	1）高负荷 2）长距离运行
电机	1）可以实现零转速起步 2）可以回收能量 3）低输出转矩时效率也高 4）可以反方向旋转	1）能量密度低 2）高压安全性要求高	1）停车时 2）起步 3）低负荷 4）减速、倒车

一、动力性

动力性是混合动力汽车的主要评价指标之一。混合动力驱动模式的动力性指标包括最高车速、0至100km/h或0至50km/h的加速时间、30min最高车速、爬坡速度、坡道起步能力、最大爬坡度。纯电动驱动模式的动力性指标包括最高车速、30min最高车速、0至50km/h的加速时间、爬坡速度、坡道起步能力。

1. 混合动力驱动模式的动力性指标

最高车速：按照GB/T 19752—2005《混合动力电动汽车 动力性能 试验方法》的规定程序，保持混合动力状态行驶1km以上所达到的最高车速的平均值。

0至100km/h（0至50km/h）加速性能：按照GB/T 19752—2005《混合动力电动汽车 动力性能 试验方法》的规定程序，以混合动力模式行驶时，车速由0km/h加速到100km/h所需的最短时间（当混合动力电动汽车的最高车速小于110km/h时，测试0至50km/h的加速性能）。

30min最高车速：按照GB/T 19752—2005《混合动力电动汽车 动力性能 试验方法》的规定程序，保持混合动力模式行驶30min所达到的最高车速的平均值。

爬坡车速：按照GB/T 19752—2005《混合动力电动汽车 动力性能 试验方法》的规定程序，在坡度为4%和12%的道路上保持混合动力模式行驶1km以上所达到的最高平均车速。

坡道起步能力：按照 GB/T 19752—2005《混合动力电动汽车 动力性能 试验方法》的规定程序，满足起动和混合动力模式下行驶 10m 以上要求时的最大坡度。

最大爬坡度：按照 GB/T 19752—2005《混合动力电动汽车 动力性能 试验方法》的规定程序，满足混合动力模式下的最大爬坡度。

2. 纯电动驱动模式的动力性指标

最高车速：电动汽车能够往返各持续行驶 1km 以上距离的最高车速的平均值。

30min 最高车速：电动汽车能够持续行驶 30min 以上的最高平均车速。

0 至 50km/h 的加速时间：电动汽车从速度为 0 加速到速度为 50km/h 所需的最短时间。

爬坡速度：电动汽车在给定坡度的坡道上能够持续行驶 1km 以上的最高平均车速。

坡道起步能力：电动汽车在坡道上能够起动且 1min 内向上行驶至少 10m 的最大坡度。

二、经济性

在保证动力性的前提下，汽车以尽可能少的能量消耗量经济行驶的能力，称为汽车的能量经济性，简称经济性。汽车的能量经济性常用一定运行工况下汽车行驶一定距离的能量消耗量或一定能量能使汽车行驶的里程来衡量。

中国和欧洲习惯采用一定运行工况下，百公里燃油消耗量或电量消耗量来衡量汽车的能量经济性，单位分别为 L/100km 和 kW·h/100km，数值越大，经济性越差。美国则采用一定运行工况下，一定燃油或电量所能行驶的里程来衡量汽车的能量经济性，单位分别为 mile/USgal 和 mile/(kW·h)，数值越大，经济性越好。

混合动力汽车由于同时消耗电能和燃油两种类型的能源，因此，对其进行能耗评价时需要考虑燃油消耗和电能消耗。普通混合动力汽车无法通过外部充电，运行过程中虽然会有电能消耗，但所占比例较小，而且消耗的电能还是来自于发动机燃油消耗，动力电池 SOC 在一个较小的范围内波动。在试验条件相同的前提下，电能消耗量和燃油消耗量之间存在一定的线性关系，利用这种线性关系容易得到比较准确的等效燃油消耗评价结果。

对于插电式混合动力汽车，由于动力电池 SOC 变化很大，电能消耗量多半来自外部电网，电能消耗量和燃油消耗量之间的关系不确定。针对此情况，美国国家环境保护局（EPA）为了方便传统汽车和新能源汽车的直接对比，采用等效油耗衡量方法，即 33.7kW·h 的电能等效于 1USgal（3.785L）汽油的能量，即采用等效燃油经济性进行评价。

评价汽车能量经济性的行驶工况主要有：欧洲和我国采用的新欧洲驾驶循环（NEDU）工况、美国国家环境保护局（EPA）规定的城市循环工况（UDDS）及公路循环工况（HWFET）、日本的循环工况（JC09）。

循环工况下,汽车能量经济性试验一般在底盘测功机上进行,汽车的燃油消耗可采用碳平衡法进行测量,而电能消耗则通过测量将电池充电到规定的 SOC 值所需的电量进行计算。

随着能源危机的日益加剧,各国政府纷纷制定了更加严格的汽车能量经济性目标。《国务院关于印发节能与新能源汽车产业发展规划(2012–2020 年)的通知》的实施,对乘用车企业平均燃料消耗量提出要求,明确了 2015 年(第三阶段)和 2020 年(第四阶段)我国乘用车产品平均燃料消耗量降至 6.9L/100km 和 5.0L/100km 目标。除此之外我国还对不同整车装备质量的乘用车燃料消耗量加以限制,如表 7-2 所示为我国采用《乘用车燃料消耗量》国家标准。

表 7-2 我国乘用车燃料消耗量限值 (单位:L)

整车装备 质量/kg	第三阶段 MT	第三阶段 AT	第四阶段	整车装备 质量/kg	第三阶段 MT	第三阶段 AT	第四阶段
(0, 750)	5.2	5.6	3.9	(1540, 1660)	8.1	8.4	5.5
(750, 865)	5.5	5.9	4.1	(1660, 1770)	8.5	8.8	5.7
(865, 980)	5.8	6.2	4.3	(1770, 1880)	8.9	9.2	5.9
(980, 1090)	6.1	6.5	4.5	(1880, 2000)	9.3	9.6	6.2
(1090, 1205)	6.5	6.8	4.7	(2000, 2110)	9.7	10.1	6.4
(1205, 1320)	6.9	7.2	4.9	(2110, 2280)	10.1	10.6	6.6
(1320, 1430)	7.3	7.6	5.1	(2280, 2510)	10.8	11.2	7.0
(1430, 1540)	7.7	8.0	5.3	2510 以上	11.5	11.9	7.3

设计阶段汽车能量经济性的计算,需要经过以下几个阶段:

(1) 行驶工况的离散化 对于已经确定的汽车行驶工况循环,对汽车的行驶过程进行离散化,计算每一期间的总功率需求

$$P = \left(mgf\cos\alpha + mgf\sin\alpha + \frac{C_D A v^2}{21.15} + \delta m \frac{dv}{dt} \right) \frac{v}{3600} \qquad (7\text{-}1)$$

式中 α——汽车行驶的坡道角度(°);

C_D——风阻系数;

A——汽车迎风面积(m^2)。

(2) 发动机工况点的确定和燃油消耗量的计算 根据系统的结构和能量控制策略确定系统各部件的工况点,包括发动机、电机、电池、变速器等的工况点。根据车速、变速器档位信息和该期间发动机的功率,可得出发动机转速

$$n_e = \frac{v i_g i_0}{0.377 r} \qquad (7\text{-}2)$$

若发动机处于停机状态,则单位时间燃油消耗量 $Q_t = 0$;若发动机处于怠速状态,则单位时间燃油消耗量 $Q_t = Q_d$;若发动机处于工作状态,利用发动机的功率 P_e 和转速 n_e,由发动机的万有特性确定燃油消耗率 b,进一步确定单位时间燃油消耗量为

$$Q_t = \frac{P_e b}{3.671 \times 10^5 \rho g} \tag{7-3}$$

式中 b——燃油消耗率（g/kW·h）;

ρ——燃油密度（kg/L）。

该期间燃油消耗量 Q_i 为

$$Q_i = Q_t t_i \tag{7-4}$$

（3）电机工况点的确定和效率　假设该期间电机的总功率为 P_m，根据车速和档位信息可得电机的转速和转矩，再根据电机效率特性，确定电机在该工况下的效率。

（4）电池工况点的确定和电量消耗的计算　根据电机的充放电情况及电机的效率 η_m，确定电池的输入输出功率

$$P_b = \begin{cases} \dfrac{P_m}{\eta_m} & \text{电机处于驱动状态} \\ P_m \eta_m & \text{电机处于充电状态} \end{cases} \tag{7-5}$$

电能消耗或存储 E_i（单位为 kW·h，充电取 +，放电取 −）为

$$E_i = \begin{cases} \dfrac{P_b t_i}{3600 \eta_b} & \text{电池处于放电状态} \\ \dfrac{P_b \eta_b t_i}{3600} & \text{电池处于充电状态} \end{cases} \tag{7-6}$$

充放电电流 I_b（充电取 +，放电取 −）、充放电时间 t_i、电池电压 U 和充放电电量 E_i 之间的关系为

$$I_b t_i = \frac{E_i}{U} \tag{7-7}$$

若电池的电荷量为 C_b，则新的电池 SOC 状态为

$$SOC_i = SOC_{i-1} + \frac{I_b t_i}{C_b} \tag{7-8}$$

（5）整个循环工况能量消耗的计算　将所有期间燃油消耗和电量消耗叠加，即可得到整个循环工况燃油消耗 Q_f 和电量消耗 E，若整个循环工况为 S（km），并将其折算到 100km 的距离上，则可得到百公里燃油消耗和电量消耗

$$Q_f = \frac{100 \sum Q_i}{S} \tag{7-9}$$

$$E = \frac{100 \sum E_i}{S} \tag{7-10}$$

7.3　AMT 混合动力变速器

AMT 变速器具有结构简单、传动效率高、工艺性好的特点，不仅在传统汽车

上获得了应用,在混合动力汽车上也获得了应用。将 AMT 用于混合动力汽车,既可实现 AMT 的全部优点,又可以弥补换档时动力中断的缺点。因此,混合动力汽车 AMT 凭借更低的燃油消耗及舒适性的提高,在未来混合动力技术的发展过程中将会有突出的表现。图 7-1 所示为几种常见混合动力汽车 AMT 布置形式,其优缺点见表 7-3。

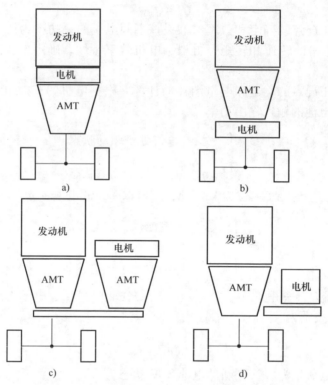

图 7-1 常见混合动力汽车 AMT 布置形式

表 7-3 混合动力汽车 AMT 布置形式的优缺点

图 7-1 分图号	a)	b)	c)	d)
布置形式	电机和发动机直接连在一起	电机和变速器输出相连	电机和发动机利用各自的 AMT,动力在输出端汇合	电机利用 AMT 的部分档位
优点	电机利用 AMT 改变传动比,电机工作在与发动机转速相同的高效区	换档时电机产生动力,动力不中断,舒适性高	电机利用 AMT 改变传动比,换档时电机产生动力,动力不中断,舒适性高	电机利用部分 AMT 改变传动比,换档时动力不中断,结构与传统 AMT 相同
缺点	换档时会出现动力中断	电机不能改变传动比,高速时电机效率低	结构复杂、成本高、质量大	控制系统复杂

图 7-2 所示为红旗 AMT 混合动力系统,该系统可以实现发动机怠速停机、发动机单独驱动汽车行驶、驱动电机单独驱动汽车行驶,以及发动机驱动电机联合驱动汽车行驶等不同驱动模式。其中电机 A 用于单独或联合驱动汽车行驶,电机 B 主要起动发动机和对电池充电,也可以和发动机一同驱动汽车。

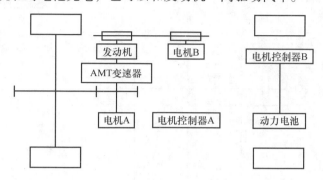

图 7-2 红旗 AMT 混合动力系统

图 7-3 所示为青山 AMT 混合动力系统,该系统采用换档毂进行换档,可以实现发动机单独驱动、电机单独驱动、联合驱动等模式,具有停车充电功能,其中电机单独驱动有两个传动比。该系统最大的缺点是没有发动机驱动倒档,只有电机驱动倒档。

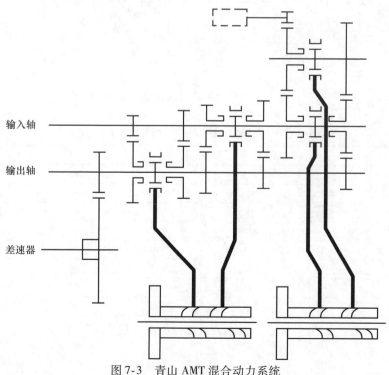

图 7-3 青山 AMT 混合动力系统

图 7-4 所示为 FEV 的 AMT 混合动力系统，利用该 AMT 可以实现电机驱动、发动机驱动、联合驱动、制动能力回收、发动机或电机单独驱动空调等功能，各档位实现情况见表 7-4。空调既可以由发动机驱动，也可以由电机驱动，发动机不工作时空调由电机驱动。

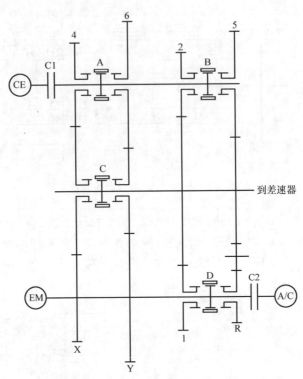

图 7-4　FEV 的 AMT 混合动力系统

表 7-4　FEV 的 AMT 混合动力系统的各档位实现情况

档位	发动机驱动				
	A	B	C	D	C1
1	左移	中间	左移	左移	接合
1L	右移	中间	右移	左移	接合
2	中间	左移	中间	中间	接合
3	左移	中间	右移	中间	接合
4	左移	中间	中间	中间	接合
5	中间	右移	中间	中间	接合
6	右移	中间	右移	中间	接合
7	右移	中间	中间	中间	接合
R	右移	中间	右移	右移	接合
RL	左移	中间	左移	右移	接合

(续)

档位	电机驱动				C1
	A	B	C	D	
1	中间	中间	中间	左移	分离
2	左移	左移	中间	中间	分离
3	右移	左移	中间	中间	分离
4	中间	中间	左移	中间	分离
5	左移	右移	中间	中间	分离
6	中间	中间	右移	中间	分离
7	右移	右移	中间	中间	分离
R	中间	中间	中间	右移	分离

图 7-5 所示为获得美国专利的 AMT 混合动力系统，该系统的发动机驱动可以实现 6 个前进档，电机驱动可以实现 3 个前进档，换档时利用离合器的滑摩辅助传动转矩，减少换档冲击。

AMT 混合动力系统的最典型应用是马瑞利公司的 AMT 混合动力变速器，如图 7-6 所示，它具有混合动力驱动、低速纯电驱动、换档转矩补偿、能量回收等功能。

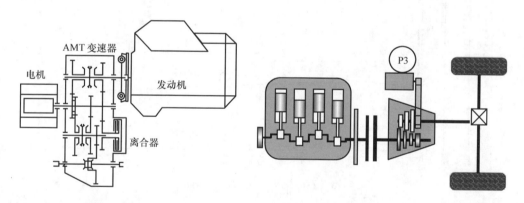

图 7-5　获得美国专利的 AMT 混合动力系统　　图 7-6　马瑞利公司的 AMT 混合动力变速器

图 7-7 所示为马瑞利的 AMT 混合动力控制方案，整车控制器除对驾驶人员的意图加以识别外，还对发动机 ECU、变速器 TCU、电机控制器 INV、电池电量进行综合控制，以达到控制系统的全局优化。当驾驶人员需求转矩较小，在电机能提供的转矩范围内时，电机提供全部需求转矩；当驾驶人员需求转矩较大时，起动发动机，由电机驱动变为发动机驱动；当发动机驱动且驾驶人员需求转矩突然增加时，由电机提供助力，尽量避免降档；当电池电量不足且发动机负荷较低时，发动机除驱动汽车外，还为电池充电。

图 7-8 所示为 AMT 混合动力换档时的转矩补偿，换档时离合器中断发动机动

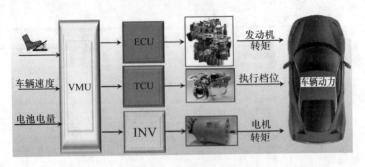

图 7-7 马瑞利的 AMT 混合动力控制方案

力,此时电机输出转矩增大,使得输出轴的转矩变化较小或保持不变,以提高换档舒适性。

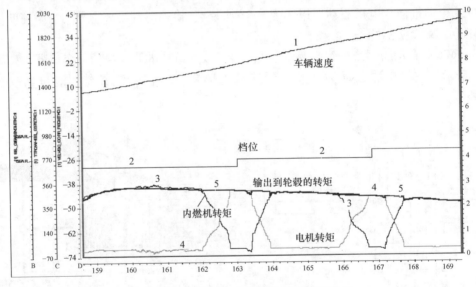

图 7-8 AMT 混合动力换档时的转矩补偿

7.4 AT 混合动力变速器

在 AT 基础上形成混合动力变速器的典型方法有两种:一种是在发动机和液力变矩器中间增加小型电机,小型电机与发动机一起通过变速器驱动汽车,属于中混合动力汽车;另一种是去除 AT 中的液力变矩器,在原液力变矩器位置安装大型电机、转矩减振器及发动机分离离合器。在低速工况下车辆为纯电机驱动,在中高速工况下发动机的分离离合器接合,电机与发动机一起驱动变速器。此时,电机还可起制动作用,并在起制动作用时回收能量为电池充电。图 7-9 所示为 ZF 公司基于

AT 的混合动力驱动方案。

混合动力驱动首要的设计目标是使基础变速器核心元件的兼容性达到最大，避免增加额外的零部件；其次是保证安装空间最小。通过增加不同的零部件，得到 AT 弱混合系统、AT 中混合系统、AT 强混合系统、AT 插电式强混合系统。

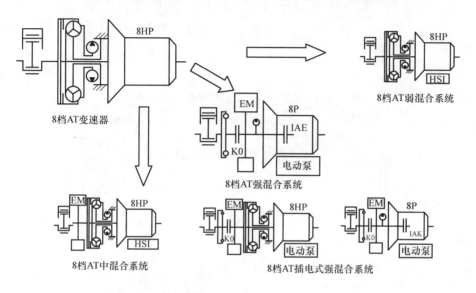

图 7-9 ZF 公司基于 AT 的混合动力驱动方案

AT 弱混合系统是在传统 AT 的基础上通过增加如图 7-10 所示的液压蓄能器（HIS）来实现起停功能，在 NEDC 中，可以额外节省 5% 的燃油。液压蓄能器（HIS）存储的能量在停车阶段之后使用，辅助液压泵使油液加速充满换档离合器（系统压力的生成），缩短从释放制动到动力系统工作的响应时间。HIS 的操作如下：当车辆在道路上行驶时，柱塞腔充满一定量的变速器油，一旦充油过程结束，通过机电锁止装置，活塞被保持在图 7-10b 所示位置；停车阶段，驾驶人员松开制动踏板，此时在起动发动机的同时释放 HIS 活塞，这将为系统注入存储在 HIS 中的变速器油，以生成系统压力，系统压力平时由变速器液压泵来生成。有了这一附加油量，使得油液充满离合器的时间显著减少，同时也使驾驶人员可以毫无察觉地继续行驶。

AT 中混合系统是在传统 AT 的基础上在发动机的输出端集成 ISG 电机，实现能量回收、停车充电、发动机起动、电机助力等功能。

图 7-11 所示为 AT 的强混合动力变速器，它是在传统 AT 的基础上，在发动机的输出端集成离合器、驱动电机，同时增加电子液压泵，实现电机单独驱动、发动机单独驱动、混合驱动、能量回收、停车充电、发动机起动、电机助力等功能。AT 插电式强混合变速器在结构上与强混合动力变速器相同，只是其动力电池的容

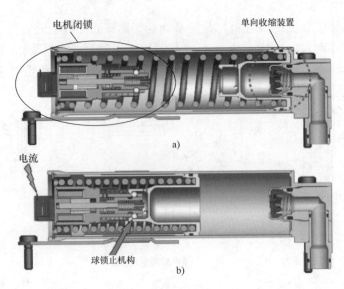

图 7-10　液压蓄能器（HIS）

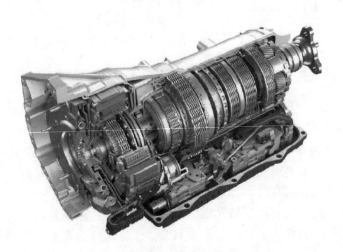

图 7-11　AT 的强混合动力变速器

量比传统强混合系统要大，同时要配备充电电机，以便在停车时通过外部动力电源对动力电池充电。

7.5　CVT 混合动力变速器

一、配置方案

基于 CVT 的混合动力系统的常见配置方案有以下三种。第一种是四驱方案，发动机驱动前桥（或后桥），电机驱动另一个桥。该方案的优点是对 CVT 的机械部分改动少，主要是对 CVT 的速比控制离合器控制、制动器控制等电子控制技术进行更改，方案简单易行。其缺点是电机的转矩未经过变速器，电机的工作范围大，不利于电机性能的充分发挥。第二种是纵置后驱方案，发动机纵置同轴并联 ISG 电机，经 CVT 驱动后桥。该方案的优点是对 CVT 机械部分的改动较少（改动主要集中在 CVT 的前部，前壳体与 ISG 电机外壳的机械连接，以及液力变矩器与 ISG 电机定子的机械连接），主要是对电子控制技术进行更改，方案比较简单。怠速停机、发动机排量减小、制动能量回收等功能均可以实现。第三种是横置前驱方案，发动机横置前驱是大多数轿车的动力总成布置形式，受安装空间限制，CVT 需要取消液力变矩器，原来液力变矩器的空间用于安装驱动电机。

  CVT 混合动力变速器的优点是通过控制发动机工作在经济区域，电机代替发动机在不经济区域工作，使整车的燃油经济性得到大幅度提升。如果能在发动机工作区间内，利用 CVT 的速比连续调节特性控制发动机工作在"最优曲线"上，则可以进一步提高混合动力汽车的燃油经济性。混合动力汽车的电机驱动模式和再生制动模式也可以利用 CVT 的速比调节功能使电机工作在"最优曲线"上，确保电机驱动时消耗电能更少，再生制动时回收电能更多，使整车的能量消耗得到进一步降低。另一方面，利用电动液压泵代替普通液压泵，混合动力汽车节能减排的优势与 CVT 技术的融合，必将把混合动力汽车节能、环保的优势发挥到极致。

二、基于 CVT 变速器的混合动力汽车的主要形式

1. 发动机和 ISG 电动机/发电机组成的混合动力变速器

  图 7-12 所示为发动机和 ISG 电动机/发电机组成的混合动力变速器，其中 ISG 电动机/发电机的作用是：发动机起动时作为发动机的起动机，带动发动机起动；发动机正常工作时被发动机带动，作为发电机，为动力电池充电；加速及爬坡时为汽车提供辅助动力；汽车制动时作为发电机，回收制动能量。

2. HONDA CIVIC 混合动力汽车变速器

  图 7-13 所示为 HONDA CIVIC 混合动力汽车变速器，该车型将作为辅助动力的 ISG 电机与发动机结合到同一根轴上，电机与发动机的转矩并联驱动车辆。该车型动力总成采用横置前驱方案，CVT 取消了液力变矩器，节省出了一定空间。它主要有如下几种工况：

  （1）混合驱动工况 当整车行驶需要的功率较大时，由发动机与电机共同驱动。

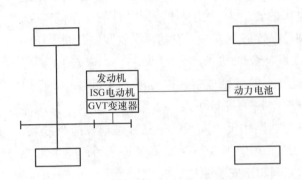

图 7-12　发动机和 ISG 电动机/发电机组成的混合动力变速器

图 7-13　HONDA CIVIC 混合动力变速器

(2) 发动机单独驱动　当整车需求功率适宜，发动机工作在高效率区间时，由发动机单独驱动车辆。在以下两种情况下，发动机在提供整车驱动功率的同时，还要为电机提供额外的发电功率给电池充电：第一种情况是当电池电量较低，为维持电池电量的相对平衡时，要进行发电；第二种情况是当整车需求功率很低，发动机将工作在燃油效率很低的区域时，为提高整车动力系统的效率，要进行发电。

(3) 减速制动工况　当电池电量较高时，由车辆制动系统制动，电机不发电；如果电池 SOC 值未超过上限，则在减速制动过程中电机将作为发电机运行，回收整车部分动能，对动力电池充电。此时制动强度不足部分由传统制动系统补偿。

3. 发电机和两台电机组成的混合动力变速器

图 7-14 所示为发动机和两台电机组成的混合动力变速器，电机 A 可以单独通过 CVT 变速器驱动汽车，也可以在离合器接合时与发动机一同驱动汽车，它在制动时起发电机作用，对动力电池实施充电；电机 B 在停车时为动力电池充电，在发动机起动时起起动机的作用。

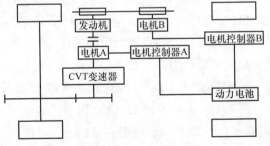

图 7-14　发动机和两台电机组成的混合动力变速器

Nissan 公司的 Tino 动力总成采用的就是此方案，发动机通过传动带连接一个 13kW 的起动机/发电机，在需要起动发动机时作为起动机使用，平时可以作为发电机向电池组充电。发动机通过电磁离合器与 17kW 的驱动电机相连，驱动电机转子与 CVT 连接。整车的工作模式通过电磁离合器切换，当离合器分离时，可实现纯电动和再生制动模式；当离合器接合时，可实现发动机驱动、电机助力和行驶发电模式。

由于 Tino 取消了液力变矩器和换向机构，利用 CVT 的速比调节功能使整车变速过程更平顺、油耗更低，百公里油耗达到 4.3L/100km，与相同级别的轿车相比，其在城市工况下的燃油消耗量降低了 50%，CO_2 排放量降低了 50%。但是，由于控制技术和生产成本等原因，该车型仅生产 100 辆就停产了。

4. 四轮驱动混合动力变速器

图 7-15 所示为四轮驱动混合动力变速器，它利用行星齿轮机构和离合器实现发动机和电机 A 的耦合，经 CVT 驱动前轮，通过行星齿轮机构和离合器的不同组合实现电机 A 起动发动机、发动机停车时利用电机 A 对动力电池充电、行车时发动机和电机 A 一同

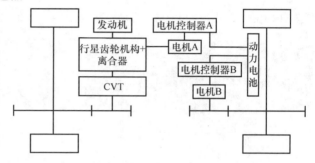

图 7-15　四轮驱动混合动力变速器

驱动前轮等工况；电机 B 用于驱动后轮或在制动时实现制动能量的回收。发动机、电机 A、电机 B 在控制系统的协调下，可以实现纯电两轮驱动、纯电四轮驱动、发动机单独驱动、前轮混合驱动、四轮混合驱动、制动能量回收等功能。

Toyota 公司的 Estima 和 Alphard 是其 THS – C（Tayota Hybrid System – CVT）技术的早期代表产品。这两款车均能实现四轮驱动功能，其中前轮由 96kW 发动机和 13kW 永磁同步电机联合驱动，它们的动力通过行星齿轮机构耦合，利用金属带式 CVT 实现无级变速；后轮由 18kW 交流同步电机驱动，后电机与主减速器及差速器都集成在一起。当前轮的地面附着力不足将要出现"滑转"现象时，发动机将动力分成两部分：一部分经 CVT 变速后驱动前轮；另一部分通过行星齿轮机构拖动前电机发电，将前电机产生的电量供给后电机驱动后轮，实现了发动机动力的分解，有效地利用了四轮的地面附着力。当整车驱动力不足或再生制动时，后电机也可以参与工作。THS – C 的 CVT 液压泵由电机驱动，取消了液力变矩器。

5. 在 CVT 基础上形成的混合动力变速器

在 CVT 基础上形成的混合动力变速器如图 7-16 所示，电机负责驱动和发电，离合器 CL1 连接或切断发动机和电机的动力，采用多片干式离合器；离合器 CL2 连接或切断 CVT 和电机的动力，采用多片湿式离合器。通过对离合器 CL1、离合器 CL2 的控制，实现图 7-17 ~ 图 7-22 所示的各种模式。

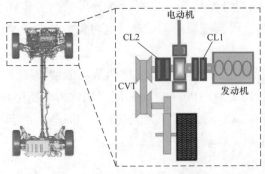

图 7-16 在 CVT 基础上形成的混合动力变速器

图 7-17 发动机停机电机驱动起步

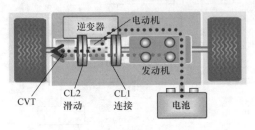

图 7-18 发动机和电机混合驱动起步

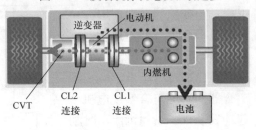

图 7-19 发动机驱动同时充电

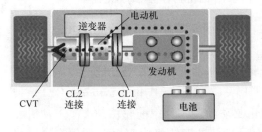

图 7-20 发动机和电机混合驱动

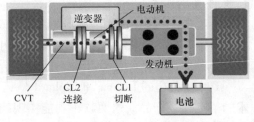

图 7-21 滑行工况回收能量

在 HEV 中，采用动力转矩需求（Powertrain Torque Demand，PTD）控制，实现了发动机、电机、CVT 的综合控制，如图 7-23 所示，先设定目标驱动力，再确立目标驱动力对应的转矩和传动比。能源管理模块需要考虑充电状态等因素，输出针对发动机、电机转矩的控制和

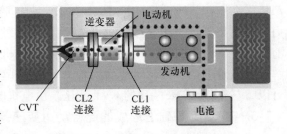

图 7-22 低温情况下减少废气

CVT 的变速控制的最佳动作点指令，各单元依照指令执行动作。此外，自适应控制系统可根据驾驶人员的意向，对上述控制输出加以修正。

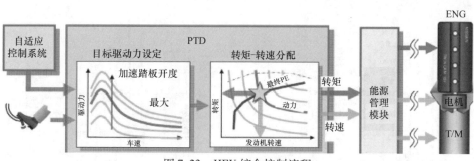

图 7-23 HEV 综合控制流程

7.6 DCT 混合动力变速器

基于 DCT 的混合动力变速器系统，国外比较典型的应用是本田飞度的干式 7DCT 混合动力系统，如图 7-24 所示，它具有纯电驱动模式（EV）、混合动力驱动模式、发动机驱动模式和能量回收模式。

图 7-25 所示为 7DCT 纯电驱动模式（EV），单独由电机驱动汽车行驶；图 7-26 所示为 7DCT 混合动力驱动模式，发动机和电机联合驱动汽车行驶；图 7-27 所示为 7DCT 发动机驱动模式，只利用发动机驱动汽车行驶；图 7-28 所示为 7DCT 能量回收模式，利用汽车的动力带动电机旋转，电机处于发电模式，给电池充电。

基于 DCT 的混合动力变速器

图 7-24 本田飞度的干式 7DCT 混合动力系统

系统，国内比较典型的应用是如图 7-29 所示的比亚迪秦的 DCT 混合动力变速器系统，它具有纯电驱动模式（EV）、混合动力驱动模式、发动机驱动模式和能量回收模式。

在电池的 SOC 较高且车速不太高的情况下，利用电机驱动汽车行驶，即纯电驱动模式，如图 7-30 所示；在汽车需求功率较高时，电机和发动机同时驱动汽车行驶，即混合动力驱动模式，如图 7-31 所示；在汽车需求功率不太高时，由发动机单独驱动汽车行驶，同时可通过电机为电池充电，即发动机驱动模式，如图 7-32 所示。制动能量回收模式下的动力传递路线同图 7-32，只是此时发动机不输出动力。该 DCT 混合动力系统的缺点是不能实施停车发电，电机不能参与变速，不能始终保证能量的最优化。

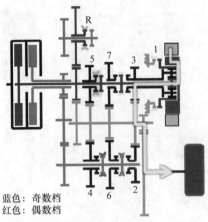
蓝色：奇数档
红色：偶数档

图 7-25　7DCT 纯电驱动模式（EV）

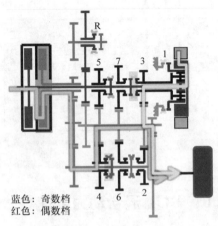
蓝色：奇数档
红色：偶数档

图 7-26　7DCT 混合动力驱动模式

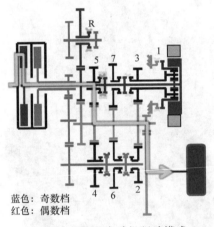
蓝色：奇数档
红色：偶数档

图 7-27　7DCT 发动机驱动模式

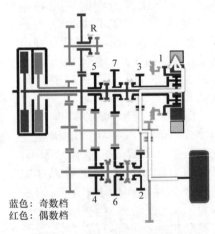
蓝色：奇数档
红色：偶数档

图 7-28　7DCT 能量回收模式

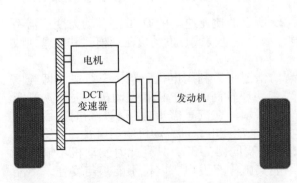

图 7-29　比亚迪秦的 DCT 混合动力变速器系统

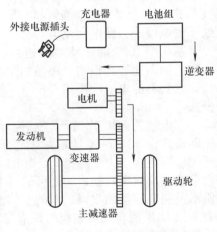

图 7-30　纯电驱动模式

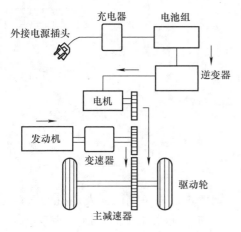

图 7-31 混合动力驱动模式

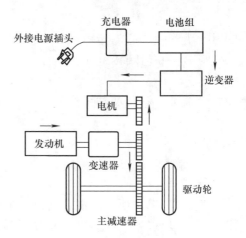

图 7-32 发动机驱动模式

7.7 行星齿轮混合动力变速器

混联式混合动力传动系统是一种特殊的混合动力系统，丰田普锐斯（Prius）混合动力系统就是混联式混合动力系统的典型例子，其结构如图 7-33 所示。该混联式混合动力传动系统主要由电机 1、电机 2、发动机、行星齿轮机构等组成，其中电机 1 与中心轮相连，电机 2 与齿圈相连，发动机与行星架相连。其最大特点是使用一个行星排将两个电机和发动机耦合在一起。该行星排可以实现无级变速功能，使整个系统效率较高；其最大缺点是只能进行恒定转矩分配，高速巡航时系统效率较低。

对于行星齿轮机构，中心轮转速、齿圈转速、行星架转速和各齿轮齿数之间有如下关系

$$n_s + a n_r = (1 + a) n_c \tag{7-11}$$

式中 n_s ——中心轮转速（r/min）；

n_r——齿圈转速（r/min）；

n_c——行星架转速（r/min）；

a——特征系数，$a = \dfrac{Z_r}{Z_s}$，Z_s 为中心轮齿数，Z_r 为齿圈齿数。

对于行星齿轮机构，中心轮转矩、齿圈转矩、行星架转矩和特征系数 a 之间有如下关系

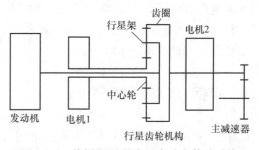

图 7-33 普锐斯混联式混合动力传动系统

$$T_r = a T_s \tag{7-12}$$

式中　T_s——中心轮转矩（N·m）；

　　　T_r——齿圈转矩（N·m）。

$$T_c = T_r + T_s \tag{7-13}$$

式中　T_c——行星架转矩。

$$T_s = \frac{T_c}{1+a} \tag{7-14}$$

$$T_r = \frac{aT_c}{1+a} \tag{7-15}$$

对于图 7-21 所示的混合动力系统而言，行星齿轮机构平衡时，发动机的转矩等于行星架的转矩，电机 1 的转矩等于中心轮的转矩，而电机 2 的转矩并不等于齿圈的转矩。利用该行星齿轮机构可实现以下模式的切换：

1) 当汽车处于起步、小负荷工况且不需要大功率输出驱动汽车时，在动力电池允许的情况下，电机 2 提供的动力即可以满足汽车行驶要求，此时发动机不转，电机 1 反转，处于纯电驱动行驶工况。

2) 加速或爬坡时，汽车需要很大的动力，发动机输出的转矩按式（7-15）的计算结果分配给齿圈，用于驱动汽车；发动机输出的转矩按式（7-14）的计算结果分配给中心轮，用于电机 1 发电；电机 2 利用电机 1 提供的电能向齿圈提供助力转矩，发动机分配给齿圈的转矩和电机 2 提供的转矩共同驱动汽车行驶。加速踏板踏入得越深，提供给汽车的驱动转矩越大。

3) 当汽车处于巡航工况时，发动机不需要提供太大的动力输出，只需要提供动力克服空气阻力和滚动阻力，此时发动机在经济工况运转，电机 1 由发电状态转换为驱动状态，而电机 2 由驱动状态转换为发电状态，进入普锐斯混合动力系统特异模式。

4) 当松开加速踏板时，汽车进入滑行模式，发动机处于停机状态，电机 2 处于发电状态，为动力电池充电。根据控制策略的不同，此工况也可以不发电，而是充分利用汽车的惯性，这样可以进一步提高系统的能量经济性。

5) 当汽车制动时，电机 2 提高发电功率，产生更大的阻力来降低车速，制动需求不足部分由传统制动系统补偿，制动回收的能量存储在动力电池中。

6) 当电池电量不足时，系统将根据动力系统的运行状态实时控制电机 1 或电机 2 发电，为动力电池充电。

7.8　电动汽车变速器

由于纯电动汽车有多种动力系统架构，电机和变速器或其他传动机构的连接方式具有多样性。常用的纯电动汽车结构如图 7-34 ~ 图 7-41 所示，图中 C 为离合器、D 为差速器、FG 为固定速比减速器、GB 为变速器、M 为电机、VCU 为整车控制单元。

在图 7-34 所示的无离合器单档驱动电动汽车中,电机、固定速比的变速器和差速器一起,构成了纯电动汽车的动力系统。该动力系统结构利用电动机低速阶段恒转矩和大范围转速变化时所具有的恒功率特性,采用固定速比的减速器替换多速比的减速器。基于这一替换,动力系统对离合器的要求有所降低,从而可以取消离合器。这样做的好处是可以减小机械传动装置的体积和质量,简化驱动系统;该系统的缺点是无法对变工况下的电动机工作点效率进行优化,同时为满足车辆加速/爬坡和高速工况要求,通常需要选择功率较大的电动机。

在图 7-35 所示的多档驱动电动汽车中,电动机替代了传统内燃机汽车中的内燃机,并与离合器、变速器及差速器一起,构成了类似传统汽车的动力驱动系统。电动机代替内燃机输出驱动力,通过离合器可以实现电动机驱动力与驱动轮的断开或连接,变速器提供不同的传动比,以变更转速 – 功率(转矩)曲线匹配载荷的需求,差速器用来实现转弯时车辆两侧车轮以不同转速驱动。

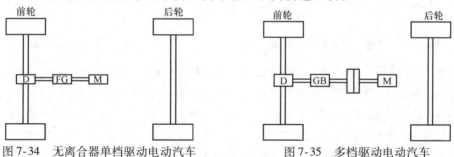

图 7-34　无离合器单档驱动电动汽车　　图 7-35　多档驱动电动汽车

图 7-36 所示为驱动系统集成式电动汽车,电机、固定速比的减速器和差速器进一步集成,甚至可以组合成单个部件,与车轮相连的半轴直接与该组合体相连,驱动系统得到进一步简化和小型化。这是目前的纯电动汽车中最为常见的一种驱动形式。

图 7-37 所示为两轮电机固定传动比驱动系统,机械差速器被取消,依靠两个电动机分别通过固定速比减速器驱动各自侧的车轮来驱动车辆。在车辆转弯时,靠电子差速器控制电动机以不同转速运转,从而实现车辆正常转弯。

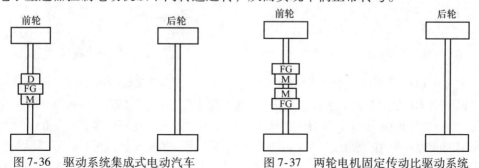

图 7-36　驱动系统集成式电动汽车　　图 7-37　两轮电机固定传动比驱动系统

图7-38所示为双电机固定档直接驱动系统，驱动电机和固定速比的行星齿轮减速器被安装在车轮中，因此，这种驱动系统也称为轮式驱动系统，这样可以进一步简化驱动系统。该驱动系统中行星齿轮减速器的主要作用是降低电动机的转速并增大电动机的转矩。

图7-39所示为双轮毂电机驱动系统，该系统完全舍弃了电动机和驱动轮之间的机械连接装置，用电机直接驱动车轮，电动机的转速控制等价于轮速控制，即车速控制。这样的驱动系统结构对电动机提出了特殊要求，如车辆在加速或减速时要具有高转矩特性，一般选用低速外转子型电动机。

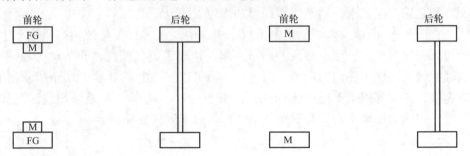

图7-38 双电机固定档直接驱动系统　　图7-39 双轮毂电机驱动系统

图7-40所示为双电机四轮驱动系统，前轮和后轮都是由电机通过差速器来驱动的，在不同工况下可以使用不同的电机驱动车辆，或是按照一定的转矩分配比例联合使用两个电动机共同驱动车辆，从而使得驱动系统效率达到最大。

图7-41所示为四轮毂电机驱动系统，该系统完全舍弃了电动机和驱动轮之间的机械连接装置，用四个电机直接驱动四个车轮。

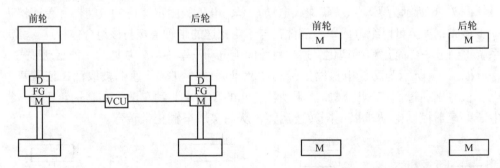

图7-40 双电机四轮驱动系统　　图7-41 四轮毂电机驱动系统

上述电机驱动系统都是单级减速系统，电机难以始终在高效区工作，而且高速时电机的NVH性能变差。为此，开发出2档或3档的电机变速器，相对于单档电机变速器，两档电机变速器具有以下优点：采用单档的大速比可以实现更好的加速性能和爬坡能力；采用2档的小速比可以提高最高车速和拓宽车速范围；可以得到更低的电机运行转速，更好的NVH；电机可小型化；可以得到更大范围的高效区域和更高的综合运行效率,可采用更小的电池容量或者提高纯电续航里程。

图 7-42 所示为 2 档电机变速器,该电机变速器由双排行星齿轮机构、后轴差速器、电机、换档执行机构、功率器件等组成,使电机可以按照两个不同的传动比传递动力,如图 7-43 所示。图 7-44 所示为两种电机变速器效率的比较,由图可知,2 档电机变速器高效区的范围明显比单档电机变速器的大,从而提高了电机效率,增加了续行里程。

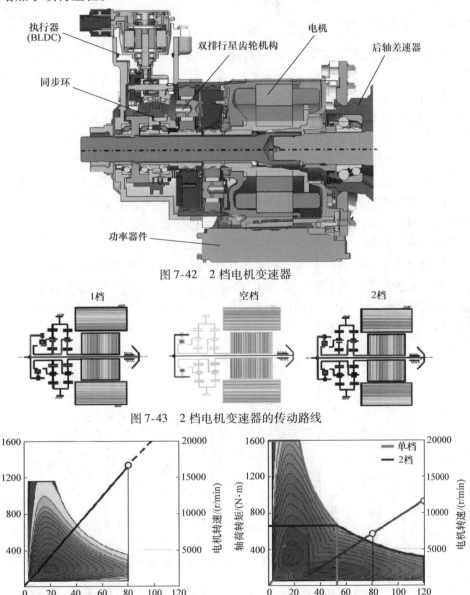

图 7-42　2 档电机变速器

图 7-43　2 档电机变速器的传动路线

图 7-44　两种电机变速器效率的比较

7.9 其他混合动力装置

前几节主要介绍了以电机和发动机为动力源的混合动力汽车的变速器，值得关注的是，非电动混合动力汽车可能比电动混合动力汽车具有更好的经济性，在此介绍机械混合动力汽车和液压混合动力汽车。

一、机械混合动力汽车

机械混合动力汽车在传动系统的基础上集成了图7-45所示的机械混合动力装置，该装置主要由飞轮组件、联轴装置、离合器、变速器、控制离合器等构成。其中飞轮组件用于存储能量，工作在真空容器内；变速器用于改变传动系统与飞轮组件的传动比；离合器用于控制机械混合动力装置与汽车传动系统的接合、分离及滑摩过程。制动时离合器逐渐接合，对飞轮进行加速，当飞轮加速到一定程度时，离合器断开，飞轮在真空室内高速旋转，利用飞轮把汽车的动能存储起来，在起步或加速时离合器逐渐接合，飞轮动能对汽车进行加速，和发动机一同提供动力。该系统的特点是能量密度高、比电动混合动力汽车结构紧凑且质量小、成本低、维护费用低。机械混合动力装置在赛车上获得了成功应用，在公共汽车、卡车、工程车上有广阔的应用前景，在乘用车上的应用尚处于尝试阶段。

机械混合动力装置的最大问题是飞轮组件的转速高达几万转/min，外部接近声速，为了减少空气阻力损失，飞轮组件需要在真空密封容器中工作，从结构上，飞轮传递动力的轴必须穿过真空密封容器，长期使用后空气会不可避免地进入容器中，解决的办法是使用真空泵抽真空。

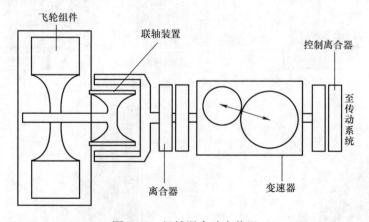

图7-45 机械混合动力装置

为了便于机械混合动力装置中联轴装置的密封，也有采用磁联轴器的形式，如图7-46所示。该磁联轴器除通过磁力的作用传递动力外，还可以通过内、外转子磁极对数的不同,获得变速的功能。利用该磁联轴器可以把动力传动轴从真空密封装置中分离出来,不需要用真空泵抽真空。

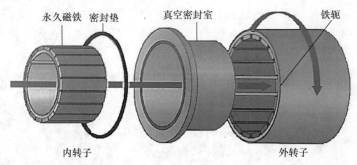

图 7-46　磁联轴器

二、液压混合动力汽车

除了使用内燃机产生驱动力外,液压系统也能够提供动力进行驱动。在液压系统中,能量以压缩液体的形式或类似的形式储存在蓄能器中。要对液体增压,就需要内燃机产生动力和能量来驱动液压泵,而提取能量时需要使用液压马达。换句话说,液压泵类似于发电机,而液压马达类似于电机,蓄能器中的增压液体类似于电池。可以看出,液压系统与电气系统存在一对一的等价关系。

在图 7-47 所示的液压混合动力汽车(Hydraulic Hybrid Vehicle,HHV)系统构架中,液压泵替代了交流发电机,液压马达替代了电机,液压蓄能器替代了蓄电池,HHV 控制器替代了 HEV 控制器,而液压阀系统则替代了电力电子系统。

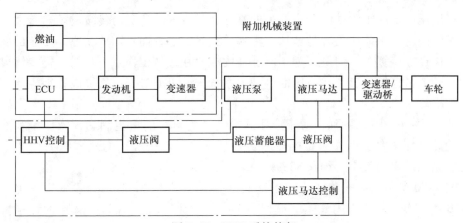

图 7-47　HHV 系统构架

图 7-48 所示为一套完整 HHV 卡车物理架构。其中液压蓄能器包括一个充有诸如氮气这种安全气体的高压蓄能器。其缸内压力高达 21～35MPa(3000～5000psi),而低压缸内的压力可以很低,只有几百帕。内燃机驱动液压泵,液压泵

将液体从低压缸内抽出,将其泵到非常高的压力送入高压缸,机械能最终以高压气体的形式被储存起来。驱动车轮时,从高压缸出来的高压液体流过液压马达从而驱动动力总成。液压马达吸入高压液体,将其储存的能量转化成车轮处的机械能,而当液体流过液压马达后,其压力骤降,并被送到低压缸。至此,液压循环就完成了。

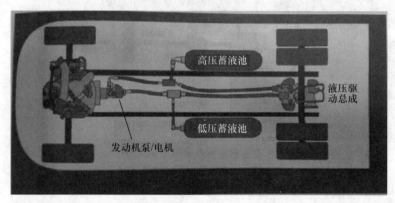

图7-48 HHV卡车物理架构

应当注意的是,就每千克质量储存的能量而言,液压储能系统中的能量储存量是非常低的。例如,液压蓄能器的能量储存密度大约为 $1.9W \cdot h/kg$,而蓄电池的能量密度能达到 $30 \sim 120W \cdot h/kg$。但是,液压系统的功率密度可达到 $2500W/kg$,而电动系统的功率密度只有 $650W/kg$。所以显而易见,液压混合动力系统非常适用于功率需求大且能量需求相对较低的系统,特别适用于大功率急加速和急减速的工况。

将液压系统用于驱动的一个最大的好处在于,能够避免对传统的笨重传动系统的需求。同时,液体能更容易地从一点转移到另一点,而不需要精密、复杂的变速器或机械连接装置等。但是,为了能够使内燃机在最佳工作点下运行,需要增设某种形式的能量存储系统,在液压混合动力系统中,可通过充有气体的蓄能器来实现这一需求。

从图7-49中可以看到,对于液压式混合动力汽车的再生制动,液压泵和液压马达的效率都稍大于90%,蓄能器(包括高压缸和低压缸)的效率约为98%。整个再生制动过程的效率大约是82%。

图7-50所示为囊式蓄能器和膜片式蓄能器。图7-50a所示为囊式蓄能器,其中囊B内充有可被压缩的气体(体积为 V)。当液体从底部流进缸体中时,囊可膨胀或收缩,这样能量就能在压缩时被储存在气体中,膨胀时再从气体中被释放出来。因此,能量是通过液体自身来传递的。图7-50b所示为膜片式蓄能器,从底部流入的液体推动膜片D,膜片D的变形改变了其上方气体的体积 V,这部分气体是充于缸体和膜片之间的。

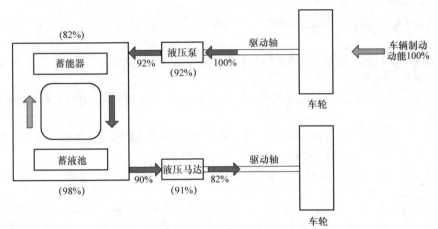

图 7-49 HHV 中再生制动效率的分布

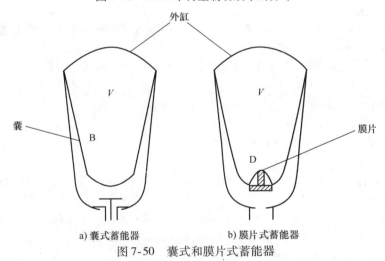

图 7-50 囊式和膜片式蓄能器

参 考 文 献

[1] 冯启山, 殷承良, 朱禹. 混合动力汽车动力性和经济性道路试验 [J]. 机械工程学报, 2005, 41 (12): 19 - 24.

[2] 麻友良, 陈全世. 混合动力电动汽车的发展 [J]. 公路交通科技, 2001, 18 (1): 78 - 80.

[3] 罗玉涛, 周斯加, 赵克刚. 混合动力汽车上 AMT 的换挡过程分析 [J]. 华南理工大学学报 (自然科学版), 2007, 35 (2): 33 - 37.

[4] 古艳春. 混合动力汽车 AMT 换档策略及换档控制的研究 [D]. 上海: 上海交通大学, 2006.

[5] 邓涛,孙冬野,秦大同,等. CVT 混合动力汽车再生制动系统仿真[J]. 机械工程学报, 2009, 45 (9): 214-220.

[6] 白中浩,曹立波,王耀南. 基于 CVT 的混合动力汽车建模与仿真[J]. 计算机仿真, 2007, 24 (6): 235-238.

[7] 冯樱,罗永革. CVT—无级变速器的发展综述[J]. 湖北汽车工业学院学报, 1999, 13 (4): 15-18.

[8] 张裕强. 基于 DCT 结构的动力换档模型与液压控制特性的研究[D]. 重庆:重庆理工大学, 2008.

[9] 李治萱. DCT 混合动力汽车的构型分析、参数匹配及优化控制研究[D]. 长春:吉林大学, 2013.

[10] 步曦,杜爱民,薛锋. 混合动力汽车用行星齿轮机构的理论研究与仿真分析[J]. 汽车工程, 2006, 28 (9): 834-838.

[11] 朱元,田光宇,陈全世,等. 行星齿轮结构的混合动力汽车的系统效率[J]. 汽车工程, 2004, 26 (3): 260-265.

[12] 曾虎,黄菊花. 纯电动汽车的电机与变速器匹配[J]. 装备制造技术, 2010 (2): 40-42.

[13] 于秀敏,曹珊,李君,等. 混合动力汽车控制策略的研究现状及其发展趋势[J]. 机械工程学报, 2006, 42 (11): 10-16.

[14] 张维刚,谭彧,朱小林. 液压技术在混合动力汽车节能方面的应用[J]. 机床与液压, 2006 (6): 144-146.

[15] 杜玖玉,苑士华,魏超,等. 车辆液压混合动力传动技术发展及应用前景[J]. 机床与液压, 2009, 37 (2): 181-184.

[16] Demirdöven N, Deutch J. Hybrid Cars Now, Fuel Cell Cars Later [J]. Science, 2004, 305 (5686): 974-976.

[17] Bitsche O, Gutmann G. Systems for Hybrid Cars [J]. Journal of Power Sources, 2004, 127 (1): 8-15.

[18] Anderson C D, Anderson J. Electric and Hybrid Cars: A History [M]. North Carolina: McFarland, 2004.

[19] Pourbafarani Z, Montazeri – Gh M. Optimisation of the Gearshift Strategy for a Hybrid Electric Vehicle Equipped with AMT [J]. M. S. thesis, School of Mechanical Engineering, Iran University of Science & Technology, 2010.

[20] Miller J M. Hybrid Electric Vehicle Propulsion System Architectures of the E – CVT Type [J]. IEEE Transactions on Power Electronics, 2006, 21 (3): 756-767.

[21] Baraszu R C, Cikanek S R. Torque Fill – in for an Automated Shift Manual Transmission in a Parallel Hybrid Electric Vehicle [C] //Proceedings of the 2002 American Control Conference (IEEE Cat. No. CH37301). IEEE, 2002 (2): 1431-1436.

[22] Hofman T, Dai C H. Energy Efficiency Analysis and Comparison of Transmission Technologies for an Electric Vehicle [C] //2010 IEEE Vehicle Power and Propulsion Conference. IEEE, 2010: 1-6.

第8章 变速器的设计

变速器是动力总成的重要组成部分,设计变速器时,除确定变速器的类型、基本性能特征、用途等外,本章主要介绍以下几个方面的设计内容:齿轮的设计、轴的设计、轴承的选择和设计、壳体的设计、驻车机构的设计、同步器的设计、密封件的选择和变速器通风设计,最后介绍变速器试验。液力变矩器、行星齿轮机构等的设计将在相应章节中加以介绍。

8.1 齿轮的设计

随着人们对节能环保要求的不断提高,汽车发动机技术有了很大的进步,其传动系在小型轻量化、高性能、高输出功率等方面也取得了较大进展,从而对汽车动力传递系统中的齿轮及其材料的高强度要求大幅度提高。当前,如何进一步提高汽车齿轮的疲劳强度已成为各大汽车公司和合金钢材料公司的重要技术研究课题。

齿轮的强度主要是指齿轮的抗弯曲疲劳强度和齿面接触疲劳强度。高强度齿轮技术包括齿轮的设计、加工,材料的选择及热处理和表面强化处理,齿轮的润滑、摩擦、磨损等多方面内容。本节结合作者多年的研究及实践,主要从齿轮材料技术方面概要地阐述近年来在高强度汽车齿轮材料及材料表面强化研究方面取得的成果和应用现状,探讨今后高强度齿轮材料技术的研究发展趋势,在此基础上进行齿轮使用寿命的分析。

一、齿轮强度计算

就汽车变速器齿轮而言,常见的损坏形式是弯曲疲劳破坏和齿面疲劳破坏,其中弯曲疲劳破坏根据齿根弯曲应力来判断。齿根弯曲应力由以下参数确定

$$\sigma_w = \frac{F_t}{b\, m_n} Y_{Fa} Y_{Sa} Y_\varepsilon Y_\beta K_A K_V K_{F\beta} K_{F\alpha} \tag{8-1}$$

式中 σ_w——齿根弯曲应力(N);

F_t——分度圆上的名义圆周力(N);

b——齿宽(mm);

m_n——标准模数(mm);

Y_{Fa}——形状系数;

Y_{Sa}——切口应力集中系数;

Y_ε——接触比；

Y_β——螺旋重叠系数；

K_A——应用系数；

K_V——动载系数；

$K_{F\beta}$——纵向载荷累积频次分布系数；

$K_{F\alpha}$——横向系数。

齿根许用弯曲应力为 $[\sigma_w]$，安全系数为 S_w，则齿根弯曲应力必须满足下式才符合设计要求

$$\sigma_w \leqslant \frac{[\sigma_w]}{S_w} \tag{8-2}$$

齿面疲劳破坏根据齿面接触应力来判断，齿面接触应力由以下参数确定

$$\sigma_j = Z_{B/D} Z_H Z_E Z_\varepsilon Z_\beta \sqrt{\frac{F_t(u+1)}{d_1 b u}} \sqrt{K_A K_V K_{H\beta} K_{H\alpha}} \tag{8-3}$$

式中　σ_j——齿面接触应力（N）；

$Z_{B/D}$——齿轮接触系数；

Z_H——分区系数；

Z_E——弹性系数；

Z_ε——接触比；

Z_β——螺旋重叠系数；

d_1——小齿轮基圆直径；

u——传动比；

$K_{H\beta}$——纵向载荷累积频次分布系数；

$K_{H\alpha}$——横向系数。

齿面许用接触应力为 $[\sigma_j]$，安全系数为 S_j，则齿面接触应力必须满足下式才符合设计要求

$$\sigma_j \leqslant \frac{[\sigma_j]}{S_j} \tag{8-4}$$

基于齿根弯曲应力和齿面接触应力进行齿轮设计，为了实现齿轮的轻量化、高强度化，必须从研究齿轮的材料入手，探索出高强度的齿轮材料对策及其加工工艺方法。

二、高抗弯曲疲劳强度齿轮材料技术

1. 齿轮弯曲疲劳破坏原因的分析及材料对策

齿轮强度研究的主要方向是解决齿轮的轮齿折断破坏问题，即齿轮的弯曲疲劳强度不足问题。对汽车齿轮材料的要求是机械加工性和热处理渗碳淬火性能良好。

一般选用碳的质量分数为 0.2%，单独或复合添加 Ni、Cr、Mn、Mo 等合金元素的渗碳合金钢。日本一般采用 SCr420H 或 SCM420H 渗碳合金钢，并对钢材顶端淬火距离的稳定性有严格的要求。表 8-1 所列为以上材料的成分组成。

表 8-1　日本常用渗碳合金钢齿轮材料的成分组成（质量分数,%）

材料牌号	C	Si	Mn	P, S	Cr	Mo
SCr420H	0.18~0.23	0.15~0.35	0.60~0.85	0.03 以下	0.9~0.12	—
SCM420H	同上	同上	同上	同上	同上	0.15~0.30

齿轮轮齿折断破损的主要原因是，齿轮根部受到超负荷集中应力的反复作用而产生裂纹，裂纹逐步扩大以致失效。图 8-1 所示为轿车变速器耐久试验中，由齿轮弯曲疲劳强度不足引起的齿轮破坏实例。图 8-2 所示的电镜观察相片是对折断轮齿的破坏断面进行的金相分析。通过金相分析可以看出，齿轮的弯曲疲劳破坏裂纹是从齿轮表层部分的晶界氧化层产生的，沿着表层下方的奥氏体晶界传播至硬化层深部领域，从而引起晶界破坏。如图 8-2c 所示，汽车上的锥齿轮易产生的冲击破坏的金相观察分析结果也大致如此。因为齿轮的弯曲疲劳破坏是从齿轮表层部分的晶界氧化层产生的，所以减小晶界氧化层和渗碳异常层厚

a) 驱动齿轮断齿　　b) 输入轴断齿

图 8-1　汽车齿轮弯曲疲劳破坏实例

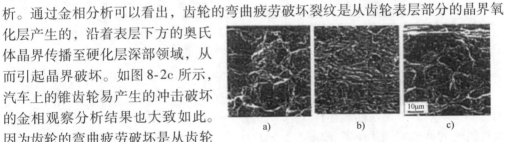

a)　　b)　　c)

图 8-2　齿轮弯曲疲劳破坏及冲击
破坏的电镜观察相片

度，改善结晶晶界以及强化和细化晶粒是提高齿轮材料抗弯曲疲劳强度的重要措施。

材料表层部分的晶界氧化层主要是由 Si（硅）、Mn（锰）、Cr（铬）等合金元素生成的，同时，Si、Mn、Cr 又是提高淬火性的合金元素，其在晶界近旁易产生局部不完全淬火领域，由屈氏体和贝氏体等组成不完全渗碳异常层。图 8-3 所示的电镜观察相片中为 SCr420H 的晶界氧化组织。图 8-3b 中的黑色部分是 Si、Mn、Cr 的氧化物。降低渗碳异常层厚度的材料对策，一般是提高淬火速度或增加有利于提高淬火性能合金元素的含量。前一种方法容易产生较大的齿面变形；后一种方法是在降低 Si、Mn、Cr 合金元素含量的同时，为确保淬火性能，抑制不完全渗碳异常层的生成以及改善结晶晶界和强化、细化晶粒，增加 Ni、Mo 等合金元素的含量，调整和适当提高残留奥氏体的含量。还有一种方法是采用氮碳共渗的热处理方法来降低合金元素的内部氧化程度。这种方法有利于调整残留奥氏体的含量，以及抑制初期疲劳裂纹向深度发展。降低 Si、Mn、Cr 合金元素含量或进行氮碳共渗热处理

对降低渗碳异常层厚度的效果如图 8-4 所示。普通渗碳淬火钢（SCr420H）的渗碳异常层厚度约为 20μm，而新开发的渗碳淬火钢或进行氮碳共渗热处理后的渗碳淬火钢的渗碳异常层厚度只有 10μm 左右。

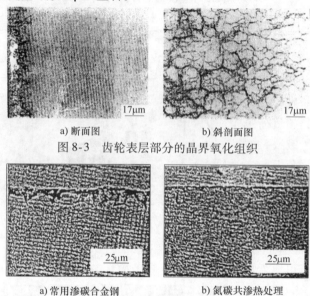

a) 断面图　　　　　　b) 斜剖面图

图 8-3　齿轮表层部分的晶界氧化组织

a) 常用渗碳合金钢　　　b) 氮碳共渗热处理

图 8-4　齿轮渗碳异常层的电镜观察相片

2. 有效硬化层深度对弯曲疲劳强度的影响

有效硬化层深度一般是指从齿轮硬化表面到硬度为 550HV 为止的硬化层厚度。如图 8-5 所示，受高次回转循环应力弯曲疲劳负载时，硬化层厚度为 0.2~0.25mm 试件齿轮的疲劳寿命优于硬化层厚度为 0.4~0.5mm 的试件齿轮。齿轮的最佳有效硬化层厚度应根据齿轮模数、受力状况及用途而定。如图 8-6 所示，齿根部分宜采用较浅的硬化层，渐开线啮合齿面部分宜采用较深的硬化层，以适应高弯曲、高面压的弯曲疲劳负载。

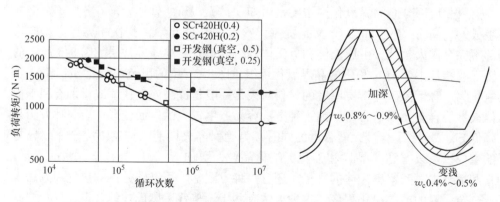

图 8-5　硬化层厚度与齿轮弯曲疲劳寿命的关系　　图 8-6　理想的渗碳硬化层厚度和碳的质量分数

3. 轮齿表面喷丸强化处理和残留压缩应力

齿轮的抗弯曲疲劳强度主要取决于轮齿表面硬度、表面层附近的残留压缩应力、应力集中的缓和、齿面表面粗糙度及不完全渗碳异常层厚度等因素。它们的关系如下

$$\sigma_w = 396 + [583/(Ra_{max} + D_{in})] - 0.34\sigma_{rm} \quad (8-5)$$

式中 σ_w——回转弯曲疲劳强度（MPa）；

Ra_{max}——最小表面粗糙度值（mm）；

D_{in}——不完全渗碳异常层厚度（mm）；

σ_{rm}——表面层附近最大残留压缩应力（MPa）。

为提高齿轮的弯曲疲劳强度，日本汽车公司的研究重点是开发和普及多种形式的轮齿表面喷丸强化处理技术及相应的材料技术。之前，零件表面喷丸强化处理主要应用于清砂和去毛刺。日本马自达汽车公司于 1987 年首先研究开发了高压喷嘴型轮齿表面喷丸强化处理技术。即在室温条件下，用可控性极好的喷嘴型喷丸机将高速铸造钢丸（$\phi 0.4 \sim \phi 0.6mm$）以高压（$3.5 \sim 4.5 kg/cm^2$）、高速碰撞轮齿表面，使齿面在受到反复加热和急冷的瞬间得到强化，使轮齿表面层附近的残留压缩应力得到显著提高，从而抑制疲劳裂纹的扩展，其效果如图 8-7 所示。采用表面喷丸强化处理后，轮齿的弯曲疲劳强度可提高 1.5 倍以上。针对齿轮的模数大小和使用状况，最近，有关两次喷丸强化和小径化喷丸强化技术的研究也取得了良好的效果。喷丸强化处理的最佳效果主要受下列加工条件的相互影响，见表 8-2。

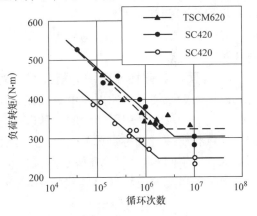

图 8-7 轮齿表面喷丸强化处理后的疲劳强度

表 8-2 影响喷丸强化效果的各种加工条件

投射条件	投射速度、投射时间、投射密度、投射量、投射角度、投射方式、应力状态、温度
投射喷丸	材质、密度、硬度、粒度、粒度分布
投射对象	材料的热处理组织、材料的力学性质、齿轮模数、热处理前的加工状态

三、提高齿面疲劳强度的材料技术

1. 高齿面疲劳强度材料技术的研究背景

乘用车燃料消耗标准的不断提高，促使其发动机和变速器的联合自动控制技术，以及无级变速器及手动变速器的小型轻量化、高输出功率技术等有了很大的发

展进步。特别是用于自动变速器及无级变速器的润滑油组织成分发生了新的变化，即由以润滑性能为主变为以提高控制性能为优先。但这使得金属间摩擦因数增大、润滑摩擦条件恶化。因此，提高齿轮的高面压耐久疲劳强度就成为极为重要的问题。

图 8-8 所示为轮齿的负载和破坏模型。由图可知，过去，轮齿的抗弯曲破坏强度低于齿面抗点蚀强度，但近年来对齿轮材料及表面强化处理技术的研究开发，使得齿轮的抗弯曲疲劳强度得到大幅度提高，已超过了齿面抗点蚀强度。目前，如何进一步提高齿面疲劳强度寿命、降低齿面磨耗量，已成为各大汽车公司和钢铁材料公司的重要和紧迫的技术研究课题。

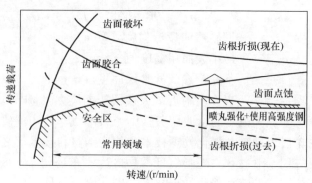

图 8-8　齿轮的负载和破坏模型

2. 齿面疲劳破坏原因的分析及材料对策

齿面疲劳破坏是齿轮副在由齿面接触应力和齿面啮合相对滑动速度不同所产生的拉伸应力的反复作用下产生的。其破坏失效形式如图 8-9 所示，主要包括剥落和破坏性点状腐蚀（简称点蚀），由于受力状态不同，其破坏形式与齿根弯曲疲劳破坏形式有所不同。如图 8-9a 所示，首先在齿轮啮合部分附近的齿面法线方向呈现出一定锐角角度的裂纹（晶界破坏），逐步扩展到齿根底部并使表面层剥落。

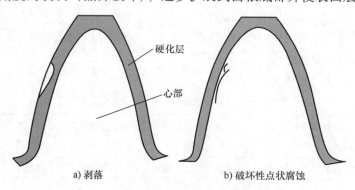

图 8-9　齿轮疲劳破坏的主要失效形式

为防止齿面剥落破坏失效，一般采用如下措施：
1）提高硬化层的厚度。
2）增加硬化层心部的硬度。

3) 根据式（8-6）适当提高距表面层数十微米处的硬度

$$\tau_{45}/0.55 \leqslant \tau_y = HV/6 \tag{8-6}$$

式中 τ_{45}——剪切应力（MPa）；

τ_y——剪切屈服应力（MPa）；

HV——维氏硬度。

破坏性点状腐蚀的破坏失效形式如图 8-9b 所示，裂纹与硬化层的浅表面成一小角度（25°~30°）并逐渐扩展至齿轮表面，呈菱形形状。另外，点蚀与齿轮啮合时的表面温度有直接关系。图 8-10 所示为应用有限元解析法分析得到的圆柱滚子的点蚀疲劳试验时滚子表层温度分布情况。由图可知，当滚子间的相对滑动速度差为 40%，接触应力为 200kg/mm² 左右时，材料表层的瞬间上升温度为 250~300℃，相当于齿轮的渗碳回火温度。一般汽车齿轮副的相对滑动速度差约为 20%，齿面接触应力为 160kg/mm² 左右时，材料表层瞬间上升温度约为 160℃。如图 8-11 所示，提高材料的回火硬度和耐回火性，可有效地提高齿轮的齿面疲劳寿命，图中的 A 钢是常用铬钼合金钢（1.0 Cr – 0.4 Mo），B 钢是增加 Cr、Si 合金含量的铬钼合金钢。可见，增加 Si、Cr 等合金元素的含量或采用高浓度渗碳法，可使材料表层生成硬质碳化物以便抑制材料表层的高温软化。最近，碳氮共渗热处理法的应用开发在提高齿轮的齿面疲劳寿命方面也取得了很好的效果，其主要作用是减少材料表层由于内部酸化生成的固溶铬，使得铬氮化物的生成量达到最少，促进碳化物的细化，从而提高表面硬度和耐回火性。

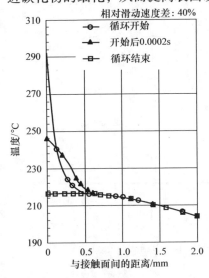

图 8-10 点蚀疲劳试验时圆柱滚子表层温度分布情况

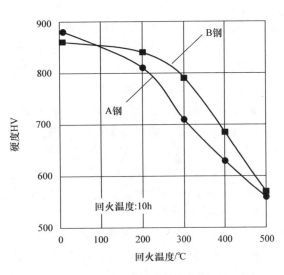

图 8-11 耐回火性的比较

3. 材料表面强化技术的研究开发

根据日本汽车公司的研究和实践，要大幅度地提高齿面疲劳强度，只靠改善材料的合金成分和采用热处理方法是不够的，还必须与材料表面强化技术的研究开发结合起来。近年来，日产汽车公司和马自达汽车公司开发和应用了齿面二硫化钼（MoS_2）表面镀膜和磷酸镀膜化学处理方法，取得了良好的效果，使齿面点蚀疲劳强度提高了 2 倍以上，如图 8-12 所示。其主要原理是镀膜后在轮齿表面生成了 2～3μm 厚的软质层，填平了轮齿表面的大部分凹凸切削波纹，降低了齿面的局部最大啮合接触应力和金属表面摩擦因数，提高了齿轮啮合时的油膜厚度并改善了润滑状况。

图 8-13a、b 所示分别为有、无齿面二硫化钼（MoS_2）镀膜的齿轮初期啮合运转后齿面状况的电镜观察相片。显示出镀膜后的材料表面在初期运转过程中接触表面的平滑性明显提高。但是，上述两种镀膜化学处理方法的成本均较高。

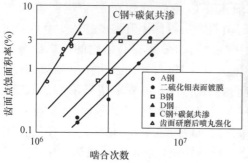

图 8-12 齿面点蚀面积率的变化

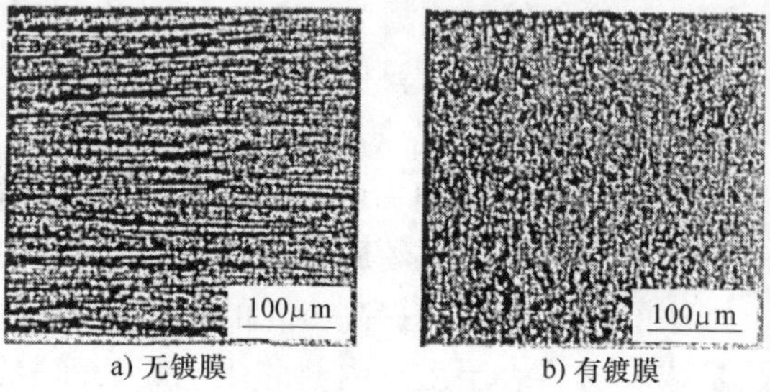

图 8-13 初期啮合运转后的齿面状况

近年来，日本佐贺大学穗屋下先生和日本住友重工公司共同研究的齿轮喷丸强化后的滚筒抛光研磨法（Barreling 处理法）取得了非常好的试验效果，引起了美国和日本有关专家的关注。Barreling 处理法的最大特点是大幅度地提高了齿面疲劳强度且成本较低，具有广泛的应用前景。Barreling 处理法简图如图 8-14 所示，数毫米直径的研磨石和研磨粉的混合物与 Barreling 处理槽沿同一方向回转（100r/min），齿轮轴回转方向则与其相反，处理时间为 15～30min。Barreling 处理法提高

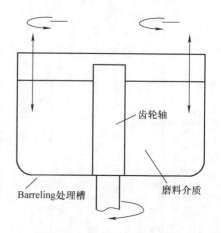

图 8-14 Barreling 处理法简图

齿面疲劳强度的效果如图 8-15 所示。其主要原理是 Barreling 研磨处理使齿面凹凸切削波纹变得平缓、均匀，从而降低了齿面的表面粗糙度值和齿面啮合摩擦因数，改善了齿轮啮合时的晶界润滑状况。如图 8-16 所示，与未经 Barreling 处理法处理的齿轮副相比，经 Barreling 处理法处理的齿轮副油膜形成状况有很大的改善。

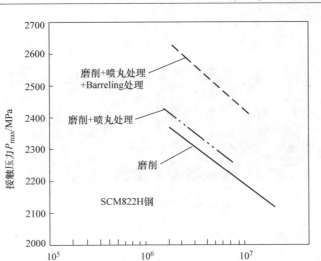

图 8-15 Barreling 处理法提高齿面疲劳强度的效果

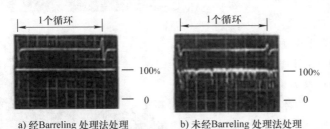

图 8-16 10^7 次负载回转后齿轮副间的油膜形成状况

（1）齿轮磷酸锰转化涂层的应用实践　在齿轮减摩涂层研究方面，通过在齿面上制备功能性减摩耐磨涂层可有效降低摩擦因数。合金钢齿轮表面经磷化处理后得到磷酸锰转化涂层能有效降低摩擦副表面的摩擦因数，而且具有良好的耐蚀性，能防止咬合或擦伤。制备磷酸锰转化涂层后，齿轮表面生成数微米厚的软质层，填平了齿轮表面的大部分凹凸切削波纹，降低了齿面的局部最大啮合接触应力和金属表面摩擦因数，改善了齿轮啮合时的油膜状况和润滑状况。通过控制磷酸锰转化涂层的工艺参数来影响涂层的密度和晶粒尺寸，可以获得超微细磷酸锰转化涂层，处理后齿面生成 $3\sim5\mu m$ 厚的软质层，生成的涂层面密度约为 $2.2\ g/m^2$。普通磷酸锰转化涂层处理和超微细磷酸锰转化涂层处理的选取需要结合齿轮加工工艺和实际工作条件来判定，两者处理后的表面形貌对比如图 8-17 所示。

磷酸锰转化涂层的制造工艺主要包括采用脱脂剂在温度为 70~95℃ 的脱脂槽内对齿轮表面进行前处理，用水清洗，然后在处理温度为 40~80℃ 的条件下进行表面调整，磷化处理温度范围为 80~100℃，酸比控制在 5.6~6.2，处理时间为 10~15min。磷酸锰转化涂层的形成通过以下化学反应来实现：

$$Mn(H_2PO_4)_2 \rightleftharpoons MnHPO_4 + H_3PO_4$$

$$Fe(H_2PO_4)_2 \rightleftharpoons FeHPO_4 + H_3PO_4$$
$$3(Mn,Fe)(H_2PO_4)_2 \rightleftharpoons (Mn,Fe)_3(PO_4)_2 + 4H_3PO_4$$

图 8-17 普通磷酸锰转化涂层处理和超微细磷酸锰转化涂层处理后的表面形貌

图 8-18 所示为圆柱滚子对油膜的形成状况。采用分离电压抵抗测定法观察试验圆柱滚子对油膜的形成状况，0V 为完全接触，0.1V 为完全分离，经磷酸锰转化涂层处理后的圆柱滚子分离电压在 30min 后开始上升，其油膜形成能力明显优于未经处理的圆柱滚子对。

通过摩擦磨损性能试验来评价磷酸锰转化涂层在一定工作条件下的减摩耐磨特性。如图 8-19 所示，按照齿轮的工作载荷及润滑条件，进行磷酸锰转化涂层试件的摩擦磨损性能试验。可见，超微细磷酸锰转化涂层在低载荷与高载荷工况下均具有良好的持续减摩耐磨特性。

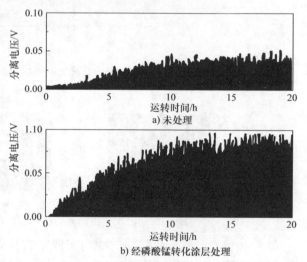

图 8-18 圆柱滚子对油膜的形成状况

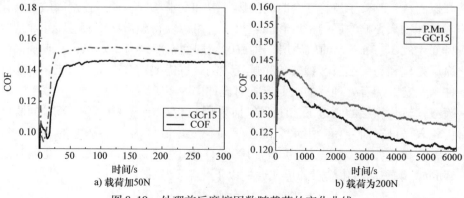

图 8-19 处理前后摩擦因数随载荷的变化曲线

图 8-20 所示为日本 JATCO 自动变速器公司向大众汽车公司提供的自动变速器按照耐久试验要求，在相同试验条件下，两组 AT 齿轮副试验后的疲劳点蚀情况。两组齿轮副均经过相同的加工工艺，所不同的是 B 组齿轮副进行了磷酸锰转化涂层处理，而 A 组齿轮副未作此处理。

a) 未经处理

b) 经磷酸锰转化涂层处理

图 8-20　处理前后齿轮疲劳点蚀情况

如图 8-21 所示，在齿面接触点最大压力为 2000MPa 和齿根最大滑动速度为 7.8m/s 的条件下进行试验，横轴表示啮合循环次数，纵轴表示点蚀面积率。A 组齿轮副在 3×10^6 循环下出现点蚀破坏，而 B 组齿轮在 1.1×10^7 循环后仍未出现点蚀。试验表明，磷酸锰转化涂层使变速器齿轮的抗点蚀疲劳强度提高了 3~4 倍。

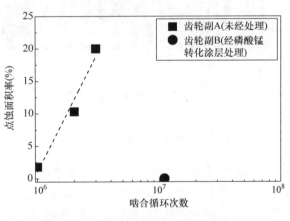

图 8-21　齿轮疲劳寿命和点蚀面积率的变化

（2）超微细复合材料金属喷涂　近年来，一些学者研究和应用了采用硫化锰（MoS_2）和超微细粒子复合材料的喷涂技术，作为压力喷涂领域的一种新工法，它在高强度齿轮表面强化领域取得了很好的实践效果，其工艺过程如图 8-22 所示。

图 8-22　齿轮复合喷涂工艺流程图

复合材料在高温、高压条件下撞击并渗透进母材的 1~20μm 深度表面，使金属表面以下 20μm 深度处的相组织发生改变,在加工过程中加入固体润滑剂,固体润滑剂渗入金属表面后,使表面具有自润滑的效果。该技术利用高压的惰性气体推动研磨滚珠及固态润滑剂,以两者的混合物喷射撞击待加工件,待加工件的表面因球形颗粒的冲击而形成多处微小孔洞,使其表面组织被压缩细微化而造成外应力减小,同时固态润滑剂附着在待加工件表面,进而提高了待加工件的自润性。图 8-23 所示为某变速器齿轮滚针轴承内缘经复合材料喷涂处理后表面压痕平整度获得较大改善,同时表面形成了无数个细微凹坑,有利于油膜的形成,进而提高了摩擦表面的油膜附着性,提高了疲劳强度。

a) 处理前　　　　　　　　　　　　　　b) 处理后

图 8-23　超微细复合材料喷涂技术处理前后的表面形貌

四、基于使用寿命的齿轮设计

以往在变速器设计中对齿轮寿命的计算,都沿用传统的许用应力法,即按照一定的计算公式,计算出齿轮疲劳弯曲和疲劳接触的工作应力,然后与相应的许用应力进行比较,以预测所设计齿轮的寿命是否足够。应用这一计算方法的主要问题是:所取计算载荷不能反映齿轮在使用条件下实际受到的循环载荷。因而,由此得出的齿轮寿命计算结果只是粗略的和有条件的。随着对汽车变速器载荷谱研究的不断深入,对齿轮使用寿命较为精确的预测成为可能。

载荷谱用于描述载荷-时间历程信号。例如,图 8-24 所示为某一时间段的典型载荷谱,图中描述了发动机转矩、发动机转速、档位的情况。为了缩短开发时间和降低测试成本,通常利用载荷谱的雨流外推方法和时域外推方法来获得整个使用寿命过程中载荷谱的数据,也可以利用实车采集或台架试验采集数据。针对变速器某一零件,如某一齿轮,根据传动比把该齿轮整个使用寿命过程中的传动转矩和转速分成若干区段,形成如表 8-3 所列的某一齿轮载荷谱时间分布表。

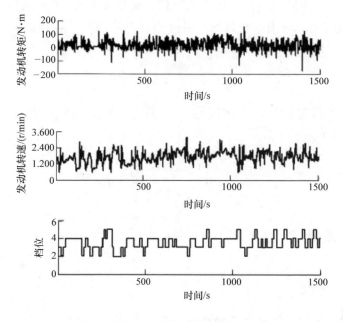

图 8-24 典型载荷谱

表 8-3 某一齿轮载荷谱时间分布表

转矩 T /N·m	齿轮转速 n/(r/min)						
	800	1200	1600	2000	2400	2800	3200
15	11317	54971	192	164	28	13	0
30	6519	112	147	66	13	8	0
45	80	401	1014	35	47	34	0
60	723	1489	2669	104	42	21	0
75	1637	4614	3816	2145	22	17	0
90	3139	2330	1157	678	27	14	0
105	1595	1910	2645	1360	31	12	0
120	2059	4277	3613	2085	1126	13	0
135	1030	3400	3222	2085	1144	22	0
150	104	876	212	1889	3432	213	0

齿轮的许用应力与齿轮的弯曲强度及表面承载能力有关，不同材料和形状的齿轮，其疲劳强度可通过试验得出。对齿轮转数（寿命）N、输入转矩（应力）T 进行拟合后发现，在有限的寿命范围内，两者之间存在如下关系

$$T^k N = C \tag{8-7}$$

式中 k 和 C——试验拟合结果，两者均为常数，与应力性质及材料有关。

在表8-3中，齿轮转速分为7个数据段，转矩分为10个数据段，共统计出了70个累计运行时间。利用这些数据，可分别计算出齿轮的弯曲疲劳强度和表面承载能力的积累损伤C^1，其计算公式为

$$C^1 = \sum_{j=1}^{70} T_j^k \left(\frac{nt}{60}\right)_j \tag{8-8}$$

对于特定的齿轮而言，许用应力σ_D下的许用转矩为T_D，允许的循环次数为N_D，则该齿轮的寿命N_{th}为

$$N_{th} = \frac{T_D^k \sum_{j=1}^{70} \left(\frac{nt}{60}\right)_j}{C^1} N_D \tag{8-9}$$

8.2 轴的设计

一、设计准则

对变速器轴的设计要求是避免切口、降低弯矩、提高临界转速，为满足这些要求，应遵循以下设计准则：

1）通过采用紧凑设计来减小轴承间的距离。

2）将受力大的齿轮布置在靠近轴承的位置，以减小轴的挠度和弯矩，提高临界转速。变速器轴的变形将导致齿轮倾斜、轴承受力不均，表8-4所列为变速器轴的许用挠度和许用弯曲角度的参考值。

表8-4 变速器轴的许用挠度和许用弯曲角度的参考值

轴	挠度	弯曲角度
齿轮的一般规定	$\leq 0.01 m_n$（m_n为标准模数）	$\leq \frac{2}{10^4} \frac{d_w}{b}$（$d_w$为节圆直径，$b$为齿宽）
参考值	$0.02 \sim 0.06$mm	≤ 0.005（圆柱）；≤ 0.001（圆锥）

3）阶梯轴之间要有过渡，过渡部分最好采用锥形设计或采用大的曲率半径，而不是采用轴肩。

4）轴和齿轮之间采用花键或过盈配合连接，而不是采用平键连接。

5）轴向约束只在轴端使用卡环，而在轴的中部使用隔环。

6）采用卸荷槽或修正环槽内边缘的方法，使巨型环槽附近应力平滑。

7）在轴肩处降低切口效应的方法，是在轴肩过渡段设置卸荷槽、采用大的过渡圆角、采用径向应力卸荷槽、在过渡区增加额外的卸荷槽。

8）对于与轮毂配合的轴颈，与齿轮配合处的轴径要加大，轮毂的厚度按照轴径从大到小的方向逐渐减小。

9）对于有径向孔的轴，通过增大孔径或利用过渡半径等为横向钻孔卸荷。
10）减小轴上零部件的转动惯量，以减小轴的挠度并提高临界转速。
11）借助应力槽来实现应力的逐渐过渡。

二、轴的设计方法

轴的设计计算主要包括轴的强度计算、轴的刚度计算和轴的结构分析。设计时，应力求变速器的轴向尺寸尽量小，这涉及轴颈尺寸、轴的强度、轴的刚度、轴上花键的计算。

1. 轴的强度计算

对轴的受力情况进行简化，在发动机最大输入转矩作用下，对轴在所有档位下的受力情况进行分析，计算出相应档位下轴的齿轮、轴承等处所受的径向力、轴向力和切向力的大小；画出所有档位下轴的剪切力、弯矩和转矩图；找出危险截面，计算出危险截面处的参考转矩，此参考转矩取决于所受的弯矩、转矩和载荷校正系数；基于参考转矩，初步确定轴的最小直径；最后进行轴的危险截面强度计算，先计算出危险截面处的弯曲应力和扭转应力，再计算出合应力，判断在一定的安全系数下轴的强度是否符合要求，具体步骤和方法可参考相关技术资料。

2. 轴的刚度计算

轴的刚度不足会使轴产生很大的挠度和弯曲角度，从而导致齿轮无法正确啮合，产生振动和噪声，从而降低齿轮的使用寿命。在进行轴的刚度计算时，主要是计算齿轮处轴的挠度和弯曲角度，其值应满足轴的设计准则和相关技术要求。

3. 轴的结构分析

在完成轴的强度和刚度计算后，已经基本完成了轴的具体结构设计，最后还需要进行轴的结构分析，可利用 FEM 软件分析轴的寿命、刚度及疲劳过程。

首先对轴及轴上的元件建立如图 8-25 所示的有限元网格模型；其次设置轴上各组件的准确材料信息，包括弹性模量、泊松比、密度、屈服强度和抗拉强度，以及如图 8-26 所示的轴承的径向刚度和倾斜刚度；接着设置边界条件，定义轴承和同步器的轴向、径向间隙以及滑动摩擦因数，通常轴向间隙取 0.1mm，径向间隙取 30μm，滑动摩擦因数取 0.1。然后设置负荷条件，轴的载荷加载在花键和分析档位工况对应的档位齿轮处，其中，花键处输入转矩，档位齿轮齿面处输入啮合压力，加载位置如下：利用分布耦合对承受载荷侧齿面的承载区域内节点创建连接，并在此节点处输入齿轮啮合压力，齿面承载位置大约在齿高方向 70%、齿宽方向 80% 的区域内；利用分布耦合对承受载荷侧花键齿面的节点创建刚性连接，并在中心节点处输入转矩。最后进行静态强度分析和刚度分析，图 8-27 所示为轴的静态强度分析结果，最大平均应力为 527MPa；图 8-28 所示为轴的静态刚度分析结果，最大挠度为 130μm。

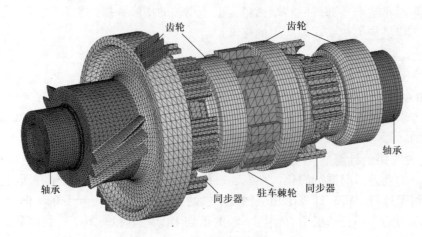

图 8-25 轴的有限元网格模型

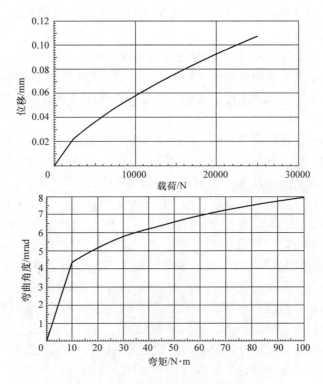

图 8-26 轴承的径向刚度和倾斜刚度

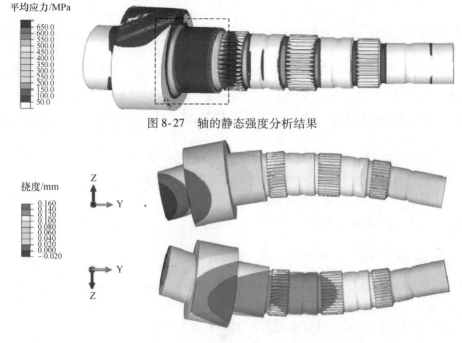

图 8-27 轴的静态强度分析结果

图 8-28 轴的静态刚度分析结果

关于轴的疲劳过程分析，需要输入材料的抗拉强度、屈服强度、S – N 曲线、线性静态参数；设置表面粗糙度值、技术尺寸、离散度、温度；设置影响因素；设置分析类型和幸存率；勾选 σ_m = CONST 或 R = CONST（σ_m = CONST 与 R = CONST 为两种不同的计算方法），评价标准是轴非接触区域的最小疲劳安全系数大于设计要求值，其设计指标通常为：勾选 σ_m = CONST 时，疲劳安全系数大于 1.5；勾选 R = CONST 时，疲劳安全系数大于 1.25。图 8-29 所示为轴的最大工作载荷工况下的安全系数（SF_{min}）分布云图。

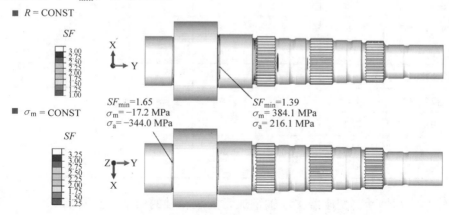

图 8-29 轴的最大工作载荷工况下的安全系数分布云图

8.3 轴承的选择和设计

变速器轴承的功用是对相对运动的零部件起支承和导向作用,吸收出现的作用力并将这些力传递给壳体。按照相对运动类型不同,可将轴承分为滑动轴承和滚动轴承,汽车变速器上最常使用的轴承为滚动轴承。滚动轴承用于变速器的典型要求有:

1)即使变速器轴因受力倾斜,也应确保轴承的承载能力。
2)轴承具有承受高的工作温度和低的润滑油黏度的能力。
3)具有高的径向刚度和轴向刚度。
4)具有较强的抗污染能力。

一、变速器轴承的类型

汽车变速器轴承主要包括支承轴承、推力轴承、滚针轴承、直线轴承和分离轴承等,其中支承轴承又包括深沟球轴承、圆柱滚子轴承、圆锥滚子轴承、角接触球轴承等。表 8-5 所列为各种变速器轴承的类型及其性能。

表 8-5 各种变速器轴承的类型及其性能

特性	深沟球轴承	角接触球轴承	圆柱滚子轴承	圆锥滚子轴承	滚针轴承	推力球轴承
径向承载能力	可以	可以	可以	可以	可以	不可以
轴向承载能力	双向	单向	不可以	单向	不可以	单向
高速旋转性能	4★	4★	4★	3★	3★	1★
高速旋转精度	3★	3★	3★	3★		1★
良好的 NVH 性能	4★	3★	1★		1★	1★
低的摩擦力矩	4★	3★	1★			
良好的刚度			2★	2★	2★	
耐振动冲击性			2★	2★	2★	
内外圈极限倾斜度	1★		1★	1★		
轴向定位	双向	单向		单向	单向	
轴向移动	配合面上		滚道上		滚道上	配合面上

(1)支承轴承 变速器支承轴承通常安装在轴的两端,共同承受轴总成的轴向力和径向力,前后轴承采用不同的规格和类型可组成不同的组合结构,一般组合

方式有深沟球轴承与圆柱滚子轴承组合、圆锥滚子轴承与圆锥滚子轴承组合、角接触球轴承与角接触球轴承组合等。在安装尺寸（指不同轴承的轴承内、外径和宽度）相同或相当的情况下，圆锥滚子轴承与圆锥滚子轴承组合的轴承承受载荷的能力最强，寿命最长，球轴承能够承受的极限转速高于其他轴承；从整个变速器的传递效率来看，深沟球轴承与圆柱滚子轴承组合的效率最高，圆锥滚子轴承与圆锥滚子轴承组合的效率最低；从装配性方面考虑，由于圆锥滚子轴承和角接触球轴承在成对使用时都必须增加预紧要求，以调整其内部游隙，故在装配时一般需要采用加调整垫的方法来实现，从而增加了装配难度；从刚性要求方面考虑，除深沟球轴承与圆柱滚子轴承的组合外，其他组合形式存在正装与反装之分，正装与反装对所支承轴的支承刚度大小不同，正装时轴前、后支承点的跨距相对要小，刚性要好，故在变速器所用轴承成对使用时，一般都采用正装方式。此外，对于轻载荷的轿车变速器，变速器支承轴承的精度等级选择 6 级已经足够，精度等级太高，则轴承价格提高，成本增加；精度等级太低，则轴承性能降低，导致变速器整体性能也降低。

（2）推力轴承　推力轴承一般安装在只承受轴向力且与其相连接零件有相对旋转的各零件两端位置，它在自动变速器的行星齿轮机构中应用广泛。推力轴承的结构选择可参照 GB/T 273.2—2006《滚动轴承　推力轴承　外形尺寸总方案》。变速器推力轴承一般情况下承受的载荷属于动载荷，其轴承寿命的计算可参照 GB/T 6391—2010《滚动轴承　额定动载荷和额定寿命》。

（3）滚针轴承　连接变速器齿轮与轴所用的滚针轴承一般只承受静载荷，特殊情况下，有可能承受动载荷与静载荷不同的双重载荷（但不是同时产生，而是在不同工况下产生）。例如，某 6MT 变速器 1 档从动与倒档主动双联齿轮所用的滚针轴承即是这种情况，在变速器挂 1 档时，此滚针轴承承受静载荷，而在变速器挂倒档时其承受动载荷，所以在计算轴承的寿命时，既需要计算其当量静载荷是否满足工况要求，又需要计算其当量动载荷是否满足工况要求。滚针轴承的寿命计算可参照 GB/T 6391—2010《滚动轴承　额定动载荷和额定寿命》与 GB/T 4662—2012《滚动轴承　额定静载荷》。

（4）直线轴承　变速器直线轴承一般用于变速器换档机构的换档拨叉上，其结构尺寸及公差设计可参照 GB/T 16940—2012《滚动轴承　套筒型直线球轴承外形尺寸和公差》，其技术条件可参照 JB/T 5388—2010《滚动轴承　套筒型直线球轴承　技术条件》。

（5）分离轴承　离合器分离轴承的一般结构如图 8-30 所示，它由球轴承、轴承座及连接件等组成。离合器分离轴承的选配遵循两点要求，即满足总布置尺寸要求和满足动载荷受力要求，根据车型具体需要，设计与离合器分离拨叉相配合的轴承连接部件（主要指图 8-30 中外圈 7 的尺寸），确定分离轴承的总体结构。

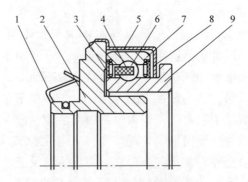

图 8-30 离合器分离轴承
1—卡簧 2—弹簧座圈 3—密封圈 4—保持架 5—外罩
6—钢球 7—外圈 8—弹簧垫片 9—内圈

二、变速器轴承的选择

1）确认应用工况、环境工况，包括变速器实现的功能与结构、轴承的应用部位、轴承的载荷大小与方向、转速、振动与冲击、轴承温度（环境温度与温升）、周围环境（腐蚀性、清洁性、润滑性）。

2）选择与确定轴承的类型和结构，它与轴承的允许空间、轴承载荷（大小、方向、振动、冲击）、转速、旋转精度、刚度、内外圈的倾斜度、摩擦力矩、轴承配置（自由端、固定端）、安装及拆卸、经济性与市场性有关。

3）选择与确定轴承尺寸，它与变速器的设计寿命、当量静载荷和当量动载荷、安全系数、极限转速、最大轴向载荷、允许空间有关。

4）选择轴承精度，它与转动轴的跳动精度、转速、摩擦力矩的变化有关。

5）选择与确定轴承配合公差、内部游隙，它与轴和轴承的材质和形状、配合、内外圈的温差、内外圈的倾斜度、载荷（大小、性质）、预紧量、转速有关。

6）选择保持架的类型和材料，它与转速、噪声、振动冲击、力矩载荷、润滑方法有关。

7）选择润滑方法和密封方法，它与应用温度、转速、润滑方法、密封方法、保养检查有关。

8）确定轴承的特殊要求，包括应用环境（高温、低温、真空、药物）、高可靠性。

9）确定轴承的装配与拆卸方法，包括安装尺寸、安装与拆卸顺序。

三、变速器轴承的设计

变速器轴承的设计流程如图 8-31 所示。

第 8 章 变速器的设计

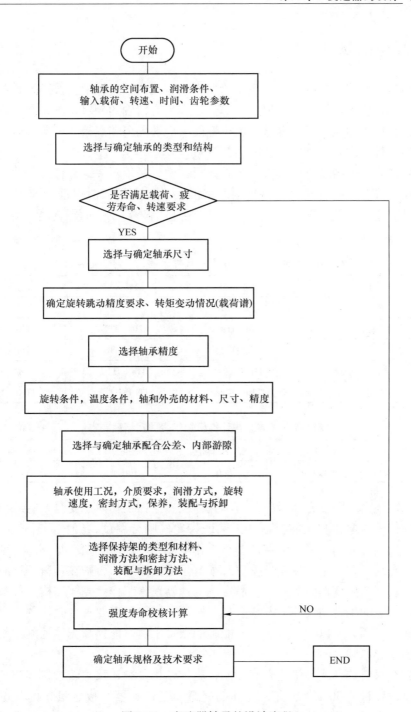

图 8-31 变速器轴承的设计流程

8.4 壳体的设计

壳体是变速器的基础件，它将变速器中的齿轮、轴、轴承及拨叉等零部件组装成一个整体，要求壳体必须保证各零部件之间具有精确的相对位置，并吸收工作时的作用力和作用力矩；具有良好的传热性能；能够隔离和衰减变速器噪声；便于装配和拆卸；具有良好的刚度、强度，并且重量要轻。

从壳体的加工精度方面考虑，在壳体设计中，必须对关键部位的尺寸、几何形状、相互位置、表面粗糙度等提出很严格的要求，这样才能保证变速器的正常运转，满足变速器的整体设计要求。壳体关键部位的公差及表面粗糙度一般按表8-6和表8-7进行选择。

表8-6 关键孔径、装配面的尺寸公差、几何公差要求

项目	尺寸公差	形状公差	位置公差
销孔	IT6~IT8	IT6~IT7	IT6~IT7
轴承孔	IT6~IT8	IT6~IT7	IT6~IT7
换档拨叉轴安装孔	IT7~IT8	IT7~IT8	IT7~IT8
驻车制动装置安装孔	IT8~IT10	IT8~IT10	IT8~IT10
一般孔位	IT10~IT12	IT10~IT12	IT10~IT12

表8-7 壳体某些部位机加工表面粗糙度要求　　（单位：μm）

项目	关键孔径	螺纹孔及过孔	大装配平面	其他
表面粗糙度要求	$Ra1.6$	$Ra6.3$	$Ra1.6$	$Ra12.5$

从壳体强度和刚度方面考虑，由于壳体在变速器工作时承受复杂的载荷，会使其不同部位承受弯曲和扭曲变形。为保证齿轮的啮合精度，壳体必须有足够的刚度，避免发生过大的变形；为保证轴承工作可靠，轴承座必须有足够的刚度；为保证变速器密封可靠，密封平面部位也必须有足够的刚度，否则在预紧螺栓时，平面密封部位就会产生变形而漏油，从而影响变速器正常工作。壳体结构一般都能满足强度要求，但如果结构设计得不够合理，则不能满足刚度要求。壳体的刚度问题远比强度问题重要，所以，在重量尽可能轻的条件下尽可能提高壳体的刚度是壳体设计的首要指导原则。

从壳体材料选择及轻量化方面考虑，壳体结构复杂，尺寸较大，其重量大致为变速器总成重量的30%。因此，壳体的轻量化是变速器总成轻量化的关键。批量化生产的轿车变速器壳体材料均为压铸铝合金或镁合金。要减轻壳体的重量，除受到材料强度的限制外，还受到铸造工艺允许最小壁厚的限制。

壳体是变速器设计中要求最高的零部件之一，下面就变速器壳体结构设计、壳

体壁厚设计、壳体加强筋布置、壳体轻量化设计等方面加以分析。

一、变速器壳体结构设计

变速器壳体有整体式和对分式两种结构形式。整体式壳体的优点是变速器前、后轴承孔的同轴度容易保证，装配、检查方便，一般为铸造件，生产率低。整体式结构多用于重型货车。对分式壳体（图8-32）又分为前后对分和左右对分，其特点是前、后轴承孔的同轴度不容易保证，对加工精度要求很高，多为铝合金压铸件，生产率高，多用于轿车和轻型车。

变速器壳体的基本尺寸取决于齿轮旋转运动和换档执行轨迹的需要，应使它们能在壳体内自由运动、互不干涉。对于有液压系统的变速器壳

图8-32 对分式壳体

体，还要考虑阀体、液压泵、液力变矩器等的布置需要。另外，壳体的尺寸要尽可能地小，同时重量应尽可能轻，且具有足够的刚度，以保证齿轮的啮合精度和使用寿命，而且固有频率应保证在500～1000Hz范围内。变速器壳体在设计之初，应根据以往的设计经验以及对竞品的分析，同时也应考虑各零部件的制造公差、变形和磨损等影响因素，留出足够的间隙以保证壳体中各运动部件与壳体在任何情况下都不会发生干涉，基于以上因素来确定壳体的基本尺寸。

轿车变速器壳体大多采用对分式结构。一般来说，前、后壳体的接合都采用螺栓连接。螺栓孔的布置根据壳体外轮廓的大小来决定，布置间距应比较均匀，螺栓孔之间的距离为50～80mm。螺栓孔最好是对称于壳壁布置，这样可以让接合面受力均匀，避免某些部位偏斜变形或出现应力集中。若不能对称壳壁布置，则偏距应尽可能小，并利用加强筋来防止在预紧力作用下出现螺栓偏斜和壳体变形。为防止润滑油从前、后壳体接合面处漏出，接合面处应设有容胶槽。一般在壳体内边缘倒$R1～R2$mm的圆角，这一结构能保证接合面处密封胶有效宽度为2～3mm。

变速器壳体NVH设计是降低变速器噪声的一条有效途径，在壳体设计阶段，利用计算机进行分析，并且在样品试制期间，用仪器对已试制出的壳体进行振动和固有频率的测量与分析，找出薄弱环节，进行结构优化。

壳体的形状应满足刚度要求，声振辐射面积要小，尽量避免大平面过渡。表面应设计成法向方向各异的小平面连接，以降低壳壁振动和减小辐射能量。国内外变

速器壳体大都采用阶梯状的设计方案，如图 8-33 所示。

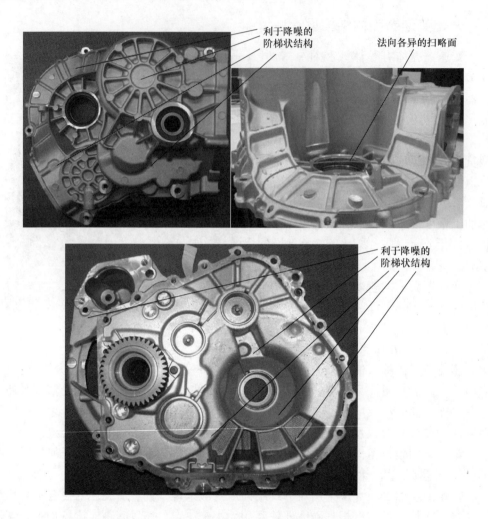

图 8-33　阶梯状结构壳体

二、壳体壁厚设计

变速器壳体是复杂的空间结构，按其形状分析，它像厚壁的箱形结构；但按受力状态分析，它又像空间板梁组合结构。壳体的强度和刚度主要取决于金属材料的分布，因此在设计壳体时，往往在箱形壳体结构的基础上，按其受力情况和刚度与强度的要求布置各种加强筋，同时按照需要加大局部区域的壁厚。这样可在壳体重量最轻的条件下，使其满足同等强度的设计要求。

壳体壁厚与铸造工艺以及壳体刚度、强度密切相关，其壁厚随着铸件尺寸的增大而增大。但壳体的壁厚不能设计得太大，若超过临界壁厚，会导致中心部分晶粒粗大，常出现缩孔、疏松等缺陷，导致力学性能降低。

变速器壳体适宜的壁厚（既方便压铸又能充分发挥材料的力学性能）一般为 3.5~5.0mm；对于中等转矩变速器（传动转矩为 200~350N·m），适宜的壁厚以 4.0mm。为保证壳体壁厚的均匀性以及防止局部壁厚过大或过小，常用 Materialise Magics 9.0 软件对壳体壁厚进行检测，如图 8-34 所示。

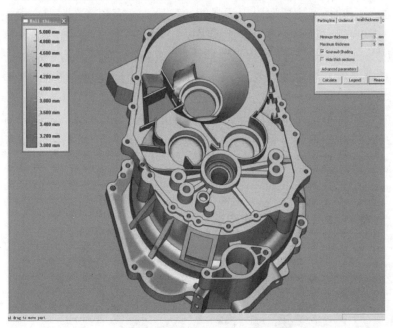

图 8-34 壳体常用壁厚区间检测

为了加强壳体的局部刚度，防止局部地方产生过大变形，在基本壁面采用较薄壁厚的同时，必须加大局部受力集中区域的壁厚。由于轴承座部分所受力和力矩都比较集中，为防止局部产生过大变形，需对这部分壁厚进行局部加大，厚度一般为 5.5~7.5 mm。但需注意，实际壁厚不能超过临界壁厚（一般为最小壁厚的 3 倍），见表 8-8。

表 8-8 砂型铸造时铸件最小允许壁厚　　　　　　　　　　（单位：mm）

合金种类	铸件轮廓尺寸					
	<50	50~100	100~200	200~400	400~600	600~800
铝合金	3	3	4~5	5~6	6~8	8~10
镁合金	4	4	5	6	8	10
锌合金	5	4	—	—	—	—

前、后壳体接合面承受较大的剪切力,为防止壳体因受力过大产生变形而导致漏油等失效情况,须增大接合面厚度以加强壳体的强度和刚度。根据以往的设计经验,接合面处的壁厚以 10~12mm 为宜。

三、壳体加强筋布置

壳体的刚度和强度主要取决于加强筋的数量、高度和分布情况,而壳体壁厚对总体刚度的影响相对较小。对于变速器来说,主要的受力部位集中在输入、输出和倒档轴承座等处。图 8-35 所示为壳体应力集中部位分布图,为了加强壳体的局部刚度,防止局部地方产生过大变形,需要在这些部位设置加强筋来满足壳体的刚度和强度要求。一般来说,加强筋的宽度大致等于壁厚,其高度不得小于壁厚,否则承载截面的增加将不足以抵偿由于加强筋引起的应力分布不均,而达不到预期的效果;若加强筋过高,则会引起局部区域的应力增大和铸造上的困难,其高度一般不超过螺栓凸台直径或主轴承宽度。

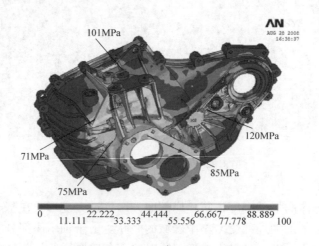

图 8-35 壳体应力集中部位分布图

变速器壳体中轴承座处的受力最为集中,通常需在此处设置加强筋,以增加其刚度与强度。轴承座处的加强筋一般成辐射状布置,而且布置得较为均匀,这样能实现用尽量少的加强筋来满足增大轴承座处的强度与刚度的要求,以达到轻量化的设计要求。加强筋布置的数量和宽度与轴承座的受力情况有关,倒档轴受力较为集中,故加强筋的宽度较其他部位大,数量也较其他部位多。图 8-36 所示为变速器壳体加强筋的分布情况。变速器壳体内、外侧以大面过渡,为了增大其强度和刚度,布置了大加强筋,图 8-37 所示为变速器壳体外壁加强筋的分布情况。

第 8 章 变速器的设计

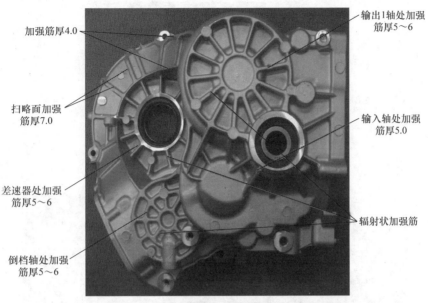

图 8-36 变速器壳体加强筋的分布情况

四、壳体轻量化设计

壳体重量占整个变速器重量的 30%，因此，壳体轻量化设计对整个变速器轻量化具有举足轻重的作用。壳体轻量化可从材料、壁厚、结构等方面着手。

壳体的材料应具有足够的强度和良好的铸造性能，同时应满足轻量化要求。乘用车变速器壳体的常用材料是铝合金。为达到壳体轻量化的设计要求，在满足强度以及铸造工艺设计要求的情况下，壁厚整体应尽量取小值。另外，在壳体局部设置减重槽也是常用的方法。图 8-38 所示为变速器壳体减重槽。

图 8-37 变速器壳体外壁加强筋的分布情况

五、壳体设计流程

减速器壳体设计是一系列的过程，其整体设计流程如图 8-39 所示。

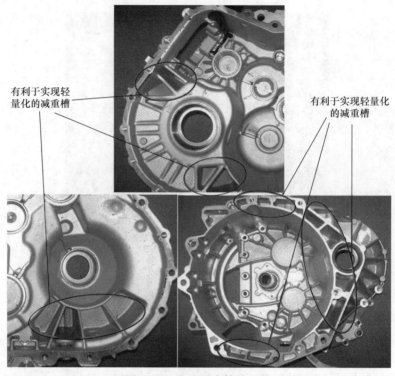

图 8-38　变速器壳体减重槽

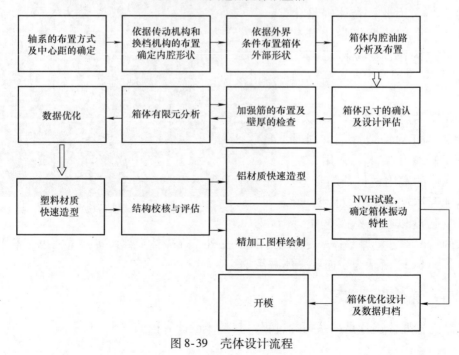

图 8-39　壳体设计流程

8.5 驻车机构的设计

驻车机构是自动变速器中防止汽车在驻车状态下滑行的一种安全装置，用于使汽车可靠而无时间限制地停驻在一定的位置甚至是斜坡上。驻车机构一般采用工作可靠的机械式驱动机构而不用液压式或气动式的，以免其发生故障。

自动变速器的驻车机构可以分为手动操作模式驻车机构、电液操作模式驻车机构、电控操作模式驻车机构等。早期的 AT、CVT 采用手动操作模式驻车机构，驾驶人员操纵换档器手柄通过拉索带动控制凸轮、驻车棘爪、驻车棘轮，实现变速器驻车功能，如图 8-40 所示。对于电液操作模式驻车机构而言，变速器的驻车棘爪与线控驻车的换档器手柄之间没有任何机械连接，驻车棘爪接合或脱开完全由电液装置决定，即取决于换档器手柄的位置或其他安全因素，如打开驾驶人员侧车门、传动系进入工作状态或拔出点火钥匙。图 8-41 所示为奔驰 9G-TRONIC 自动变速器驻车机构液压控制单元。电控操作模式驻车机构如图 8-42 所示，选换档和驻车动作均由选换档电动机实施。上述三种驱动方式中只是作用于控制推杆的执行机构不同，控制推杆、驻车棘爪、驻车棘轮的位置关系均相同。

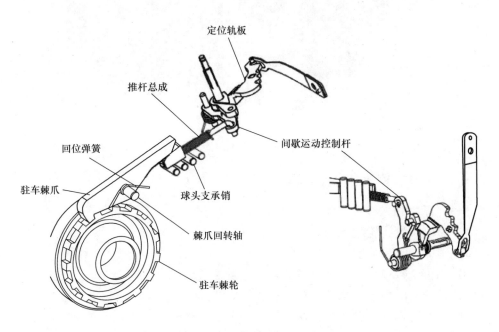

图 8-40　AT 变速器的驻车机构

图 8-41　奔驰 9G – TRONIC 自动变速器驻车机构液压单元
1—全集式变速器控制单元　2—驻车棘爪位置传感器　3—永磁铁

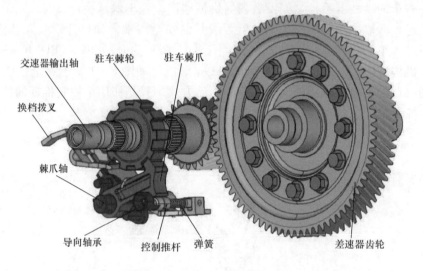

图 8-42　电控操作模式驻车机构

一、驻车机构基本设计原则

（一）基本输入

1）整车质量、轮胎半径。
2）最大的驻车坡度（30%）。
3）档位个数（由档位开关的要求及布置位置决定）。
4）档位间的角度（由匹配的换档器决定）。
5）拉索行程（由执行方式决定）。
6）总的布置空间和布置位置（输出轴或差速器的位置）。

（二）基本功能要求

1）汽车以不高于 5km/h 的车速行驶时，驻车机构能实现安全驻车。

2)当汽车处于非驻车工况时,无论发生任何异常情况,驻车机构都不能自动驻车。

3)当汽车实现驻车后,驻车机构不能自动脱档。

4)当汽车需要行驶时,驻车机构能使汽车顺利脱离驻车档。

(三)基本设计计算

图 8-43 所示为汽车在坡道上的负荷情况。汽车在坡道上能驻车的最大坡度受汽车结构参数和载荷分布情况的影响,当最大驻车坡度确定后,驻车机构所提供的地面制动力为

$$F_z = mg\sin\alpha \tag{8-10}$$

式中 F_z ——地面制动力;

m——汽车的质量。

图 8-43 汽车在坡道上的负荷情况

图 8-44 所示为汽车在坡道上时驻车机构(图 8-40)的受力情况,主要释放转矩 M_1 为

$$M_1 = Fa \tag{8-11}$$

式中 F ——棘轮法向作用力(N);

a——棘爪转轴到棘轮法向作用力作用线的距离(m)。

驻车机构释放时摩擦转矩 M_2 为

$$M_2 = F\mu c \tag{8-12}$$

式中 μ ——棘爪与棘轮间的摩擦因数;

c——棘爪转轴到棘轮摩擦力作用线的距离(m)。

作用于控制杆的径向力 F_r 为

$$F_r = \frac{M_1 - M_2}{b} \tag{8-13}$$

式中 b ——棘爪转轴到控制杆作用点的距离(m)。

作用于控制杆的轴向保持力 F_{hold} 为

$$F_{hold} = 2F_r\tan\alpha - 2F_r\mu \tag{8-14}$$

式中 α ——控制杆圆锥角。

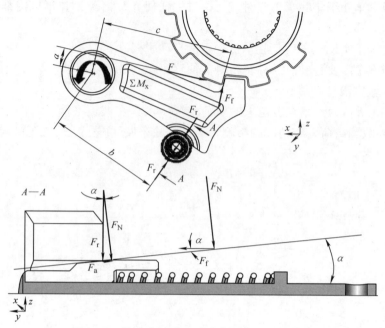

图 8-44　汽车在坡道上时驻车机构的受力情况

图 8-45 所示为棘爪的动态受力分析，图 8-46 所示为控制杆轴向力估计，图中所涉及的参数：β 为圆锥角；b 为棘爪转轴到控制杆作用点的距离；M_a 为棘爪上由于执行机构的作用而产生的力矩；I 为转动惯量；α 为棘爪角度；t 为接合时间；ω_g 为棘轮角速度；$\Delta\varphi$ 为棘爪与棘轮接合时的缺口角度；v 为车速；r 为车轮半径；i 为主传动比；M_r 为棘爪释放弹簧转矩。

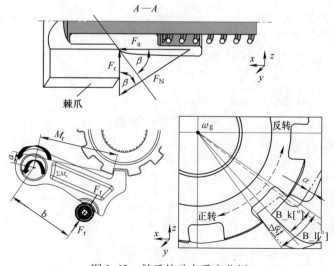

图 8-45　棘爪的动态受力分析

对于棘爪而言,有下式成立

$$M_a + M_r = I\ddot{\alpha} \tag{8-15}$$

$$\alpha = \frac{1}{2}\ddot{\alpha}t^2 \tag{8-16}$$

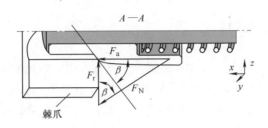

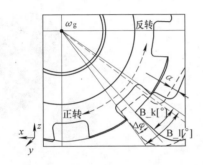

图 8-46 控制杆的轴向力估计

对于棘轮而言,有下式成立

$$t = \frac{\Delta\varphi}{\omega_g} \tag{8-17}$$

棘轮角速度、车轮角速度、车速之间有以下关系

$$\omega_g = \omega_w i_0 \tag{8-18}$$

$$\omega_w = \frac{v}{r} \tag{8-19}$$

$$M_a = \frac{F_a b}{\tan\beta} \tag{8-20}$$

则

$$F_a = \frac{M_a \tan\beta}{b} \tag{8-21}$$

式中 i_0——传动比。

将式(8-15)和式(8-16)代入式(8-21)得

$$F_a = \frac{-M_r + I\frac{2\alpha}{t^2}}{b}\tan\beta \tag{8-22}$$

将式(8-17)~式(8-19)代入式(8-22)得

$$F_a = \frac{2I\alpha}{b}\left(\frac{v\,i_0}{\Delta\varphi\,r}\right)^2 \tan\beta - \frac{M_r}{b}\tan\beta \qquad (8\text{-}23)$$

$$v = \frac{r\Delta\varphi}{i_0}\sqrt{\frac{F_a bc\tan\beta + M_r}{2\alpha I}} \qquad (8\text{-}24)$$

(四) 仿真分析校核

1. 多体动力学模型的搭建

利用三维建模软件 Proe/Creo、CATIA、SolidWorks 等建立驻车机构的三维实体模型,并将其导入多体动力学软件 Adams 中。在 Adams View 环境下,赋予模型材料或密度参数,添加各个部件间的连接关系,确定各个部件间的接触情况,为运动部件施加驱动。多体动力学分析模型如图 8-47 所示。

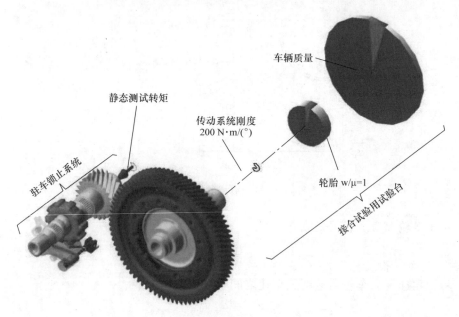

图 8-47 多体动力学分析模型

(1) 驻车机构静强度仿真 设置分析工况:P 档驻车情况下,逐步增大输出轴转矩直至系统失效。得到驻车机构所能承受的最大转矩,确定安全后备系数。仿真结果如图 8-48 所示,以下坡为例,在 0.85s 时,系统失效,机构最大承载转矩为 $6.0 \times 10^6 \text{N} \cdot \text{mm}$。

(2) 系统脱出力仿真 设置分析工况:整车满载工况,模拟 30% 坡道驻车时的 P 档脱出情况。仿真结果如图 8-49 所示,不同的结构,脱出力的变化过程会有所差别。

(3) 驻入临界车速仿真 设置分析工况:车辆在 10km/h 的车速下开始滑行,

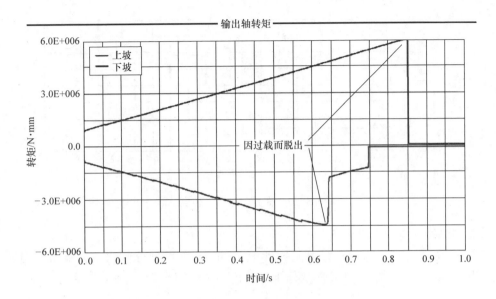

图 8-48　静强度仿真转矩

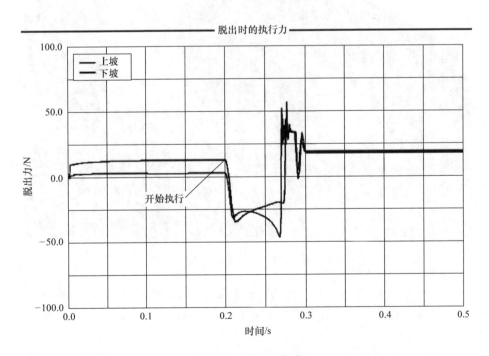

图 8-49　脱出力仿真

挂入 P 档，仿真 P 档驻入时的临界车速。仿真结果如图 8-50 所示，在 0.48s 时 P 档完成驻入。

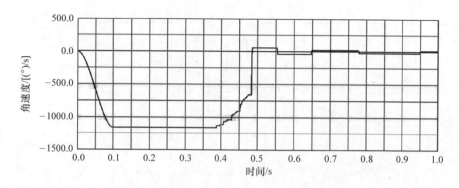

图 8-50　临界驻车车速仿真

2. 有限元（FEA）分析

将建好的三维模型导入有限元软件 Hypermesh 中并划分网格。在完成前处理后，导入 LS_DYNA 中，完成强度分析。分析结果如图 8-51 ~ 图 8-53 所示。

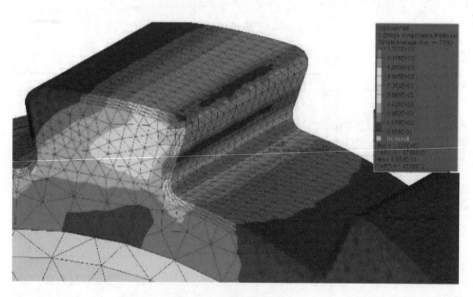

图 8-51　棘轮强度分析

通过运用 CAE 软件分析锥形压头的静强度，可以清晰、直观地反映出零部件各部位所受应力状态满足设计要求，判定标准为 CAE 分析的最大应力小于材料的屈服强度。

二、另一种驻车机构部分设计计算过程

如图 8-54 所示，驻车机构由棘轮（图 8-55）、棘爪、扭转弹簧、棘爪回转轴、执行电动机、电动机拨叉、凹形块、推杆、压簧垫片、压簧、导向柱、梯形压头

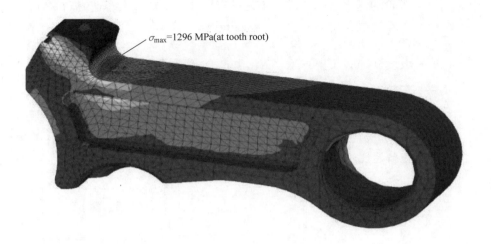

图 8-52 棘爪强度分析

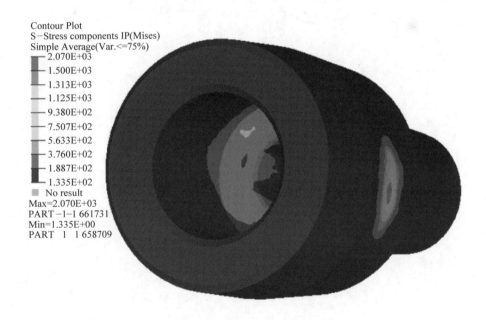

图 8-53 锥形压头强度分析

组成。

(一) 驻车机构执行杆弹簧设计

1. 坡道驻车车速计算（图 8-56）

$$v_{wl} = \sqrt{2e_1 S_r} \tag{8-25}$$

式中 v_{wl}——车轮的速度（30%坡度坡道驻车所能达到的最大车速）（m/s）;

e_1——车轮加速度（m/s²），$e_1 = g\sin\alpha$；

g——重力加速度；

α——坡度（°）；

S_r——车轮滚动距离，$S_r = \dfrac{2\pi r}{n_t i_d}$。

r——车轮半径（m）；

n_t——棘轮齿数；

i_d——主减速比。

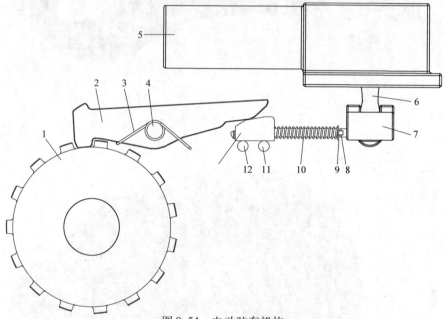

图 8-54 电动驻车机构
1—棘轮 2—棘爪 3—扭转弹簧 4—棘爪回转轴 5—执行电动机 6—电动机拨叉
7—凹形块 8—推杆 9—压簧垫片 10—压簧 11—导向柱 12—梯形压头

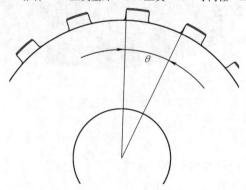

图 8-55 棘轮旋转角度

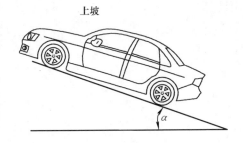
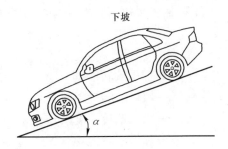

图 8-56 坡道驻车

2. 执行杆弹簧力计算

（1）驻车驻入棘轮转动时间计算

$$t_1 = \frac{\Delta\varphi}{\omega_g} \tag{8-26}$$

式中　t_1——棘轮旋转时间（s）；

　　　$\Delta\varphi$——棘轮的旋转角度（rad）；

　　　ω_g——棘轮旋转角速度（rad/s），$\omega_g = 2\pi n_p$。

　　　n_p——驻车棘轮转速（r/min），$n_p = n_o = n_w i_{oi} i_d$。

　　　n_o——输出轴转速（r/min）；

　　　i_{oi}——输出轴到中间轴的传动比；

　　　n_w——车轮转速，$n_w = \dfrac{v_w}{2\pi r \times 3.6}$。

　　　v_w——临界驻车速度（m/s），如图 8-57 所示；

　　　r——车轮半径（m）；

　　　i_d——主减速比。

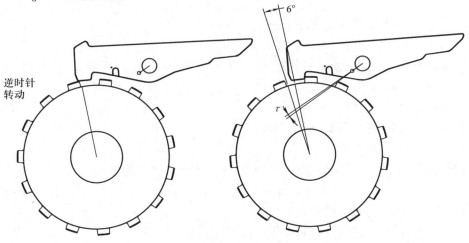

图 8-57 驻车临界状态

(2) 临界车速下驻车时棘爪所需旋转力矩计算

$$t_2 = \sqrt{\frac{2\gamma J}{T_1}} \tag{8-27}$$

式中 t_2——棘爪旋转时间（m）；

J——棘爪的转动惯量（kg·m²）；

γ——棘爪偏转角度（rad）；

T_1——棘爪旋转力矩（N·m）。

由 $t_1 = t_2$ 可以计算得出棘爪旋转转矩 T_1。

(3) 执行杆弹簧力计算 以棘爪为研究对象，如图8-58所示，根据棘爪受力平衡分析，执行杆弹簧提供的转矩需要克服棘爪旋转转矩、回位扭转弹簧转矩和摩擦转矩，则

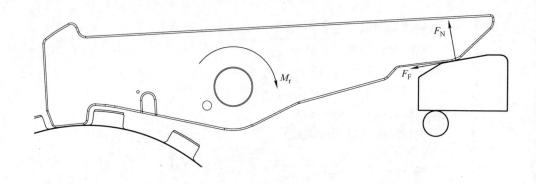

图 8-58 驻入位置处棘爪受力分析

$$F_N R_1 - F_F R_2 - M_r = T_1 \tag{8-28}$$

式中 F_N——梯形压头对棘爪的正压力（N）；

R_1——F_N 的力臂（m）；

F_F——梯形压头对棘爪的摩擦力（N），$F_F = \mu_1 F_N$，其中 μ_1 为滑动摩擦因数；

R_2——F_F 的力臂（m）；

M_r——回位扭转弹簧转矩（N·m）；

T_1——棘爪旋转力矩。

如图8-59所示，以梯形压头为研究对象，列出受力平衡方程

$$F_a = F_{N_1} \sin\beta + F_{F_1} \cos\beta + F_{F_2} + F_z \tag{8-29}$$

式中 F_a——执行杆弹簧的弹簧力（N）；

F_{N_1}——棘爪对梯形压头的正压力（N）；

β——梯形压头和棘爪的接触面与水平面间的夹角（°）；

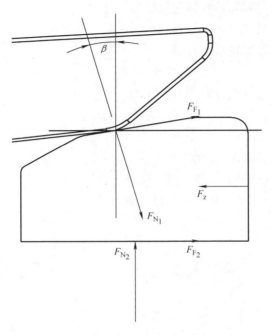

图 8-59 梯形压头受力分析

式中 F_{F_1}——棘爪对梯形压头的摩擦力（N），$F_{F_1} = \mu_1 F_{N_1}$，μ_1 为滑动摩擦因数；
F_{F_2}——导向柱对梯形压头的摩擦力（N），$F_{F_2} = \mu_1 F_{N_2}$；
F_{N_2}——导向柱对梯形压头的正压力（N），其公式为

$$F_{N_2} = F_{N_1}\cos\beta - F_{F_1}\sin\beta$$

F_z——梯形压头加速度产生的力（N），$F_z = m_z e_z$。
m_z——梯形压头的质量（kg）；
e_z——梯形压头的加速度（m/s²），$e_z = \dfrac{2 \times S_1}{t_1^2}$。
S_1——梯形压头行程（m）。

棘轮反转时的计算过程同上。

（二）驻车机构棘轮设计计算

1. 驻车棘轮最大负载计算

$$F_g = \frac{M_g}{r_g} = \frac{mg\sin\alpha r}{i_d r_g} \tag{8-30}$$

式中 m——整车满载质量（m）；
g——重力加速度；
α——坡道与水平面之间的夹角（°）；
r——车轮半径（m）；

i_d——差速器与棘轮所在输出轴的传动比;

r_g——驻车棘轮接触半径(m)。

2. 驻车滥用工况棘轮负载计算

$$F_{max} = 2F_g \qquad (8-31)$$

3. 棘轮齿面接触应力计算(图8-60)

$$\sigma_H = 189.8\sqrt{\frac{F_n}{b\rho}} \qquad (8-32)$$

式中 σ_H——棘轮齿面接触应力;

F_n——棘爪给棘轮的正压力(N),$F_n = F_g\cos\beta$;

b——棘轮与棘爪接触线的长度(m);

ρ——接触圆角曲率半径(m)。

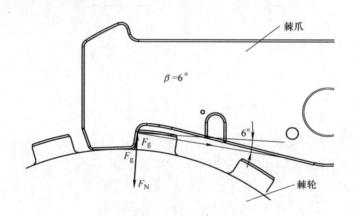

图8-60 棘爪对棘轮的力

驻车机构在滥用工况下的齿面接触应力通常不大于6000MPa,在正常驻车工况下的齿面接触应力通常不大于4000MPa。

4. 坡道回滚量计算

$$S_r = \frac{2\pi r}{n_t i_d}$$

坡道回滚量 S_r 同"驻车机构执行杆弹簧设计"中的车轮(坡道驻车最大)滚动距离,其值要小于规定坡道回滚量。

5. 内花键强度计算

花键强度校核主要校核弯曲强度和接触强度。

(1) 弯曲强度

$$\sigma_F = \frac{T_{max}}{D_b e L z_e s_1} \qquad (8-33)$$

式中 T_{max}——花键承受的最大转矩（N·m），$T_{max} = s_{11}T$，s_{11} 为安全系数，推荐值为 2，T 为花键实际承受的转矩（N·m），$T = M_g$；

D_b——分度圆直径（m）；

e——分度圆齿厚（m）；

L——接触长度（m）；

z_e——实际作用齿数；

s_1——啮合负载系数，一般情况下取 0.25。

（2）接触强度

$$\sigma_H = \frac{F_i}{Ss_1 s_2} \tag{8-34}$$

式中 F_i——每个花键承受的压力（N），$F_i = \frac{2T}{D_b z_e}$；

S——接触面积（m²），其值等于接触长度 L 和接触高度的乘积；

s_2——面积负载系数，表示实际接触面积，推荐值为 1。

针对棘轮反转的情况，计算过程同上。

（三）驻车机构棘爪设计

1. 最大坡度驻车棘爪负载计算

$$F_{n1} = F_n \tag{8-35}$$

式中 F_{n1}——棘轮给棘爪的正压力（N）；

F_n——棘爪给棘轮的正压力（N），$F_n = F_g \cos\alpha$，见式（8-32）。

2. 驻车滥用工况棘爪负载计算

$$F_{max} = 2F_{n1} \tag{8-36}$$

3. 棘爪齿面接触应力计算

$$\sigma_H = 189.8 \sqrt{\frac{F_{n1}}{b\rho}} \tag{8-37}$$

式中 F_{n1}——棘轮给棘爪的正压力（N）；

b——棘轮与棘爪接触线长度（m）；

ρ——接触圆弧曲率半径（m）。

驻车机构在滥用工况下的齿面接触应力通常不大于 6000MPa，在正常驻车工况下的齿面接触应力通常不大于 4000MPa。

针对棘轮反转的情况，计算过程同上。

（四）驻车机构锥形压头保持自锁计算

1. 以棘爪为研究对象

如图 8-61 所示，根据棘爪受力平衡，执行杆总成提供的转矩等于回位扭转弹簧转矩、棘轮对棘爪的作用转矩和梯形压头对棘爪的作用转矩之和，则

$$F_{N_3}R_3 + F_{F_3}R_4 = F_{N_1}R_1 - F_{F_1}R_2 + M_r \tag{8-38}$$

式中 F_{N_3}——梯形压头对棘爪的正压力（N）；

R_3——F_{N_3} 的力臂（m）；

F_{F_3}——梯形压头对棘爪的摩擦力（N），$F_{F_3} = \mu_2 F_{N_3}$，μ_2 为静摩擦因数；

R_4——F_{F_3} 的力臂（m）；

F_{N_1}——棘轮给棘爪的正压力（N）；

R_1——F_{N_1} 的力臂（m）；

F_{F_1}——棘轮对棘爪的摩擦力（N），$F_{F_1} = \mu_2 F_{N_1}$，μ_2 为静摩擦因数；

R_2——F_{F_1} 的力臂（m）；

M_r——回位扭转弹簧的转矩（N·m）。

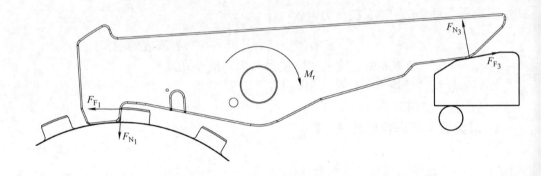

图 8-61 棘爪受力分析

2. 以梯形压头（图 8-62）为研究对象

$$F_h = F'_{F_3}\cos\beta - F'_{N_3}\sin\beta + F_s + F_{F_4} \tag{8-39}$$

式中 F_h——梯形压头的脱出力（N）；

F'_{N_3}——棘爪对梯形压头的正压力（N），$F'_{N_3} = F_{N_3}$；

F'_{F_3}——棘爪对梯形压头的摩擦力（N），$F'_{F_3} = \mu_2 F'_{N_3}$；

β——梯形压头和棘爪的接触面与水平面之间的夹角（°）；

F_s——执行杆弹簧预紧力（N）；

F_{F_4}——导向柱对梯形压头的摩擦力（N），$F_{F_4} = \mu_2 F_{N_4}$。

F_{N_4}——导向柱对梯形压头的正压力（N），$F_{N_4} = \mu_2 F'_{N_3}\sin\beta + F'_{N_3}\cos\beta$。

当 $F_h \geq 0$ 时，锥形压头可以保持自锁。

针对棘轮反转的情况，计算过程同上。

（五）驻车机构棘爪回位扭转弹簧设计

在没有挂入 P 档的情况下，棘爪不应驻入棘轮，应满足下式

$$M_p abk - M_r \leq 0 \tag{8-40}$$

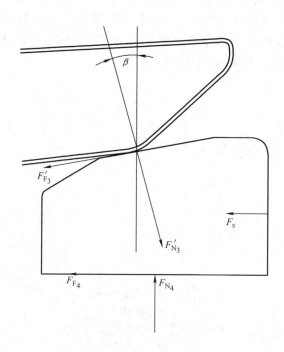

图 8-62 梯形压头受力分析

式中 M_P——棘爪的质量（kg）；
　　a——棘爪的振动加速度（m/s²）；
　　b——棘爪重心到棘爪回转轴中心的距离（m）；
　　k——安全系数；
　　M_r——棘爪回位扭转弹簧的转矩（N·m）。

8.6　同步器的设计

一、同步器的分类和构造

同步器有常压式、惯性式、自行增力式、弹啮式等形式，其中常压式同步器工作不太可靠，目前基本已经被淘汰。现在汽车上广泛采用的是惯性式同步器，它又分为锁环式和锁销式两种类型。轿车变速器多采用的是锁环式惯性同步器，一般有锥环式、杠杆式和增力式等几种。大型车用变速器多采用锁销式惯性同步器。虽然它们的结构不同，但是它们都由摩擦元件、锁止元件和弹性元件等组成。以下主要介绍锁环式惯性同步器的结构。

如图 8-63 所示，锁环式惯性同步器主要由齿毂、齿套、滑块以及同步环组成，根据摩擦锥面的数量又可分为单锥式、双锥式和多锥式。其结构特点是通过同步环上的摩擦锥面与接合齿上的摩擦锥面相互作用产生摩擦力矩，从而达到同步的效果。锁环式惯性同步器各组成部分的具体功能如下。

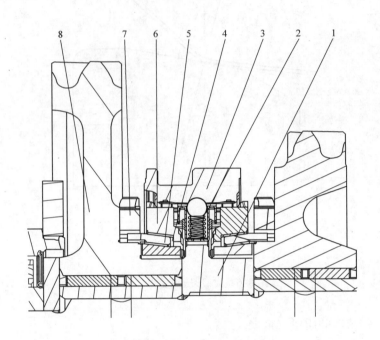

图 8-63　双锥锁环式惯性同步器
1—齿毂　2—滑块　3—齿套　4—同步环内环　5—同步环中环
6—同步环外环　7—接合齿圈　8—档位齿轮

（1）齿毂　用于轴向固定，它与接合齿圈、同步环具有相同的花键齿。

（2）齿套　用来连接齿毂、同步环、接合齿圈，它与接合齿圈、同步环具有相同的花键齿。

（3）滑块　滑块装于齿毂轴向槽内，其上带定位销（钢球）以便空档时定位，两端伸入同步环缺口处。

（4）同步环　同步环的倒角（锁止角）与齿套倒角相同，单锥同步环具有内锥面，其上有涂层，一般多锥同步环外环内锥面上有涂层，中间环内锥面上有涂层或内环外锥面上有涂层；有的同步环内锥面上有螺旋槽，以便两锥面接触后破坏油膜，增大锥面间的摩擦力。

（5）接合齿　接合齿与齿套花键配合，用于传递运动和力矩。

二、同步器的作用

在变速器换档过程中，同步器的主要作用如下：
1）保证换档时齿轮啮合不受冲击，以延长齿轮的寿命。
2）降低换档时传动系统的噪声。
3）使换档迅速、平顺且轻便。
4）提高汽车的动力性、经济性、舒适性。

三、同步器的换档过程和原理

驾驶人员的施加换档力，通过换档机构使齿套产生轴向移动，通过滑块对同步环施加作用力上，直至同步环锥面与接合齿圈上的锥面接触为止。两锥面之间存在角速度差，从而产生了摩擦力矩，使同步环相对齿套和滑块转过一个角度，并由滑块定位。接着，齿套的齿端与同步环齿端的锁止面接触，使齿套的移动受阻，同步器处于锁止状态，如图 8-64 所示。

继续施加换档力，换档力将同步环继续压靠在锥面上，并使摩擦力矩增大，与此同时，在锁止面处作用有与摩擦力矩方向相反的拨环力矩。接合齿圈与同步环的角速度逐渐接近，在两者角速度相等的瞬间，同步过程结束，如图 8-65 所示。

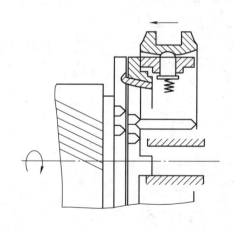

图 8-64　锁止状态

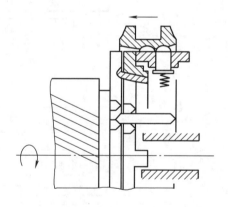

图 8-65　同步结束

实现同步后，摩擦力矩随之消失，拨环力矩大于摩擦力矩，拨开同步环，两锁止面分开，同步器解除锁止状态，齿套在换档力的作用下通过同步环与接合齿圈接触啮合，完成同步换档，如图 8-66 所示。

四、同步器的设计流程

同步器的设计输入参数主要有同步器总布置图、各轴之间的中心距、发动机最大功率时的转速、发动机最大转矩、最大功率转速下的离合器从动片阻力矩、轮胎滚动半径、传动比、离合器从动片转动惯量、输入端转动惯量、输出轴上的转动惯量、允许同步时间、换档策略及换档点、同步器摩擦锥面的动摩擦因数、同步器摩擦锥面的静摩擦因数、摩擦材料的磨耗特性。

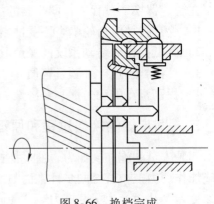

图 8-66 换档完成

确定同步器设计方案的一般流程如图 8-67 所示。

1. 同步环花键设计

同步环花键与齿毂花键的主参数相同,其花键槽宽可略大于齿毂宽度;同步环花键模数与接合齿模数相同,小模数设计可以提高接合齿的配合宽度。

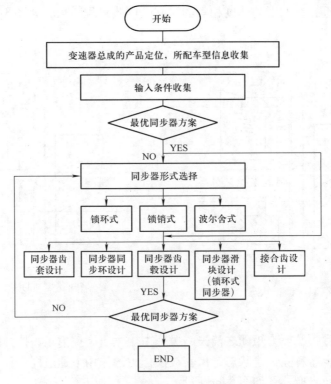

图 8-67 同步器设计方案确定流程

2. 同步环锥孔直径设计

同步环锥孔的大端直径应根据花键齿分度圆直径来确定。对于轿车变速器，两者一般相差 12~15mm，而对于多锥面同步器，可以通过选用中环来限制内、外同步环各个摩擦锥面的直径。

3. 同步环锥角设计

由摩擦力矩公式 $T_R = F \dfrac{d}{2} \dfrac{\mu_C}{\sin\alpha}$ 可知，圆锥角 α 越小，摩擦力矩越大，当 α 过小时，同步环容易发生抱死。此时 $N\sin\alpha > \mu_C N\cos\alpha$，所以应满足 $\tan\alpha > \mu_C$。如图 8-68 所示，建议同步环圆锥角。单锥为 6.5°~7°；多锥为 7°~12°。对于多锥面同步环间的配合，内、外环的公差设计需要保证大端接触，通常外锥面采用负公差，内锥面采用正公差。

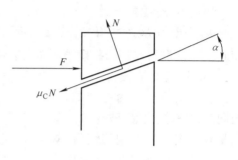

图 8-68　同步环圆锥角

4. 同步环锁止角和接合齿倒圆锥角设计

理论上，齿套的锁止角应该与同步环的锁止角相同，但出于加工方面的原因，两个角度完全相同不好控制，因此，将两个角度加工成不同的，如图 8-69 所示。因为齿套的材料通常比同步环材料的硬度大，所以同步环的锁止角应该比与其配合使用的齿套的锁止角小3°~5°。接合齿倒圆锥角的作用是使档位锁止，防止脱档。

5. 同步环工作面宽度设计

同步环工作面宽度受结构轴向空间尺寸的限制，在允许范围内，工作面宽度越大，同步环的强度和刚度越大，散热性和耐磨性越好。同步环工作面宽度一般取6~14mm。

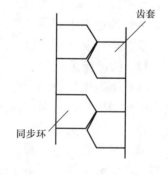

图 8-69　锁止角

6. 同步环螺纹和泄油槽设计

对于多锥同步环，同步环锥面会粘接摩擦材料或进行喷钼处理等，因此不需要设计螺纹和泄油槽。对于单锥同步环，螺纹和泄油槽的设计则是必要的。一般螺纹升角取 40°或 60°，牙顶宽取 0.12~0.2mm，螺距多取 0.6mm，螺纹孔深度一般取 0.25~0.5mm；泄油槽宽 3~4mm，其深度一般大于螺纹孔深度，最小取 0.8mm，数量取 6 个或 9 个。

7. 齿套拨叉槽设计

齿套上有一圈拨叉槽，尽量对称设计，与换档拨叉间隙配合，两边间隙一般为

0.3~0.5mm；保证拨叉槽壁的表面粗糙度，以减少磨损。拨叉槽的深度不小于0.4mm，与花键大径配合最薄处不小于2mm，以保证不易淬透。

8. 齿套宽度设计

齿套宽度必须大于换档行程的2倍，以防止滑块脱落；齿套宽度应略大于花键的长度，齿套花键的长度应保证每个档位啮合后，有效啮合长度为2mm左右。

9. 齿端棱线角设计

齿套花键齿端棱线角 ϕ_s 应比同步环的棱线角 ϕ 小，如图8-70所示，否则容易使同步环锁止面顶部局部接触而加大磨损。推荐值：$\phi = 8°$，$\phi_s = 6° \pm 1.5°$。

10. 齿毂花键设计

齿毂花键与齿套花键配合，与同步环和接合齿花键的主参数相同。应合理控制花键齿厚，厚度太大，会造成齿套滑动不流畅；厚度太小，则会造成齿套的偏摆量过大。采用小模数设计可以提高接合齿和齿套的配合长度，但如果模数过小，

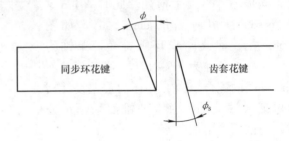

图8-70 锁止面

则在热处理过程中容易淬透，所以齿厚一般大于2mm。通常用齿套与齿毂配合件的偏摆量来控制花键参数，偏摆量一般不大于1mm/ϕ100mm。

11. 齿毂宽度设计

齿毂宽度设计要综合考虑同步环的定位、轴向布置空间、腹板的宽度、滑块长度和间隙等因素，一般应保证同步环的空行程为0.3~1mm。

12. 滑块槽宽设计

同步环接合齿每边圆周移动量为 $m\pi/4$，它是通过同步环凸块在齿毂滑块槽中的圆周间隙来实现的。由于凸块的外圆半径 r_0 小于花键接合齿分度圆半径 r，为了保证凸块在槽中的每边间隙 $C = \dfrac{r_0}{r} \dfrac{m\pi}{4}$，当凸块宽度 h 确定后，齿毂上滑块槽宽 $H = h + 2C$。

五、同步器性能计算

1. 空档时定位力计算

$$F_{定位力} = \frac{3 \times F_R(\mu + \tan\theta)}{1 - \mu\tan\theta} \tag{8-41}$$

式中　F_R——滑块弹簧力（N）；

　　　μ——钢球与齿套V形槽接触面之间的摩擦因数；

　　　θ——齿套V形槽底部倒角的补角（°）。

2. 换档力计算

$$F_{换档力} = \left(\frac{J_r \Delta \omega}{t_R} \pm T_V\right)\frac{\sin\alpha}{\mu_C R j} \tag{8-42}$$

式中 $F_{换档力}$——换档力；
  J_r——同步惯量（kg·m²）；
  T_V——拖曳力矩（升档时为 $-T_V$，降档时为 $+T_V$）（N·m）；
  $\Delta\omega$——相对转速差（角速度）（rad/s）；
  j——摩擦面的个数（单锥时为1，双锥时为2，三锥时为3）；
  μ_C——同步环摩擦材料的摩擦因数；
  α——同步环锥面圆锥角（°）；
  R——同步环平均摩擦半径（m）；
  t_R——同步时间（s）。

3. 拖曳力矩计算

$$T_V = T_{is} i \tag{8-43}$$

式中 T_{is}——输入轴端的拖曳力矩（N·m）；
  i——档位齿轮速比。

4. 同步环平均摩擦直径计算

$$d = \frac{2}{3} \times \frac{d_1^3 - d_2^3}{d_1^2 - d_2^2} \tag{8-44}$$

式中 d_1——同步环小端直径（m）；
  d_2——同步环大端直径（m）。

5. 同步惯量计算

变速器通常有1~2根输出轴，计算同步惯量时，需要把所有相关零件的惯量换算到同一根输入轴上，这就要用到惯量的等效换算。

例如，将轴2上半径为 R_2 的旋转件的惯量 J_2 换算到轴1上半径为 R_1 的旋转件上，并与轴1上旋转件的惯量 J_1 合并得到轴1上的等效总惯量 J_{eq}。

J_2 换算到轴1的惯量为

$$J_{2\to1} = \left(\frac{R_1}{R_2}\right)^2 J_2 \tag{8-45}$$

因此，轴1上的等效总惯量为

$$J_{eq} = J_1 + \left(\frac{R_1}{R_2}\right)^2 J_2 \tag{8-46}$$

图8-71为某5速手动变速器布局图。假设从2档挂入1档，同步惯量的计算公式为

$$J_{r,i} = J_i + \sum_{k=1}^{i} J_k \frac{1}{i_k^2} \tag{8-47}$$

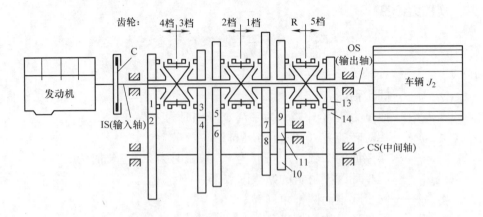

图 8-71 某 5 速手动变速器布局图

式中 J_i——本档位齿轮的转动惯量（kg·m²）；

J_k——目标档位齿轮的转动惯量（kg·m²）；

i_k——各档位速比。

按上述公式可以得出如下计算结果

$$J_{r,7} = J_7 + (J_C + J_{is} + J_1)\left(\frac{Z_7}{Z_8}\right)^2 \left(\frac{Z_2}{Z_1}\right)^2 + (J_{CS} + J_2 + J_4 + J_6 + J_8 + J_{10} + J_{14})\left(\frac{Z_7}{Z_8}\right)^2$$
$$+ \left[J_3\left(\frac{Z_4}{Z_3}\right)^2 + J_5\left(\frac{Z_6}{Z_5}\right)^2 + J_9\left(\frac{Z_{10}}{Z_9}\right)^2 + J_{11}\left(\frac{Z_{10}}{Z_{11}}\right)^2 + J_{13}\left(\frac{Z_{14}}{Z_{13}}\right)^2\right]\left(\frac{Z_7}{Z_8}\right)^2 \quad (8\text{-}48)$$

上述公式为计算惯量的精确算法，然而在实际计算中，常使用下面的简化计算方式

$$J_r = J_{is} i_k^2 \quad (8\text{-}49)$$

式中 J_{is}——所有相关零件换算到同步器所在轴输入部分的惯量之和（kg·m²）；

i_k——各档位速比。

6. 换档冲量计算

$$I = Ft_R \quad (8\text{-}50)$$

式中 F——作用在齿套上的换档力（N）；

t_R——升档同步时间（s）。

7. 摩擦力矩计算

$$T_R = jF\frac{d}{2}\frac{\mu_C}{\sin\alpha}\frac{1}{1000} \quad (8\text{-}51)$$

式中 j——摩擦面个数；

F——作用在齿套上的换档力（N）；

μ_C——同步环摩擦材料的摩擦因数；

α——同步环锥面圆锥角（°）；

d——同步环平均摩擦直径（m）。

8. 同步环压力计算

$$P_R = \frac{F}{A_R \sin\alpha} \quad (8\text{-}52)$$

式中　P_R——同步环压力（Pa）；

　　　A_R——同步环总的摩擦面积（m²）。

9. 同步环总摩擦面积计算

$$A_R = \frac{\pi D B b}{p} \quad (8\text{-}53)$$

式中　D——锥面工作直径（m）；

　　　B——同步环锥面宽度（m）；

　　　b——同步环锥面螺纹牙顶宽（m）；

　　　p——同步环锥面螺纹螺距（m）。

10. 同步环同步时的相对线速度计算

$$v = \frac{\Delta\omega \pi R}{30} \quad (8\text{-}54)$$

式中　v——同步时的相对线速度；

　　　$\Delta\omega$——相对转速差（角速度）（rad/s）；

　　　R——同步环平均摩擦半径（m）。

11. 同步环所承载的摩擦功计算

$$W = \frac{J_r \Delta\omega^2 \pm T_V \Delta\omega t_R}{2} \text{（升档时取 －，降档时取 ＋）} \quad (8\text{-}55)$$

式中　W——同步环摩擦功（J）。

12. 同步环单位面积所承载的摩擦功计算

上述公式计算的是同步环工作一次所做的总功，而做功必然会产生热量，要评估同步环单位面积所承受的功是否超标，还需要用总功除以同步环的总工作面积，以获得同步环单位面积所承受的功，即

$$W_A = \frac{W}{A_R} \quad (8\text{-}56)$$

式中　W_A——同步环单位面积所承载的摩擦功（J）。

13. 同步环单位面积所承载的摩擦功率计算

$$P_A = \frac{|W_A|}{t_R} \quad (8\text{-}57)$$

式中　P_A——同步环单位面积所承载的摩擦功率（W）。

14. 拨环力矩计算

$$T_Z = FR \frac{\cos\beta - \mu_D \sin\beta}{\sin\beta + \mu_D \cos\beta} \quad (8\text{-}58)$$

式中　T_Z——拨环力矩（N·m）；
　　　F——作用在齿套上的换档力（N）；
　　　R——同步环节圆半径（m）；
　　　β——齿套锁止角（半角）（°）；
　　　μ_D——齿套锁止面与同步环锁止面之间的摩擦因数。

15. 同步环锁止安全系数计算

计算完以上性能指标后，还要确认同步环自身的锁止安全性。所谓锁止安全性，即要保证在同步环没有完成同步之前，齿套不会穿过同步环滑向接合齿。要保证该要求，就必须保证施加在齿套上的拨环力矩 T_Z 小于同步环的摩擦力矩 T_R，即 $T_Z < T_R$

$$K = \frac{T_R}{T_Z} \tag{8-59}$$

式中　K——同步环锁止安全系数。

六、同步器性能评价指标

1. 换档力最大允许值（表 8-9）

表 8-9　换档力最大允许值

项目	档位	乘用车		商用车		
				主变速器	前置副变速器	后置副变速器
换档力 /N	1档~最高档	MT	<120	<250	气动	气动
		AMT、DCT	<1400（齿套）			

2. 同步时间允许值（表 8-10）

表 8-10　同步时间允许值

项目	档位	乘用车	商用车		
			主变速器	前置副变速器	后置副变速器
同步时间 /s	1档~最高档	0.15~0.25	<0.4	0.15	0.2

3. 拖曳力矩参考值

拖曳力矩一般是由轴承的摩擦以及离合器从动盘与变速器油之间的摩擦等造成的。实际检测中，在不同的转速、油温下，输入轴端的拖曳力矩是不同的。但在理论计算中，为避免计算过于复杂，通常可以把拖曳力矩选为定值，在设计初期一般依赖工程师的经验来选取，见表 8-11。

表 8-11 拖曳力矩参考值

项目	乘用车	商用车	带范围档的商用车
拖曳力矩/N·m	2~5.5	4~8	10~14

4. 锁止安全系数允许值（表 8-12）

表 8-12 同步环锁止安全系数

项目	单锥	双锥	三锥
锁止安全系数	≈1.2	1.3~1.5	≥1.8

5. 不同摩擦材料的设计参考值（表 8-13）

表 8-13 不同摩擦材料的设计参考值

同步环材料	摩擦因数	最高线速度 /(m/s)	单位面积摩擦功 /(J/mm^2)	单位面积摩擦功率 /(W/mm^2)	单位面积压应力 /(N/mm^2)
特种黄铜	0.08~0.12	5	0.09	0.45	3
喷钼	0.08~0.12	7	0.53	0.84	6
烧结材料	0.08~0.12	9	1.00	1.50	7
碳材料	0.10~0.13	16	1.50	10	12

鉴于碳材料之间各参数的差异比较大，例如，碳颗粒摩擦材料由于可以添加各种微量元素，其摩擦因数可以从 0.08 到 0.2 甚至更高，而编织纤维碳摩擦材料的摩擦因数通常为 0.08~0.14。因此，关于碳材料的设计参考值，应咨询供应商确认材料的性能极限值，以确保理论计算的准确性。

七、同步器强度和疲劳分析规范

1. 软件要求

前处理软件一般应用 HYPERWORKS、ANSYS、ANSA 等软件的前处理模块；求解强度的软件一般采用 ABAQUS、ANSYS 等，求解疲劳的软件一般采用 FEM-FAT、Fe-safe、NCODE 等；后处理软件一般使用 HYPERWORKS、ANSYS、ABAQUS 查看分析结果。

2. 输入条件

同步器系统强度 CAE 分析的输入条件主要包括以下内容：

1) 同步器齿套、齿毂、接合齿、传动轴的数模，并且按照图样要求装配，数模中无穿透；有限元网格质量满足求解器要求（最小角度大于 20°，最小网格大于 0.1mm）。

2) 同步器各组件的材料信息，包括弹性模量、泊松比、密度等。

3) 同步器系统各组件间的摩擦因数。

4) 传动轴和接合齿承受的转矩。

同步器系统疲劳CAE分析的输入条件主要是强度计算的结果.ODB文件、材料的$S-N$曲线等。

3. 边界条件

根据同步器系统的使用工况，边界条件设置如下：

1）利用分布耦合（rbe3）单元对2个约束处表面节点与2个轴中心节点进行刚性连接。

2）对2个轴中心节点进行约束，约束传动轴除x轴旋转外5个方向的自由度，约束接合齿除x轴旋转外5个方向的自由度。

3）轴与齿毂100%接触，齿毂与齿套100%接触，齿套与接合齿50%接触（按实际情况）。同步器耦合单元和接触形式如图8-72所示。

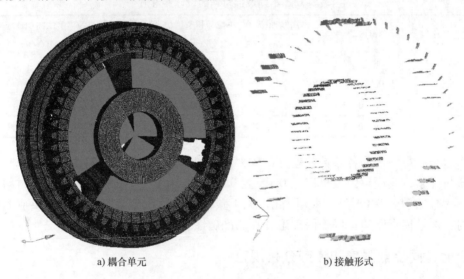

a) 耦合单元　　　　　　　　b) 接触形式

图8-72　同步器耦合单元和接触形式

4. 载荷条件

同步器系统的载荷加载在传动轴和接合齿处，它们为大小相等、方向相反的一对转矩，加载位置为已经创建的2个轴中心节点。

5. 强度结果输出

定义分析名称、参数、类型以及输出结果内容，最大工作载荷工况下的齿毂应力和位移云图如图8-73所示。齿毂应力应小于齿毂材料的屈服强度。

6. 疲劳分析

将强度分析结果.ODB文件导入FEMFAT软件，分析设置条件：

1）输入材料的抗拉强度、屈服强度、$S-N$曲线、线性静态参数。

2）设置表面粗糙度值、技术尺寸、离散度、温度。

3）设置影响因素、分析类型和幸存率。

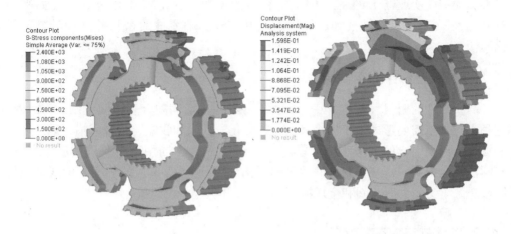

图 8-73 齿毂应力和位移云图

7. 疲劳结果输出

以齿毂为例,在最大工作载荷工况下,其安全系数分布云图如图 8-74 所示。同步器各零件接触区域的最小疲劳安全系数应大于设计要求值。

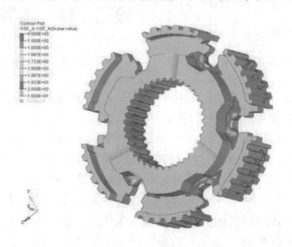

图 8-74 齿毂安全系数分布云图

8.7 密封件的选择

对变速器使用寿命的要求和对环境的考虑已经使可靠、耐久的变速器密封成为一个重要问题。如果密封失效,修理费用可达到其成本的许多倍。在汽车变速器上,有多处需要密封,如轴的输入和输出端、壳体的连接处、选档轴的输出端、车速表驱动端。变速器上的密封件主要有三种类型：静止零件的密封件（如平垫片）、旋转零件的密封件（如旋转轴封）和往复运动零件的密封件（如带槽密封圈）。

一、静止零件的密封件

静止零件的密封（简称静密封）件是一种在无活动配合表面间应用的密封件，这种密封件不需要考虑由于压力和温度的变化、膨胀和收缩、正常磨损，以及冲击和振动等原因引起的极微小的移动。图 8-75 所示为不同用途密封件的应用实例，包括法兰盘密封、螺塞密封和管道密封。图 8-76 所示为典型的静密封形式，包括 O 形圈、车切圈、四叶圈和金属圈等。

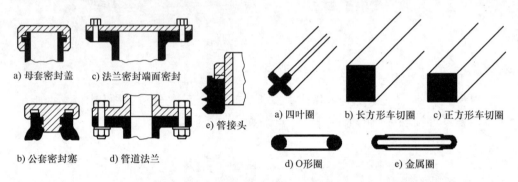

图 8-75　不同用途的密封　　　　图 8-76　典型静密封形式

在温度、压力、液体和几何形状等条件允许的情况下，往往优先选用 O 形圈。因为 O 形圈的圆形横断面容易适应液力应用中的几何形状，一般情况下，每英寸（$1in = 0.0254m$）直线长度上加 15~70 磅（$1lb = 0.4536kg$）的负载，就能很快形成密封线或密封带，有效地密封住 $1500lb/in^2$ 的压力而不需使用支承环。采用恰当的密封套设计，并使用支承环，则承受压力范围可扩大到 $3000lb/in^2$ 以上。

一定内径的 O 形圈可以有几种不同的横断面尺寸。在大多数静密封应用中，任何一种适合装配位置的横断面都能起到密封作用。一般说来：①应当选用现有的适合安装位置的最大横断面；②较大的横断面很少出现安装损坏、擦伤以及滚动或搓扭的情况；③较大的横断面更耐得住间歇性高温；④用较大的横断面，更耐得住拉伸和压缩。但当拉伸率超过 5% 时，可能引起渗漏；如果除拉伸率大之外，还承受高温或用于勉强适合的液体，则可引起材料变质。太大的拉伸率，不但会减小横断面的面积，而且会导致横断面变椭。

表面油封用来密封变速器壳体和盖的分开面，表面油封可以是预成形密封件（平垫片、金属卷边垫片）或未成形密封件（密封胶）。在密封面处施胶后，密封胶即可呈现出要求的形状；在装配到密封表面后，平垫片必然会改变形状。这就确保了密封件表面与被密封零件表面的显微组织的配合，并关闭了密封材料内的气孔。

平垫片（软垫片）通常采用纤维织物油封（如纸质油封、密封纸板）和纤维增强油封（如芳纶纤维）；密封胶（液体油封）包括化学固化密封胶（如厌氧密封胶、硅酮）和非固化密封胶（乙二醇胶）。

二、旋转零件的密封件

在变速器内，只要转轴的通孔中存在未加压力的油液，就应采用合成橡胶旋转轴封，否则，必须对通孔进行密封以防飞溅的润滑油泄漏出来。

离合器处于旋转状态，液压油需要通过有相对转动的面进入离合器液压缸，相对转动面的密封需采用旋转密封。旋转密封件一般采用密封环，其材料为合金铸铁、聚四氟乙烯等。图 8-77 所示为合金铸铁旋转密封环，图 8-78 所示为聚四氟乙烯旋转密封活塞环。

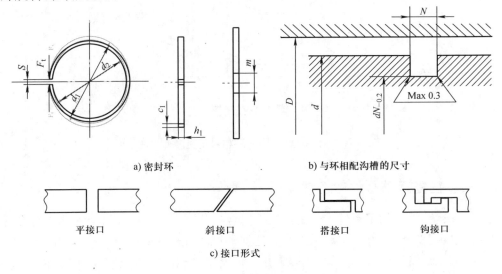

图 8-77 合金铸铁旋转密封环

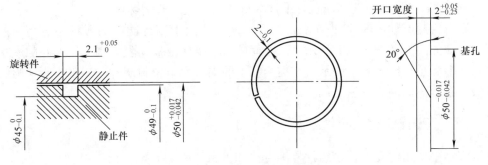

图 8-78 聚四氟乙烯旋转密封活塞环

特氟隆密封圈由聚四氟乙烯制成，广泛应用于当代汽车自动变速器中。它具有材料质地较软，耐磨性、耐热性强，摩擦性能好等优点，而且价格较低。因为具有较柔较及易变形的特点，将其装入圆轴或孔的凹槽内后，即使轴或孔的尺寸有些失圆，它仍能很好地密封于其内，但这种材料容易被金属物质刻痕或刺伤。聚四氟乙烯活塞环比合金铸铁活塞环的摩擦阻力小，图 8-79 所示为这两种活塞环摩擦因数随相对角速度变化曲线的对比。

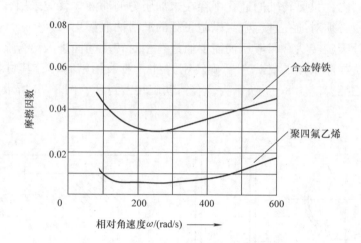

图 8-79　活塞环摩擦因数随相对角速度变化曲线

三、往复运动零件的密封件

往复运动零件的密封件主要是指换档离合器和制动器中液压缸与活塞之间的密封件，要求其密封性好、移动阻力小。这种密封件有三种形式：

1）合金铸铁活塞环，其移动阻力小，但密封性稍差。

2）橡胶 O 形圈，其密封性好，但移动阻力大，而且制造上较难控制。O 形圈压缩量过小，则密封性差；若压缩量过大，则移动阻力大。

3）唇形密封圈，其移动阻力小且密封性好，但制造稍麻烦。

唇形密封圈如图 8-80 所示，图 8-80a 所示为唇形密封圈断面形状；活塞和液压缸之间的间隙如图 8-80b 所示，最小间隙 a_{min} 要保证移动阻力小，最大间隙 a_{max} 要保证泄漏小；图 8-80c 所示为装在活塞上的向外唇形密封圈，图 8-80d 所示为装在液压缸上的向内唇形密封圈。

四、变速器密封性检测

实际中使用的变速器密封性检测方法如下：

1）压差测量。试验介质为空气，测试壳体内的压力损失。

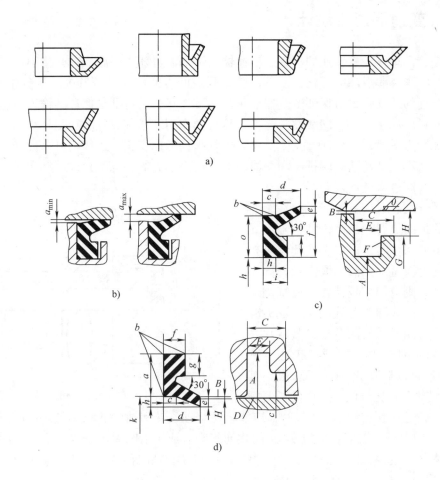

图 8-80　唇形密封圈

2）水浴试验。在壳体内有轻微过压的情况下进行浸入试验。

3）氦气泄漏试验。试验介质为氦气，用检漏器进行"吸气试验"。

4）质量流量测量，测定泄漏速度。

常见泄漏原因如下：

1）装配期间密封元件损坏，如扭曲、剪断等。

2）密封表面损坏或不符合技术要求。

3）混装或安装错误。

4）装配期间，旋转轴封的密封唇口翻折，特别是在双油封的情况下。

5）装配期间将旋转轴封位置放错或放斜。

8.8 变速器通气设计

随着汽车发动机转速的提高，变速器内部油温也随之提高，这必将引起其内腔气体的膨胀及润滑油的雾化，使其内腔有限空间内的压强显著升高。这种情况下，采用合理的通气装置对保证变速器处于正常工作状态，特别是保证其输入、输出轴橡胶油封处的密封性和润滑性具有极其重要的作用。通气装置的功用就是确保变速器内外压力平衡，在变速器壳体上安装通气阀，考虑变速器工作的可靠性和避免环境污染，不允许从通气阀排出润滑油、油蒸气、油雾等，也不允许水、泥土、灰尘等从通气阀进入变速器。

通气阀总成应首先考虑装在箱体部件的最高位置，当由于结构限制无法满足此条件时，可以不按此要求执行，同时应避开飞溅的润滑液，如不能避开，则应加挡板挡住。通气阀通常分为常闭式和常开式两种，图8-81所示为常闭式通气阀总成，其盖片在 5~10kPa 的压力下能开启工作。图8-82所示为常开式通气阀总成，其中 A 型常开式通气阀总成中的通气阀

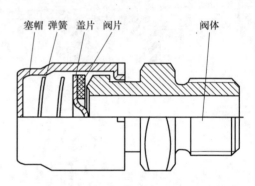

图 8-81 常闭式通气阀总成

盖、金属通气管装配后，通气阀盖应能轻松绕轴旋转和轴向窜动；在 50N 压力的作用下，B 型常开式通气阀总成和常闭式通气阀总成中沿圆周等分的四处压紧的塞帽和阀体之间不得脱落，而且塞帽应能轻松地转动和轴向移动。A 型常开式通气阀总成的开启压力为 (4 ± 0.05) kPa。

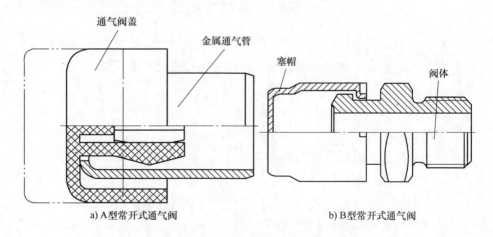

a) A型常开式通气阀　　　　　　b) B型常开式通气阀

图 8-82 常开式通气阀总成

8.9 变速器试验

一、变速器试验的目的和种类

变速器是动力系统的一个关键设备,其性能的好坏直接影响汽车的动力性、经济性、可靠性及其他性能。变速器试验主要是测定其性能和技术参数,通过试验正确反映变速器的性能,如动力性能、效率、可靠性等。在新变速器设计开发过程中,主要是验证变速器的设计性能、可靠性和工艺上的可行性;在变速器质量控制过程中,主要是验证变速器的质量稳定性和产品一致性;在变速器质量提升过程中,主要是验证变速器的技术改进有效性;除此之外,应建立材料基础数据库为正向设计提供基础数据。

变速器试验按照试验对象不同,可以分为齿轮试验、传动系统试验和相关零部件试验。齿轮试验主要包括弯曲疲劳强度试验、接触疲劳强度试验、抗胶合能力试验、润滑性能试验、效率试验、传动误差试验、振动噪声试验等;传动系统试验主要包括换档性能试验、疲劳寿命试验、接触斑点试验、箱体变形试验、变速器振动噪声试验等;相关零部件试验主要包括轴承、同步器、离合器的相关试验等。下面对比较典型的试验加以介绍。

二、典型变速器试验

1. 齿轮弯曲疲劳强度试验

齿轮疲劳失效的主要形式是轮齿弯曲疲劳折断,因此,其弯曲疲劳特性是实现传动系抗疲劳设计和可靠性设计的关键基础数据。目前,国内缺乏齿轮疲劳特性数据,国外齿轮材料与我国齿轮材料在冶炼、机械加工、热处理工艺等方面均有一定的差别。齿轮弯曲疲劳强度试验在如图 8-83 所示的电磁谐振疲劳试验机上进行,该设备具有加载频率高、效率高;试验载荷大小精确、加载点准确、载荷沿齿宽分布均匀、装夹简单方便等特点。

图 8-83 电磁谐振疲劳试验机及夹具

齿轮弯曲疲劳曲线分为齿轮弯曲疲劳曲线的倾斜段和齿轮弯曲疲劳曲线的水平段(齿轮弯曲持久疲劳强度)。图 8-84 所示为某齿轮的弯曲疲劳曲线,该曲线是进行该齿轮弯曲疲劳强度校核的基础。

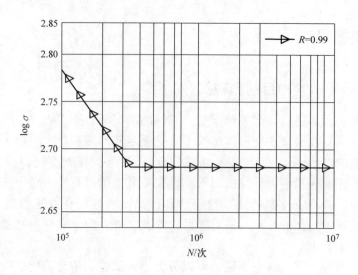

图 8-84　某齿轮的弯曲疲劳曲线

2. 齿轮接触疲劳强度试验

通常在图 8-85 所示的背靠背齿轮疲劳试验机上进行齿轮接触疲劳强度试验，转矩加载方式分为液压加载和扭力杠杆加载。该试验机具有支承刚度高、加载精确、安装方便和驱动节能等特点。它可以验证齿轮设计、齿轮材料、加工工艺、热处理参数改进等对齿轮寿命的影响；测试齿轮的接触疲劳强度及进行齿轮质量验证；测试齿轮材料的 $S-N$ 曲线，为正向设计提供基础数据。

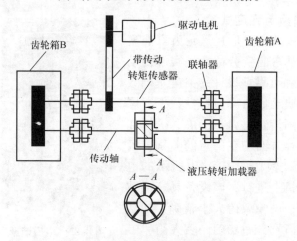

图 8-85　背靠背齿轮疲劳试验机

对于高速重载齿轮，一般要求其具有很高的强度和较长的寿命，通常根据接触疲劳强度和弯曲强度来设计齿轮，但是随着齿轮材料性能、热处理工艺水平、加工方法和表面处理技术的改进与发展，齿轮的接触疲劳强度和弯曲强度已能满足应用要求，而胶合失效时常在高速重载工况下突然发生，从而限制了齿轮的承载能力和使用寿命的提高。利用该试验机还可以完成以下工作①胶合测试,以试验方法,确定各种材料和润滑剂组合的胶合失效机理;②预防胶合失效措施的选择,帮助设计人员选择合适的润滑剂和添加剂,并且优化零件的几何形状;③定量计算准则,从实际应用的观点出发来发展计算零件胶合失效的准则。

3. 变速器润滑性能试验

对变速器加以改造,在各轴承部位及关键部位设置如图 8-86 所示的观察窗,整个变速器模拟水平、上坡 15°、上坡 30°、下坡 15°、下坡 30°、左转弯倾斜 15°、右转弯倾斜 15°行驶,转速分别为 800r/min、1000r/min、1500r/min、2000r/min、3000r/min、4000r/min 工况下各档位的润滑情况。

图 8-86　设置观察窗的变速器

4. 变速器效率试验

变速器效率试验主要是检验变速器在不同温度、转速、转矩下的传动效率。试验设备中需要包含以下装置:①具有驱动装置与吸功装置的电动机台架;②驱动和加载装置,转矩控制精度为 ±1%,测量精度为 ±0.5%,速度控制精度为 ±5r/min,测量精度为 ±1r/min;③变速器润滑油温度控制装置,油温控制精度为 ±5℃,测量精度为 ±1℃;④数据记录装置,用来记录台架、油温控制系统以及变速器的信号。

效率试验要求如下:①变速器安装角度与整车状态一致;②控制油温在预定范围内;③按照规定进行磨合;④试验转速、输入转矩、试验油温按照一定的方式变化;⑤记录不同试验油温、试验转速、输入转矩情况下各档位的传动效率。

参 考 文 献

[1] Chen Y, Yamamoto A, Omori K. Improvement of Contact Fatigue Strength of Gears by Tooth Surface Modification Processing [C]. Besançon：12th IFToMM World Congress, 2007.

[2] 陶振荣. 齿轮接触疲劳强度计算方法的探讨 [J]. 机械设计与制造, 2007 (7)：15-17.

[3] 吴立言, 刘更, 王步瀛. 齿轮可靠度计算的概率有限元法 第Ⅰ部分：基于齿根弯曲疲劳强度的计算 [J]. 机械传动, 1992, 16 (2)：1-4.

[4] 吴立言, 刘更, 王步瀛. 齿轮可靠度计算的概率有限元法（第Ⅱ部分：齿面接触疲劳强度的计算） [J]. 机械传动, 1993, 17 (3)：16-19.

[5] Gorokovsky V I, Bowman C, Gannon P E. Deposition and Characterization of Hybrid Filtered Arc/Magnetron Multilayer Nanocomposite Cermet Coatings for Advanced Tribological Applications [J]. Wear, 2008, 265 (5-6)：741-755.

[6] 田亚媛, 瞿皎, 秦亮, 等. 齿轮表面强化技术研究现状 [J]. 热加工工艺, 2011, 40 (24)：211-215.

[7] Chen Z, Liu X, Liu Y, et al. Ultrathin MoS_2 Nanosheets with Superior Extreme Pressure Property as Boundary Lubricants. [J]. Scientific Reports, 2014 (5).

[8] Yoshita M, Ikeda A, Kuroda S. Improve ment of CVT Pulley Wear Resistance by Micro-Shot Peening [J]. JATCO Technical Review, 2004 (5)：51-59.

[9] 石万凯, 姜宏伟, 秦大同, 等. 超微细磷酸锰转化涂层摩擦磨损性能研究 [J]. 摩擦学学报, 2009, 29 (03)：267-271.

[10] Wang C M, Liau H C, Tsai W T. Effects of Temperature and Applied Potential on the Microstructure and Electrochemical Behavior of Manganese Phosphate Coating [J]. Surface & Coatings Technology, 2007, 102 (2-3)：207-213.

[11] 黄菊花, 徐仕华, 谢世坤. 电动汽车自动变速器设计研究 [J]. 井冈山大学学报（自然科学版）, 2011, 32 (1)：100-103.

[12] 程乃士. 减速器和变速器设计与选用手册 [M]. 北京：机械工业出版社, 2007.

[13] Ling L, Huang Y. Topology Optimization Design of Gearbox Housing in Electric Bus [J]. Applied Mechanics & Materials, 2014, 574：173-178.

[14] 黄象珊, 谢颂京. 基于液压驱动的传动组合装置的设计 [J]. 实验室研究与探索, 2013, 32 (2)：247-250.

[15] 阮忠唐. 机械无级变速器设计与选用指南 [M]. 北京：化学工业出版社, 1999.

[16] 胡志胜, 李波, 陈玮. 基于模态分析的发动机齿轮室盖优化设计 [J]. 汽车工程师, 2011 (7)：59-61.

[17] 罗春香. 汽车变速器设计中速比分配问题的研究 [J]. 西南民族大学学报（自然科学版）, 2004, 30 (3)：377-380.

[18] 孙文静, 张秀国, 苏巧平. 汽车变速箱自动涂胶系统的设计 [J]. 汽车电子, 2010, 26 (5-2)：165-172.

[19] 王慧珠, 李希谦, 牛世忠. 轮胎起重机行走部分变速箱的设计 [J]. 机械工程师, 2006 (10).

[20] 陈勇, 臧立彬, 巨东英, 等. 高强度汽车齿轮表面强化技术的研究现状和发展趋势 [J]. 中国表面工程, 2017, 30 (1)：1-15.

第9章 变速器油

随着汽车变速器技术的发展，对变速器油提出了更高的性能要求，尤其是随着燃油经济性要求的不断提高，变速器油趋于向低黏度化发展，越来越多的原厂委托生产（Original Equipment Manufacturer，OEM）要求变速器油达到全寿命使用要求。目前，汽车变速器主要包括手动变速器（MT）、自动变速器（AT）、无级变速器（CVT）、双离合器变速器（DCT）、电控机械式变速器（AMT），各种变速器因其结构及工作原理不同，对变速器油的要求也不相同。其中 MT 和 AMT 使用的变速器油相同，所以变速器油主要包括手动变速器油（MTF）、自动变速器油（ATF）、无级变速器油（CVTF）、双离合器变速器油（DCTF），各种变速器油的性能要求见表9-1。

表 9-1 各种变速器油的性能要求

性能要求		MTF	ATF	CVTF	DCTF
同步器性能		○			
抗抖动性能			○		
金属与金属间的摩擦因数				○	
基本性能	低温流动性	○	○	○	○
	剪切稳定性	○	○	○	○
	热氧化稳定性	○	○	○	○
	离合器摩擦性/稳定性		○	○	○
	抗磨保护性	○	○	○	○
	抗泡沫性能	○	○	○	○
	材料兼容性	○	○	○	○

注：○表示有要求。

9.1 手动变速器油

手动变速器是汽车上应用最早、可靠性最高、效率最高的变速器，伴随着汽车轻量化及燃油经济性要求的提高，变速器体积不断减小，使得变速器油的容量减少，导致齿轮温度升高，从而对变速器油温提出了更高的要求。此外，由于高效同步器的广泛应用，同步器寿命、抗点蚀、抗擦伤等指标也对变速器油提出了更高要求。

手动变速器油大致分为两类：按 SAE（美国汽车工程师学会）黏度分类和按

API（美国石油学会）使用性能分类。此外，SAE、ASTM（美国材料与试验协会）推出了 MT-1 和 PG-2 规格，MT-1 是机械变速器用油规格，其质量高于 API GL-4 车辆齿轮油，改善了热稳定性、抗氧化性、清净性、抗磨性、密封材料适应性、与青铜件的配合性。PG-2 规格的质量要求比 API GL-5 车辆齿轮油高，可用于驱动桥润滑。

9.2 自动变速器油

自动变速器油（ATF）就是自动变速器用的润滑油，起润滑、冷却、密封、减振等作用；同时，它也是液压油，主要起传递动力的作用。要求其流动性好，控制油压的响应快。为了使 ATF 适用于 AT，对 ATF 提出了表 9-2 所列的特征要求。图 9-1 所示为湿式离合器摩擦耐久性要求。

表 9-2 ATF 特征要求

性能指标	实际应用要求	使用的添加剂
适当的黏度、高的黏温特性、剪切稳定性、低温流动性	作为液压油使用时的低温流动性，对齿轮、轴、离合器的润滑要求具有黏度适当的高黏温特性	黏温特性提高剂、流动性提高剂、清净分散剂
氧化稳定性	抑制油的氧化分解，防止沉淀物发生	抗氧化剂
耐磨性	抑制齿轮、轴、液压泵等的磨损	耐磨剂
抗泡沫性	防止润滑系统产生气泡	抗泡沫剂
适当的摩擦特性	离合器接合时既可以减少换档冲击，又可以不发生过多的滑摩	摩擦调和剂
材料相容性	防止橡胶密封件显著膨胀、收缩、硬化	密封剂
防锈蚀性	防止铁系部件生锈	防锈剂
耐蚀性	使金属表面惰性化，防止金属表面被腐蚀	金属惰性剂、防腐蚀剂

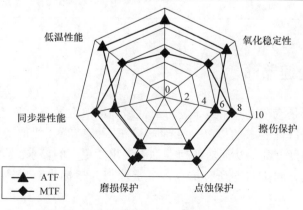

图 9-1 湿式离合器摩擦耐久性要求

9.3　无级变速器油

由于 CVT 的锥盘加压、传动与调速是靠专用高压油实施的，CVTF 同时起润滑、传递动力与调速的作用，除必须具有良好的润滑性能外，CVTF 还必须具有合适的黏度、黏度指数、剪切稳定性、摩擦因数、牵引系数、低温流动性以及黏温粘压特性等，以满足金属带传动的要求，保证具有合适的滑差率。国外汽车制造公司、CVT 制造厂都开发了相应的 CVTF，采用 OEM 形式生产或自行生产。例如，日产公司、本田公司分别委托 SHELL 和日石公司生产 CVTF，丰田公司则自行研制生产 CVTF。CVT 制造商均拥有其 CVTF 的知识产权。

CVTF 用于锥盘加压、传动与调速系统，通过液压缸、活塞作用于两对主、从动锥盘，夹持金属带，产生摩擦力来传递运动和转矩。因此，CVTF 不仅要有良好的润滑性能以减少摩擦、磨损，还要有适当的粘附性和内摩擦力，以达到精确可变的动力传递。传统的 ATF 不能用作 CVTF，CVTF 必须选用性能优异的基础油和添加剂进行组合，以便达到摩擦因数、牵引系数处于最佳平衡值的状态，使 CVT 的工作特性得到最大优化。其使用工况是有一定的温度且压力大，通常要求使用寿命在 10 万 km 以上，对抗氧化安定性、抗剪切性能、黏温黏压特性和润滑抗磨性能都有很高的要求，对低温性能和黏度指数的要求也很严格。如果缺乏合适的 CVTF，将造成金属带传动的滑差率出现偏差，导致无法精确传动与调速，CVT 不能表现出最佳工作特性；同时会出现润滑不良，造成金属带和锥盘及其他相关部件的异常磨损，缩短 CVT 的使用寿命。此外，不同种类的 CVT 对 CVTF 的要求也是不同的，见表 9-3。

表 9-3　不同种类的 CVT 对 CVTF 的要求

CVT 类型	金属带式 CVT	摆销链式 CVT	环盘滚轮式 CVT
动力传动机构	摩擦传动，面压中等	摩擦传动，面压中高	牵引传动，面压高
润滑状态	边界润滑—混合润滑	边界润滑—混合润滑	EHL（弹性流体润滑）
使用的润滑油	CVTF： 基础油：矿物油、合成油	CVTF： 基础油：矿物油	专用牵引油 基础油：特殊合成油
性能要求	防止金属带与锥盘间的磨损； 金属带与锥盘间的摩擦因数高	金属带与锥盘间的摩擦因数高；抗烧结性好；抑制噪声	防止高压面疲劳脱落； 牵引系数高

9.4　双离合器变速器油

DCT 分为干式 DCT 和湿式 DCT 两种。它们对润滑油性能的要求不同。低转矩传动时多采用干式 DCT，此时 DCT 类似于常规的手动变速器，不要求对离合器摩擦材料进行润滑，而是以对齿轮、轴承的润滑为重点，手动变速器油就能满足其基本润滑要求。相比之下，湿式 DCT 用油既要为齿轮提供保护，又要保证双离合器正常工作，因此，需要采用专门的润滑油配方，结合 MTF 和 ATF 的性能特点，突出摩擦特性，以及对齿轮、轴承和同步器的保护等性能要求，当然还必须满足润滑油的基本要求，如热稳定性、氧化安定性和防锈蚀性能等。此外，不同 OEM 要求的换油周期也各不相同，目前生产的湿式 DCT 换油周期短的大约为 45000km，长的终身不需换油。

对于润滑油生产商来说，完成 DCTF 的设计是一个复杂的过程。润滑油既要有平衡摩擦和磨损的性能，又要具有较强的承载能力，能够控制腐蚀、氧化和油泥的形成。基础油（如矿物油）和合成油，以及黏度改进剂的选择也十分重要，同时需要添加分散剂、清净剂、抗氧剂等组分，以减少沉积物的形成。添加剂含量既可根据不同部件、摩擦材料和黏度等要求调整，也可根据 OEM 具体要求调整。新 DCTF 在摩擦特性、耐久性、环保性能、抗磨性能和轴承磨损保护等方面都优于目前的变速器油。虽然目前 DCTF 完全或部分使用合成基础油，但是使用Ⅲ类基础油是未来的发展趋势，随着换油期的延长，改善耐久性将是设计 DCTF 的主要目标。润滑油和添加剂供应商必须与汽车 OEM 紧密合作，以制定下一代 DCT 油品规格。与 ATF 相比，DTF 的各种性能更加均衡，图 9-2 所示为 DCTF 湿式离合器摩擦耐久性要求。

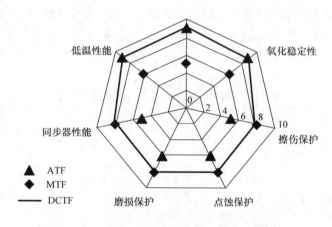

图 9-2　DCTF 湿式离合器摩擦耐久性要求

9.5　变速器油的性能要求及试验

一、变速器油的性能要求

不同的变速器对变速器油的要求是不同的，表 9-4 所列为某种 DCT 油的性能参数和评价指标。

表 9-4　某种 DCT 油的性能参数和评价指标

序号	性能参数		评价指标
1	黏度	运动黏度@100℃/(mm²/s)	6.1~6.5
		运动黏度@40℃/(mm²/s)	29（max）
		动力黏度/(mPa·s)	5000（max）
		黏度指数	175（min）
2		倾点/℃	-54（max）
3	成分含量	钙含量（×10⁻⁶）	100~150
		磷含量（×10⁻⁶）	210~300
		硫含量（×10⁻⁶）	1200（max）
		水分含量（×10⁻⁶）	500（max）
4		闪点（COC）/℃	190（min）
5	泡沫性（泡沫倾向/泡沫稳定性）/(mL/mL)	24℃	≤10/0
		93.5℃	≤50/0
		冷却后24℃	≤10/0
6		清洁度	-/16/13（max）
7		蒸发损失（质量分数,%）	≤6
8		总酸值 TAN/(mgKOH/g)	≤1.7
9		氧化度 DKA（质量分数,%）（170℃，192h）	黏度变化（40℃和100℃）≤10% 总酸值变化1.2mgKOH/g（max）
10		剪切稳定性（20h）/(mm²/s)	≥5.8
11		铜腐蚀（130℃，3h）	2A（min）
12		防锈	无锈蚀
13		密度/(kg/m³)	820~840

注：$1\times10^{-6}=1\text{mg/kg}$。

二、变速器油的试验

1. 摩擦特性试验

摩擦特性是 AT、DCT 换档感觉、动力矩负荷、摩擦耐久性的综合平衡性能，性能良好的 ATF、DCTF 要求在全部工作温度范围内摩擦特性保持不变。图 9-3 所示为摩擦耐久试验，通过实际摩擦片、摩擦盘、轮毂的啮合试验来测量动摩擦转矩、静摩擦转矩、最大摩擦转矩和啮合时间，进而评价 ATF 或 DCTF 的摩擦特性。对于 DCTF 而言，一般根据静摩擦因数和动摩擦因数来评价其摩擦特性。DCTF 应具有与摩擦材料相匹配的静摩擦因数和动摩擦因数，动摩擦因数过小会导致离合器啮合时滑动增大，起动转矩损失大。为了减少转矩传递中的损失，离合器在啮合时要尽量提高离合器片间的动摩擦因数，但动摩擦因数不能太大，以免因增大离合器间的摩擦而产生磨损。此外，静摩擦因数也不能过大，否则在离合器低速阶段会引起转矩激烈增大，使换档感觉不够平顺。因此，在DCTF中加入摩擦改进剂时，既要考虑离合器的平滑啮合、减小扭振，又要考虑啮合时的转矩损失，使两者达到平衡。

图 9-3　摩擦耐久试验

2. 抗磨特性试验

抗磨性是变速器对油品的基本性能要求，为满足互相啮合齿轮润滑的需要，MTF、DCTF必须具有良好的润滑性，以防止齿轮发生点蚀和磨损。因此，要求DCTF的抗点蚀、抗擦伤和抗磨损性能等至少要达到MTF的同等水平。图9-4所示为点蚀试验。

3. 轴承试验

轴承试验在轴承试验机上进行，如图9-5所示，通过调速电动机带动旋转部件，对轴承施加一定的载荷和转速，检验在此情况下润滑油是否可以确保轴承的完好，图9-6为轴承损坏图片。

图 9-4　点蚀试验

第9章 变速器油

图9-5 轴承试验

损坏的滚针

图9-6 轴承损坏图片

4. 同步器耐久性试验

与MTF的性能类似,DCTF也应具有适宜的同步器耐久性能。采用SSP180同步器试验,根据同步环摩擦因数和磨损量考察油品的同步器耐久性,如图9-7所示。目前,同步环的主要材质包括黄铜、钼、纸质、烧结青铜以及碳复合材料,材质不同,其换档舒适性及耐久性均有差异,其中碳复合材料性能最好,纸质、钼和烧结青铜次之，黄铜最差。因此，MTF、DCTF必须配合同步器材料和结构，以实现同步器的耐久性。

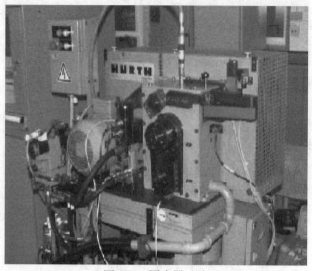

图9-7　同步器试验

5. 高速摩擦及换档试验

高速摩擦及换档试验在图9-8所示的高速摩擦及换档试验台上进行，在高速、低转矩情况下检验DCT变速器的齿轮、摩擦片及钢片、换档机构等主要零部件试验后的磨损情况。图9-9为试验后齿轮磨损图片，图9-10为摩擦片及钢片磨损图片，由图可知，试验后齿轮磨损、摩擦片及钢片磨损均在可接受范围内，证明DCTF满足高速摩擦及换档要求。

图9-8　高速摩擦及换档试验

图 9-9 齿轮磨损图片

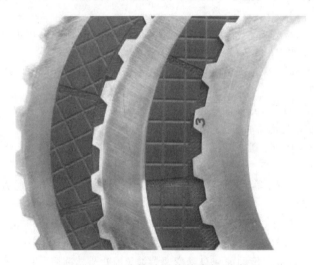

图 9-10 摩擦片及钢片磨损图片

除上述试验项目外,还有以下试验:DCT 和 AT 的抗抖动耐久性试验,目的是防止离合器或制动器在接合或分离时产生抖动;剪切稳定性试验,目的是减少换油次数;抗泡沫性试验,目的是减少传动损失;苯胺点试验,目的是防止橡胶溶胀;油品兼容性试验,目的是检验油品对橡胶件、塑料件、金属件等性能的影响是否在可接受范围内。

9.6 变速器油的选择

选择一种合适的变速器油,首先需要明确变速器的类型;其次要明确变速器油的使用环境、性能要求、工况条件等;再次要对所选择的变速器油进行相关理化试验、模拟试验、台架试验,判断其是否满足预期性能指标;最后进行实车试验,来验证所选变速器油的合理性。

选择合适的变速器油有利于变速器的润滑,可以减少摩擦、节约能源。通常在满足润滑要求的前提下,低黏度的变速器油比高黏度的变速器油节能;多级变速器油比单级变速器油节能。在宽温度范围内,多级变速器油同时具有良好的低温流动性和高温润滑性,既能在低温流动性方面达到低黏度变速器油的水平,又能在高温润滑方面达到高黏度变速器油的水平,主流车型变速器油多为多级变速器油。

参 考 文 献

[1] 杜慁刚,朱毅,朱会田. 汽车自动变速器油质异常的原因及预防措施［J］. 润滑与密封,2004（3）:104-105.

[2] 伏喜胜,潘元青. 汽车变速器发展及其对变速器油的性能要求［J］. 石油商技,2009,27（3）:4-12.

[3] 张国茹,刘斌,水琳. 汽车传动系统润滑用油——手动变速箱专用油（MTF）发展趋势［J］. 石油商技,2009,27（4）:4-9.

[4] 水琳,李万英,薛群基. 车辆手动变速箱油的摩擦学性能研究［J］. 摩擦学学报,2010,30（2）:179-183.

[5] 韩亚平,高志敏. 自动变速器油［J］. 汽车运输,2000,26（7）:20-21.

[6] 王延宁. 汽车自动变速器油的特性及使用［J］. 硅谷,2011（9）:121.

[7] 汤耿波,陈勇,罗大国,等. 双离合器自动变速器油的研究［J］. 润滑与密封,2011,36（6）:107-110.

[8] 王稳,王库房,尹兴林,等. 双离合器自动变速器润滑油性能要求和试验方法［J］. 润滑油,2012（1）:50-55.

[9] 吴利军,徐明新,郑明军. TBM 变速器油样铁谱诊断方法分析［J］. 润滑与密封,2004（5）:60-62.

[10] 朱齐平,申玉良. 液力传动油与自动变速器油（液）及其选用［J］. 液压与气动,2006,2006（8）:59-62.

[11] Kržan B, Vižintin J. Tribological Properties of an Environmentally Adopted Universal Tractor Transmission Oil Based on Vegetable Oil［J］. Tribology International,2003,36（11）:827-833.

第 10 章 液力变矩器设计

10.1 液力变矩器的工作原理及特性

一、液力变矩器的工作原理

液力变矩器位于自动变速器的最前端，安装在发动机的飞轮上，其作用与采用手动变速器的汽车中的离合器相似。它是以液体为介质的叶片传动机械。液力变矩器工作时，利用工作轮叶片与工作液体的相互作用实现机械能与液体能的相互转换（即泵轮不断地吸收内燃机的动力传递给涡轮），通过液体动量矩的变化改变了传递的转矩。它具有无级连续变化速度与转矩的能力，是最成功的用于汽车的无级变速传动（Continuously Variable Transmission，CVT）装置，从根本上简化了操纵；使车辆起步平稳，加速迅速、柔和，有优良的减振性能，从而延长了动力传动系统的寿命，提高了乘坐舒适性、车辆的平均速度和行驶安全性；失速时有最大的变矩比，不仅有防止发动机熄火的功能，更主要的是大大提高了汽车的通过性。

如图 10-1 所示，液力变矩器主要由可旋转的泵轮 4 和涡轮 3 以及固定不动的导轮 5 三个零件组成。这些零件的形状如图 10-2 所示。各工作轮采用铝合金精密铸造，或用钢板冲压焊接而成。泵轮 4 与液力变矩器外壳 2 连成一体，用螺栓固定在发动机曲轴 1 后端的凸缘上。液力变矩器外壳 2 做成两半，装配后焊成一体（有的用螺栓连接），壳体外面有起动齿圈 8。涡轮 3 通过从动轴 7 与传动系统的其他部件相连。导轮 5 固定在不动的导轮固定套管 6 上。所有工作轮装配后，形成断面为循环圆的环状体。

与液力耦合器一样，液力变矩器正常工作时，储存于环形腔中的工作液除有绕液力变矩器轴的圆周运动以外，还有在循环圆中沿图 10-3 中箭头所指方向的循环流动，故能将转矩从泵轮传到涡轮上。

液力变矩器不仅能传递转矩，而且能在泵轮转矩不变的情况下，随着涡轮的转速（反映汽车行驶速度）不同而改变涡轮输出的转矩数值。

液力变矩器之所以能起变矩作用，是由于其在结构上比耦合器多了导轮机构。在循环流动的过程中，固定不动的导轮给涡轮一个反作用力矩，使涡轮输出的转矩不同于泵轮输入的转矩。

下面结合变矩器工作轮的展开图来说明液力变矩器的工作原理。如图 10-3 所示，将循环圆的中间流线展开成一条直线，各循环圆的中间流线均在同一平面上展开。在展开图上，泵轮 B、涡轮 W 和导轮 D 便形成三个环形平面。为了便于说

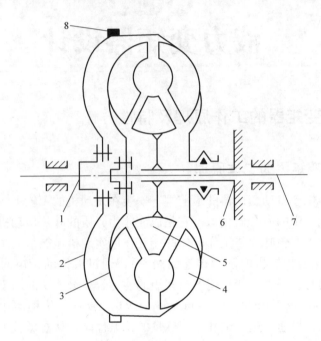

图 10-1　液力变矩器结构示意图

1—发动机曲轴　2—液力变矩器外壳　3—涡轮　4—泵轮　5—导轮
6—导轮固定套管　7—从动轴　8—起动齿圈

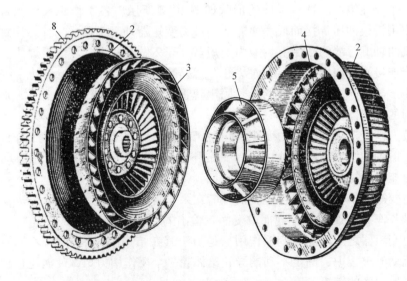

图 10-2　液力变矩器的主要零件（图注同图 10-1）

明，设发动机转速及负荷不变，即变矩器泵轮的转速 n_b 及转矩 M_b 为常数。

首先讨论汽车起步工况，开始时涡轮转速为零，如图 10-3a 所示，工作液在泵轮的作用下以一定的绝对速度沿图中箭头 1 的方向冲向涡轮叶片。因涡轮静止不动，流体将沿叶片流出涡轮并冲向导轮，液流方向如箭头 2 所示。然后液流再从固定不动的导轮叶片沿箭头 3 方向流入泵轮。液体在流过叶片时受到叶片的作用力，其方向发生变化。设泵轮、涡轮和导轮对液流的作用转矩分别为 M_b、M'_w 和 M_d。

根据液流受力平衡条件，$M'_w = M_b + M_d$。由于液流对涡轮的作用转矩 M_w 与 M'_w 方向相反而大小相等，因而在数值上，涡轮转矩 M_w 等于泵轮转矩 M_b 与导轮转矩 M_d 之和。显然，此时涡轮转矩 M_w 大于泵轮转矩 M_b，即液力变矩器起到了增大转矩的作用。

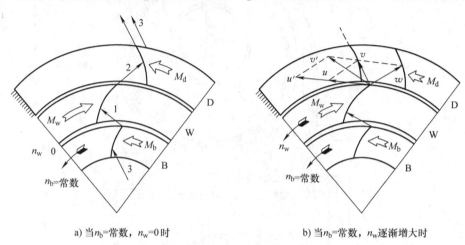

a) 当 n_b=常数，n_w=0 时　　　　　b) 当 n_b=常数，n_w 逐渐增大时

图 10-3　液力变矩器工作原理图

当变矩器输出的转矩经传动系统传到驱动轮上所产生的驱动力足以克服汽车起步阻力时，汽车即起步并开始加速，与之相联系的涡轮速度 n_w 也从零开始增加。如图 10-3b 所示，这时，液流在涡轮出口处不仅具有沿叶片方向的相对速度 ω，而且具有沿圆周方向的牵连速度 u，故冲向导轮叶片的液流的绝对速度 v 应是两者的合成速度。因原设泵轮速度不变，发生变化的只是涡轮转速，故涡轮出口处的相对速度 ω 不变，只是牵连速度 u 发生变化。冲向导轮叶片的液流的绝对速度 v 也将随着牵连速度 u 的增加（即涡轮转速 n_w 的增加）而逐渐向左倾斜，使导轮上所受转矩值逐渐减小。当涡轮转速增大到某一数值时，由涡轮流出的液流正好沿导轮出口方向冲向导轮，由于液体流经导轮时方向不改变，故导轮转矩 M_d 为零，于是涡轮转矩与泵轮转矩相等，即 $M_w = M_b$。

若涡轮转速 n_w 继续增加，液流绝对速度 v' 的方向将继续向左倾斜，导轮转矩方向与泵轮转矩方向相反，则涡轮转矩为前两者转矩之差 $M_w = M_b - M_d$，即变矩器输出转矩反而比输入转矩小。当涡轮转速 n_w 增大到与泵轮转速 n_b 相等时，工作液在循环圆中的流动停止，将不能传递动力。

二、几种典型的液力变矩器

1. 三元件综合式液力变矩器

三元件综合式液力变矩器的结构如图10-4所示。它由泵轮8、涡轮5和导轮9等组成,最大变矩系数(即涡轮转速为零时的变矩系数)为1.9~2.5。

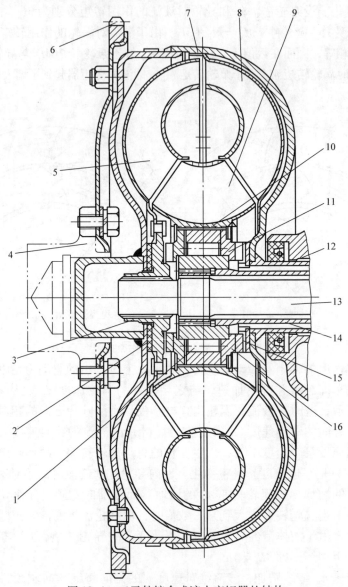

图10-4 三元件综合式液力变矩器的结构

1—滚柱 2—塑料垫片 3—涡轮轮毂 4—凸缘 5—涡轮 6—起动齿圈
7—变矩器壳体 8—泵轮 9—导轮 10—单向离合器外座圈 11—单向离合器内座圈
12—泵轮轮毂 13—变矩器输出轴 14—导轮固定套管 15—推力垫片 16—单向离合器盖

变矩器壳体 7 由前后两半焊接而成。壳体前端连接着装有起动齿圈 6 的托盘,并用螺钉固定在曲轴后端的凸缘 4 上。为了在维修拆装后保持变矩器与曲轴原有的相对位置,以免破坏动平衡,螺钉在圆周上的分布是不均匀的。

泵轮 8 中装有径向平直叶片。焊在泵轮外壳上的泵轮轮毂 12 可自由转动。涡轮 5 有倾斜的曲面叶片。与涡轮壳体用铆钉连接的涡轮轮毂 3,以花键与变矩器输出轴 13 相连。泵轮及涡轮的叶片和壳体均为钢板冲压件,叶片和内环采用点焊连接,与外壳采用铜焊连接。导轮用铝合金铸造,并与单向离合器外座圈 10 固定连接。

液力变矩器的滚柱式单向离合器如图 10-5 所示。它由外座圈 2、内座圈 1、滚柱 5 及不锈钢叠片弹簧 6 组成。导轮 3 用铆钉 4 铆在外座圈 2 上(也可用花键连接)。内座圈 1 与固定套管(图 10-4 中的 14)用花键连接,因而内座圈是固定不动的。外座圈 2 的内表面有若干个偏心的圆弧面。滚柱 5 经常被叠片弹簧 6 压向内、外座圈之间滚道比较狭窄的一端,从而将内、外座圈楔紧。

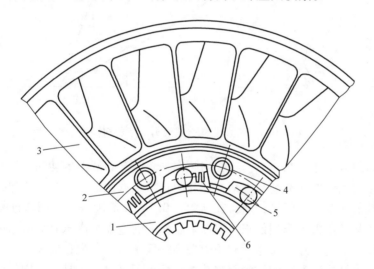

图 10-5 液力变矩器的滚柱式单向离合器
1—内座圈 2—外座圈 3—导轮 4—铆钉 5—滚柱 6—叠片弹簧

当涡轮转速较低、与泵轮转速差较大时,从涡轮流出的液流冲击导轮叶片,力图使导轮 3 沿顺时针方向旋转。由于滚柱 5 楔紧在滚道的窄端,导轮便同单向离合器外座圈 2 一起被卡紧在内座圈 1 上而固定不动,此时液力变矩器起增大转矩的作用。当涡轮转速升高到一定程度时,液流对导轮的冲击力反向,于是导轮自由地相对于内座圈与涡轮同向转动。这时,变矩器就转入耦合器的工况。这种可以转入耦合器工况的变矩器,称为综合式液力变矩器。采用综合式液力变矩器的目的,在于利用耦合器在高传动比时相对变矩器有较高效率的特点。效率是指液力传动装置输出功率与输入功率之比。变矩器效率 η_b 与耦合器效率 η_0 随传动比 i 变化的规律如图 10-6 所示，图中还作出了变矩系数 K 随传动比 i 变化的曲线。由图可知，在传动比 $i<i_{K=1}$（变矩系数 $K=1$ 时的传动比）范围内，变矩器的效率高于耦合器；当 $i>i_{K=1}$ 时，变矩器效率 η_b 迅速下降，而耦合器的效率 η_0 却继续增高。综合式液力变矩器在低速时按变矩器特性工作，而当传动比达到 i_K 时，便转为按耦合器特性工作，从而扩大了高效率的范围。

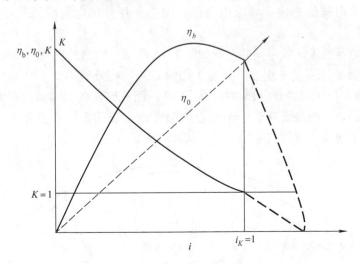

图 10-6　三元件综合式液力变矩器的特性

变矩器的各工作轮在一个密闭腔内工作，腔内充满液力传动油，它既是工作介质，又是液力元件的润滑剂和冷却剂。为防止出现汽蚀现象，腔内应保持一定的补偿压力，其值视变矩器而异，通常在 0.25~0.7MPa 范围内。所谓汽蚀是指液体流动过程中，某处压力下降到低于该温度下工作液的饱和蒸汽压时液体形成气泡的现象。当液体中的气泡随液流运动到压力较高的区域时，气泡在周围油液的冲击下迅速破裂，又凝结成液态，使体积因骤热缩小而出现真空。于是，周围的液体质点即以极高的速度填补这些空间。在此瞬间，液体质点相互之间发生强烈碰击，产生明显的噪声；同时造成很高的局部压力，致使叶片表面的金属颗粒被击破。由此可见，汽蚀现象将影响变矩器正常工作，使其效率降低，并伴有噪声。因此，工作腔内必须保持足够的补偿压力。

由液压泵输出的具有一定压力的补偿油通过导轮固定套管 14（图 10-4）与泵轮轮毂 12 之间的环状空腔，从导轮与泵轮之间的缝隙进入，由涡轮与导轮之间流出，经固定套管 14 与变矩器输出轴 13 之间的环状空腔通往冷却器，使工作液得到冷却。

由于补偿压力的存在，工作轮上受到的轴向力较大。为此，在导轮端部装有非铁色金属推力垫片 15，在涡轮轮毂与壳体之间装有耐磨的塑料垫片 2。

上述三元件综合式液力变矩器结构简单,工作可靠,性能稳定,最高效率达92%。在转为耦合器工作时,高传动比区的效率可达96%。因此,它在高级轿车上应用极广,在大型客车、自卸汽车及工程车辆上的应用也逐渐增多。

2. 四元件综合式液力变矩器

某些起动变矩系数大的变矩器,若采用上述三元件综合式变矩器,则在最高效率工况到耦合器工况始点之间的区段上效率会显著降低。为避免这个缺点,可将导轮分割成两个,分别装在各自的单向离合器上,从而形成四元件综合式液力变矩器。

图 10-7 为四元件综合式液力变矩器示意图。当涡轮转速较低时,涡轮出口处的液流冲击在两导轮叶片的凹面上,方向如图 10-7b 中的 v_1 所示。此时,两导轮的单向离合器均被锁住,导轮固定,按变矩器工况工作。当涡轮转速增大到一定程度,液流速度为 v_2 时,液流对第一导轮的冲击力反向,第一导轮便因单向离合器松脱而与涡轮同向旋转,此时只有第二导轮仍起变矩作用。当涡轮转速继续升高到接近泵轮转速,即液流速度为 v_3 时,第二导轮也受到液流的反向冲击力而与涡轮及第一导轮同向转动,于是变矩器全部转入耦合器工况。

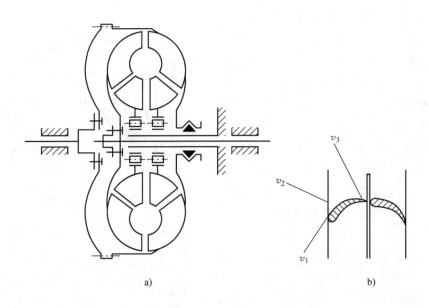

图 10-7 四元件综合式液力变矩器示意图

四元件综合式液力变矩器的特性是两个变矩器的特性和一个耦合器特性的综合(图 10-8)。在传动比 $0 \sim i_1$ 区段,两个导轮固定不动,两者的叶片组成一个弯曲程度更大的叶片以保证在低传动比工况下获得大的变矩系数。在传动比 $i_1 \sim i_{K=1}$ 区段,第一导轮脱开,变矩器中叶片弯曲程度较小的导轮工作,此时可得到较高的效率。当传动比为 $i_{K=1}$ 时,变矩器转入耦合器工况,其效率按线性规律提高。

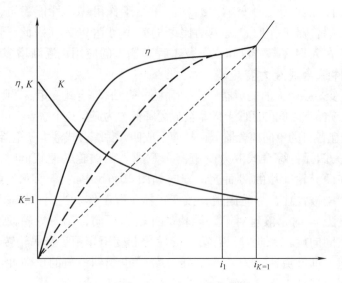

图 10-8 四元件综合式液力变矩器的特性

3. 带锁止离合器的液力变矩器

因变矩器的涡轮与泵轮之间存在转速差和液力损失，变矩器的效率不如机械式变速器高，故使用变矩器的汽车在正常行驶时的燃油经济性较差。为提高变矩器在高传动比工况下的效率，可采用带锁止离合器的液力变矩器（图 10-9）。锁止离合器的主动部分是传力盘和操纵液压缸活塞（即压盘），它们与泵轮一起旋转；从动部分是装在涡轮轮毂花键上的离合器从动盘。液压油经油道进入后，推动活塞右移，压紧从动盘，锁止离合器接合，于是泵轮与涡轮接合成一体旋转，变矩器不起作用。当撤除油压时，两者分离，变矩器恢复正常工作。

当汽车起步或在坏路面上行驶时，可将锁止离合器分离，使变矩器起作用，以充分发挥液力传动能够自动适应行驶阻力剧烈变化的优点。当汽车在良好道路上行驶时，应接合锁止离合器，使变矩器的输入轴和输出轴成为刚性连接，即为直接机

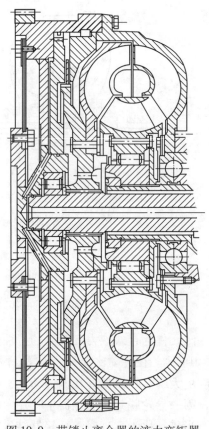

图 10-9 带锁止离合器的液力变矩器

械传动。此时，变矩系数 $K=1$，变矩器效率 $\eta=1$，从而提高了汽车的行驶速度和燃油经济性。

当锁止离合器接合时，单向离合器即脱开，导轮在液流中自由旋转。若取消单向离合器，则当泵轮与涡轮锁成一体旋转时，导轮将仍处于固定状态而导致液力损失加大，效率降低。

三、液力变矩器的特性

常用与速比 i 对应的变矩系数 K、效率 η 及能容系数 C_P 来表示液力变矩器的特性，如图 10-10 所示。

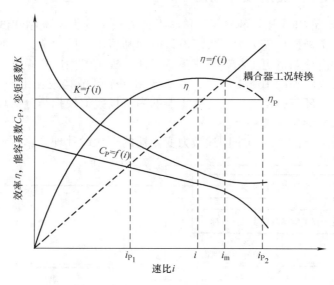

图 10-10 液力变矩器的特性

图 10-10 能确切地表示一系列不同转速、不同尺寸与力学特性相似的液力变矩器的基本性能。变矩系数曲线 $K=f(i)$ 反映了不同速比工况下，涡轮转矩 T_T 相对于泵轮转矩 T_P 的增大倍数，也反映了变矩器对外界负荷变化的自适应能力。评价其适应性的指标是两种工况下的 K 值：一种是 $i=0$ 时的零速变矩系数 K_0；另一种是变矩系数 $K=1$ 时的速比 i_m（耦合器工况速比）。

$\eta=f(i)$ 能够表示传递功率时的损失和有关经济性的概念，这是最重要的性能，它决定着结构发展与设计理论的改进。其评价指标有两个，一是最高效率值 η_{max}，它有两种情况，对于单相变矩器，$\eta_{max}=\eta^*$；对于综合式变矩器，为耦合器工况最高效率 $\eta_{max}=\eta_{max_m}$。二是高效范围宽度，指效率不低于 80% 时所对应的速比范围 $d_P=i_{P_2}/i_{P_1}$。这两个指标往往是矛盾的，轿车因常在高速比工况下工作，η_{max} 越大，经济性越好，所以对 η_{max} 的要求比 d_P 重要；越野车辆则相反。量化的工作应先对变矩器工况的概率分布进行研究，在此基础上才能有准确的结论。近年来，变矩器仅在起步、加速或坏路上行驶时工作，其他情况下通常转为滑差工况或闭锁工况（机械传动），这说明对 η_{max} 有了更高的追求。

$C_P = f(i)$ 曲线表示相对应输入转速下的传递转矩，反映其负荷性能。C_P 值大，说明传递相同的功率时，变矩器的尺寸、质量可以小。可用其表达的透穿性能 T 为

$$T = C_{P0}/C_{Pm} \tag{10-1}$$

式中 C_{P0}、C_{Pm}——零速时及耦合器工况点的能容系数。

T 反映涡轮轴上转矩和转速变化时对泵轮轴上转矩和转速变化的影响能力，即透穿能力。

四、液力变矩器的设计流程

随着 CAD 和 CFD 技术的发展，传统设计方法中的大量试制和试验环节可以由计算机模拟来实现，从而大大节省了设计时间和费用。同时，先进的叶形设计方法使得变矩器的设计制造更加精确。正是基于此，提出了面向变矩器自身的现代设计方法，其设计流程如图 10-11 所示，它主要由四个环节构成：第一、预设计环节；第二、叶形设计环节；第三、液力变矩器的内流场数值模拟与分析环节，即性能分析环节；第四、参数调整环节。

下面将围绕这四个环节来阐述液力变矩器的现代设计理论。

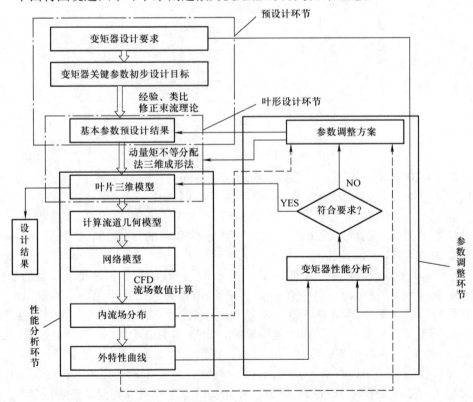

图 10-11 面向变矩器自身的现代设计方法的设计流程

10.2 液力变矩器的预设计

预设计的主要目的是初步确定循环圆的尺寸和各叶片进出口角等基本参数，为叶片三维成形设计创造条件。预设计环节秉承了传统设计方法的经验、类比等方法，它所确定的参数仅仅作为叶片成形设计的初始条件，在后续设计中，这些参数将根据预测性能进行调节。因此，理论上预设计的好坏不会影响最终设计结果，但是准确的预设计将大大简化参数调节环节。为此，本文提出了修正能头损失的束流理论，提高了对变矩器性能进行初步预测的准确性。

一、循环圆

图 10-12 所示为三元件二相单级液力变矩器的循环圆和叶片角度，循环圆形状对变矩器结构尺寸和工作轮制造有很大影响，为适应轿车前置前驱动布置方案的需要，循环圆的轴向尺寸受到严格控制，故它多已由圆形变成扁平形。循环圆也从一圆弧向三圆弧发展。设计时如有性能优良的样机参考，则可根据相似原理进行放大或缩小，以适应新车型的最佳匹配要求。如需要新设计，则先要根据发动机特性求出所需能容系数 $C_P = T_P/n_P^2$，其中 T_P、n_P 分别为泵轮的转矩与转速，而后得到有效直径 D 的大概值

$$D = \sqrt[5]{C_P/k_\lambda} \tag{10-2}$$

式中　k_λ——与变矩器形式、叶片形状、液体的密度及速比有关的系数；

　　　　D——有效直径（m），它是变矩器的重要尺寸，对能容系数、循环圆及流道尺寸均有重要影响（mm）。

流道形状应保证过流截面沿流线方向的流道面积 S 为常数。如取泵轮出口半径 R_{P_2} 为特性半径，则相对面积 $s_n = S_n/R_{P_2}^2$，在 0.70~0.90 范围内选取；此外，考虑到单向离合器的安装要求，相对特性半径 $r_{D_2} = R_{D_2}/R_{P_2}$，$r_{T_2} = R_{T_2}/R_{P_2}$，其值取 0.5~0.65 为宜。

二、液力变矩器的参数

高性能的液力变矩器，须将叶片与液流相互作用的能量损失控制在最小范围内。

1. 无冲击损失

通常在计算工况应实现无冲击损失，根据一元束流理论 $\sum H_y = 0$，可解得无冲击入口时各工作轮的入、出口液流角。因 β_{D_2} 的最佳值范围较窄，容易选取或按式（10-4）确定，故下式均是导轮出口角的函数

$$\cot\beta_{P_1} = \left(-\frac{r_{P_1}}{q^*} + \frac{\cot\beta_{D_2}}{s_{D_2}}\right)s_{P_1}$$

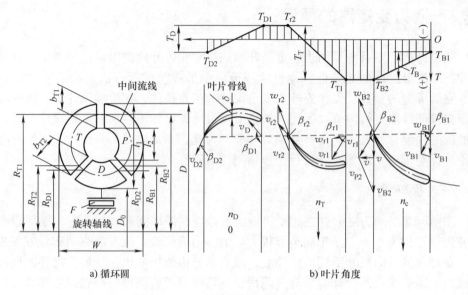

a) 循环圆   b) 叶片角度

图 10-12   三元件二相单级液力变矩器

$$\cot\beta_{P_2} = \left[\frac{1}{q^*}\left(\frac{k_\lambda}{q^*\rho} - 1\right) + \frac{r_{D_2}\cot\beta_{D_2}}{s_{D_2}}\right]s_{P_2}$$

$$\cot\beta_{T_1} = \left[\frac{1}{q^*}\left(\frac{k_\lambda}{q^*\rho} - i^*\right) + \frac{r_{D_2}\cot\beta_{D_2}}{s_{D_2}}\right]s_{T_1}$$

$$\cot\beta_{T_2} = \left\{\frac{1}{q^*}\left[\frac{k_\lambda}{r_{T_2}q^*\rho}(1 - K_y^*) - r_{T_2}i^*\right] + \frac{r_{D_2}\cot\beta_{D_2}}{r_{T_2}s_{D_2}}\right\}s_{T_2}$$

$$\cot\beta_{D_1} = \left[\frac{k_\lambda}{r_{T_2}q^{*2}\rho}(1 - K_y^*) + \frac{r_{D_2}\cot\beta_{D_2}}{r_{T_2}s_{D_2}}\right]s_{D_1} \qquad (10\text{-}3)$$

$r_{n_1} = R_{n_1}/R_{P_2}$，$r_{n_2} = R_{n_2}/R_{P_2}$，$s_{n_1} = S_{n_1}/R_{P_2}^2$，$s_{n_2} = S_{n_2}/R_{P_2}^2$，$q = Q/R_{P_2}^3\omega_P$，下角标 n 代表泵轮，P 代表涡轮，D 代表导轮；q 为相对流量，i^* 代表传动比。这种无因次表达可方便研究。

2. 通流损失最小

只要有液体流动就伴随有通流损失，只有控制通流损失至最小，才可能获得最佳效率。通流损失主要取决于叶片角、流量与通流面积。对于给定的 i^* 和 k_λ^*，要使 η_y^* 达到最大，即为变矩系数 K_y^* 达到最大，则极值的条件为

$$\partial K_y^*/\partial\cot\beta_{D_2} = 0, \quad \partial K_y^*/\partial q^* = 0, \quad \partial K_y^*/\partial s = 0$$

联立解方程得

$$\cot\beta_{D_2} = \frac{sr_{D_2}}{q^*}\sqrt{\frac{\xi_{mP}}{\xi_{mP} + \xi_{mD}}} = \frac{1}{m^*}\sqrt{\frac{\xi_{mP}}{\xi_{mP} + \xi_{mD}}} \qquad (10\text{-}4)$$

式中 ξ_{mP}——涡轮通流损失系数;

ξ_{mD}——导轮通流损失系数。

试验表明,当 $m^* = q^*/s > 0.35$ 时,通流损失增大;而当 $m^* < 0.17$ 时,叶片内将出现涡旋,易引起附加损失。因此,最佳范围为 $0.17 < m^* < 0.35$。

三、修正能头损失的束流理论

1. 基本束流理论

在束流理论中,当液力变矩器一定时,要求各工作轮的作用转矩和能头等,关键在于获得不同液力变矩器工况下循环流量的变化情况,它可根据液流的能量平衡方程式中求得

$$H_P + H_T - \sum h = 0 \tag{10-5}$$

式中 H_P——泵轮理论能头(m);

H_T——涡轮实际能头(m);

$\sum h$——总的能头损失(m)。

由欧拉方程有

$$H_P = \frac{U_{P_2} V_{P2\theta} - U_{P_1} V_{P1\theta}}{g}$$

$$H_T = \frac{U_{T_2} V_{T2\theta} - U_{T_1} V_{T1\theta}}{g} \tag{10-6}$$

下角 θ 表示切向。

在束流理论中,将能头损失分为两类基本损失加以计算:第一类损失与液流的相对速度有关,并与流量的平方成正比,称为摩擦损失;第二类损失与液流的冲击角有关,并与损失速度的平方成正比,称为冲击损失。

摩擦损失 h_{mc} 的计算公式为

$$h_{mc} = \lambda \frac{L}{4R_y} \frac{W^2}{2g} \tag{10-7}$$

式中 L——流道长度(m);

R_y——水力半径,为过流断面面积与湿周之比(m);

λ——摩擦因数;

W——相对速度(m/s)。

冲击损失 h_{cj} 的计算公式为

$$h_{cj} = \varphi_y \frac{(\Delta v)^2}{2g} \tag{10-8}$$

式中 φ_y——冲击损失系数;

Δv——冲击损失速度(m/s)。

将各能头及能头损失代入能量平衡方程（10-5）中，便可求的循环流量 Q，于是各工作轮转矩可根据下列各式求得

$$T_P = \rho Q (V_{P_2\theta} r_{P_2} - V_{P_1\theta} r_{P_1})$$
$$T_T = \rho Q (V_{T_2\theta} r_{T_2} - V_{T_1\theta} r_{T_1}) \tag{10-9}$$
$$T_S = \rho Q (V_{S_2\theta} r_{S_2} - V_{S_1\theta} r_{S_1})$$

2. 能头损失修正

（1）摩擦损失 液力变矩器的循环圆形状对于变矩器的流动摩擦损失有一定的影响，但是，传统束流理论中的摩擦损失计算采用的是直管中的摩擦损失公式，无法考虑这一因素。当然，变矩器内部的流动是极为复杂的三维流动，要正确把握这些损失是很困难的，本文采用具有较高可靠性的弯曲管路摩擦损失方程，把由流道曲率变化引起的摩擦损失变化简单地反映出来。

将各叶轮流道近似为弯曲管路，以泵轮为例，如图10-13所示。其摩擦损失可表示为

$$h_{P_{mc}} = \zeta_P \frac{W^2}{2g} \tag{10-10}$$

式中，摩擦损失系数 ζ_P 由雷诺数 Re、弯管曲率半径 R'、弯管中心角 ψ 和弯管直径 D' 来确定

$$\zeta_P = A\psi Re^{-0.2} \left(\frac{R'}{D'}\right)^{0.9} \tag{10-11}$$

式中 A——离心流道修正系数。

涡轮和导轮的流道摩擦损失计算方法与泵轮相同，将各叶轮流道近似转化为弯管时，可遵循过流面积相等的原则来确定弯管直径，而弯管曲率半径的选取应尽量保证弯管形状与循环圆相似。

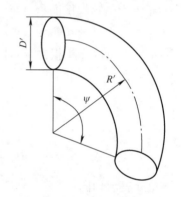

图 10-13 弯曲管路模型参数

（2）泵轮入口处冲击损失 由于导轮出口处吸力面的脱流对变矩器的性能影响很大，而泵轮入口的冲击损失可以反映这一影响，因此本文对泵轮入口的冲击损失进行了修正。在冲击损失的计算公式（10-8）中，冲击损失速度的计算是关键，图 10-14 为泵轮入口处冲击损失速度计算示意图，由图可得

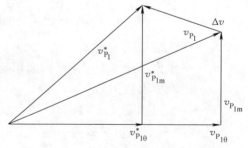

图 10-14 冲击损失速度计算示意图

$$(\Delta v)^2 = (v^*_{P_{1m}} - v_{P_{1m}})^2 + (v^*_{P_{1\theta}} - v_{P_{1\theta}})^2 \tag{10-12}$$

式中 $v_{P_{1m}}^*$、$v_{P_{1\theta}}^*$——无冲击条件下泵轮入口液流的子午速度和切向速度。

传统束流理论中，计算冲击损失速度时忽略了上式中等号右侧第一项——轴面速度的差异，实际上，循环流量的变化会引起该项发生较大的变化。为了计算冲击损失速度，首先要计算无冲击条件下的两个分速度，图10-15所示为泵轮入口无冲击工况时泵轮入口和导轮出口的速度三角形。

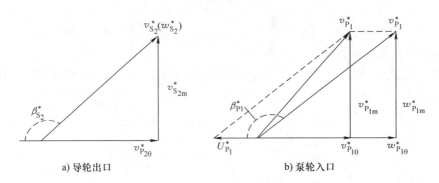

a) 导轮出口　　　　b) 泵轮入口

图 10-15　无冲击条件下的速度三角形

泵轮入口液流无冲击进入的条件为

$$\beta_{P_1}^* = \beta_{P_{1b}} \tag{10-13}$$

导轮出口液流被认为是跟随叶片角度的，则

$$\beta_{S_2}^* = \beta_{S_{2b}} \tag{10-14}$$

根据无叶片区动量矩不变原则有

$$v_{S_{2\theta}}^* r_{S_2} = v_{P_{1\theta}}^* r_{P_1} \tag{10-15}$$

由速度三角形可得如下方程

$$\frac{w_{P_{1m}}^*}{w_{P_{1\theta}}^*} = -\tan(\beta_{P_1}^*) \tag{10-16}$$

$$\frac{v_{S_{2m}}^*}{v_{P_{2\theta}}^*} = -\tan(\beta_{S_2}^*) \tag{10-17}$$

$$w_{P_{1m}}^* = v_{P_{1m}}^* = \frac{Q^*}{A_{P_1}} \tag{10-18}$$

$$v_{S_{2m}}^* = \frac{Q^*}{A_{S_2}} \tag{10-19}$$

式中 A_{P_1}、A_{S_2}——泵轮入口处和导轮出口处的过流断面面积。

下角 θ 表示切向，下角 m 表示在子午面上的投影。

联立式(10-13)~式(10-19)，可解出液流无冲击进入泵轮时的分速度为

$$v_{P_{1m}}^* = \frac{\omega_P r_{P_1} \tan(\beta_{P_{1m}})}{\dfrac{A_{P_1}}{A_{S_2}} \dfrac{r_{P_1}}{r_{S_2}} \dfrac{\tan(\beta_{P_{1b}})}{\tan(\beta_{S_{2b}})} - 1} \tag{10-20}$$

$$v_{P_{1\theta}}^* = \frac{\omega_P r_{P_1}}{\dfrac{A_{S_2}}{A_{P_1}} \dfrac{r_{P_1}}{r_{S_2}} \dfrac{\tan(\beta_{S_{2b}})}{\tan(\beta_{P_{1b}})} - 1} \tag{10-21}$$

将式（10-20）、式（10-21）及式（10-12）代入冲击损失计算公式（10-8），即可得到泵轮入口处冲击损失的修正公式。

（3）性能预测对比　针对W305原型变矩器分别采用传统的束流理论和修正能头损失的束流理论进行计算，并与试验数据进行对比，图10-16所示为性能预测对比情况。

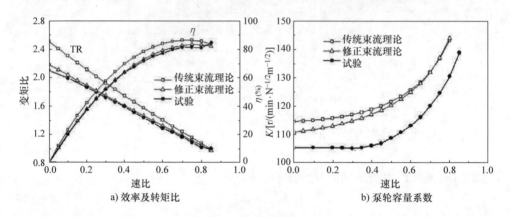

图 10-16　性能预测对比

从图10-16中可以看出，修正能头损失的束流理论大大提高了效率和转矩比的性能预测精度，效率的最大相对误差从9.35%降低为2.44%，转矩比的最大相对误差从19.55%降低为3.09%；对于泵轮容量系数，修正能头损失的束流理论并没有明显的变化。

准确的一维性能预测使得预设计环节更加快速有效，尽管三维流场数值计算可以得到足够精确的预测性能，但是一维方法由于其参数简单、计算迅速等优点仍然在实际设计中被广泛应用。实际应用中，一维方法主要用于在预设计环节中确定基本叶形参数如进出口角等，在此基础上，必须利用三维流场分析及叶片三维成形法这些更有力的工具和方法才能获得准确且更优的设计结果。

10.3　叶形设计

液力变矩器的叶片形状设计是在得到了循环圆尺寸和各叶片进出口角等基本参数后进行的，现代设计方法中，这些基本参数由预设计环节初步确定，并在变矩器设计过程中进一步调整。改型设计所确定的变矩器叶片角度见表10-1。

表 10-1　变矩器叶片角度

泵轮叶片		涡轮叶片		导轮叶片	
进口角	出口角	进口角	出口角	进口角	出口角
133°	90°	46°	152°	93°	20°

叶片形状是影响变矩器性能的关键因素,传统的设计方法较多地依赖于经验,采用手工绘图的方式设计叶片形状,其作图过程繁琐且精度较低。随着现代加工技术的发展,叶片成形可以直接根据三维模型进行,从而精确地保证了叶片的空间形状。本章所提出的叶形设计方法最终可直接生成叶片的三维模型。

一、动量矩不等分配法

(一) 动量矩等分配法

动量矩等分配法即传统的环量分配法,其理论基础是束流理论,它认为:在选定的设计速比下,循环圆平面中间流线上每增加相同的弧长,液流沿叶片中间流线应增加相同的动量矩,以保证流道内的流动状况良好。对变矩器各元件,其转矩公式可写为

$$T = \rho Q(v_{2\theta}r_2 - v_{1\theta}r_1) \tag{10-22}$$

式中　Q——循环流量(L/s);

v_θ——绝对速度的切向分量(m/s),其公式为

$$v_\theta = U + W_m \cot\beta \tag{10-23}$$

如图 10-17 所示,动量矩等分配即把 $(v_{2\theta}r_2 - v_{1\theta}r_1)$ 沿中间流线等量分配,保证各点之间动量矩的增量相等,从而确定各点空间坐标,其具体步骤如下:

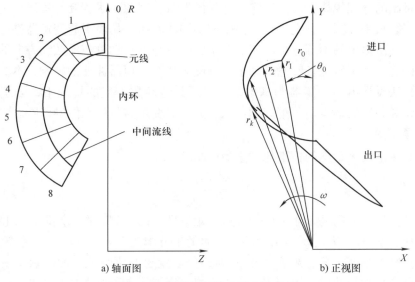

图 10-17　动量矩等分配法示意图

1) 在循环圆平面内对中间流线进行等分,并过等分点作垂直于中间流线的元线,等分点数目越多,叶形描述越精确。

2) 计算进出口动量矩的变化,并按照增量相等原则计算各等分点对应的动量矩。

3) 根据速度公式(10-23)计算各分点对应的角度 β。

4) 确定内、外环上对应点的角度。根据反势流理论,液流在过流断面上的速度分布规律可描述为

$$\frac{\cot\beta_c}{r_c} = \frac{\cot\beta}{r} = \frac{\cot\beta_s}{r_s} \qquad (10\text{-}24)$$

式中,下角标 c 和 s 分别表示内环和外环。根据式(10-24)可计算出内、外环上各点对应的角度。

5) 根据内、外环半径和偏移量确定叶片形状。任一叶片元线上的偏移量 x_k 的计算公式如下

$$x_k = r_k \sin\left(\theta_0 + \sum_{i=0}^{k} \frac{e\cot\beta_i}{r_i}\right) \qquad (10\text{-}25)$$

式中 e——设计流线上相邻两点之间的弧长;

θ_0——元线起点所在轴面与径向参考平面间的夹角;

r_k——元线与设计流线交点的半径。

下角标 k 为元线的序号,图 10-17 以涡轮内环为例表达了这种空间几何关系。

6) 叶片加厚。加厚的基本原则是保证叶片表面光滑,并使得过流面积变化平缓。

(二) 动量矩不等分配法

动量矩的分配规律实际上决定了叶片的形状,因此,尽管叶片进出口角等基本参数相同,采用不同的分配法还是会生成不同的叶形,从而引起变矩器整体性能的变化。本文所提出的不等分配法正是基于这一思想,对动量矩沿弦线方向的分配规律进行研究。为了研究各叶轮的动量矩分配规律对变矩器性能的影响,本文以动量矩等分配法设计出的变矩器为基型,在保证其他参数不变的情况下,分别改变泵轮、涡轮和导轮的动量矩分配规律,以研究其对变矩器整体性能的影响。

1. 泵轮

对泵轮定义无量纲的标准化动量矩 $(v_\theta r)^*$ 如下

$$(v_\theta r)^* = \frac{v_\theta r - v_{1\theta} r_1}{v_{2\theta} r_2 - v_{1\theta} r_1} \qquad (10\text{-}26)$$

为了分析不同的动量矩分配规律对变矩器性能的影响,本文选取三种特殊情况进行对比,图 10-18a 所示为泵轮的三种动量矩分配规律对比。其中,泵轮 2 为传统的动量矩等分配方案;泵轮 1 的前半部分动量矩变化较大,而动量矩变化大说明这部分叶片承受的转矩大,因此,本文将其定义为前部加载方案;同理,泵轮 3

定义为后部加载方案。为了保证叶片进出口角度的一致性，在改变动量矩分配规律时保持进出口附近的变化规律一致（图10-18a中的 AB 段和 CD 段），后文中对涡轮和导轮进行研究时采用了同样的处理方法。

三种泵轮所对应变矩器的效率、泵轮容量系数、转矩比的对比情况如图10-18b、c、d 所示。从图上可以看出，泵轮3所对应变矩器的最高效率最高，泵轮1与其相差不大，泵轮2所对应变矩器的最高效率最低；泵轮1所对应变矩器的泵轮容量系数最大，泵轮2所对应变矩器的泵轮容量系数最小；泵轮1所对应变矩器的起动转矩比最高，泵轮2所对应变矩器的起动转矩比最低。

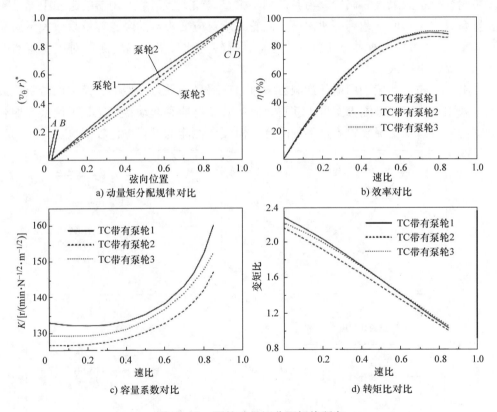

图 10-18　泵轮动量矩分配规律研究

由此可知，泵轮采用动量矩等分配方案对于变矩器的效率和转矩比性能都是不利的，但它可以获得较小的泵轮容量系数，泵轮容量系数小意味着可以匹配具有更大转矩的发动机；采用前部加载方案可以获得较高的最高效率和起动转矩比，泵轮容量系数较大；采用后部加载方案可以获得最高的效率性能。

2. 涡轮

对涡轮定义如下无量纲的标准化动量矩 $(v_\theta r)^*$ 如下

$$(v_\theta r)^* = \frac{v_\theta r - v_{2\theta} r_2}{v_{1\theta} r_1 - v_{2\theta} r_2} \tag{10-27}$$

图 10-19a 所示为三种涡轮的动量矩分配规律对比，涡轮 2 为传统的动量矩等分配方案；涡轮 3 的前半部分动量矩变化较大，定义为前部加载方案；涡轮 1 定义为后部加载方案。

图 10-19b、c、d 所示分别为三种涡轮所对应变矩器的效率、容量系数和转矩比的对比情况。从图上可以看出，涡轮 3 所对应变矩器的最高效率最高，涡轮 2 与其差别不大，涡轮 1 所对应变矩器的最高效率最低；涡轮 3 所对应变矩器的起动工况泵轮容量系数最大，涡轮 2 与其差别不大，涡轮 1 所对应变矩器的起动工况泵轮容量系数最小，但是达到高速比后，涡轮 1 所对应变矩器的泵轮容量系数大于涡轮 2 和涡轮 3；涡轮 1 所对应变矩器的起动工况转矩比最大，涡轮 3 所对应变矩器的起动工况转矩比最小。

由此可知，涡轮采用前部加载方案可以获得最高的效率性能，但起动转矩比最低；采用动量矩等分配方案可以获得较高的效率性能和起动转矩比；采用后部加载方案可使得起动工况泵轮容量系数降低，但效率性能的下降也比较明显。

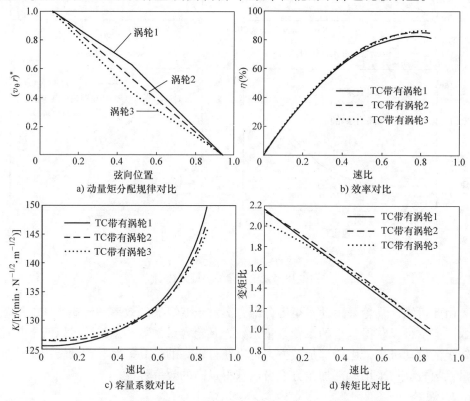

a) 动量矩分配规律对比　　b) 效率对比
c) 容量系数对比　　d) 转矩比对比

图 10-19　涡轮动量矩分配规律研究

3. 导轮

对导轮定义如下无量纲的标准化动量矩 $(v_\theta r)^*$：

$$(v_\theta r)^* = \frac{v_\theta r - v_{1\theta} r_1}{v_{2\theta} r_2 - v_{1\theta} r_1} \quad (10\text{-}28)$$

图 10-20a 所示为三种导轮的动量矩分配规律对比，导轮 2 为传统的动量矩等分配方案；导轮 1 的前半部分动量矩变化较大，定义为前部加载方案；导轮 3 定义为后部加载方案。图 10-19b、c、d 所示为三种导轮所对应变矩器的效率、泵轮容量系数、转矩比的对比情况。从图上可以看出，导轮 1 所对应变矩器的最高效率最高，导轮 3 与其相差不大，导轮 2 所对应变矩器的最高效率最低；导轮 1 所对应变矩器的起动工况泵轮容量系数最大，导轮 3 所对应变矩器的起动工况泵轮容量系数最小；导轮 3 所对应变矩器的起动转矩比最大，导轮 2 所对应变矩器的起动转矩比最小。

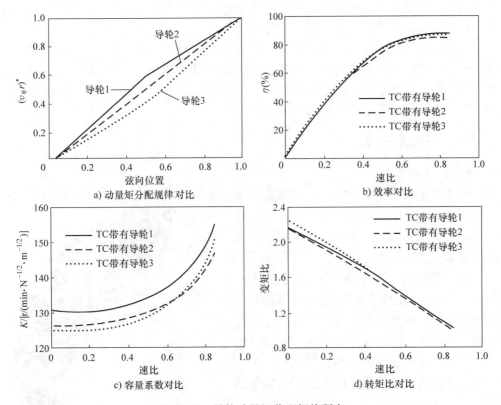

图 10-20　导轮动量矩分配规律研究

导轮采用前部加载可获得最高的效率性能，泵轮容量系数也最大；采用动量矩等分配方案时效率性能和转矩比均很低；采用后部加载方案时可获得较高的效率性能和最大的起动转矩比，同时起动工况泵轮容量系数也最低。

4. 结论

上面的对比分析表明，不同的动量矩分配规律对变矩器性能有很大的影响，针对所研究的三种特殊分配规律，可得到如下结论：

1）要提高效率性能，可对泵轮采用后部加载方案，对涡轮采用前部加载方案，对导轮采用前部加载方案。

2）要降低泵轮容量系数，可对泵轮采用动量矩等分配方案，对涡轮采用后部加载方案，对导轮采用后部加载方案。

3）要提高起动转矩比，可对泵轮采用前部加载方案，对涡轮采用后部加载方案，对导轮采用后部加载方案。

需要指出的是，由于液力变矩器的性能受到各个元件之间相互作用的影响，实际设计中，要想获得最优的变矩器性能，仅仅进行单个叶轮的不同方案对比是不够的，必须综合研究多种组合方案，这是一项工作量非常大的工作，随着理论和试验研究的进一步深入，对动量矩不等分配规律的研究将更加完善，本节所得出的结论对于这一叶形设计方法具有重要的指导意义。

与下面的三维成形法相比，动量矩不等分配法的优点是设计中采用的参数变化规律具有一定的物理含义，而三维成形法仅仅是基于纯粹的几何构造关系。但是，实际应用中，动量矩不等分配法还面临着直接生成叶形时容易产生叶片不合理扭曲的问题，而三维成形法则更加直观可靠。

二、三维成形法

（一）几何原理

液力变矩器工作轮的叶片一般都是空间扭曲的，叶形设计首先需要保证能对叶片的真实长度、厚度和角度等参数进行正确的描述。本文提出的三维成形法主要通过两次转换实现对叶形的定义：

1）利用平行的翼面层对叶片进行切分，使得对空间叶形的描述可通过对各翼面层上叶片断面形状的描述来实现，从而将空间曲面转化为空间曲线。例如，在图 10-21 中，叶片被五个翼面层（0, 1/4, 2/4, 3/4, 1）切分，叶形可以由各翼面层上的叶片轮廓线确定。

2）利用投影于多圆柱面的等倾角射影法，将翼面层上的叶片轮廓线转化为平面叶形，从而将空间曲线转化为平面曲线，等倾角射影得到的展开线可与原曲线保持相等的

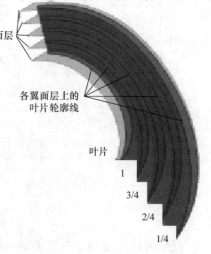

图 10-21 叶形空间描述

长度和倾角。图 10-22 为翼面层 0 上叶片骨线的等倾角射影图。传统的叶片设计方法中也用到了等倾角射影法，但是它主要考虑的是进出口角，对于中间变化过程则多依赖于经验进行手工绘形，其设计过程繁琐且精度低。三维成形法通过对骨线上各点叶片角和厚度的定义，根据空间几何关系，可直接生成叶片表面点的三维坐标，进而生成叶片的三维模型，不仅保证了空间叶形的精确性，而且可以对叶形进行参数化定义和研究。

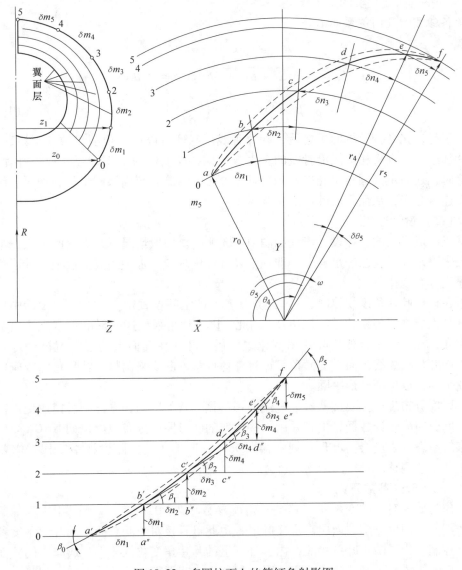

图 10-22　多圆柱面上的等倾角射影图

参照图 10-22，定义骨线上各点的位置参数如下：

x、y、z——X、Y、Z 轴坐标值;

r——半径;

θ——绕 Z 轴从 X 轴到 Y 轴方向的旋转角度;

β——叶片角;

m——沿子午曲线的距离;

s——沿曲线的距离百分数($0 \leqslant s \leqslant 1$,进口侧为 0,出口侧为 1);

c——曲线真实的三维长度。

各参数的几何关系如下

$$\delta_m = \sqrt{\delta r \delta r + \delta z \delta z}$$

$$\delta_c = \sqrt{\delta x \delta x + \delta y \delta y + \delta z \delta z}, \quad c = \int_0^s \delta c \, ds$$

$$\beta = 90° - a\tan\left(\frac{\delta\theta \cdot r}{\delta m}\right) \tag{10-29}$$

于是,在划分了翼面层之后,叶片骨线形状便可以通过角度参数 θ 得以确定,叶片加厚时,则将相应点沿骨线的垂直方向偏移厚度值的 1/2 即可。处理叶片前、后缘时,还需定义圆角半径以得到合理的叶形,得到各翼面层叶形后,通过直纹面将其连接起来,从而生成叶形的三维模型。

(二) 设计过程

三维成形法的具体设计流程如图 10-23 所示。一般情况下,划分两个或三个翼面层来确定叶形就已经足够了,即确定外环和内环或增加中间翼面层上的叶形角度和厚度分布规律。

在设计叶片角度规律时,θ 曲线是最基本的空间位置定义,但叶片设计中更能体现与性能之间关系的是叶片角 β。因此,以叶片角来描述叶形的角度规律更加直观有效,在设计了合理的叶片角变化规律后,叶片在翼面上的形状就被确定下来了,而叶片在翼线方向上的倾角可通过整体偏移 θ 曲线来调整。叶片角曲线应保持变化平缓,以保证叶形平顺。

厚度分布规律主要遵从保证过流面积尽量一致的原则,设计中可使用变矩器叶片厚度分布的统计数据,也可采用一些成熟的叶形厚度分布规律,如 NACA(美国国家航空咨询委员会)叶形系列和儒可夫斯基叶形等,实际设计中应根据需要进行细节上的调整。

(三) 叶形参数研究

作为研究对象的变矩器,其基本角度参数见表 10-1,为了保证叶片基本角度参数不变,划分三个翼面层来定义叶形,由此可直接对中间翼面上的叶形角度参数进行控制。为了防止叶形扭曲,内、外环上的叶片角变化规律设计成与中间翼面一致,后文中描述各叶片角变化规律时,仅给出中间翼面上的叶片角变化规律。

1. 泵轮

用来作对比研究的三种泵轮采用同样的厚度变化规律,如图 10-24a 所示,外

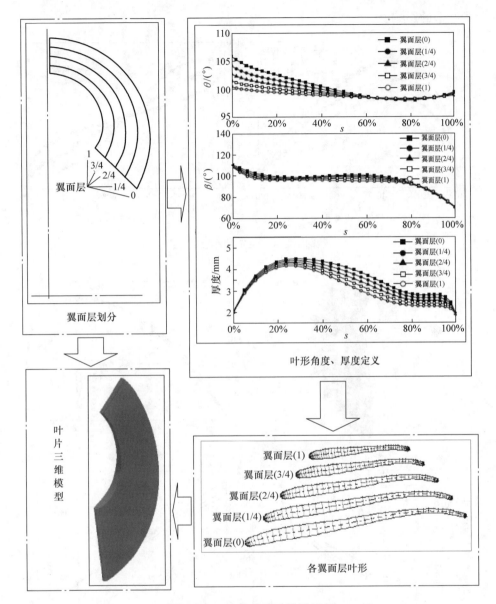

图 10-23 三维成形法设计流程

环即翼面层 1/2 上的叶片弦长较长,最大厚度较大,约为 4.3mm;内环即翼面层 1 上的叶形相对较薄,最大厚度为 3mm,整个叶片的厚度分布规律保持一致。为了便于分析,三种泵轮的叶片角变化规律采用了比较特殊的三种方案,如图 10-25b 所示,其中泵轮 B 为直线型,是进行对比研究的基本形式。将叶片角从进口到出口沿弦线方向积分,可得到叶片出口边缘相对于进口边缘的角位移,采用图 10-25b 中的三种方案可保证叶片进出口的相对角位移相同,从而使得所进行的性能对比仅仅受到叶形的影响。

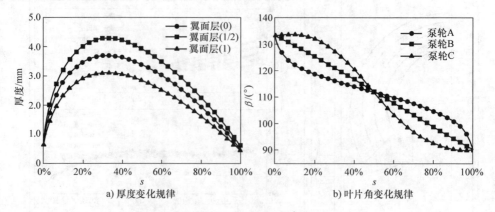

图 10-24　泵轮叶片参数

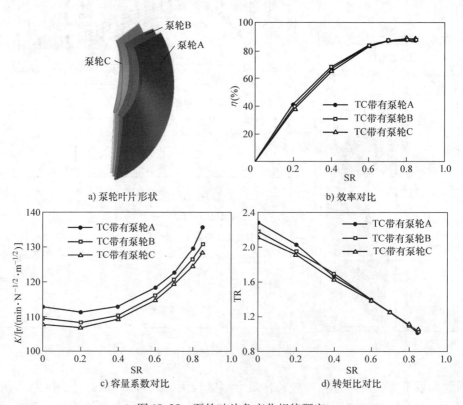

图 10-25　泵轮叶片角变化规律研究

三种泵轮的叶片形状如图 10-25a 所示，将三种泵轮分别与同样的涡轮和导轮搭配组合成三种变矩器，所搭配的涡轮和导轮的叶片角变化规律均为直线型。在对涡轮和导轮进行对比研究时也采用同样的方法，三种变矩器的效率、泵轮容量系数、转矩比的对比情况如图10-25b、c、d所示。

由图可知，效率性能上，泵轮C所对应变矩器的最高效率最高，泵轮A所对应变矩器的最高效率最低，但最高效率变化值不大；泵轮容量系数K的对比显示，泵轮C所对应变矩器的泵轮容量系数最小，泵轮A的最大；在转矩比方面，泵轮A所对应变矩器的起动转矩比最大，泵轮C所对应变矩器的起动转矩比最小。

可见，对泵轮采用前后缘变化平缓、中间变化剧烈的叶片角变化规律（如泵轮C），可获得较高的效率性能，相应的泵轮容量系数也较小；采用前后缘变化剧烈、中间变化平缓的叶片角变化规律（如泵轮A），可获得较大的起动转矩比，泵轮容量系数较大；叶片角变化规律为直线型的泵轮，其各项性能均介于上述两种泵轮之间。

2. 涡轮

三种涡轮采用同样的厚度变化规律，如图10-26a所示。外环即翼面层0上的叶形最大厚度约为8mm，内环即翼面层1上的叶形最大厚度约为4mm，整个叶片厚度分布规律保持一致。与泵轮类似，三种涡轮的叶片角变化规律采用了比较特殊的三种方案，如图10-26b所示，其中涡轮B为直线型，是进行对比研究的基本形式。

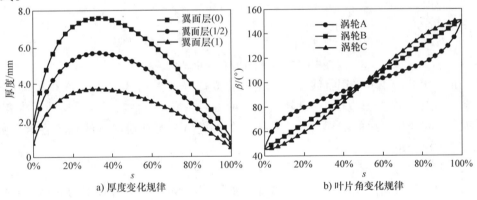

图 10-26　涡轮叶片参数

三种涡轮的叶片形状如图10-27a所示，将三种涡轮分别与同样的泵轮和导轮搭配组合成三种变矩器，其效率、泵轮容量系数、转矩比的对比情况如图10-27b、c、d所示。

效率性能上，涡轮C和涡轮B所对应变矩器的最高效率最高，涡轮B所对应变矩器在高效点临近工况下的效率比涡轮C要高，涡轮A所对应变矩器的最高效率最低；泵轮容量系数K的对比显示，涡轮C所对应变矩器的泵轮容量系数最大，涡轮A的最小；在转矩比方面，涡轮C所对应变矩器的起动转矩比最大，涡轮B与其相差不大，涡轮A所对应变矩器的起动转矩比最小。

由以上分析可知，对涡轮采用前后缘变化平缓、中间变化剧烈的叶片角变化规

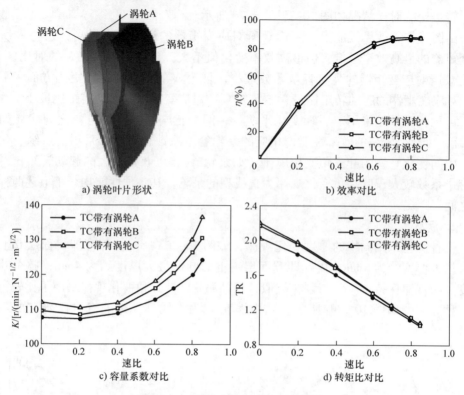

图 10-27 涡轮叶片角变化规律研究

律（如涡轮 C）或者采用直线型叶片角变化规律（如涡轮 B），均可获得较高的效率性能，同时可保证较大的起动转矩比，前者泵轮容量系数较大；采用前后缘变化剧烈、中间变化平缓的叶片角变化规律（如涡轮 A）可获得较低的泵轮容量系数，起动转矩比较小。

3. 导轮

三种导轮采用同样的厚度变化规律，如图 10-28a 所示。外环上的叶形最大厚

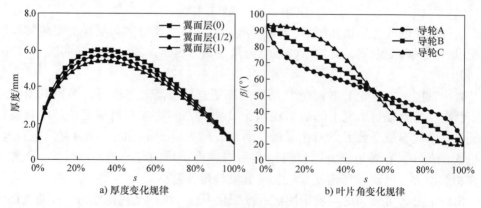

图 10-28 导轮叶片参数

度约为6mm，内环上的叶形最大厚度约为5.4mm，整个叶片厚度分布规律保持一致。与泵轮类似，三种导轮的叶片角变化规律采用了比较特殊的三种方案，如图10-28b所示，其中导轮B为直线型，是进行对比研究的基本形式。

三种导轮的叶片形状如图10-29a所示，将三种导轮分别与同样的泵轮和涡轮搭配组合成三种变矩器，其效率、泵轮容量系数、转矩比的对比情况如图10-29b、c、d所示。

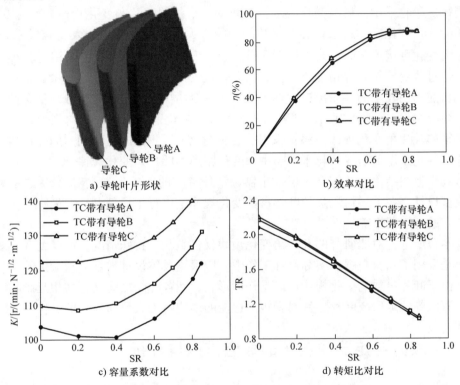

图 10-29 导轮叶片角变化规律研究
SR—速比

效率性能上，导轮B所对应变矩器的最高效率最高，导轮C所对应变矩器的最高效率最低；泵轮容量系数K的对比显示，导轮C所对应变矩器的泵轮容量系数最大，导轮A的最小；在转矩比方面，导轮C所对应变矩器的起动转矩比最大，导轮B与其相差不大，导轮A所对应变矩器的起动转矩比最小。

由以上分析可知，对导轮采用直线型叶片角变化规律（如导轮B），均可获得较高的效率性能；采用前后缘变化剧烈、中间变化平缓的叶片角变化规律（如导轮A），可获得较小的泵轮容量系数，起动转矩比也较小；采用前后缘变化平缓、中间变化剧烈的叶片角变化规律（如导轮C），则可获得较大的起动转矩比。

4. 结论

1）要提高变矩器的最高效率，可采用的方案有：泵轮采用前后缘变化平缓、中间变化剧烈的叶片角变化规律；涡轮采用前后缘变化平缓、中间变化剧烈的叶片角变化规律；导轮采用直线型叶片角变化规律。但总的来说，通过改变叶片角变化规律来调整变矩器效率的效果并不明显，更为有效的方法仍然是改变叶片进出口角等基本参数。

2）要降低泵轮容量系数，可采用的方案有：泵轮采用前后缘变化平缓、中间变化剧烈的叶片角变化规律；涡轮采用前后缘变化剧烈、中间变化平缓的叶片角变化规律；导轮采用前后缘变化剧烈、中间变化平缓的叶片角变化规律。对比发现，导轮叶片角变化规律对泵轮容量系数的影响最大，起动工况下，泵轮容量系数 K_0 的最大变化可接近 $20\text{r/min} \cdot \text{N}^{-1/2} \cdot \text{m}^{-1/2}$，而泵轮和涡轮对其影响相对较小。因此，通过改变导轮叶片角变化规律，可以在很大范围内调整泵轮容量系数，这一方法比目前使用较多的泵轮出口尖端弯曲方法更容易保证其他性能参数的稳定性。

3）要增大起动转矩比，可采用的方案有：泵轮采用前后缘变化剧烈、中间变化平缓的叶片角变化规律；涡轮采用前后缘变化平缓、中间变化剧烈的叶片角变化规律；导轮采用前后缘变化平缓、中间变化剧烈的叶片角变化规律。

基于上述结论，并综合考虑变矩器设计任务书的要求，本文对 W30 原型进行了改型设计，在上述讨论过的叶形参数变化规律上进行了局部调整，最终获得了满足要求的变矩器性能。

本节所进行对比研究的叶片角变化规律仅仅是几种特殊情况，而厚度变化规律也只是采用了经验数据，实际设计工作中，应根据具体设计目标寻求最优的变化规律。由于叶片参数的变化规律可以是任何形状，而各叶轮之间又存在相互影响，因此，深入细致地研究叶片参数对变矩器性能的影响将是大量而长期的工作。

10.4 液力变矩器内流场的数值模拟与分析

液力变矩器是流道封闭的多级汽轮机，其内部为复杂的三维黏性流动，传统的研究方法无法准确获取其流场特性。随着计算流体力学和计算机软、硬件技术的发展，使得对液力变矩器内流场的研究越来越深入，本文采用通用流体分析软件 STAR - CD 对液力变矩器的内流场进行数值模拟，为细致分析液力变矩器的内流场特性奠定了基础。

一、液力变矩器的内流场模型

（一）基本假设

工作介质在液力变矩器中的流动十分复杂，本文在对液力变矩器的内流场进行分析时做如下假设：

1）根据 SAE 标准对液力传动油的要求，其密度和黏度在工作过程中变化很小，可假设为常数，分别取为 $\rho = 890\text{kg/m}^3$ 和 $\mu = 0.00425\text{N} \cdot \text{s/m}^2$，这意味着液力变矩器中的工作介质为典型的不可压缩黏性流体。

2）正常工作时，液力变矩器工作介质的温度变化不大，本文中忽略温度的影响，仅研究流场的速度和压力分布。

3）变矩器为铸造加工，可认为所有构件为绝对刚体，即泵轮、涡轮和导轮在工作过程中没有相对位移，内、外环及叶片没有变形。

4）一般情况下，冷却油路流量小于循环流量的 0.2%，各叶轮之间的液流泄漏与循环流量相比也很小，因此均可以忽略。

5）同一工况下，同一叶轮内的每个流道的流场特性相同。这一假设具有两方面含义：首先是空间上的周期对称，这使得研究流场时可以只分析一个流道；其次是时间上的稳态，也就是在同一工况下，无论各叶轮之间的相对位置如何，同一叶轮内的流场特性是不变的。

（二）几何模型

三个叶轮的内环、外环和叶片之间的空间，加上各叶轮之间的无叶片区就构成了液力变矩器的工作流道。根据上节的假设 5），每个叶轮只需选取一个流道空间作为计算区域进行分析，该计算区域不仅包括叶片内的流道部分，还应包含叶片进口边之前和出口边之后的一小段无叶片区。

关于计算区域的选取方案，下面以泵轮为例加以说明：在接近相邻叶片间中间位置处分割流道，由两个周期对称的面切割而成的流道空间将叶片区域完整地包含在内，如图 10-30 中面 C、D 之间的部分。这里 C、D 面之间的角位移之差应等于相邻叶片之间的角位移之差，即 $2\pi/N$，其中 N 为叶轮的叶片数。对不同叶轮而言，C、D 面的选取并不存在相对位置上的限制。

本文所进行的计算采用以上方案建立流道模型。

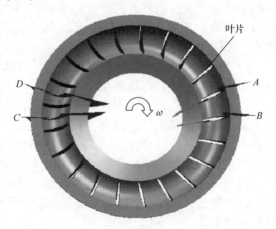

图 10-30 计算区域的选取

（三）网格模型

本文中采用六面体单元划分网格，可以保证数值模拟具有良好的收敛性。为了充分利用计算机的内存资源，进行实际工程问题的数值计算时，网格分布常常是不均匀的，在预期所求解的变量变化比较剧烈的地区，网格分布应该稠密一些，而变化平缓的地区网格则相对稀疏。这时，为了保证计算收敛性及计算结果的准确性，需要注意两方面的问题：一是每个单元在不同方向的宽度应该保持合适的比例；二是同一坐标方向上相邻单元宽度的变化应保持在合适的范围内。图 10-31 所示为计算区域的网格模型。

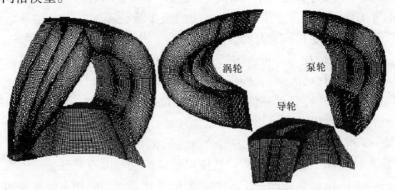

图 10-31　计算区域的网格模型

（四）边界条件

计算区域中存在三类不同的边界面：叶片表面及内、外环面；进出口面；流道分割面。

1. 壁面边界条件

叶片表面及内、外环面是不可变形的固体壁面，因此，将这些面设为相对内部网格无滑移的壁面边界。同时忽略表面粗糙度的影响，认为这些固体壁面是液力光滑的，其表面粗糙度不会影响到流场内部的流动状况。对于近壁流场的处理，STAR – CD 中提供了两种方法：

1）在两层模型和低雷诺数模型中，直接在边界层附加条件，通过解算质量、动量和湍流方程来获得边界层分布情况，其网格模型如图 10-32a 所示。在这一方法中，近壁区域的很多处理方式都与内部流动区域相同，所不同的是在边界单元表面上施加了无滑移条件。此外，在距离壁面一定位置处，存在从高雷诺数模型到低雷诺数模型的转化（图中的"两种模型的转化位置"），一般来说，转化位置沿壁面是变化的。图 10-32 中，近壁层（Near – Wall Layer，NWL）内网格密度要求较高，而且其厚度必须足够包含实际的近壁流动区域，但是由于实际近壁流动厚度是未知的，因此，NWL 的单元层数需要多次反复调整，这样才能解出合理的速度和其他参数分布。

2）在壁面函数方法中，通过特殊的代数方程来描述边界层内的速度、温度和湍流参数等的分布情况，这些代数方程被称为壁面函数，其网格模型如图 10-32b 所示。目前所采用的壁面函数所依据的主要假设有：速度等参数的变化主要存在于垂直于壁面的方向上；压力梯度和质量力的影响被认为很小；层面上的切应力方向与速度矢量平行；湍流能量的产生和耗散之间存在平衡关系。壁面函数法能节省内存和计算时间，在工程湍流计算中应用较广。标准 $k - \varepsilon$ 模型中采用的是壁面函数法。

2. 混合平面理论

液力变矩器各元件的旋转速度不同，为了对它们进行统一计算，本文采用了混

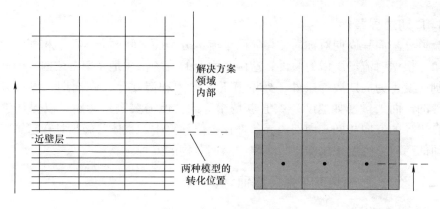

a) 两层和低雷诺数模型　　　　　　　　b) 壁面函数模型

图 10-32　近壁面流场处理

合平面理论。混合平面理论是 Denton 提出的用于计算多级透平机械的一种处理方法。实际问题中,各元件之间的滑动交界面是随时间变化而改变的,采用混合平面代替滑动交界面之后,通过周向平均的方法将时变性去除便可以进行稳态计算。

图 10-33 为典型的混合平面示意图,其上游和下游分别属于不同的元件。上游出口面具有压力边界条件,而下游进口面具有入口边界条件。将上游出口面上计算得到的速度分布在同一半径位置的周向方向上进行面积平均处理,所得到的值作为下游入口边界条件。同理,将下游入口面上计算得到的压力分布在同一半径位置的周向方向上进行面积平均处理,所得到的值作为上游压力边界条件。如此在计算过程中反复迭代,直至收敛。

根据混合平面理论,对各元件进出口面的边界设置如图 10-34 所示,其中 Inlet 表示进口边界条件,Pressure 表示压力边界条件。大量的应用表明,采用混合平面理论对液力变矩器进行数值模拟,无论是外特性参数还是内流场特性都具有足够的精度。

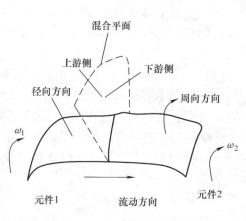

图 10-33　混合平面示意图

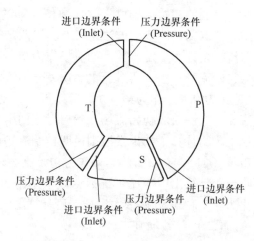

图 10-34　混合平面边界设置

3. 周期边界条件

流道分割面是周期对称的，相邻两个流道分割面之间的夹角等于相邻叶片之间的夹角。根据对流场所做的假设，这两个面上的流场特性是完全一致的，因此将流道分割面设置为周期边界条件。标量值（如压力和温度等）在周期边界对应点上是相等的，而矢量（如速度）数值也是相等的，但需要进行旋转，以保证它们相对各自边界的方向相同。周期边界条件在数值计算中的具体实施只是在求解整个流场空间的离散方程组中添加了一个限制周期对称的方程。

二、液力变矩器的内流场数值计算

（一）计算步骤

在流场数值计算中，一般将整个过程分为前处理、求解器计算和后处理三部分，如图 10-35 所示。其中，求解器计算部分属于流体分析软件的内部处理，而前、后处理则是进行流场数值计算时的主要工作。在液力变矩器的内流场数值计算中，前处理主要包括几何模型的建立、网格模型的划分、边界条件的设置和初始流场的计算。前处理对数值计算的收敛性和准确性具有重要的影响。后处理是指对数值计算结果进行进一步分析，以得到对流场及变矩器性能的深入了解。本文主要在 STAR – CD 的前、后处理器 PROSTAR 中完成这些工作。

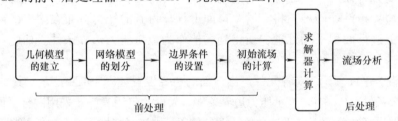

图 10-35　数值计算过程

合理的初始流场可以提高数值计算的收敛速度和准确性，在变矩器流场计算中，获取初始流场的方法主要有：以假定循环流速计算出的流场作为初始流场；以层流模型计算一定步数后的流场作为初始流场；以相邻速比工况的流场计算结果作为初始流场。本文所进行的计算综合应用了上述方法，其步骤为：以中速比工况（速比为 0.4）作为第一个计算工况，在对该工况进行计算时，首先采用假定循环流速的方法获取初始流场，然后对该初始流场进行数值求解，如果收敛则可进行其他工况的计算，如果发散则说明初始流场可能不合理，可将采用层流模型计算一定步数（如 50 步）后的结果作为初始流场，然后设置湍流模型重新进行求解，直至收敛；计算出中速比工况后，以该结果为初始流场对相邻速比工况加以计算（速比为 0.3 和 0.5）。依次类推，可计算出所有工况点。

（二）收敛准则

流场的数值计算就是不断迭代求解线性方程组的过程，当满足一定的收敛准则时,可以认为数值解与精确解足够接近并停止迭代过程。在稳态迭代计算中,当迭代次数为 k 时,特定单元上的残差 r_φ^k 就是在离散控制方程中由不完全计算引起的不平衡,即

$$r_\varphi^k = \alpha\varphi_P^k - \sum \alpha_i\varphi_l - b \tag{10-30}$$

α、α_i 和 b 是与通量相关的系数,φ 表示通量,上角 k 表示迭代次数。实际计算中用来判断收敛的值是标准化绝对残差 R_φ^k,其定义如下

$$R_\varphi^k = \frac{\sum |r_\varphi^k|}{M_\varphi} \tag{10-31}$$

M_φ 为标准化系数,在 STAR – CD 中,M_φ 的默认定义为

$$M_\varphi = \sum_P \alpha_P\varphi_P^K \tag{10-32}$$

对动量方程,以单元 P 处的速度梯度作为 φ_P 来计算标准化系数;对于连续性方程,选择前十次迭代中最大的 r_φ^k 作为标准化系数;对于其他标量参数,用单元 P 处的标量值作为 φ_P 来计算标准化系数。

残差被用来决定何时结束计算,其判断规则是要求所有残差都小于用户定义的标准 λ,即

$$\max(R_\varphi^k) < \lambda \tag{10-33}$$

其中 λ 的默认值为 10^{-3}。在满足残差要求的同时,还要求流场内的参数值接近常数,二者一起构成了收敛的充分条件。

(三) 计算结果

1. 网格独立的解

在进行实际问题的数值计算中,网格生成的工作量是非常大的,往往需要经过反复的调试与比较,才能获得适合于所计算的具体问题的网格。作为获得数值解的网格应当足够细密,以至于再进一步加密网格已经对数值计算结果基本上没有什么影响,这种数值解称为网格独立的解。

2. 准确性初步判定

收敛的数值计算结果描述了流场内各参量的分布情况,要判断计算结果是否准确,需要根据试验结果对流场分布进行细致研究,下一部分将详细分析各元件流场特性及整体性能。

初步判定仅仅是根据液力变矩器流场的特点对计算结果进行的简单校验,但它是计算结果准确性的必要条件。初步判定一般包括两方面的内容:

1) 循环流量平衡校验。对于各元件自身,入口面与出口面质量流量的相对误差必须小于 0.01%;对于所有三个元件,各自质量流量之间的相对误差必须小于 0.1%。

2) 转矩平衡校验。液力变矩器具有转矩平衡的特点,即涡轮转矩值应等于泵轮转矩值与导轮转矩值之和,对于一个准确的计算结果,其转矩不平衡值应小于泵

轮转矩的 0.2%~0.3%。

三、液力变矩器的内流场分析

为了深入了解变矩器的工作原理和流场分布以便指导改型设计，下面将以 W305 变矩器的泵轮为例，来研究内流场的典型分布特性及其产生机理，同时还对泵轮整体性能进行了研究。在需要对不同速比工况下的流场进行对比分析时，选取速比 0.00、0.40、0.80 作为三种典型工况，分别代表起动工况、中速比工况和高效工况。

（一）泵轮内流场分析

1. 流道几何定义

假定流道从外环到内环方向是由无数层互不相交的，与流道内、外环具有相似几何形状的循环面构成的；旋转方向上，流道由叶片曲面的旋转扫掠构成；从进口到出口方向，流道由无数弦面构成。由此定义流道的三个空间坐标方向，如图 10-36 所示：在弦线方向（Chordwise），以流体循环流动方向为正，称为弦坐标，进口处弦坐标为 0，出口处弦坐标为 1；在节线方向（Pitchwise）上，以旋转方向为正，称为节坐标，压力面处节坐标为 0，吸力面处节坐标为 1；在翼线方向（Spanwise）上，从外环到内环为正，称为翼坐标，外环处翼坐标为 0，内环处翼坐标为 1。相应地，分别将垂直于弦坐标、节坐标和翼坐标的面称为弦面、节面和翼面。下文只选取泵轮的流道弦面进行分析。

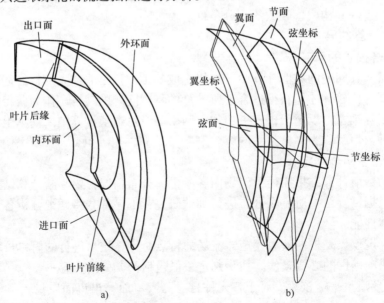

图 10-36 流道空间几何定义

2. 泵轮流道弦面流场特性

（1）泵轮流道叶片进口面　泵轮流道叶片进口面是指位于叶片前缘位置处的

弦面，各速比（SR）下该面上的相对速度分布如图 10-37 所示。

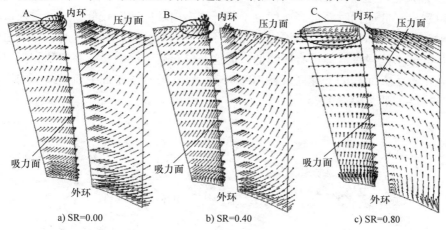

图 10-37 泵轮叶片进口面速度分布

由图 10-37 可以看出，各速比下，在内环和吸力面夹角处均出现逆流区（图 10-37a 中区域 A、图 10-37b 中区域 B、图 10-37c 中区域 C），产生这一现象的原因主要有两个：一是液流从导轮出口流出后，过流面积增大，因此，这一区域的流动可以看作射流扩散，而射流扩散的外边界会出现低速区甚至逆流；二是内环壁面的内弯在这一区域产生了尾流。为了改善该区域的流动状况，除了改变循环圆形状外，也可以通过调整导轮叶形从而改变来流分布情况，来消除或减弱逆流的发生。

图 10-38 所示为泵轮叶片进口面上静压力的分布情况。可以看出，随着速比的升高，静压力的绝对值逐渐增大，但是整个面内的压差逐渐降低，压力分布趋于均匀。高速比下，整个面内压力差相对较小，最大压力差为 $2.046 \times 10^5 Pa$；低速比时，最大压力差为 $2.413 \times 10^5 Pa$。压力差的存在将会导致液流偏离循环流动方向，从而形成二次流，后文中将专门进行分析。

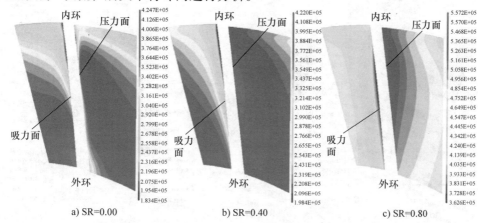

图 10-38 泵轮叶片进口面上静压力的分布情况

（2）泵轮流道中间弦面　泵轮中间弦面相对速度分布如图10-39所示，由图中可以看出，低速比时，最高速度位于外环侧，内环侧速度较低，这说明入口段流动为射流结构，即内环附近为尾流区而外环附近为射流区；高速比时，尽管由于循环流量的减小使得过流速度有所降低，但这一分布趋势更明显，在内环和吸力面夹角附近出现了大面积的低速区（图10-39c中区域A），子午面上流道曲率的变化是产生这一特征的主要原因。

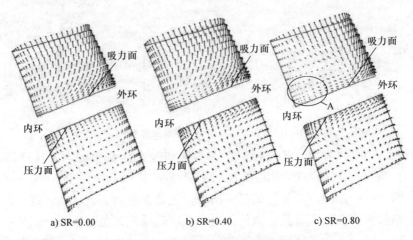

a) SR=0.00　　b) SR=0.40　　c) SR=0.80

图10-39　泵轮中间弦面相对速度分布

图10-40所示为泵轮中间弦面的静压力分布情况。由图可知，低速比和中速比时，速比的上升对静压力的分布结构影响不大，高压区位于压力面与外环的夹角处，低压区位于吸力面与内环的夹角处；高速比时，高压区同样位于外环和压力面的夹角处，但是在吸力面一侧靠近外环的位置出现了局部低压区（图10-40c中区域A），这种异常的局部低压会引起较大的能量损失。

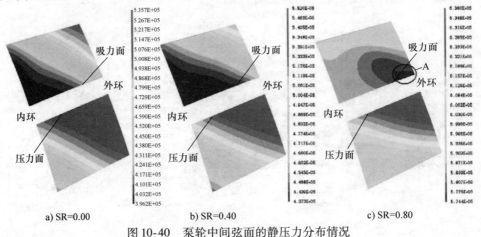

a) SR=0.00　　b) SR=0.40　　c) SR=0.80

图10-40　泵轮中间弦面的静压力分布情况

(3) 泵轮流道叶片出口面 泵轮流道叶片出口面是指位于叶片后缘位置处的弦面，该面上的相对速度分布如图 10-41 所示，压力面与外环夹角处的速度较高，吸力面与内环夹角处的速度较低。其速度分布呈现典型的射流/尾流结构，尤其以高速比工况最为明显，压力面一侧出现了充分发展的射流区，速度值较大且分布均匀；吸力面一侧出现尾流区，靠近吸力面的较大范围内速度均较低。

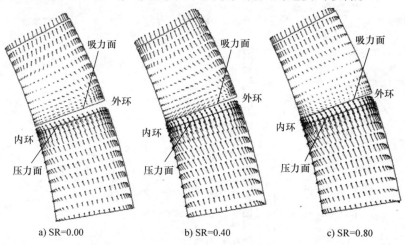

a) SR=0.00　　b) SR=0.40　　c) SR=0.80

图 10-41　泵轮叶片出口面相对速度分布

流道的旋转使得在旋转坐标系中流动的流体受到哥氏力的作用，单位体积流体受到的哥氏力表达式如下

$$F_C = 2\rho\omega v \tag{10-34}$$

式中　F_C——哥氏力（N），其方向与旋转方向相反；

　　　v——流速（m/s）；

　　　ω——泵轮转速（rad/s）。

式（10-34）表明，哥氏力为流速的函数，当流速分布不均匀即 $\partial v/\partial \theta \neq 0$ 时，哥氏力的作用将使流速分布更加不均匀；反之，如果流速分布均匀，则哥氏力对其影响较小。

当流体流入泵轮流道后，吸力面和压力面上的边界层同时开始发展，哥氏力的作用效果如图 10-42 所示，压力面上的哥氏力将抑止边界层的发展，而吸力面上的哥氏力将促进边界层的增长，因此，哥氏力对流道内流体作用的结果是在吸力面一侧产生低速尾流区，而在压力面一侧产生高速射流区。对泵轮而言，流道的弯曲主要存在于子午面内，流体流过弯曲流道时会受到离心力的影响，单位体积流体受到的离心力 $F_S = \rho v^2/r$，式中，离心力 F_S 垂直于流速向外，v 为流速，r 为曲率半径。

当流速很大或曲率半径很小时，离心力的作用将很大，如图 10-43 所示，离心力促使内环表面边界层增长，同时产生的逆压梯度使得边界层分离，并在其后形成压力和速度都较低的尾流区。因此，离心力对流道内流体作用的结果是在内环附近产生低速尾流区，而在外环附近产生高速射流区。基于上述分析结果，射流/尾流结构的分布位置主要由流道的旋转和弯曲的相对影响程度决定。一般采用 Rossby 数来评价离心力与哥氏力的相对影响程度，即

$$R_0 = \frac{v}{\omega r} \propto \frac{v}{2\omega r} = \frac{\rho v^2/r}{2\rho\omega v} = \frac{F_S}{F_C} \tag{10-35}$$

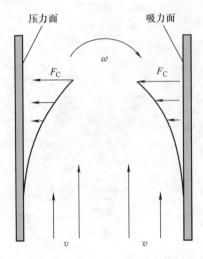

图 10-42　哥氏力的作用效果

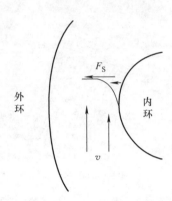

图 10-43　离心力的作用效果

对于低 Rossby 数的泵轮流动（$R_0 \leqslant 1$），哥氏力占主导作用，因此，吸力面边界层增长对尾流的影响比内环脱流的影响更大，射流区和尾流区将分别位于压力面和吸力面附近。对于高 Rossby 数的流动（$R_0 \geqslant 1$），离心力占主导作用，由流道弯曲引起的内环脱流对流动影响更大，射流区和尾流区将分别位于外环和内环附近。当 Rossby 数接近 1（$R_0 \approx 1$）时，哥氏力和离心力的影响相接近，射流区将位于压力面与外环交接处，而尾流区将位于吸力面与内环交接处。

对于 W305 原型变矩器，当速比为 0.00 或 0.40 时，$R_0 > 1$，外环附近流速较高，内环附近流速较低；当速比为 0.80 时，$R_0 \leqslant 1$，压力面一侧出现射流区，而吸力面附近出现尾流区，与上述分析结论是一致的。泵轮出口面上静压力的分布情况如图 10-44 所示，可以看出，在泵轮出口面上，静压力的分布基本沿径向按比例增加，最高压力位于外环靠近压力侧位置，随着速比的增大，这种分布趋势愈加明显。同时可以看到，随着速比的增加，泵轮出口面上的静压力是逐渐升高的，但是最大压力梯度是降低的，最大压力差从速比为 0.00 时的 $1.422 \times 10^5 \mathrm{Pa}$ 降低为 $1.096 \times 10^5 \mathrm{Pa}$。

（二）泵轮流场整体分析

1. 二次流

流道中的流体受到横向压差作用时，会产生垂直于边界方向的偏移，这种现象

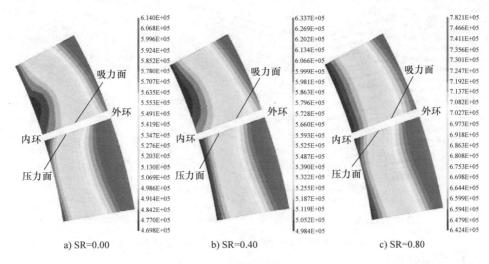

图 10-44　泵轮叶片出口面上静压力的分布情况

可以看成是主流和与之垂直的二次流的结合,由于连续性的缘故,二次流通常不限于边界层,还会影响到主流区。图 10-45 和图 10-46 所示分别为起动工况和高效工况下各弦面上二次流的分布情况。叶片进口面上的二次流没有形成循环流动,低速比时,其方向主要是由外环流向内环,高速比时变为主要由吸力面流向压力面,其二次流形式受速比影响很大,这种影响主要是由入射角的变化引起的。无论是起动工况还是高效工况,中间弦面上的二次流均出现了明显的沿逆时针旋转的涡旋(从下游侧看),到了叶片出口面,则出现了沿顺时针方向旋转的涡旋(从下游侧看)。Gruver 等人在对不同的变矩器进行研究时发现了类似的变化趋势。泵轮流道中的二次流主要是由粘性剪切层中存在的涡流、流动偏转、流道子午面弯曲、旋转引起的哥氏力以及叶片边界层离心力等综合因素引起的,这些因素使得流动特征非常复杂。

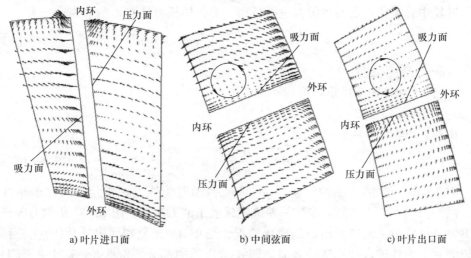

图 10-45　起动工况下二次流的分布情况

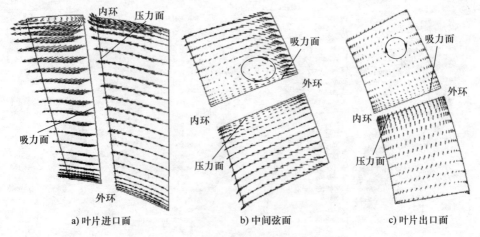

图 10-46 高效工况下二次流的分布情况

2. 损失分析

前文对流场特性进行的各种定性分析使我们对流场有了深入细致的了解，对提高设计性能具有最直接的指导意义。为了更直观地研究流动状况并对其进行定量评价，本文引入了损失分析的方法。伯努利方程指出，在流体的无粘无热传导的定常运动中，单位质量流体的总能量沿着同一条流线保持不变，即

$$H = P/\rho + \frac{1}{2}w^2 + \psi = 常数 \qquad (10\text{-}36)$$

式中　P——静压力；

　　　w——相对速度；

　　　ψ——单位质量的体积力势能。

在液力变矩器的损失分析中，近年来无论是试验分析还是数值研究都借用了伯努利常量构造出 Rothalpy 常量作为损失的定量评价和叶轮液力效率的计算依据。在旋转叶轮中，流体质点的体积力主要是离心力，体积力势能 ψ 的表现形式为

$$\psi = -\frac{1}{2}f_{\text{lixinli}}r = -\frac{1}{2}\omega^2 rr = -\frac{1}{2}u^2 \qquad (10\text{-}37)$$

式中　ω——旋转速度；

　　　r——流体中质点距离旋转轴的半径；

　　　u——圆周速度。

由此，Rothalpy 常量定义为

$$\text{Rothalpy} = \frac{P}{\rho} + \frac{1}{2}w^2 - \frac{1}{2}u^2 \qquad (10\text{-}38)$$

对于不可压缩的非粘性流动，Rothalpy 值沿着流线是一常量；而对于黏性流动，同一流线上两点之间该参数的差值就代表了液力损失。图 10-47 所示为各速比下 Rothalpy 常量从入口到出口的变化情况，图中 A、B 分别代表叶片的前、后缘。可以看到，流体进入叶片流道之前，即 A 点之前的部分，Rothalpy 常量变化剧烈，

此时液流在无叶片区流动到叶片前缘，由于叶片前缘的阻滞作用，液力损失很大；随着液流进入叶片流道，Rothalpy 常量变化较平缓，此时损失较小；当流体离开叶片后，即 B 点以后的区域，Rothalpy 常量的降低是由于液流从有叶片区进入无叶片区引起了扩散损失。同时，从图中进出口的 Rothalpy 常量差值可以看出，当速比从 0.00 变化为 0.40 时，液力损失降低，但是达到高速比 0.80 时，液力损失反而稍大于中速比工况，这一异常的变化趋势是导致 W305 原型变矩器最高效率较低的原因之一。

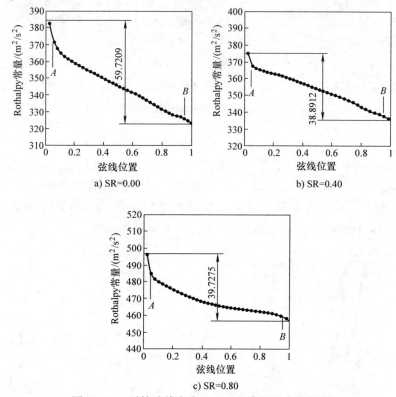

图 10-47　泵轮弦线方向 Rothalpy 常量的变化情况

为了进一步描述整个流道的损失分布情况，这里将其分为如下五个区间：
1）进口段无叶片区：从流道进口到叶片流道进口面，即叶片前缘位置。
2）叶片流道前段：从叶片前缘到叶片流道 1/3 弦长位置。
3）叶片流道中段：从叶片流道 1/3 弦长位置到 2/3 弦长位置。
4）叶片流道后段：从叶片流道 2/3 弦长位置到叶片后缘。
5）出口段无叶片区：从叶片流道出口面即叶片后缘到流道出口。

每一区间从起始位置到终止位置的 Rothalpy 常量降低值代表了各区间的液力损失，图 10-48 所示为不同速比下各区间的泵轮流道损失分布情况。由图中可以看出，各种工况下，液流受到叶片前缘阻滞而引起的损失（区间 1）均较大，叶片前缘设计不合理是其主要原因，改型设计中针对这一问题对叶片前缘圆角进行了改进。叶片流道前段（区间2）的损失占有最大比例，该区间的损失主要理解为冲击损失。随着速比上升，叶片流道中、后端（区间3、4）的损失在整个损失中所占比例越来越小。出口段无叶片区（区间5）的损失较小，该区间的损失可解释为扩散损失。

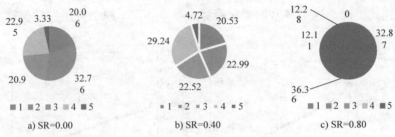

图10-48　泵轮流道损失分布

对同一翼线位置的Rothalpy常量进行质量平均处理，可得到泵轮各弦面上沿翼线方向的Rothalpy常量分布情况，如图10-49所示。入口面与出口面曲线的横坐标值之差代表了该翼线位置从进口到出口的液力损失。在各种工况下，内环附近（纵坐标靠近1.0部分）的损失主要发生在流道前半部分，即进口与中间弦面之间；而外环附近的损失分布情况在不同速比下变化较大。

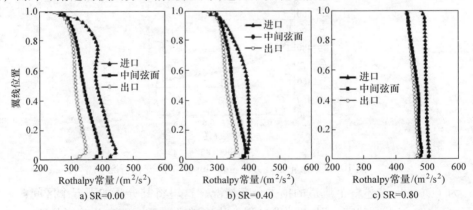

图10-49　泵轮翼线方向的Rothalpy常量分布情况

10.5　液力变矩器的参数调整

将预测性能与设计要求进行对比，并根据变矩器参数对性能的影响规律对各参数进行调整，这些参数包括叶片进出口角、动量矩不等分配法中的动量矩分配规律、三维成形法中的叶片角变化规律和厚度分布规律等。参数调整后，再次进入叶片成形环节并重复性能分析及参数调整环节,直至变矩器性能满足设计要求。

液力变矩器的性能指标包括变矩器的效率 η、变矩比 TR 和泵轮容量系数 K。实际应用中,主要通过几种典型工况对变矩器性能进行评价:起动工况 TR_0 和 K_0,高效工况 η^* 以及相应的 i^*。其中,穿透性系数 $T = (K_M/K_0)^2$,式中,下角标 M 表示耦合器工作点。

一、W305 原型液力变矩器的参数调整改型设计

下面应用现代设计方法对 W305 原型变矩器进行改型设计。

为了对该变矩器的工作机理及性能进行分析,首先采用三坐标测量机对 W305 原型变矩器各表面取点测量,获取其几何模型,然后采用数值流场计算的方法进行内流场分析,结合设计目标寻求改型设计的方向。在预设计环节确定基本角度参数后,对叶型变化规律进行对比研究,以期获得最优的变矩器性能。通过多次参数调整和数值模拟分析,最终确定的设计结果称为 W305 – 1 型液力变矩器,表 10-2 中列出了改型前后叶片基本角度参数对比。

表 10-2 改型前后变矩器叶片基本角度参数对比

角度参数	泵轮进口角	泵轮出口角	涡轮进口角	涡轮出口角	导轮进口角	导轮出口角
W305 原型	108°	88°	33°	142°	103°	25°
W305 – 1	133°	90°	46°	152°	93°	20°

W305 – 1 型液力变矩器的叶形通过三维成形法生成,各叶轮的厚度变化规律与角度变化规律如图 10-50 ~ 图 10-52 所示。其中泵轮采用了前后缘变化剧烈、中间变化平缓的叶片角变化规律,涡轮采用了直线型的叶片角变化规律,导轮的叶片角变化规律是基于直线型进行了部分调整。

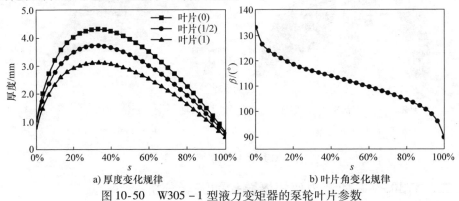

a) 厚度变化规律　　　　　　b) 叶片角变化规律

图 10-50　W305 – 1 型液力变矩器的泵轮叶片参数

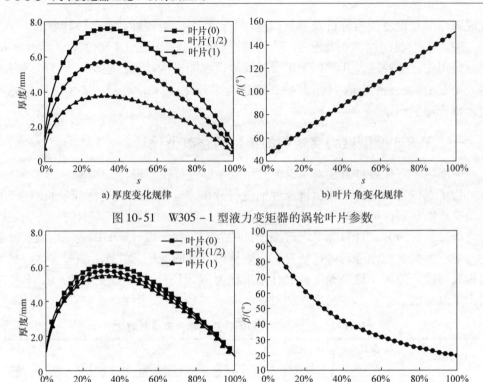

图 10-51　W305-1 型液力变矩器的涡轮叶片参数

图 10-52　W305-1 型液力变矩器的导轮叶片参数

最终生成的叶形与 W305 原型液力变矩器叶形的对比如图 10-53 所示。

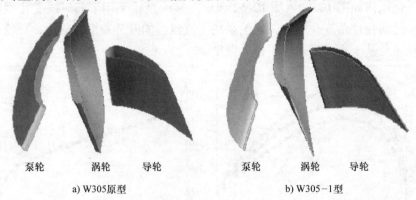

a) W305原型　　　　　　　b) W305-1型

图 10-53　叶形对比

二、W305-1 型液力变矩器泵轮的流场分析

为了分析性能提高机理，本文以液力变矩器泵轮为例，对改型设计前后泵轮的内流场特性进行对比分析。

高效工况下 W305-1 型液力变矩器泵轮的翼面速度分布情况如图 10-54 所示，尽管在内环面叶片前缘附近流动状况仍然较差，但与 W305 原型液力变矩器相比，原来存在的各种逆流和漩涡均已大大减弱甚至消除。泵轮流场中的某些较差的流动状态（如内环面叶片前缘的低速区）由于受到自身运动特点的影响而难以消除，有时为了满足泵轮容量系数的设计目标，还需要以牺牲效率为代价（如叶片后缘吸力面侧会因为叶片尖端弯曲而产生尾流区），因此在改型后的泵轮中依然存在部分区域流动状态较差的情况。

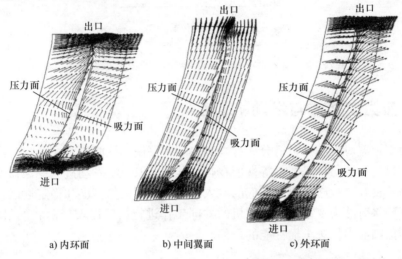

a) 内环面　　　　b) 中间翼面　　　　c) 外环面

图 10-54　高效工况下泵轮翼面速度分布情况

泵轮弦线方向的 Rothalpy 常量变化采用前文中损失分析的方法，同样使用 Rothalpy 常量来评价流道内的液力损失。图 10-55 所示为泵轮各速比下从进口到出口的 Rothalpy 常量变化情况，与原型相比较，各速比下的液力损失均大大降低，原型变矩器在高效工况下的液力损失大于中速比工况这一异常现象也得以消除。

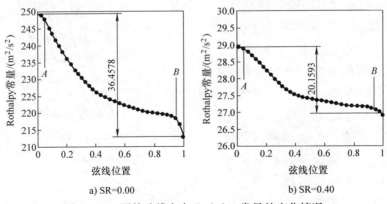

a) SR=0.00　　　　b) SR=0.40

图 10-55　泵轮弦线方向 Rothalpy 常量的变化情况

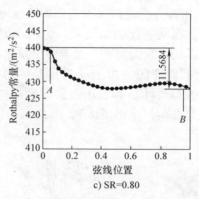

c) SR=0.80

图 10-55　泵轮弦线方向 Rothalpy 常量的变化情况（续）

10.6　液力变矩器与发动机的匹配

液力变矩器对发动机负荷分布特性和汽车主要使用性能有很大影响，汽车的动力性、燃料经济性与排气污染等性能在很大程度上取决于发动机与变矩器的共同工作匹配是否良好，故必须研究它们的输入特性、共同工作范围和稳定性以及其输出特性。下面将对液力变矩器与发动机的共同工作进行研究以实现两者的最佳匹配，从而达到提高液力传统车辆性能的目的。

一、共同工作的输入特性

根据图 10-10 所示的液力变矩器的能容系数曲线 $C_P = f(i)$，给定速比 i，在图中查得 C_P，再用泵轮转矩 $T_P = C_P n_P^2$ 求得不同输入转速 n_P 所对应的 T_P 值，它是一条通过原点的抛物线。不同的 i，其 C_P 值不同，形成一组负荷抛物线，其中包括几个特殊点：$i = 0$，i_{P_1} 与 i_{P_2}（对应于 $\eta = 80\%$ 的速比），i^* 和 i_{max} 等，对于综合式变矩器，还应加转入耦合器工况点 i_m。再将发动机的负荷特性，以相同的坐标比例画于同一图上，两条曲线的交点是共同工作的稳定点，该图是它们的输入特性（图 10-56）。$A_1 A_2 A_3 A_4$ 所包围的面

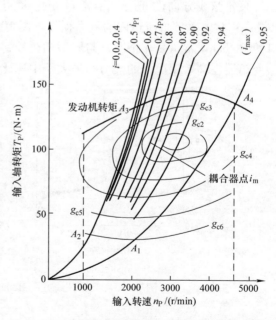

图 10-56　液力变矩器与发动机共同工作的输入特性

积,是其共同工作范围 a。

对于综合式变矩器,应使 η_{max} 与 i_{max} 的负荷线交于发动机最大功率 A_4 点,同时要使 $A_1A_2A_3A_4$ 工作范围包围良好的燃料经济性区。还要校核 $i=0$ 时 A_3 是否与发动机最大转矩点 T_{em} 重合或接近,以提高车辆起动转矩,或是在其左边的低 n_e 区以降低噪声。A_2 点的高低反映了对起动电动机的转矩要求。这些要求往往是矛盾的,如侧重于燃料经济区,则加速性能差;相反,若侧重于大功率区,则燃料经济性变坏,故要按车辆类型分清主次来兼顾解决。对于有闭锁的变矩器,匹配关系是不同的,一般在 i_m 工况点闭锁进入机械传动,耦合器工况 C_{PM} 抛物线与发动机负荷特性的交点,要留出转速较高的区域供闭锁时工作。Allison 公司还采用 SCAAN 程序评价匹配性能,它是以可靠性指数和爬坡度作为最终评价依据的,实践证明这种方法也是成功的。

共同工作的输出特性:在输入特性的基础上,运用 $T_T = -KT_P$,$n_T = in_P$,输出比油耗 $g_{eT} = g_e/\eta$,便可获得如图 10-57 所示的液力变矩器与发动机共同工作的输出特性,它是进行汽车牵引特性计算的基础。输出特性的优劣取决于发动机形式、液力变矩器特性、尺寸 D 以及共同工作的输入特性。优化液力变矩器与发动机的匹配,可使其更多地在高效区工作,从而提高共同工作的经济性和动力性。

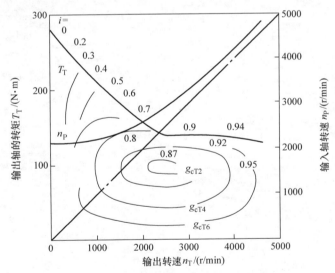

图 10-57 液力变矩器与发动机共同工作的输出特性

二、液力变矩器与发动机匹配的调整

当共同工作区域不理想时,可进行调整,其实质是改变泵轮力矩 T_P 的增长斜率。由 $T_P = k_\lambda n_P^2 D^5$ 可知,有下述调整途径:

1) 改变有效直径 D,因为 D^5 对 T_P 影响大、明显,所以常用此办法。

2）改变 k_λ，这是指在同样的前提下通过改变叶片角度 β，从而改变相应的能容，以满足匹配要求。通过改变 D（粗调）或 β（细调）可以匹配不同的特性的发动机，实现了液力变矩器的系列化、通用化。

3）改变泵轮转速 n_P，在发动机与变矩器之间设中间传动 $i_{eP} = n_e/n_P$，这样可使原来的 $n_P = n_e$ 变为新的 $n_P = n_e/i_{eP}$。n_P 对 T_P 的影响效果也较大，这对一些安装、布置方面困难的车型也很有效。

参 考 文 献

[1] 田华. 液力变矩器现代设计理论的研究［D］. 长春：吉林大学，2005.
[2] 余志生. 汽车理论［M］. 北京：机械工业出版社，2000.
[3] 米奇克，瓦伦托维兹. 汽车动力学［M］. 4版. 陈荫三，余强，译. 北京：清华大学出版社，2009.
[4] 张洪欣. 汽车设计［M］. 2版. 北京：机械工业出版社，1996.
[5] 王望予. 汽车设计［M］. 2版. 北京：机械工业出版社，2017.
[6] 葛安林. 自动变速器（三）——液力变矩器的闭锁与滑差控制［J］. 汽车技术，2001（7）：1-4.

第11章 行星齿轮传动

随着自动变速器技术的发展，其噪声降低和效率提高已经成为汽车技术领域的重要课题。在自动变速器中，能够获得大传动比，同时满足小型化、轻量化要求的行星齿轮机构得到了普遍应用，这就对行星齿轮机构的噪声和效率提出了更高的要求。本章将对行星齿轮机构的传动效率和振动噪声的理论计算和试验做相关的介绍。行星齿轮机构由输入轴、输出轴和固定轴组成，三根轴都配置在同一条轴线上。图 11-1 所示为某自动变速器中复合行星齿轮机构的动力传递路线。

通过控制图 11-1 中双排行星齿轮机构中离合器、制动器的接合与分离，变速器可获得三种传动比：

1) 图 11-1a 所示为 1 档传动比为 1∶0.33。
2) 图 11-1b 所示为 2 档传动比为 1∶0.617。
3) 图 11-1c 所示为超速档，传动比为 1∶1.44。

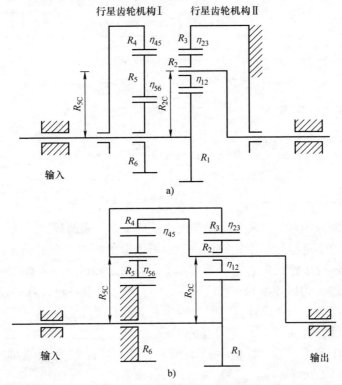

图 11-1 复合行星齿轮机构的动力传递路线

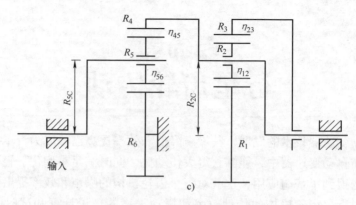

图 11-1 复合行星齿轮机构的动力传递路线（续）

图 11-1 所示行星齿轮机构中各齿轮的主要参数见表 11-1。

表 11-1 行星齿轮机构中齿轮的主要参数

齿轮类型	行星齿轮机构 I			行星齿轮机构 II		
	行星轮	内齿轮	中心轮	行星轮	内齿轮	中心轮
齿数	33	21	75	37	19	75
法向模数/mm	1.23			1.23		
法向压力角	20°			20°		
螺旋角	23.3°			23.3°		
节圆半径/mm	22.09	14.06	50.2	24.76	12.72	50.2
有效齿宽/mm	17.0			17.0		
齿廓重合度 A	1.65	—	1.84	1.65		1.81
齿廓重合度 B	1.31	—	1.69	1.30		1.66
纵向重合度	1.74		1.74	1.99		1.99

齿轮材料为 SCr420H，采用渗碳淬火热处理工艺，表面硬度约为 58HRC。

从该款自动变速器行星齿轮设计参数中可以看出，为改变重合度，分别使用了高齿与标准齿的行星轮和中心轮。为获得不同的精度和齿面的表面粗糙度值，分别用两种不同工艺（剃齿和磨齿）加工了两组行星轮和中心轮，其中一组中心轮和行星轮只做剃齿加工和渗碳淬火，另一组中心轮和行星轮在采用与上一组相同的加工工艺后再进行磨齿加工。前者精度为 JIS3～4 级，齿面的表面粗糙度值约为 Ra Rmax6μm（Ra1.5μm）。后者精度达 JIS0～1 级，齿面的表面粗糙度值约为 Ra Rmax2μm（Ra0.5μm）。

11.1 行星齿轮机构传动效率的理论计算

行星齿轮机构的动力传递效率取决于行星架固定时的齿轮啮合效率（又称基准效率）。基准效率越高，行星齿轮机构的效率越高。啮合时，相互接触的齿面在啮合点以外的其他接触点都会发生相对滑移，所以除齿面法向力外，还存在着齿面切向摩擦力。切向摩擦力的大小随啮合点在啮合线上位置的变化而改变。齿面切向摩擦力的存在会降低动力传递效率，也会影响到轮齿的磨损、振动、噪声和啮合效果。

外啮合斜齿轮副（行星齿轮机构中的中心轮/行星轮）的基准效率 η_{12} 为

$$\eta_{12} = 1 - \mu\pi\left(\frac{1}{z_A} + \frac{1}{z_B}\right)(\varepsilon_1^2 + \varepsilon_2^2 + 1 - \varepsilon_1 - \varepsilon_2)/\cos\beta \tag{11-1}$$

式中　μ——齿面平均摩擦因数；

　　　z_A——中心轮齿数；

　　　z_B——行星轮齿数；

　　　ε_1——啮入重合度；

　　　ε_2——啮出重合度；

　　　β——螺旋角。

内啮合斜齿轮副（行星齿轮机构中的行星轮/齿圈）的基准效率 η_{23} 为

$$\eta_{23} = 1 - \mu\pi\left(\frac{1}{z_B} - \frac{1}{z_C}\right)(\varepsilon_1^2 + \varepsilon_2^2 + 1 - \varepsilon_1 - \varepsilon_2)/\cos\beta \tag{11-2}$$

式中　z_C——齿圈齿数。

设平均摩擦因数 $\mu = 0.08$，应用式（11-1）与式（11-2）计算试验用行星齿轮机构中两行星排的基准效率，代入表 11-2 和表 11-3 中的数据，经过计算，得：

1）第一行星排中行星轮/中心轮齿轮副的基准效率 $\eta_{56} = 0.984806$，齿圈/行星轮齿轮副的基准效率 $\eta_{45} = 0.992021$。求得第一行星排的基准效率 $\eta_{01} = \eta_{45}\eta_{56} = 0.976948$。

表 11-2　第一行星排齿轮参数

法向压力角	$\alpha_n = 20°$
法向模数	$m_n = 1.23$
分度圆螺旋角	$\beta = 23.262°$
齿顶高	$h_a = 1.17 m_n$
齿根高	$h_f = 1.47 m_n$
太阳轮齿数	$z_A = 33$
行星轮齿数	$z_B = 21$
齿圈齿数	$z_C = 75$
太阳轮法向变位系数	$x_{n1} = -0.1539$
行星轮法向变位系数	$x_{n2} = 0.1550$
齿圈法向法向变位系数	$x_{n2} = 0.1560$

表 11-3　第二行星排齿轮参数

法向压力角	$\alpha_n = 20°$
法向模数	$m_n = 1.23$
分度圆螺旋角	$\beta = 23.2624°$
齿顶高	$h_a = 1.17 m_n$
齿根高	$h_f = 1.47 m_n$
太阳轮齿数	$z_A = 37$
行星轮齿数	$z_B = 19$
齿圈齿数	$z_C = 75$
太阳轮法向变位系数	$x_{n1} = -0.2652$
行星轮法向变位系数	$x_{n2} = 0.2106$
齿圈法向法向变位系数	$x_{n2} = 0.1560$

2）第二行星排中行星轮/中心轮齿轮副的基准效率 $\eta_{12} = 0.984245$，齿圈/行星轮齿轮副的基准效率 $\eta_{23} = 0.991144$。求得第二行星排的基准效率 $\eta_{02} = \eta_{12}\eta_{23} = 0.975527$。

一、1 档齿轮效率计算

图 11-1a 中 1 档齿轮的传动比为

$$i_0 = \frac{z'_A}{z'_A + z'_C} \tag{11-3}$$

计算得 $i_0 = 0.3304$。

在图 11-1a 中，行星轮 R_2 是主动齿轮，中心轮 R_1 是从动齿轮。

考虑图 11-2 中的基准效率，利用周向力计算中心轮 R_1 和行星轮 R_2 之间的摩擦功率损失 ΔL_1，以及行星轮 R_2 和齿圈 R_3 之间的摩擦功率损失 ΔL_3。

计算功率损失时，因为公转运动不会使齿面之间产生滑动，所以不会产生功率损失。中心轮 R_1 上的输入转矩为 T_i，角速度为 ω_1，无需中心轮公转的动力传递效率为

$$\eta = 1 - \frac{\Delta L_1 + \Delta L_3}{T_i \omega_1} \tag{11-4}$$

式中，ΔL_1、ΔL_3 根据各齿轮在啮合点处

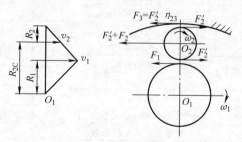

图 11-2　1 档齿轮功率损失计算

相对于行星架的角速度计算，即

$$\Delta L_1 = F_1 R_1 \omega'_1 (1 - \eta_{12}) \tag{11-5}$$

$$\Delta L_3 = F'_2 R'_2 \omega'_2 (1 - \eta_{23}) \tag{11-6}$$

式中 ω'_1 和 ω'_2——中心轮和行星轮相对于行星架的角速度。

又由以下关系

$$F'_2 = \eta_{12} F_1 \ ; \ \omega'_2 = \frac{\omega'_1 R_1}{R_2} \ ; \ \omega_1 = \frac{\omega'_1 (R_2 + R_3)}{R_3}$$

代入动力传递效率计算式中计算得到 $\eta = 0.98361$。

二、4 档行星齿轮理论效率计算

4 档时各齿轮的周向力如图 11-3 所示。

图中 ω_{5C} 是行星架角速度。求出相对角速度 ω'_1 和 ω'_5，中心轮与行星轮之间的摩擦功率损失 ΔL_1 和行星轮与齿圈之间的摩擦功率损失 ΔL_3 利用下式计算

$$\Delta L_1 = F_5 (1 - \eta_{56}) R_6 \omega'_1 \tag{11-7}$$

$$\Delta L_3 = F'_5 (1 - \eta_{45}) R_4 \omega'_5 \tag{11-8}$$

式中，$\omega'_1 = \omega_{5C}$；$\omega'_5 = \omega_4 - \omega_{5C}$。

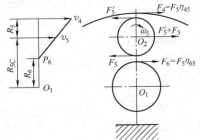

图 11-3　4 档时作用于齿轮上的周向力

将上述各式以及如下关系式

$$\omega'_4 = \frac{2R_{5C}}{R_4} \omega_{5C} \ ; \ F_5 = F'_5 \ ; \ R_6 + 2R_5 = R_4$$

代入效率公式 $\eta = 1 - \dfrac{\Delta L_1 + \Delta L_3}{T_5 \omega_5}$ 中，计算得 $\eta = 0.992921$。

三、2 档齿轮理论效率计算式推导

1. 不利用机构重合的效率理论近似计算式的推导

2 档时作用于齿轮上的周向力如图 11-4 所示。各齿轮周向力之间的关系为

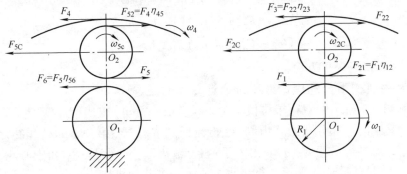

图 11-4　2 档时作用于齿轮上的周向力

$$\begin{cases} F_{22} = F_{21} = F_{2C}/2 = F_1 = F_3 \\ F_4 = F_{52} = F_5 = F_6 = F_{5C}/2 \\ F_{5C}R_{5C} = F_3R_3 = F_1R_3 \\ F_4R_4 = F_{2C}R_{2C} \end{cases} \quad (11\text{-}9)$$

循环功率为

$$L_C = R_{2C}\frac{R_3R_4}{2R_{2C}R_{5C}}F_1\omega_{2C} = \omega_3 R_3 F_3 \quad (11\text{-}10)$$

由图 11-2b 有以下角速度关系

$$\omega_6 = 0;\ \omega_{5C} = \omega_3;\ \omega_4 = \omega_{2C};\ \omega_4 R_4 = 2\omega_{5C}R_{5C}$$

考虑图 11-4 所示机构的基准效率，应用周向力计算第二行星排中心轮 R_1 和行星轮 R_2 之间的功率损失 ΔL_{12}，行星轮 R_2 和齿圈 R_3 之间的功率损失 ΔL_{23}；第一行星排齿圈 R_4 和行星轮 R_5 之间的功率损失 ΔL_{45}，行星齿轮 R_5 和固定的中心轮 R_6 之间的功率损失（摩擦热损失）ΔL_{56}。行星轮公转运动与齿面间的滑移无关。这里引入公转比率 C，则输入角速度的自转成分所占的比例为 $1-C$。

公转率的计算过程如下：行星架（R_{2C}）的角速度 ω_{2C} 和齿圈 R_3 的角速度 ω_3 为正，若 $\omega_{2C} > \omega_3$，则公转率为

$$C_3 = (2\omega_3 - \omega_{2C})/\omega_3 \quad (11\text{-}11)$$

若 $\omega_{2C} < \omega_1$，则公转率为

$$C_1 = \omega_{2C}/\omega_1 \quad (11\text{-}12)$$

若 $\omega_{5C} < \omega_4$，则公转率为

$$C_4 = \omega_{5C}/\omega_4 \quad (11\text{-}13)$$

图 11-2b 所示的双行星排机构效率的近似计算式为

$$\eta = 1 - \frac{\Delta L_{12} + \Delta L_{23} + \Delta L_{45} + \Delta L_{56}}{F_{2C}R_{2C}\omega_{2C} - F_{22}R_3\omega_3} \quad (11\text{-}14)$$

其中

$$\begin{cases} \Delta L_{12} = F_1(1-\eta_{12})(1-C_1)\omega_1 R_1 \\ \Delta L_{23} = F_{22}(1-\eta_{23})(1-C_3)\omega_3 R_3 \\ \Delta L_{45} = F_4(1-\eta_{45})(1-C_4)\omega_4 R_4 \\ \Delta L_{56} = F_6(1-\eta_{56})C_4\omega_4 R_6 \end{cases} \quad (11\text{-}15)$$

最终计算得到 $\eta = 0.977355$。

2. 利用机构重合的理论效率近似计算式的推导

在图 11-2b 所示的双行星排机构中，只有第一行星排的中心轮固定，动力会出现分流，其中的一部分动力从齿圈 R_4 再流回到 R_{2C}，在第一、二行星排之间产生动力循环。通过行星架 R_{2C} 的动力大于输入/输出动力。齿圈 R_3 和中心轮 R_1 是驱动部分，R_{2C} 是从动部分，第二行星排组成了一个差动机构。

下面的计算过程是将这种双行星排机构一分为二来计算其效率。

（1）成分1　如图 11-5 所示，太阳轮 R_1 固定，理论循环动力从 R_3 输入，从 R_{2C} 输出，过程中效率为 η_{2C3}。

循环动力功率为

$$L_C = L_{C3} = F_3 R_3 \omega_3 = \omega_3 R_3 F_3 \tag{11-16}$$

输出功率

$$L_{C3} = L_{C3} \eta_{2C3} \tag{11-17}$$

（2）成分2　如图 11-6 所示，齿圈 R_3 固定，中心轮 R_1 输入驱动功率为

$$L_1 = F_1 R_1 \omega_1 \tag{11-18}$$

动力从行星架 R_{2C} 输出，过程中效率为 η_{2C1}，则输出功率为

$$L_{C1} = F_1 \omega_1 R_1 \eta_{2C1} \tag{11-19}$$

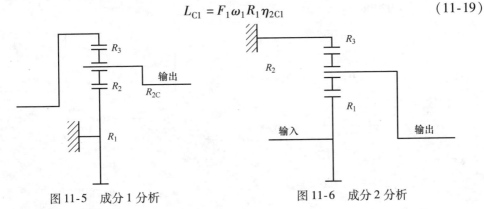

图 11-5　成分 1 分析　　　　图 11-6　成分 2 分析

（3）理论传递效率（图 11-7 ~ 图 11-9）

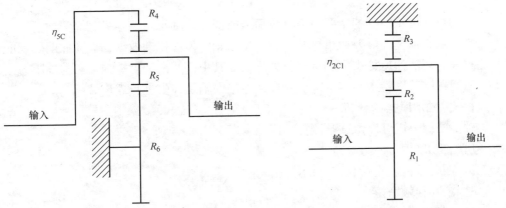

图 11-7　R_6 固定　　　　图 11-8　R_3 固定

$$\eta = \frac{L_{C1} + L_{C3} - L_{C3}/\eta_{5C}}{F_1 R_1 \omega_1} \tag{11-20}$$

式中　η_{5C}——第一行星排中心轮 R_6 固定，以齿圈 R_4 为驱动，以行星架 R_{5C} 为输出时的效率。

则

$$\begin{cases} L_{C1} = F_1 R_1 \omega_1 \eta_{2C1} \\ L_{C3} = F_3 R_3 \omega_3 \eta_{2C3} \\ L_{C3} = L_C = F_3 R_3 \omega_3 \end{cases} \quad (11\text{-}21)$$

$$F_{3\text{th}} = F_{1\text{th}} \quad (11\text{-}22)$$

$$\omega_3 = \frac{R_4 \omega_{2C}}{2R_{5C}} = \frac{R_1 R_4 \omega_1}{2R_2 C_2 R_{5C} - R_3 R_4} \quad (11\text{-}23)$$

$$\eta_{5C} = \frac{\eta_{O1} + i_O}{1 + i_O} \quad (11\text{-}24)$$

$$i_O = R_4 / R_6 \quad (11\text{-}25)$$

计算得 $\eta_{5C} = 0.99296$。

$$\eta_{2C1} = \frac{1 + \eta_{02} i_O}{1 + i_O} \quad (11\text{-}26)$$

$$i_O = R_3 / R_1 \quad (11\text{-}27)$$

计算得 $\eta_{2C1} = 0.98361$。

$$\eta_{2C3} = \frac{\eta_{02} z'_A + z'_C}{z'_A + z'_C} \quad (11\text{-}28)$$

计算得 $\eta_{2C3} = 0.99192$。

通过以上各式计算得 $\eta = 0.97042$。

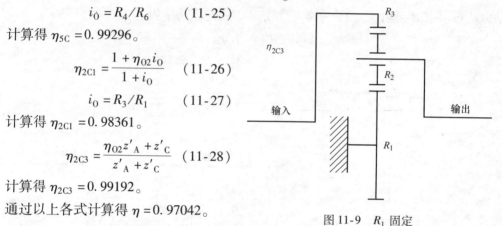

图 11-9 R_1 固定

四、考虑轴承损失的理论效率计算

影响行星齿轮效率的主要原因有齿面摩擦损失、轴承摩擦损失、润滑油搅拌损失、空气阻力损失等。要通过试验分析行星齿轮的齿面传动效率，需要探明轴承的摩擦损失、润滑油搅拌损失和空气阻力损失。其中，润滑油搅拌损失和空气阻力损失可以通过空载试验来测定。下面对变速器中的轴承损失进行理论分析。

（一）轴承摩擦的分析

轴承摩擦力矩可以由试验测得，摩擦有以下四种类型：
1）转动摩擦。
2）回转零件微小滑移产生的摩擦。
3）滑移接触摩擦。
4）润滑剂黏滞。

轴承形式、工作转速以及润滑条件不同，摩擦损失也不同。

轴承摩擦可分为动摩擦和静摩擦，其中动摩擦与工作载荷和转速有关。上述的1）、2）、3）项，即轴承金属零件之间的接触情况由载荷决定；第4）项由转速决定。

(二)推力轴承的传动效率

推力轴承的滚针受到轴向载荷的作用,会产生相应的摩擦力。在润滑良好的情况下,其滑动摩擦因数约为 0.006;润滑不佳时,摩擦因数约为 0.015。

1. 1档齿轮推力轴承的传动效率

图 11-10 所示为试验用行星轮系中各轴承的安装位置。图 11-11 中的箭头表示 1 档齿轮(单行星排)中心轮和齿圈所受到的推力的方向。

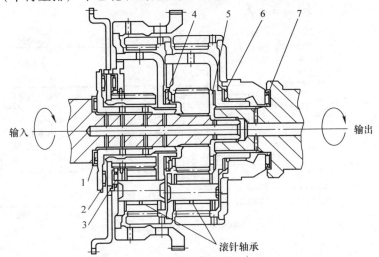

图 11-10 试验用行星轮系中各轴承的安装位置

1~7—轴承

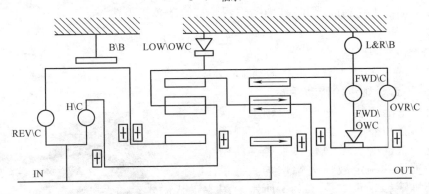

图 11-11 1 档齿轮中心轮和齿圈受力情况

通过对图 11-11 中行星轮系推力的分析,图 11-1a 中的中心轮 R_1 和齿圈 R_3 对推力轴承 5 和 6 (图 11-10) 有推力作用,传动效率为

$$\eta_{b1} = 1 - \frac{F_1 \tan\beta R_{b5} \mu_{r1} (\omega_1 - \omega_{2C})}{F_1 R_1 \omega_1} \tag{11-29}$$

$$\eta_{b2} = 1 - \frac{F_1 \tan\beta R_{b6} \mu_{r1} \omega_{2C}}{F_1 R_1 \omega_1} \tag{11-30}$$

式中 μ_{r1}——推力轴承的摩擦因数；

R_{b5}——轴承5滚子中心转动半径；

R_{b6}——轴承6滚子中心转动半径。

2. 2档齿轮推力轴承的传动效率

图11-12所示为2档行星轮系作用在中心轮及齿圈上的推力方向。对图11-12所示行星齿轮机构的推力进行分析，推力轴承5和6受到图11-1b中中心轮 R_1 和齿圈 R_3 推力的作用，传动效率为

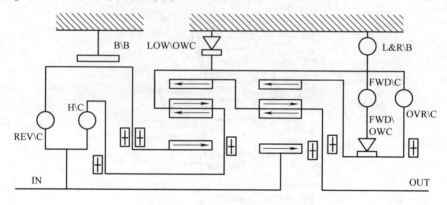

图11-12 2档齿轮中心轮和齿圈受力情况

$$\eta_{b3} = 1 - \frac{F_{3th}\tan\beta R_{b5}\mu_{r1}\omega_3}{F_1 R_1 \omega_1} \quad (11\text{-}31)$$

推力轴承4受到齿圈 R_4 推力的作用，其传动效率为

$$\eta_{b4} = 1 - \frac{F_4 \tan\beta R_{b4}\mu_{r1}(\omega_1 - \omega_{2C})}{F_1 R_1 \omega_1} \quad (11\text{-}32)$$

式中 R_{b4}——轴承4滚子中心转动半径。

（三）滚针轴承的传动效率

行星轮上安装的密排滚针轴承无保持器、内圈和外圈，最大限度地实现了小型化，而且增加了的有效半径，使密排滚针轴承的额定载荷大幅增加。行星轮和密排滚针轴承如图11-13所示。图11-14为密排滚针轴承安装示意图。

密排滚针轴承因为无保持架，所以滚子会倾斜，而滚子的倾斜会产生轴向上作用于内圈和外圈的方向相反的推力。由于滚针的长度比其直径大，外圈凸缘没有限制滚针微滚动方向的能力，容易造成滚针的倾斜。这将对摩擦有较大影响。

图11-13 行星轮和密排滚针轴承

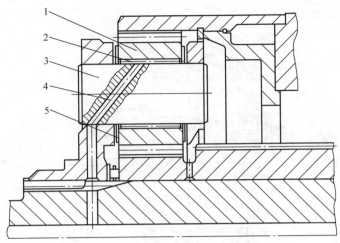

图 11-14 密排滚针轴承安装示意图

1—经研磨加工的行星轮（渗碳淬火） 2—滚针 3—经渗碳淬火的轴 4、5—润滑油道

自动变速器行星轮系使用的齿轮都是斜齿轮，齿圈和行星轮啮合产生的轴向力与中心轮和行星轮啮合产生的轴向力方向相反，会加重滚子的倾斜趋势。由滚针倾斜引起的轴承载荷占轴承轴向载荷的一部分。滚针倾斜旋转产生的摩擦阻力会增大摩擦力。

1. 1 档齿轮滚针轴承的传动效率

第二行星排中行星轮所使用的密排滚针轴承传动效率 η_{b6} 的近似计算式为

$$\eta_{b6} = 1 - \frac{F_{P_1} R_{b1} \mu_{r1}}{F_1 R_1 \omega_1} \frac{R_1 (1 - C_1) \omega_1}{R_2} \tag{11-33}$$

$$F_{P_1} = F_1 \sqrt{1 + [(4R_2/B_1)\tan\beta]^2} \tag{11-34}$$

式中　F_{P_1}——行星 R_2 作用在滚针轴承上的合成径向载荷；

　　　μ_{r1}——推力轴承的摩擦因数；

　　　ω_1——输入轴角速度；

　　　C_1——公转率，$C_1 = \omega_{2C}/\omega_1$，其中 ω_{2C} 为输出轴角速度； (11-35)

　　　F_1——太阳轮 R_1 上作用的圆周力；

　　　B_1——行星轮 R_2 上滚针轴承的滚针长度；

　　　R_{b1}——轴承内径；

　　　β——行星齿轮螺旋角；

　　　R_1——太阳轮 R_1 的节圆半径；

　　　R_2——行星轮 R_2 的节圆半径。

2. 2 档齿轮滚针轴承的传动效率

在图 11-1b 和图 11-15 所示的 2 档双行星排机构中，10 个轴承受到了由齿轮作用的径向和轴向载荷，这些轴承对行星轮系中的部件起支承作用。其中有 7 个轴承是密排滚针轴承。

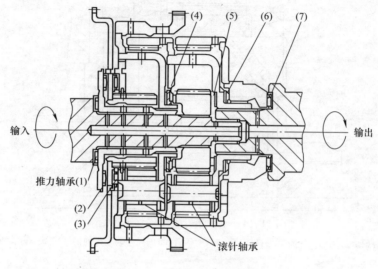

图 11-15 双行星排机构

第二行星排中的密排滚针轴承上作用有径向载荷和轴向载荷时，理论传动效率为

$$\eta_{b7} = 1 - \frac{F_{P_1} R_{b1} \mu_{r1}}{F_1 R_1 \omega_1} \frac{R_1 (1 - C_1) \omega_1}{R_2} \tag{11-36}$$

第一行星排中密排滚针轴承的理论传动效率为

$$\eta_{b8} = 1 - \frac{F_{P_2} R_{b2} \mu_{r2}}{F_1 R_1 \omega_1} \frac{R_4 (1 - C_4) \omega_4}{R_5} \tag{11-37}$$

$$F_{P_2} = F_1 \sqrt{1 + [(4R_5/B_2) \tan\beta]^2} \tag{11-38}$$

式中　F_{P_2}——行星齿轮 R_5 作用在滚针轴承上的合成径向载荷；

　　　μ_{r2}——推力轴承的摩擦因数；

　　　C_4——公转率，$C_4 = \omega_{5C}/\omega_4$，其中 ω_4 为第一行星排中齿圈 R_4 的角速度；

　　　ω_{5C}——第一行星排中行星轮 R_5 的公转角速度；

　　　B_2——行星轮 R_5 上滚针轴承的滚针长度；

　　　R_{b2}——轴承内径；

　　　R_4——齿圈 R_4 的节圆半径；

　　　R_5——行星轮 R_5 的节圆半径。

五、总效率的理论计算

1. 1 档齿轮总效率

1 档齿轮（单行星排）的理论总效率 η_{rth} 为

$$\eta_{rth} = \eta_{th}\eta_{b1}\eta_{b2}\eta_{b6}\eta_0 \qquad (11\text{-}39)$$

式中 η_{th}——齿面基准效率；
η_{b1}、η_{b2}——推力轴承的传动效率；
η_{b6}——滚针轴承的效率；
η_0——1 档单行星排试验空转效率。

受润滑油搅拌损失和由齿轮转动产生的空气阻力损失的影响，空转效率 η_0 的计算较困难，但因其主要受转速影响，与载荷并无关系，所以其值可通过空转试验测得。

2. 2 档齿轮理论总效率

2 档齿轮（双行星排）的理论总效率为

$$\eta_{rth} = \eta_{th}\eta_{b3}\eta_{b4}\eta_{b5}\eta_{b7}\eta_{b8}\eta_0 \qquad (11\text{-}40)$$

式中 η_{b3}、η_{b4}、η_{b5}——推力轴承的传动效率；
η_{b7}、η_{b8}——滚针轴承的效率；
η_0——2 档双行星排试验空转效率。

11.2 行星齿轮机构传动效率试验

试验所用变速器为双行星排式，如图 11-15 所示。变速器有四个档位，其动力传递路线如图 11-16 所示。

为减少振动和弹性变形的影响，要求变速器壳体有足够的刚度；在固定部或传动轴上设置联轴器，保证工作时齿轮能够均匀啮合。各零部件的制造及装配精度要高，输入轴和输出轴回转中心的位置误差要控制在 0.025mm 以下。

试验用到了三种润滑油。A 为市售普通润滑矿物油，B 为汽车自动变速器油 ATF，C 为汽轮压缩机润滑油（矿物油）。其中 ATF 为本试验中主要使用的润滑油。

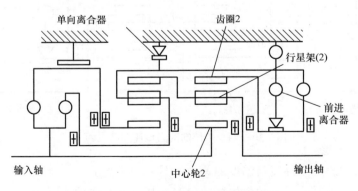

图 11-16 四个档位的动力传递路线

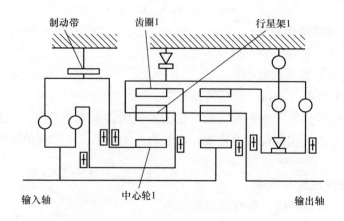

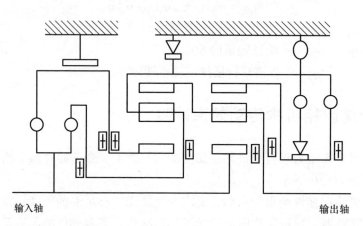

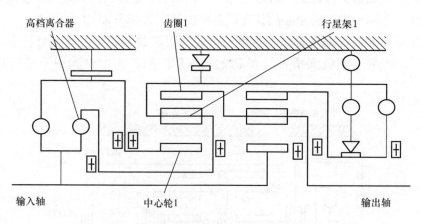

图 11-16　四个档位的动力传递路线（续）

三种润滑油的运动黏度与温度的关系如图 11-17 所示。

试验使用动力吸收式齿轮效率试验台架，其组成及原理如图 11-18 所示。驱动电动机通过无级变速器、增速 V 带传动、联轴器、转矩估计器，驱动试验行星轮系机构工作。负载由鼓式制动器经由输出转矩估计器和联轴器，加载于行星轮系输出轴上。

进行试验前，要使台架平稳运行 20min，然后从空载状态开始逐渐加载进行试验。输入轴的转速控制在 500～3000r/min 范围内，转矩控制在 0～85N·m 范围内。为使润滑方式和自动变速器一致，应用油泵泵油进行强制润滑，由中心轮附近 3 个和上部 1 个共 4 个喷油器为试验行星排提供润滑油。喷油器处的润滑油温度由温度传感器测定。

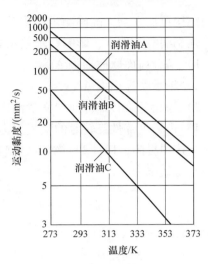

图 11-17　三种润滑油的运动黏度与温度的关系

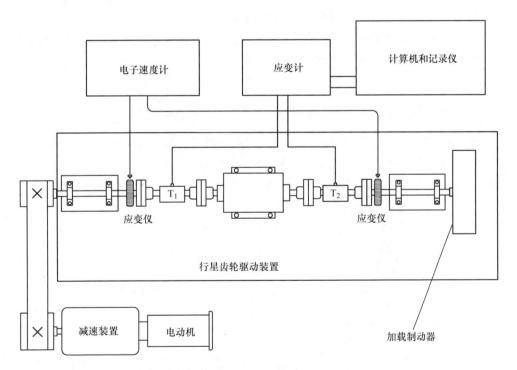

图 11-18　动力吸收式齿轮效率试验台架的组成和原理

实际上，齿轮传动效率是难以测定的，虽然有考虑啮合损失的理论效率计算和试验法来求出传递效率（总效率），但不易研究其影响因素和力学关系。而行星轮系的结构更加复杂,准确测定其传动效率更加困难。

强制润滑条件下,影响行星轮系总效率η的动力损失类型如下:

1) 啮合齿面摩擦损失 ΔL_1。
2) 轴承摩擦损失 ΔL_2。
3) 齿轮等旋转部件搅拌润滑油产生的搅拌损失 ΔL_3。
4) 齿轮等部件旋转时的空气阻力损失 ΔL_4。

上述项目中,1)、2)属负载影响,3)、4)属转速影响。

则总效率为

$$\eta = 1 - \frac{\Delta L_1 + \Delta L_2 + \Delta L_3 + \Delta L_4}{T_i \omega_1} \qquad (11\text{-}41)$$

式中 T_i——输入转矩;

ω_1——驱动角速度。

$\Delta L_3 + \Delta L_4$ 可在无加载状态下测得,ΔL_2 可由轴承损失公式求出。

测出空转时的动力损失 $\Delta L_3 + \Delta L_4$ 后,比较前文中理论计算效率和试验测得效率,就能够考查动力循环等因素对总效率的影响。

试验对单、双行星排分别进行了测试,控制调整的变量有转速、负载、齿轮精度、齿轮重合度,以及润滑油的种类、油温、流量等,最后分析了这些变量对传动效率的影响。

一、搅拌损失对总效率的影响

油温相同时,润滑油的黏度越高,搅拌损失越大,如图 11-19 所示。润滑油温度越低,搅拌损失越大,如图 11-20 所示。从图 11-21 中可以看出,油温相同时,润滑油流量越大、齿轮转速越高,搅拌损失越大。

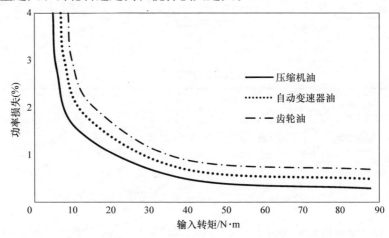

图 11-19　润滑油黏度与搅拌损失的关系

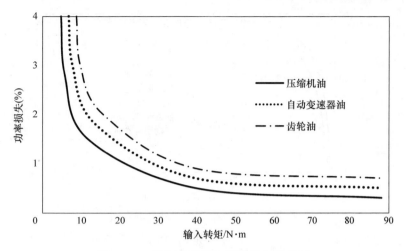

图 11-20　润滑油温度与搅拌损失的关系

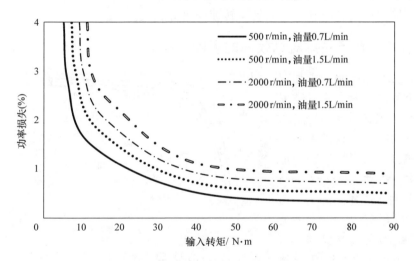

图 11-21　润滑油流量和齿轮转速与搅拌损失的关系

二、加工工艺对总效率的影响

试验用 1 档齿轮的中心轮和行星轮一组为剃齿加工，另一组为磨齿加工。

试验结果如图 11-22 所示，两种加工工艺制造的齿轮，其传动效率稍有不同。磨齿加工的齿轮比剃齿加工的齿轮传动效率高出约 0.5%。这是因为，剃齿加工齿轮的齿面较为粗糙，精度较低，齿面摩擦因数较大。

三、转速对总效率的影响

试验选用 1 档齿轮，传动比为 1∶0.33，加工工艺为剃齿，输入转速分别为 500r/min、1500r/min、2000r/min，选用较高黏度的润滑油。

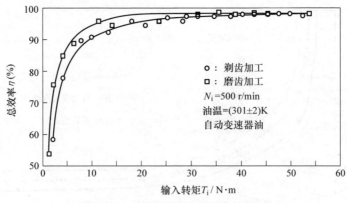

图 11-22 加工工艺对总效率的影响

试验结果如图 11-23 所示。当转速分别为 500r/min 与 1000r/min 时,对应的传动效率差别不大;但当转速达到 2000r/min 时,传动效率则明显降低。推测其原因为润滑油搅拌损失和空气动力损失与转速的平方相关。

四、单、双行星排对总效率的影响

图 11-24 所示为单排和双排行星轮系传动效率测试结果对比。加工工艺为磨齿加工。双行星排的第一行星排中心轮固定,第二行星排为差动形式。其中一条动力($F_{22}R_3\omega_3$)二档动力循环传递路线为:齿圈 R_3→行星轮 R_2→行星架 R_{2C}→齿圈 R_4→行星架 R_{5C}→齿圈 R_3。因为动力循环导致的效率降低,在上节的理论计算中也进行了分析。

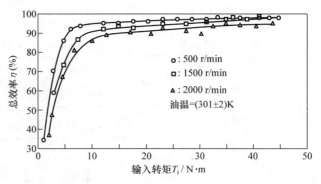

图 11-23 转速对总效率的影响

五、重合度对总效率的影响

试验只改变行星轮系的齿轮重合度,重合度对总效率的影响如图 11-25 所示。重合度 1.30/1.66 用符号"□"表示,重合度 1.65/1.82 用符号"△"表示。重合度大时,效率降低。这是因为大重合度时啮合两齿的相对滑移量增加,造成摩擦损失增大。

六、润滑油温度和流量对总效率的影响

润滑油温度对传动效率的影响如图 11-26 所示,低载荷加载时,润滑油温度高,总效率稍高。这是因为温度高时润滑油黏度低,搅拌损失小。

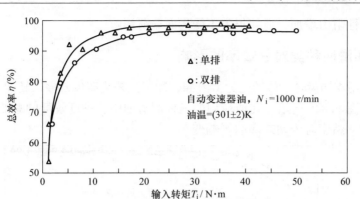

图 11-24　单、双行星排对总效率的影响

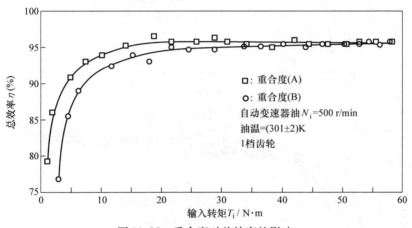

图 11-25　重合度对总效率的影响

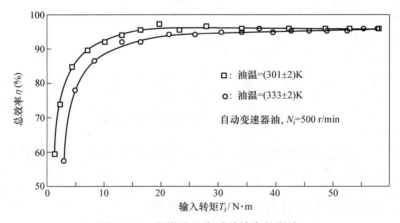

图 11-26　润滑油温度对总效率的影响

润滑油流量对传动效率的影响如图 11-27 所示，增加润滑油的流量，总效率会显著降低；但载荷增大后，润滑油流量对效率的影响会变小。这是因为增加润滑油

流量会使黏性阻力增加,搅拌损失不受齿面载荷影响。

七、润滑油种类对总效率的影响

试验选用4档齿轮,传动比为1:1.44,加工工艺为磨齿,输入转速为500r/min。试验结果如图11-28所示。在所应用的三种润滑油中,黏度较低的总效率较高,但负载增加后,黏度对传动效率的影响变小。

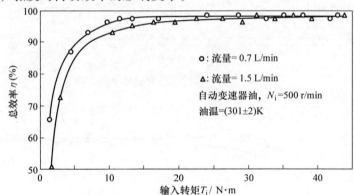

图11-27 润滑油流量对总效率的影响

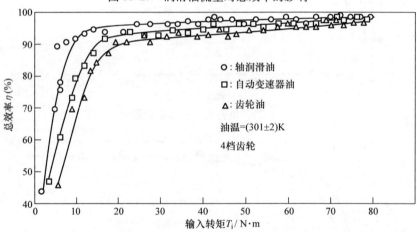

图11-28 润滑油种类对总效率的影响

即使润滑油的运动黏度差距达6倍,中载荷以上加载时,润滑油种类对传动效率的影响也并不显著。

八、总效率的理论计算与试验结果分析

图11-29所示为1档齿轮在输入转速为500r/min的条件下,输入转矩与齿面啮合理论效率、试验效率,以及考虑搅拌损失、轴承损失的效率之间的关系。输入转矩为0~50N·m。齿轮的齿面基准效率 η_{th} 以齿面间平均摩擦因数 $\mu=0.08$ 计算,

在图 11-29 中用直线标出；点画线表示包含搅拌损失及空气损失的效率曲线；虚线表示考虑滚针轴承摩擦因数 $\mu_{r1}=0.0025$ 和推力轴承摩擦因数 $\mu_{r2}=0.008$ 后计算得到的效率（$\eta_{rth}=\eta_{th}\eta_{b1}\eta_{b2}\eta_{b6}\eta_0$）。

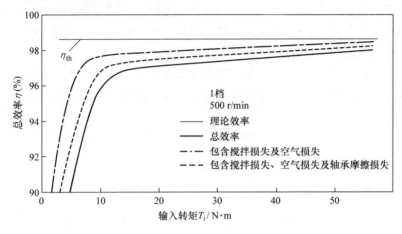

图 11-29　1 档齿轮试验结果分析

由 η_{rth} 的试验值反推 μ_{r1}，得到 $\mu_{r1}=0.011$。即此摩擦因数下的总效率实测值和计算值为同一等级。

$\mu_{r2}=0.0025$ 是有保持器的滚针轴承在滚针无倾斜的低速工作状态下的摩擦因数。而实际上，汽车自动变速器所使用的无保持器密排滚针轴承会因行星轮系中的径向和轴向载荷使滚针发生倾斜，即滚子是在倾斜状态下转动的。这会导致在载荷不变的情况下转动阻力增加，即摩擦因数变大。而且在转速达到每分钟几百转以上时，滚针倾斜对摩擦因数的影响将更为严重。所以由试验反推得到的滚针轴承摩擦因数 $\mu_r=0.010$ 是可信的。2 档齿轮试验结果分析如图 11-30 所示。

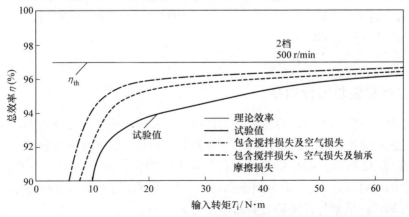

图 11-30　2 档齿轮试验结果分析

11.3 行星齿轮机构振动、噪声理论计算

齿轮噪声是引发汽车自动变速器噪声的主要问题。从低速到高速,在各种运行条件下,齿轮啮合都会产生噪声。行星轮系是几个行星轮同时与中心轮和齿圈啮合的齿轮机构,其特性与外啮合齿轮有一定区别。

由于行星轮系中存在齿距误差、齿向轮廓误差、齿形误差等,即使输入转速为恒定角速度,输出转速也会出现周期性波动。这会影响到机构的疲劳寿命,并产生噪声。

汽车在各种工况下行驶,齿轮啮合都会产生噪声。如何降低噪声,减少振动,是变速器设计的重要课题。

一、行星轮的布置

行星轮系中,行星轮的个数要满足一定关系:相邻两个行星轮中心与行星轮系中心连线的夹角应是 $\dfrac{360°}{z_A + z_C}$ 的整数倍;行星轮之间应以相同间隔布置,行星轮个数应是 $(z_A + z_C)$ 的整数倍,如图 11-31 所示。这里 z_A 为中心轮齿数,z_C 为齿圈齿数。

行星轮齿数 z_B 由下式确定

$$z_C - z_B = z_A + z_C$$

则 $z_B = (z_C - z_A)/2$

(11-42)

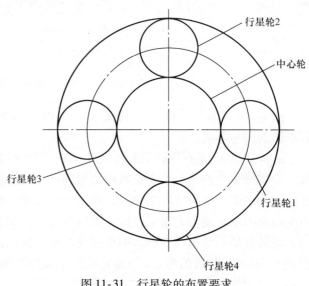

图 11-31 行星轮的布置要求

二、行星齿轮啮合周期

齿轮存在一定的误差,即使输入匀角速度,输出角速度也会有周期性波动。这种周期性波动会影响行星齿轮机构的疲劳寿命,而且会带来噪声问题。

如图 11-32 所示,中心轮作用在行星轮上的周向力 $F_u = M_1/R_A$,齿圈作用在行星轮上的周向力为 F_{u1}。由力矩平衡可知,F_u 和 F_{u1} 的大小、方向均相同;又由力平衡可知,行星架与行星轮之间的作用力 $F_s = 2F_u$。

如图 11-33 所示,啮合过程中,单个行星轮受到来自于齿圈和太阳轮的两个动载荷的作用,而这两个动载荷的变化周期往往不同。由相位关系可知,在同一时刻

作用在不同行星轮上的合力大小也会不同。

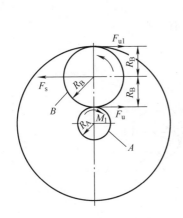

图 11-32　单个行星轮受力

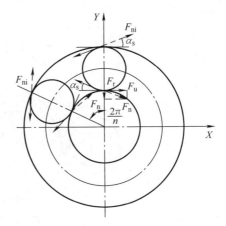

图 11-33　两个行星齿轮受力

三、行星轮啮合相位差和扭转振动分析

当中心轮的齿数和齿圈的齿数能被行星轮个数整除时，不同的行星轮就具有了相同的啮合相位，其在同一时刻承受的载荷也相同。由图 11-33 所示的受力分析可知，分别作用在齿圈和中心轮上的力的合力为 0，作用在中心轮上的合力矩为

$$\sum M = nR_a F_n \cos\alpha_n \tag{11-43}$$

式中　R_a——中心轮节圆半径；

　　　F_n——齿面上的法向力；

　　　α_n——压力角。

通过上式可得到法向载荷变化与中心轮扭振的关系。

当中心轮的齿数和齿圈的齿数不能被行星轮个数整除时，由于各行星轮的啮合相位不同，其在同一时刻所承受的载荷大小也不尽相同。这将影响到齿圈的共振，制造误差的影响也会随之变小。

可以通过改变中心轮齿数、齿圈齿数、行星轮布置角度之间的关系来改变啮合相位差 $\Delta\theta$。又因为乘用车自动变速器中行星轮系的齿圈应用薄壁结构，载荷作用下产生的变形能够使其与各个行星齿轮啮合均匀，所以行星轮系的起振力主要受到中心轮和行星轮啮合情况的影响。

要使相位差存在，则在行星轮均布的前提下，要求齿数满足如下条件

$$\begin{aligned}(z_A + z_C)/n &= 整数 \\ z_A/n &\neq 整数\end{aligned} \tag{11-44}$$

图 11-34 为中心轮和行星轮的啮合相位差示意图。设点 Q_2 位于行星轮 2 上，点 Q_2 与行星轮 1 的齿根部和中心轮齿顶部开始啮合点（点 Q_1）之间不存在相位

差。令行星轮 2 的实际啮合点 Q_3 绕轮系中心转到 Q_2 点，则转过的角度 $\Delta\theta$ 就是啮合相位差。

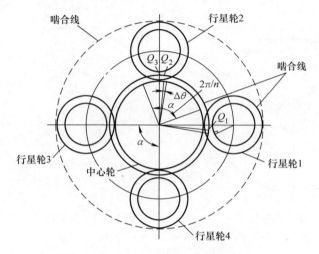

图 11-34 中心轮和行星轮的啮合相位差

行星轮系变速机构的噪声主要来源于系统中的扭振。如果所有行星轮的啮合相位都不相同，那么行星轮与中心轮以及齿圈啮合时的周期性振动将显著减少。

第 j 行星轮与中心轮在某一齿开始啮合时的相位差为

$$\Delta\theta = kj \times 2\pi Z'/n \tag{11-45}$$

式中　Z'——太阳轮的齿数与行星轮个数相除所得余数；

　　　j——行星轮代号；

　　　k——谐波次数。

谐波次数为 k 时，第 j 行星轮和中心轮啮合的起振力 F_{kj} 为

$$F_{kj} = F_{nkj}\sin(k\omega t + kj \times 2\pi Z'/n) \tag{11-46}$$

式中　F_{nkj}——齿轮上作用力的振幅（最大值）。

由各行星轮上的作用力产生的总力矩与齿距的关系符合正弦规律，若各载荷振幅相等，则总力矩为

$$M_k = \sum_{j=1}^{n} F_{nk} R_B \cos\alpha_n$$

$$= F_{nk} R_B \cos\alpha_n \sum_{j=1}^{n} \sin(k\omega t + kj \times 2\pi Z'/n) \tag{11-47}$$

式中　R_B——行星齿轮节圆半径；

　　　α_n——压力角。

若 M_k 为 0，且由刚度引起的啮合传递误差计算值为 0，则扭转振动不会出现。

图 11-35 所示为有相位差的 1 档行星齿轮机构，因相位差的存在，使得啮合产生的按正弦规律变化的力相互抵消，啮合起振力为 0。

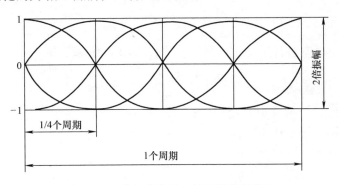

图 11-35　有相位差的 1 档行星齿轮机构

四、试验行星轮系相位差计算

1 档行星轮均布，且存在合适的啮合相位差，使各啮合位置的起振力相互抵消，若齿轮无制造误差，则理论上的啮合起振力为 0。

行星轮系啮合相位差为

$$\Delta\theta = \frac{2\pi}{z_A}H - \frac{2\pi}{n} \tag{11-48}$$

式中　H——整数；

　　　n——行星轮个数；

　　　z_A——中心轮齿数，其公式为

$$z_A = nH \pm 1 \tag{11-49}$$

由式（11-48）计算出 1 档齿轮的啮合相位差 $\Delta\theta = 2.432°$。

啮合频率是影响齿轮噪声、振动的原因之一。分析齿轮的噪声、振动频率的频谱分析图可知，峰值出现在啮合频率的倍频处。噪声、振动还受到齿轮动载荷大小的影响。

1 档行星齿轮的啮合频率 f_z 为行星架（输出）每转过一周的啮合齿数。由中心轮与行星架之间的相对转速可求出啮合齿数

$$(n_A - n_S)z'_A = \left(n_A - \frac{n_A z'_A}{z'_A + z'_C}\right)z'_A = \frac{n_A z'_C z'_A}{z'_A + z'_C} \tag{11-50}$$

式中　z'_A——第二行星排太阳轮齿数；

　　　z'_C——第二行星排齿圈齿数；

　　　n_A——太阳轮转速（r/min）；

　　　n_S——行星架转速（r/min）。

1 档输入轴转速（r/min） $n_i = n_A$，啮合频率为

$$f_z = \frac{n_i z'_C z'_A}{60(z'_A + z'_C)} \tag{11-51}$$

计算得到

$$f_z = 0.413 n_i$$

4 档齿轮由齿圈与行星架之间的相对转速求得啮合齿数为

$$(n_C - n_S)z_C = \left[\frac{n_S(z_A + z_C)}{z_C} - n_S\right]z_C = n_S z_A \tag{11-52}$$

式中　z_A——第二行星排中心轮齿数；

z_C——第二行星排齿圈齿数；

n_S——行星架转速（r/min）；

n_C——齿圈转速（r/min）。

4 档时输入轴转速（r/min）$n_i = n_S$，啮合频率为

$$f_z = \frac{n_i z_A}{60} \tag{11-53}$$

经计算得到

$$f_z = 0.55 n_i$$

因为齿轮装置中有几对齿轮啮合，会存在不止一个振动频率。要分析振动频率，就要计算各齿轮副的啮合次数。

1 档各齿轮的啮合次数：齿圈 $1.321 n_i$；中心轮 $2.678 n_i$ 行星轮 $1.304 n_i$。

4 档各齿轮啮合次数：中心轮 $3 n_i$；齿圈 $1.32 n_i$；行星轮 $1.571 n_i$。

11.4　行星齿轮机构振动、噪声试验

应用动力吸收式齿轮试验台，分别对有相位差（1 档）和无相位差（4 档）的行星轮系进行试验，改变啮合率、精度、载荷、转速等条件，测定行星轮系的振动和噪声。

动力吸收式齿轮试验台如图 11-36 所示，为准确测出行星轮系产生的噪声，虚线框中的电动机、减速器、行星齿轮机构均置于隔声箱中做隔音处理，使暗噪声降低至约 6dB 以下。

润滑油为自动变速器油，从中心轮附近的 3 个喷油器和上部的 1 个喷油器供应给行星轮系，润滑油流量为 1.5L/min，油温为（32 ± 2）℃。输入转矩范围为 0 ~ 80N·m，高速轴（输入轴）转速为 500 ~ 2400r/min。转速变化每次 100r/min，转矩变化每次 5N·m。在输入轴、输出轴的支承处附近安装加速度振动传感器，用来测定行星齿轮机构的振动加速度和噪声。

一、剃齿加工齿轮小载荷试验

图 11-37 和图 11-38 所示为剃齿加工齿轮小载荷试验的试验结果。试验齿轮参

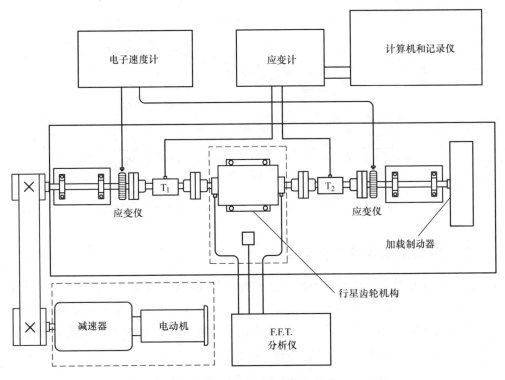

图 11-36　动力吸收式齿轮试验台

数为表 11-1 中的高齿齿轮对 A。"□"表示 1 档齿轮（有相位差），"△"表示 4 档齿轮（无相位差）。输入转速为 500~2400r/min，1 档齿轮输入转矩为 20N·m，4 档齿轮输入转矩为 43N·m。

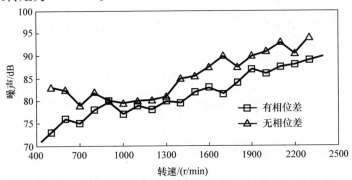

图 11-37　剃齿加工齿轮（小载荷）相位差对噪声的影响

由图可知，行星轮系有相位差时的噪声等级比无相位差时低 3~8dB，振动等级低 2~4dB。试验结果说明：相位差的存在会使扭振明显减小，考虑相位差的设计是降低行星轮系振动和噪声的有效手段。

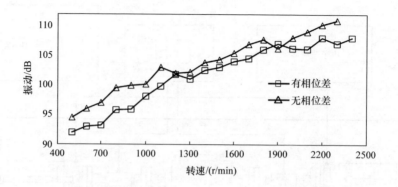

图 11-38　剃齿加工齿轮（小载荷）相位差对振动的影响

二、剃齿加工齿轮大载荷试验

图 11-39 和图 11-40 所示为剃齿加工齿轮大载荷试验的试验结果。1 档齿轮的输入转矩为 40N·m，4 档齿轮的输入转矩为 80N·m。由图可知，在相同运行条件下，与磨齿加工相比，两者曲线变化规律几乎相同。可以认为，在大载荷条件下，产生振动和噪声的主要原因是轮齿的弹性变形。

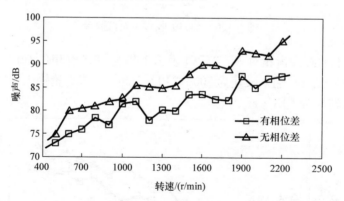

图 11-39　剃齿加工齿轮（大载荷）相位差对噪声的影响

三、磨齿加工齿轮小载荷试验

试验用行星轮和中心轮用 MAAG 磨齿机进行磨齿加工，精度达 JIS 0~1 级，试验结果，如图 11-41 和图 11-42 所示。由图可知，在测试转速范围内，行星轮系在有相位差时的噪声等级比无相位差时低 6~10dB，磨齿加工齿轮的精度对试验结果的影响相对较小；有相位差和无相位差情况下，振动等级随转速的增加趋势基本相同，1 档齿轮（有相位差）比 4 档齿轮（无相位差）的振动等级低 2~4dB。

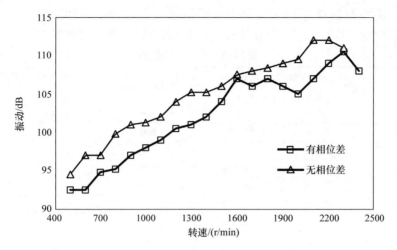

图 11-40　剃齿加工齿轮（大载荷）相位差对振动的影响

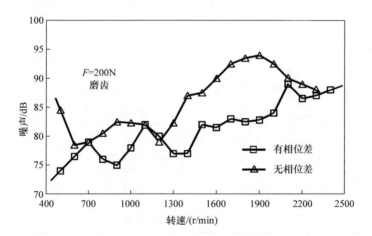

图 11-41　磨齿加工齿轮（小载荷）相位差对噪声的影响

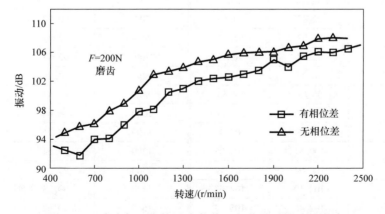

图 11-42　磨齿加工齿轮（小载荷）相位差对振动的影响

表 11-4 和表 11-5 所列为试验中 1 档齿轮（有相位差）和 4 档齿轮（无相位差）分别在 0~10kHz 和 0~5kHz 频率范围内的振动、噪声等级数据。

表 11-4 噪声等级数据

转速/(r/min)	噪声/dB (0~10kHz)		转速/(r/min)	噪声/dB (0~5kHz)	
	1 档齿轮	4 档齿轮		1 档齿轮	4 档齿轮
500	74.21	84.68	500	71.30	83.28
600	74.21	78.76	600	76.48	83.68
700	79.19	79.21	700	78.27	82.72
800	72.17	81.00	800	75.66	82.76
900	75.19	82.73	900	81.27	83.15
1000	78.03	82.50	1000	77.69	77.94
1100	82.22	82.00	1100	78.30	79.52
1200	79.97	78.83	1200	76.68	80.82
1300	76.95	82.68	1300	80.66	82.34
1400	76.93	87.45	1400	81.35	86.02
1500	81.58	87.59	1500	82.80	86.79
1600	81.28	90.55	1600	83.95	91.70
1700	83.72	82.92	1700	84.63	91.57
1800	82.53	93.71	1800	81.88	93.71
1900	83.51	94.00	1900	86.19	95.52
2000	84.26	92.55	2000	88.11	92.64
2100	89.06	90.29	2100	86.26	91.96
2200	86.40	89.14	2200	87.44	87.98
2300	87.09	87.98	2300	90.04	90.66
2400	88.37		2400	89.18	

表 11-5 振动等级数据

转速/(r/min)	噪声/dB (0~10kHz)		转速/(r/min)	噪声/dB (0~5kHz)	
	1 档齿轮	4 档齿轮		1 档齿轮	4 档齿轮
500	92.27	94.69	500	90.90	93.49
600	91.62	95.41	600	92.79	94.78
700	93.87	96.45	700	93.57	95.38
800	94.27	98.30	800	94.29	96.91
900	95.68	99.53	900	95.83	97.94
1000	97.47	101.00	1000	96.67	98.71
1100	98.53	102.96	1100	97.11	103.91
1200	100.37	103.05	1200	97.64	101.90
1300	100.94	104.10	1300	99.22	101.91
1400	102.10	104.68	1400	99.93	102.15
1500	102.46	105.37	1500	99.92	103.44

(续)

转速/(r/min)	噪声/dB/(0~10kHz)		转速/(r/min)	噪声/dB (0~5kHz)	
	1档齿轮	4档齿轮		1档齿轮	4档齿轮
1600	102.82	105.68	1600	100.19	103.22
1700	102.98	106.07	1700	101.20	102.58
1800	103.12	106.10	1800	101.70	103.29
1900	105.44	106.32	1900	103.74	103.90
2000	104.33	107.10	2000	104.94	105.52
2100	105.84	107.74	2100	104.90	105.45
2200	106.76	108.56	2200	103.60	108.21
2300	106.17	108.77	2300	103.39	106.97
2400	107.09		2400	107.96	

四、磨齿加工齿轮大载荷试验

试验设定输入轴转速为 500~2400r/min，1档齿轮输入转矩为 40N·m，4档齿轮输入转矩为 80N·m（切线载荷均为 370N）。试验得到的噪声等级曲线如图 11-43 所示，由图可知，行星轮系在有相位差时的噪声等级比无相位差时低 3~9dB。与齿面切向载荷为 200N 时的试验结果对比发现，输入转矩增加后相位差对噪声等级的影响更加明显。

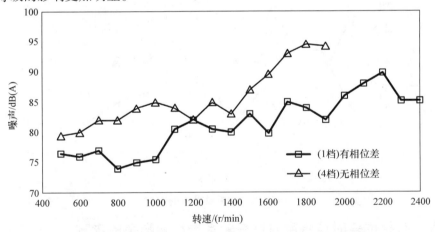

图 11-43　磨齿加工齿轮（大载荷）相位差对噪声的影响

图 11-44 所示为相位差对振动的影响，由图可知，转速变化范围内，两次试验测得的振动等级变化幅度基本相同，振动等级相差 3~5dB，振动等级峰值所对应的转速和图 11-43 中的峰值转速却不相同，这是因为系统受到了从试验台动力传递装置及试验齿轮箱等多处发出的声波的综合影响。

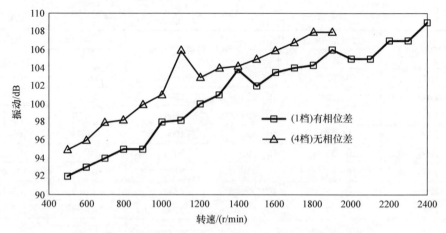

图 11-44　磨齿加工齿轮（大载荷）相位差对振动的影响

五、有相位差时转矩对行星轮系振动和噪声的影响

在转速为 1200r/min 的条件下，转矩对行星轮系振动和噪声的影响分别如图 11-45 和图 11-46 所示。由图可知，转矩对噪声的影响较小；而增加负载转矩时，振动等级的差距有增大的趋势。

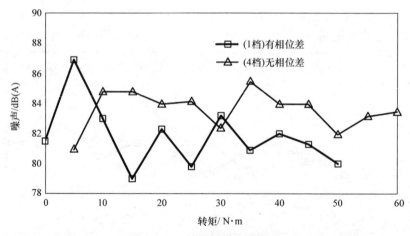

图 11-45　转矩对噪声的影响

六、有相位差时重合度对行星轮系振动和噪声的影响

试验中 1 档齿轮的参数见表 11-1，选用其中的高齿齿轮副 A（重合度为 1.65/1.81）和标准齿轮副 B（重合度为 1.30/1.66），输入轴转速为 500~2400r/min。由图 11-47 和图 11-48 可知，以 200N 的齿面切向载荷分别对两齿轮副做试验，噪声、振动等级无明显差异。原因是 1 档行星轮系的重合度大，齿轮抵消了刚度柔性引起的起振力。

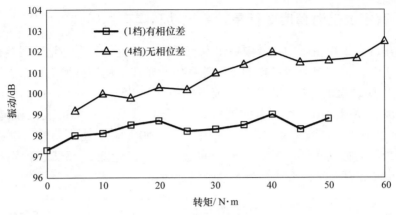

图 11-46 转矩对振动的影响

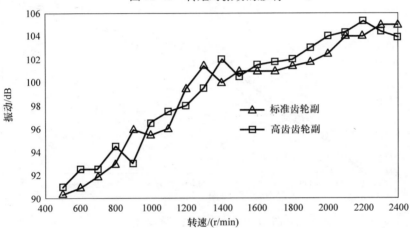

图 11-47 重合度对振动的影响

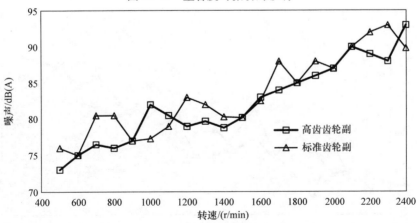

图 11-48 重合度对噪声的影响

七、有相位差时精度对行星轮系振动和噪声的影响

试验用的两组齿轮副中,其中一组双行星排的行星轮和中心轮采用剃齿加工和渗碳淬火工艺,另一组双行星排的行星轮和中心轮在采用剃齿加工和渗碳淬火工艺后使用 MAAG 磨齿机进行磨齿加工。前者的精度为 JIS3~4 级,齿面的表面粗糙度约 $R_{amax}6\mu m$ ($Ra1.5\mu m$);后者的精度达到 JIS0~1 级,齿面的表面粗糙度 $R_{amax}2\mu m$ ($Ra0.5\mu m$)。试验结果如图 11-49 和图 11-50 所示,由图可知,磨齿加工出的高精度齿轮的振动和噪声等级比未经磨齿加工的齿轮低 2~3dB,特别是在转速达到 1000r/min 以上时,振动等级的差距更加明显。

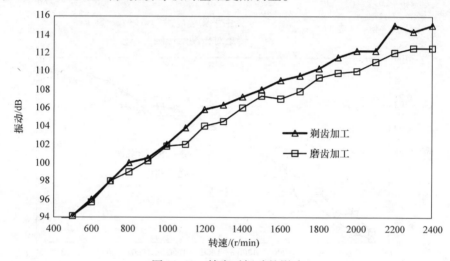

图 11-49 精度对振动的影响

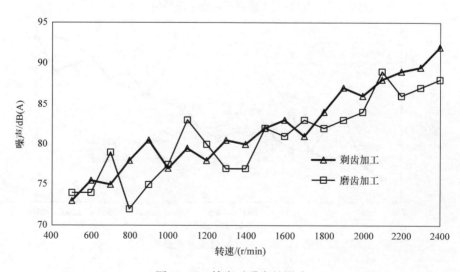

图 11-50 精度对噪声的影响

八、有相位差时转矩对不同精度行星轮系的振动和噪声的影响

试验用齿轮为 1 档有相位差行星轮系，加工工艺有剃齿和磨齿两种。如图 11-51 和图 11-52 所示，输入轴转速为 1200r/min，输入转矩变化范围为 0~50N·m。由图可知，当输入转矩超过 10N·m 后，振动和噪声等级有随转矩的增大而提高的趋势。在试验转矩范围内，磨齿加工齿轮的振动噪声更低。

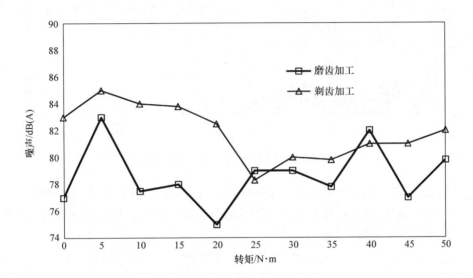

图 11-51 转矩对不同精度行星轮系噪声的影响

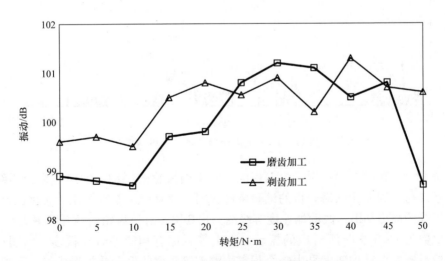

图 11-52 转矩对不同精度行星轮系振动的影响

九、振动、噪声试验结果分析

图 11-53 和图 11-54 所示为有相位差的 1 档齿轮的振动、噪声频谱分析结果。试验条件：磨齿加工，切线载荷为 200N，输入轴（高速轴）转速为 1600r/min。

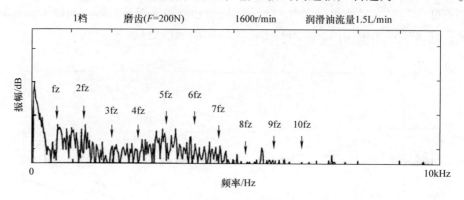

图 11-53　1 档齿轮振动频谱分析结果

行星轮的啮合频率为 660Hz，其倍频对应的振动噪声加速度等级的峰值并不能清楚地辨认。原因是各行星轮和中心轮的啮合存在相位差，相位差引起的振动恰好与各行星轮引起的扭转振动相抵消。

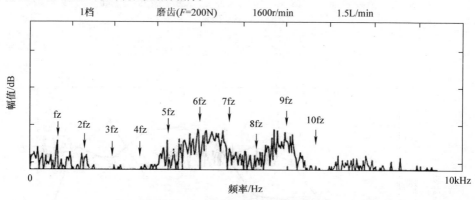

图 11-54　1 档齿轮噪声频谱分析结果

图 11-55 和图 11-56 所示为无相位差的 4 档齿轮的振动、噪声频谱分析结果，试验条件与 1 档齿轮频谱分析的试验条件相同。与有相位差时相比，无相位差时的噪声等级约高出 9dB，振动加速度等级约高出 3dB。行星齿轮的啮合频率为 611Hz，谐波次数为 1~3 次时所对应的振动、噪声等级比有相位差时高很多。由图可知，行星轮系周向振动加速度是由啮合频率中整数倍频率的振动叠加形成的。无相位差行星齿轮的总刚度是行星齿轮个数的倍数，周期性变化的啮合起振力也会变大。

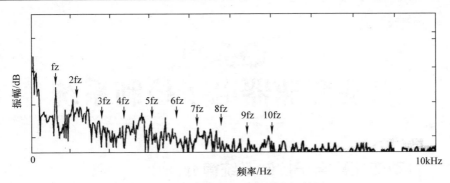

图 11-55　4 档齿轮振动频谱分析结果

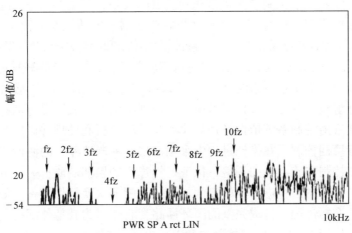

图 11-56　4 档齿轮噪声频谱分析结果

参 考 文 献

[1] 米奇克,瓦伦托维兹. 汽车动力学 [M]. 4 版. 陈荫三,余强,译. 北京:清华大学出版社,2009.
[2] 张洪欣. 汽车设计 [M]. 2 版. 北京:机械工业出版社,1996.
[3] 王望予. 汽车设计 [M]. 2 版. 北京:机械工业出版社,2017.
[4] 崔丽. 自动变速器中行星齿轮机构的传动效率研究 [D]. 重庆:重庆大学,2005.

第12章 自动变速器电子控制系统

12.1 自动变速器电子控制系统简介

　　自动变速器电子控制系统是自动变速器的大脑，其主要任务是通过各种传感器与其他车载控制器进行通信，以实时获取变速器、发动机及车辆本身的运行状态，并根据车速及加速踏板等信号进行精确的换档控制和离合器控制，把驾驶人员从繁重的手动换档任务中解放出来，获得良好的驾驶舒适性，同时获得较佳的燃油经济性。

　　自动变速器电子控制系统框图如图12-1所示，它通常由传感器、控制器和执行器三部分组成，首先通过传感器检测变速器工况及行驶工况等信息，将其转换成电信号，然后由控制系统依据换档规律对其进行分析和处理并做出判断，发出换档指令，进行换档控制。在换档过程中采用"PID+自学习"的协调控制方式，一方面通过反馈控制实施参数的调整，保证换档过程的换档品质；另一方面又根据换档的控制效果对参数进行进一步的自学习优化，为下次换档做准备。如此循环，不断接近理想的换档过程，构成完整的闭环回路。它还可为其他外部控制器，如发动机管理单元（ECU）、电子稳定控制（ESP）单元等提供接口，协同实现提高车辆驾驶舒适性、安全性等功能。

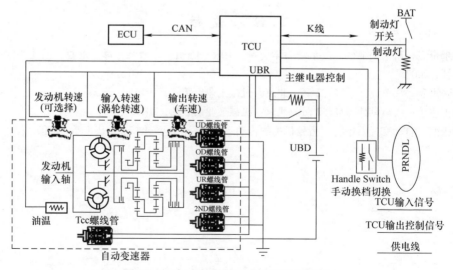

图12-1　自动变速器电子控制系统框图

自动变速器电子控制系统提供了满足 OBD 诊断法规的全部功能，能够对各零部件以及子系统进行电气合理性诊断，并能按照法规或客户要求输出诊断结果。

随着近年来车辆控制技术的复杂化，软件的容量也越来越大。为了促进软件的再利用，自动变速器电子控制系统采用了以覆盖传感器、执行元件特性和微型计算机功能（特性和功能的变更对软件不造成影响）为目的的分层化结构。

1. 软件的结构

图 12-2 所示为车辆控制软件的分层化结构实例。现在的软件结构是根据车辆制造商和软件供应商各自不同的理念构建起来的，但为了向将来统一化方向发展，国内外的标准化活动日趋活跃。

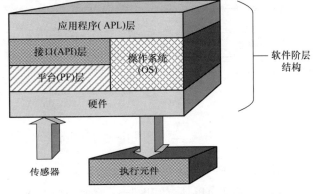

图 12-2　软件分层化结构实例

2. 操作系统（OS）

OS 是以降低软件的开发和管理成本为目标，对应用程序的信息处理资源的分配进行管理的模块。使用 OS 具有便于使用外部开发软件、便于构建有时间限制的多重处理系统、能够覆盖不同处理器等优点，还可以通过提高再利用性、移植性和可靠性等途径来降低成本。

OS 的主要功能包括：优先权（执行优先权）方式的任务调度、管理各应用程序的不同时间限制、管理各任务间的共有资源（外观上平行运行的应用程序间排除对同一资源的取得）、任务间的通信、事件通信（支持任务间的协调动作）等。原来在应用软件处理中实现的功能由与应用软件独立的 OS 来处理。

此外，汽车行业标准化实时 OS 具有高实时性的实施（汽车专用的简化样式）、数量化的重视（与储存量节约相对应）及车载通信网络化等特征。OS 作为车辆控制软件，以最优件为目标不断进行着标准化工作。

3. 平台（PF）层

PF 层是利用微型计算机外围设备等硬件功能，操作传感器信号输入和执行元件驱动输出的那部分软件。计算机外围设备因微型计算机种类不同而不同的情况较多，但是通过设计，要使其在特定系统中发挥最佳性能。

例如，通过 PWM（Pulse Width Modulation）驱动驱动电磁阀时，根据已有的计算机外围设备和执行元件的驱动特性（动态范围、精度等），来选择出最佳方法后进行设计。

按照规定时间分别对计算完成的计数值与周期设定值和占空时间（任务）设定

值进行比较,并通过图 12-3 所示的 PWM 输出时间图使输出反转来实现 PWM 输出动作。

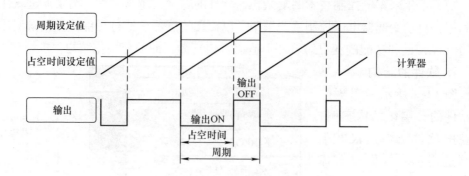

图 12-3　PWM 输出时间图

4. 接口（API）层

API 层是操作 APL 层与 PF 层间数据交换的部分。当 APL 层和 PF 层处理的数据属性（数据形式、单位制等）不同时,可以通过 API 层数据的转换,实现现有 APL 软件与现有 PF 软件间的数据交换。

例如,当可以利用电磁阀占空时间或步进电动机来控制旁通空气流量时,根据各自流量和执行元件驱动信号电磁阀,将空气流量控制值（单位为 m^3/min 等）转换成控制信号数据。

5. 应用程序（APL）层

APL 层通过前项所述的方法和开发的软件安装在实际的控制系统中。通过事先对 API 层的数据接口进行标准化,可以实现 APL 层软件的再利用,从而发挥高开发效率的优势。

例如,在旁通空气量控制中,将各演算过程以空气量控制值（单位为 m^3/min）的形式进行标准化,使其不受空气流量控制方法的影响,从而确保 APL 层部件的独立性。

6. 分层的软件架构

针对 TCU 系统的开发特点,提出了分层的软件架构,为上层程序提供了友好的接口,从而可以确保在同一平台上实现不同的自动变速器控制需求,如图 12-4 所示。基于此分层结构可以强化底层软件的功能,弱化底层软件和应用层软件的耦合;此结构也符合软件架构的发展趋势,针对不同的应用,可对底层软件进行裁减和升级,减少了由此带来的上层软件修改成本的增加,提高了自动变速器软件开发的效率。

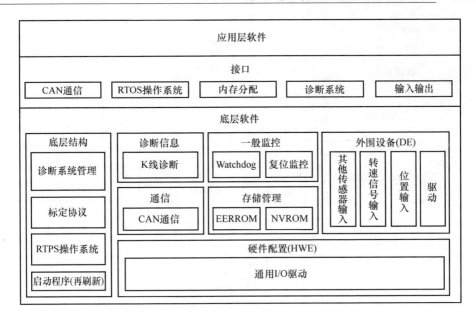

图 12-4 底层软件结构

12.2 自动变速器控制系统开发

随着控制要求的提高，控制系统的应用变得越来越广泛，其地位也越来越重要。因此，控制系统变得越来越高精度化，越来越复杂，特别是其软件系统越来越庞大。控制系统所需的资源（开发周期、费用、开发人数）逐年增加，而提高软件开发效率成为重要的课题。充分利用"模型"是解决上述课题的手段之一，该过程被称为模型基础性开发。模型是将实际设备进行抽象化的产物，模型化的对象不仅包括控制对象，也包括控制装置。模型基础性开发具有如下优点：

1）可以容易地实现高性能控制。
2）可以在开发初期阶段进行控制系统验证。
3）可以充分利用自动化手段。

以下就变速器控制开发流程及开发方法进行说明。

一、开发流程

图 12-5 所示为变速器控制系统开发流程。以前一般是在发动机变速器等控制对象的基本设计完成后，再进行控制系统的设计，但在图 12-5 所示开发方式中，因控制对象的限制造成系统整体无法满足设计要求的情况很多。因此，最好是在系统整体设计完成后，再逐步展开对控制对象和控制策略或系统的开发。

图 12-6 所示为从广义的软件开发角度出发的开发流程 V 字形图。下面就图中各流程的内容进行说明。

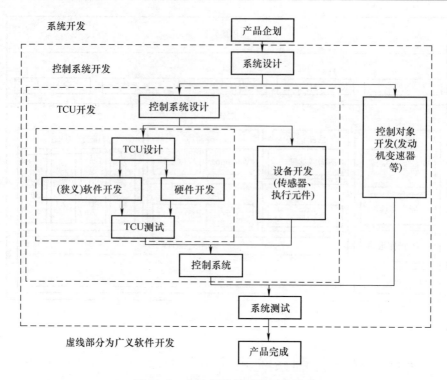

图 12-5 变速器控制系统开发流程

二、系统设计

系统设计相当于系统开发的初期阶段，是根据商品规划书和法规等各种信息设计系统整体功能的阶段。

系统设计分流程如图 12-7 所示，各流程概要如下。

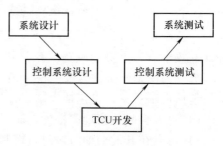

(1) **系统要求分析** 首先应该设定整个系统所要求的功能。理想的状态是能够定量设定，但实际上大部分情况下只能进行定性设定。不过，即使是在无法做出决定时，也要设定一个作为暂时目标的功能，并推进开发工作，这一点很重要。此外，除了目标功能，对限制条件的把握也很重要。

图 12-6 开发流程 V 字形图

(2) **控制对象功能设计** 进行控制系统设计时，要从功能上把握发动机、变速器等控制对象。对控制对象和控制系统进行平行开发时，在完成控制对象应该具有的功能设定后，开始其具体设计。另一方面，针对现有的控制对象进行控制系统设计的情况较多，在这种情况下，要充分理解控制对象并掌握其功能。

(3) **控制系统功能设计** 根据设定的系统功能要求以及已设定或掌握的控制

对象的功能，推进控制系统应具有的功能的设计。

（4）系统可行性分析　需要通过对控制对象与控制系统的组合，来充分研究其能否实现整个系统所要求的功能。如果在无法实现的系统的基础上继续进行后续开发工作，则会造成巨大的时间和资源上的浪费。此外，由于在设计过程中会不自觉地专注于主要功能的实现，而容易疏于对副作用的危害进行研究，这一点需要引起充分的注意。

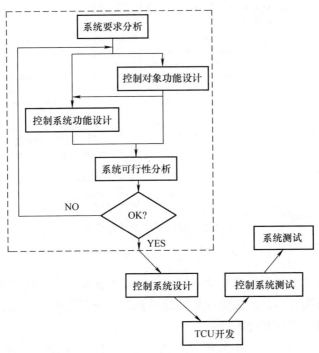

图 12-7　系统设计分流程

三、控制系统设计

在系统设计阶段设定了控制系统的功能要求。在控制系统设计阶段中，进行能够满足相关性能的具体设计。

图 12-8 所示为控制系统设计阶段分流程。这里主要对软件开发进行介绍，不再对设备开发及 TCU 硬件开发进行说明。

1. 控制系统功能分析

自动变速器电子控制系统通常由传感器、控制器和执行器三部分组成。传感器将检测到的车辆状态和行驶路况等信息传递给控制器，控制器依据这些信息发出目标指令，并最终由执行器来完成，控制器可以采用基于规则或者优化控制算法。此外，自动变速器电子控制系统还可为其他外部控制器，如发动机管理单元（ECU）、电子稳定控制（ESP）单元等提供接口，协同实现提高车辆驾驶舒适性、

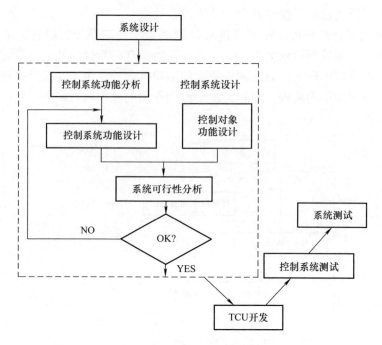

图 12-8　控制系统设计分流程

安全性等需求。

开发人员在开发初期阶段仅关心控制系统是否正常工作,而容易忽视发生故障时的安全保障问题。但是,故障保护功能是控制系统开发中极为重要的部分,需要从初期阶段就对其进行充分的研讨。

首先需要确定当系统发生故障时,用户陷入的危险状态达到何种等级或程度时,开展何种程度的故障保护工作。在动力传递控制系统中,一般的设计思路是,采用即使在控制系统中有一处发生故障或产生误动作时也不会造成危险的故障模式。事先对系统各重要部件发生故障时的动作状态进行研究,对产生危险故障模式的部位进行双重配置,或者通过其他信息进行故障检测等,以防止出现危险的动作。

另外,故障检测一般采用 FMEA（Failure Mode Effective Analysis）方法。该方法的原理是研究发生故障时系统各部位将处于怎样的工作状态。

2. 控制系统功能设计

功能策略是控制系统的核心,根据系统设计流程中完成的对控制系统的功能要求,设计出要求进入 TCU 中的控制功能。所谓功能要求是指"应该做什么"。另外,由于是实际装入 TCU 中,必须记载"应该怎样做"的相关内容。通过对"应该做什么"到"应该怎样做"的不同层次的反复,逐步达到实际可能实现的水平,如图 12-9 所示。

将归纳为一个功能单位的过程称为模块化，它对于确定易于理解和便于维护的控制规格非常重要。在设计模块时，应该从功能角度布置模块，同时充分考虑以最小量的模块间接口实现整体功能。

以下就控制功能的主要记述方式进行说明：

1）数据流：数据流图。
2）控制流：状态转移图、流程图。

数据流图的功能是沿着控制变量的流向记述控制功能，是当控制对象为连续事件系统时的控制规格的基本形态。此时，变量的输入/输

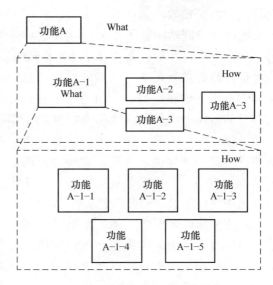

图 12-9　控制规格的分层化结构

出及其关系比较明确，与结构化分析手法的亲和性好。其缺点是无法清晰地体现何时、以何种条件为依据进行处理。图 12-10 所示为数据流图。

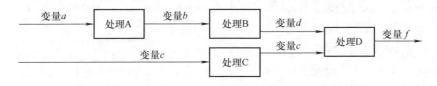

图 12-10　数据流图

状态转移图适用于对离散事件系统（如人的操作或故障状态）控制功能的描述。该记述方式易于清晰地体现可以存在何种状态、该状态在何种条件下如何变化。但是，与数据流图相反，它存在难以清晰地体现变量流向的缺点。图 12-11 所示为状态转移图。

流程图是沿着处理流程描述控制功能，它与实际写入编码的亲和性最好。该记述方式也具有难以清晰体现变量流向的缺点。图 12-12 所示为流程图。

需要在考虑控制的特征后再决定选择哪种记述方式。在实际控制中，既有连续事件系统也有离散事件系统，在这种情况下，有必要再次考虑计算机的实际装配问题。因此，将上述记述方式组

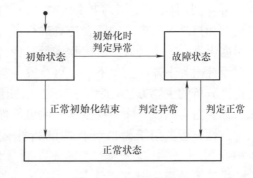

图 12-11　状态转移图

合使用的情况较多。

此外，控制功能除了目前已述及的记述方式之外，还需要变量和常量等数据以及相关属性等信息，这些信息称为数据词典。所需的属性信息中包括变量和常量的单位和地址、使用固定小数点时转换为物理量的转换公式等，这些内容将被用于编码生成和验证流程中。因此，在控制系统开发中，对数据词典进行统一管理极为重要。需要注意的是，这里的数据词典与信息处理相关的软件设计中附随在数据流图中使用的数据词典的定义有所不同。

在模型基础开发中，利用工具将上述记述完善后，可以将设计结果作为能够进行模拟的控制装置模型直接使用。此外，可以有效利用编码自动生成功能也是其优点之一。

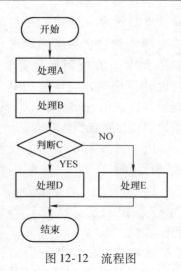

图 12-12　流程图

3. 控制对象功能设计

控制对象功能设计分流程如图 12-13 所示。其中控制对象模型化有两个用途：一是用于控制规格的设计；二是用于控制规格的验证。在系统设计流程中，进行控制对象的功能设计或把握；而在此流程中，需要使进行模拟的模型得到具体化。但与其说在追求绝对精度，控制对象功能设计过程中一般更加需要的是模型化的便利性和对计算时间的重视。

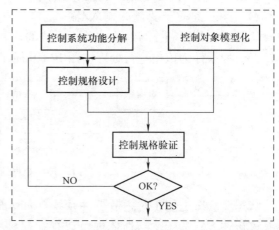

图 12-13　控制对象功能设计分流程

4. 系统可行性分析

可以利用闭环模拟对控制装置模型和控制对象模型的联合仿真进行可行性分析。此时完成验证脚本时应该从两个角度出发：一个是对分析流程进行验证，另一个是对控制功能进行验证。前者用于在设计内容未知的前提下进行可行性分析的情况，称为黑盒测试，它是进行系统可行性分析的主要方法；后者用于在已知设计内容的前提下进行可行性分析的情况，称为白盒测试。除了控制功能的可行性分析之外，系统可行性分析还包括软件的可行性分析。用于衡量可行性的指标称为覆盖率，包括决策覆盖率和条件覆盖率。

决策覆盖率（分支覆盖率）：着眼于控制功能的分支，至少要显示一次实际演算的分支所占的比例。

条件覆盖率：着眼于包含状态转移在内的理论演算，在整个组合中显示实际测试的组合比例。

四、TCU 开发（TCU 写入）

从软件开发的角度加以表述，TCU 开发是指根据控制功能编制实际写入编码，并将其装入 TCU 中的过程。装入软件大体分为平台和应用程序。前者相当于操作系统，主要依存于 TCU 的硬件；后者在平台的基础上运行，记载着控制内容。TCU 写入分流程如图 12-14 所示。

（1）代码生成　现在，变速器控制中主要使用的是 C 语言。以前都是以人工方式进行代码编写的，但最近随着系统工具的进步，使用系统工具进行自动编程的方式已经开始普及。但是，可以通过自动编码生成的，仅限于将控制功能作为实际可行的模型记述在系统工具中的情况。

（2）代码测试　由于生成的代码可能存在缺陷，因此需要对其进行测试。

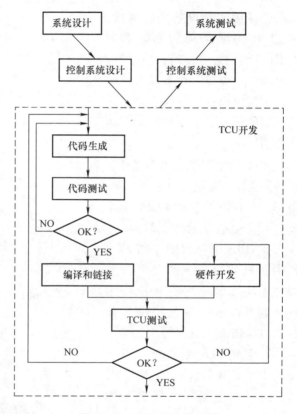

图 12-14　TCU 写入分流程

例如，对于软件小单位，对控制功能与代码的一致性进行的测试称为单元测试。在开发模型基础时，由于存在动态控制功能的控制装置模型，因此可以通过模拟对一致性进行测试。

（3）编译和链接　经过验证的编码群需要进行组合后装入 TCU 中。由于该流程与传统的一般性软件开发流程相同，此处不做具体说明。

（4）TCU 测试　即使以小单位进行了测试，还是需要在组合后进行总体测试。这一测试工作可以只对软件进行，或者在组合装入 TCU 的阶段进行。

五、控制系统测试

上一流程已经测试了 TCU 是否按照控制功能进行工作。接下来需要对传感器、执行元件以及装入了编码的 TCU 等进行组合，然后测试其作为控制系统是否能够按照指令动作。具体的测试方法有 HILS（Hardware in the Loop Simulation，硬件在环仿真）及实车测试。控制系统测试分流程如图 12-15 所示。

1. HILS

HILS 是指在模拟闭环的某一部分使用实际设备进行测试，图 12-16 所示为使用实际 ECU 的 HILS 的构成。此时，发动机、变速器、车辆控制对象模型被组合到实时模拟器中。通过这一方式可以进行类似于使用实际车辆那样的测试。

HILS 的优点在于能够提高测试的安全性、再现性及包罗性等。但它也存在因控制对象模型的精度对测试范围有所限制的缺点。

在 HILS 中不仅限于将 ECU 作为实机使用，还可以根据需要使用实际的传感器和执行元件；也可以根据情况将一部分控制对象作为实机使用。

2. 实时仿真测试法

由于 HILS 有一定的局限性，还需要对实际系统进行测试。具体方法是在使用试验台进行测试后，再对实车进行测试。随着控制对象模型精度的提高以及模型化所需时间的缩短，实际系统测试的重要程度有所降低，但现阶段还未达到不再需要进行实际系统测试的水平。

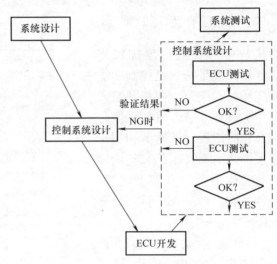

图 12-15 控制系统测试分流程

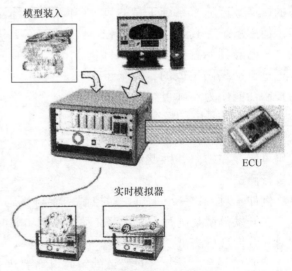

图 12-16 HILS 的构成

此外，因测试环境的关系，将 HILS 作为 ECU 测试的一环，实车测试作为系统测试的一环进行的情况较多。

通过 Simulink 搭建整车模型（集成了被控自动变速器的原型），借助 ETAS 的 Labcar 系统与变速器控制器（TCU）构成硬件在环的实时仿真系统如图 12-17 所示。该实时仿真系统的工作原理如下：仿真模型在 Host PC 上经过编译生成实时仿真代码，通过网络连接下载到实时目标机 RTPC 中，RTPC 对模型进行实时运算，并将模型运算变量，如发动机转速、变速器输入和输出轴转速、变速器控制器（TCU）和发动机管理单元（TCU）所需信号送给信号发生与测量部件 ES4100。ES4100 将接收到的信号变量转换为对应的实际物理信号，经转接器送给 TCU，TCU 接收相关输入信号，根据其中的软件程序，控制电磁阀执行相应动作。电磁阀电流经 ES4100 电流检测板卡的检测，测量值被重新送入 RTPC 的模型中，AT 模型根据电磁阀电流计算相关离合器/制动器的压力和转矩，然后重新计算发动机转速、变速器输入和输出轴转速等信号，这样就和 TCU 构成了 AT 闭环系统。

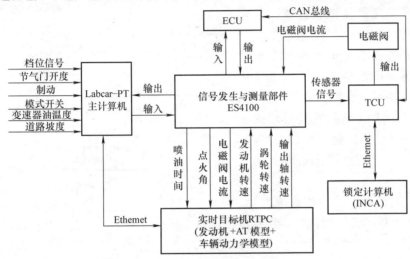

图 12-17　自动变速器实时仿真系统

如图 12-18 所示，在该实时仿真系统中进行液力变矩器闭锁操作，由数据可见，其控制过程和实车测试结果趋势相同，数据接近。因此，在开发过程中，可基于该实时仿真系统对功能模块进行逻辑验证及预匹配，也可进行特殊工况模拟和测试，无任何操作风险；在软件批产阶段，在此基础上开发自动测试程序，替代重复的人力测试。

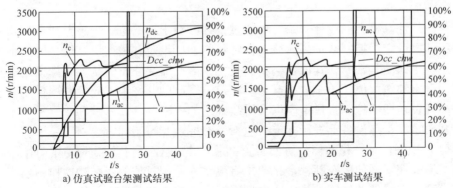

a) 仿真试验台架测试结果　　　　　　　　b) 实车测试结果

图 12-18　仿真试验台和实车测试结果对比

六、系统测试

系统测试位于系统开发的最终阶段，它是将控制系统和控制对象组合后作为整体系统，测试其是否满足设定的系统要求。系统测试分流程如图 12-19 所示。

1. 控制常量的标定

ECU 的软件是由控制算法和附带的控制常量来决定其动作的。此处结合各车种不同控制对象的特性，逐步求出实现最佳控制性能的控制常量，该工序被称为控制常量的标定。标定包含不同车种或每个个体的校正等更广泛的含义，但本节中记述的标定是指对控制常量的标定。控制常量无法以纯量的数值形式来表现的情况较多，此时可以图12-20 所示的一维至三维图形表现。二维以上的图形称为 MAP。

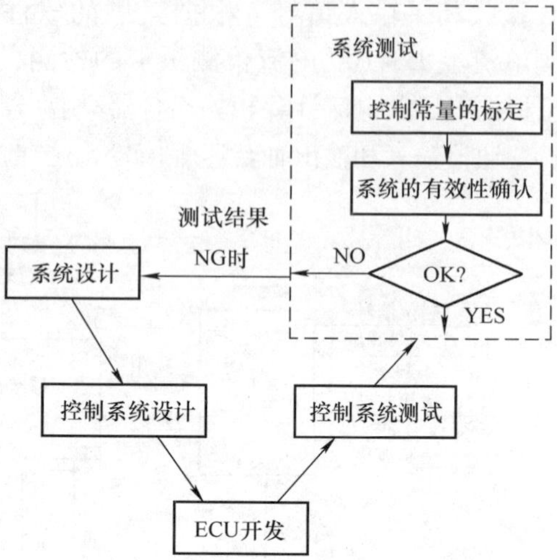

图 12-19 系统测试分流程

系统测试对系统性能影响巨大，同时需要大量的开发资源，特别是对发动机系统的开发来说至关重要。

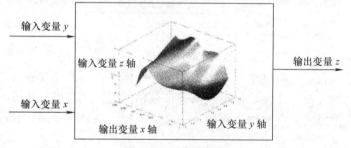

图 12-20 三维图形

首先从计算机上的设计开始。将通过设计参数求出的值、传感器和执行元件的单体特性等设定为控制常量。然后进行常量的初始设定和最大值及最小值设定。在开发过程中即使是常量，其值也会不断变化，因此需要注意的是，它像变量一样具有初始设定和最大值及最小值的概念。在模型基础的开发中，充分利用模拟方法可以提高开发初期的控制常量精度以及后续开发的效率。

其次是在实际设备上进行标定，包括稳态标定和瞬态标定。

（1）稳态标定　稳态标定有两种方式：一是使控制对象产生实际动作，同时以人工方式搜索最佳的控制常量；二是将最初的控制对象的稳态特性作为模型，根据该模型设定最佳的控制常量，即模型库标定。前者在参数少的情况下有效，而随着控制参数的增加,后者的优势逐渐显现。

模型库标定的步骤如图12-21所示。

1)利用试验规划法设定测量点。当影响控制常量的参数较多时,整个组合的数量将变得十分庞大。例如,当参数的数量为5个,各自需要达到10个水平级时,整个组合的数量为10^5,如此庞大的数量在现实中很难完成。利用试验规划法的原因是通过现实的组合数量的试验把握控制对象的特性。

2)通过实机测试进行数据测量。测量1)中求得的测量点上的控制对象特性。

3)实机特性的函数近似(模型化)。根据控制对象的特性设定函数的种类和次数,然后利用试验所获得的数据以及统计方法进行函数近似计算。

4)基于模型的优化结果。在完成模型化的控制对象的基础上,对最佳点进行计算搜索。此时需要注意的是,在考虑限制条件的同时,应避免陷入追求局部最佳效果的误区。

(2)瞬态标定 瞬态标定是对系统的瞬态特性进行优化的作业。由于使用实机,特别是实车进行瞬态标定非常麻烦,为此应该尽量完善之前的工序以尽量减少此时的工作量。不过,在模型精度不足的领域以及对人体感觉进行处理的领域,则必须使用实机进行瞬态标定。

2. 系统的有效性确认

在完成瞬态标定后,对整个系统进行最终确认。当不能满足要求时,需要返回系统设计流程重新进行开发。但这样会造成开发资源的巨大浪费,必须予以避免。在开发早期阶段即充分利用模型展开扎实、可靠的测试,就是为了防止重复开发。

图12-21 模型基础标定步骤

七、基于模型的现代变速器控制软件开发

汽车运行工况复杂多变,而且不断引入新的动力源和执行器。为了实现高性能的瞬态品质与节能性能,必须设计复杂的控制系统,并进行繁重的控制参数标定工作。当前汽车控制中主要采用开环控制、前馈查表、反馈PID等控制方法,控制软

件标定工作量巨大。目前，汽车控制系统代码长度已超过一千万行，需要标定的参数数以万计。参数标定需要大量费时费力的台架试验和实车试验，即使如此，基于静态或准静态工况点的台架实车标定仍然难以保证实际瞬态工况的控制性能。

基于系统动态模型的系统设计（Model Based Design，MBD）是解决上述问题的有效途径，已引起行业关注。

面向控制器设计的简化动力学模型包含系统主要动力学成分，能够预测系统动态行为，因此，基于此模型设计的控制系统能够改善系统瞬态品质。此外，这种设计方法可以显式设计控制器，能够大大减少控制参数标定工作量，而且如果在线对模型误差加以修正，还能实现性能自适应，保证全生命周期内的性能品质。该类模型尚未在实际开发中大量应用，报道的先例有 FEV 公司的四步法（4-Step-Approach），如图 12-22 所示，其中用到了简化模型以及基于简化模型的先进控制理论方法（Modern Control Theory Approach）。

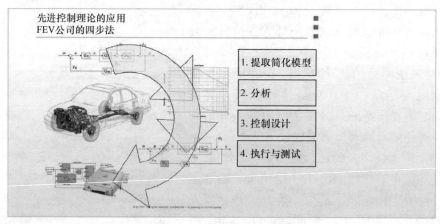

图 12-22　四步法控制器设计方法

四步法可提升控制器设计的有效性，控制器设计分为四个步骤：

1）提取全部相关部件的简化模型。此步骤的目标是简化控制环路，包括主系统的动力学参数，忽略次要因素的影响。应在运行点附近线性处理模型，以便工程师进行系统参数分析。

2）使用简化模型分析系统，包括动力性、稳定性，兼顾运转指令及鲁棒性。此类分析的典型方法包括根轨迹方法，以及基于奈奎斯特准则的稳定性分析。区别于常用方法，简化模型还可以频域分析。

3）通过前述对系统的分析进行控制设计可以获得专业控制器系统结构和增益的理想结果。

4）在整车或试验台架上执行与测试经设计和优化后的控制器。

在系统识别、简化建模的结构方法中，控制器设计和测试可缩短功能开发周期并降低成本，同时降低 CPU 和内存使用负荷。

八、ECU 间通信

控制的高性能化和复杂化使电子控制单元容量增加，同时造成了非常显著的线束安装和质量等问题。为了解决上述问题，车辆局域网（Local Area Network，LAN）的应用迅速扩大。在需要实时性和极高可靠性的发动机控制系统中，由于其高速的通信性能以及良好的错误检测和处置性能，控制器局域网络（Controller Area Network，CAN）逐渐成为主流。

另外，从 2003 年开始，美国相关法规对车辆外部诊断（诊断系统）装置进行了规定，要求诊断方法实现 500KB/s 的高速通信，预计今后通信速度还将不断被提高。

至于其他通信方式，具有更高通信速度（10MB/s）和可靠性的 Flex Ray 车载网络标准等逐渐被采用。另外，ECU 与智能执行元件间的通信已经开始使用较廉价的局域互联网络（Local Interconnect Network，LIN）总线等。

12.3　自动变速器的控制策略

任何自动变速器（AT、AMT、DCT、CVT）均需要有控制系统，以实现自动操纵。控制系统的作用是根据操纵手柄位置及汽车行驶状态，在车辆行驶中按换档规律自动选择档位，并通过执行机构改变变速器的传动比，从而实现变速或换档。自动变速器控制系统的组成如图 12-23 所示。

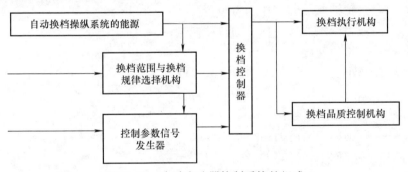

图 12-23　自动变速器控制系统的组成

一、液力变矩器闭锁离合器控制

目前，电控液力机械自动变速器几乎都采用带闭锁离合器的液力变矩器，液力传动主要用于车辆起步、爬坡和换档过程中，充分发挥了液力变矩器增大转矩和实现柔性传动的作用。同时，用液体来传递动力，可进一步降低峰值载荷和扭转振动，延长动力传动系统的使用寿命，提高乘坐舒适性、车辆平均行驶速度以及安全性和通过性。闭锁离合器的闭锁控制实现了由液力传动到机械传动的转换，实质上也是一种换档控制，即闭锁过程控制的好坏直接影响到车辆换档的平顺性，因此，对闭锁离合器闭锁过程控制的研究具有重要意义。

1. 带闭锁离合器液力变矩器建模

闭锁离合器闭锁过程的品质主要取决于对其接合过程的控制。闭锁离合器的接合过程是主、从动部分经历由转速不等到转速一致的滑摩过程，图12-24 所示为离合器接合的动力学模型。由图可知

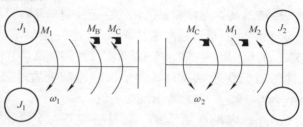

图 12-24 闭锁离合器接合的动力学模型

$$M_1 = M_B + M_C - J_1 \frac{d\omega_1}{dt} \quad (12-1)$$

$$M_2 = M_C + M_T - J_2 \frac{d\omega_2}{dt} \quad (12-2)$$

式中 M_1——液力变矩器的输入驱动力矩；

J_1——液力变矩器主动部分的转动惯量；

ω_1——泵轮角速度；

M_C——闭锁离合器的摩擦力矩；

M_B——泵轮所受的力矩；

M_T——涡轮所受的力矩；

M_2——涡轮轴所受的反作用力矩；

J_2——液力变矩器从动部分的转动惯量；

ω_2——涡轮角速度。

闭锁离合器处于滑摩状态时，其传递转矩为

$$M_C = \mu_C p_C r_C \quad (12-3)$$

式中 μ_C——滑动摩擦因数；

p_C——闭锁离合器压力；

r_C——等效作用半径。

闭锁离合器处于接合状态时，其传递转矩为

$$M_C = \mu_{C0} p_C r_C \quad (12-4)$$

式中 μ_{C0}——闭锁离合器的静摩擦因数。

通过上述分析可知，闭锁离合器传递的摩擦力矩主要取决于摩擦因数、锁闭合器压力、等效作用半径等。

2. 闭锁离合器油路

TC521 液力变矩器闭锁离合器控制油路如图 12-25 所示。当变矩器满足闭锁条件时，变速器电控单元 TCU 向闭锁电磁阀发出 PWM 电信号控制其打开，再通过滑阀控制主油路液压油进入闭锁离合器压盘的施压腔，同时主油压推动变矩器流量调

节阀上行,关闭变矩器出油口并将进油口与润滑油路连通,这样在压差的作用下闭锁离合器接合,发动机的动力通过摩擦力直接传递给从动盘(即涡轮)。随着闭锁离合器的接合,变矩器泵轮、涡轮及涡轮轴都与发动机以同速旋转,由机械传动取代了液力传动,从而提高了传动效率。当变矩器满足解锁条件时,闭锁电磁阀断电,液压腔放油,变矩器处于解锁状态,恢复液力传动。图 12-25 所示为当变矩器闭锁时,闭锁液压油同时被引到主油路调压阀,主油路油压被调低。

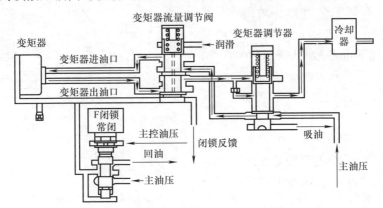

图 12-25 TC521 液力变矩器闭锁离合器控制油路

系统是通过脉宽调制阀和双边节流阀对闭锁离合器接合过程进行缓冲控制的。数字调压阀的结构如图 12-26 所示,图中 O 为泄油口,P_c 为闭锁离合器供油口,p_m 为主油路口。由图可知,如果脉宽调制阀的控制油压升高,滑阀将右移,双边节流阀开口量增大,泄油口节流边的开口量减小,中间阀腔的油压升高。与此同时,反馈到滑阀右

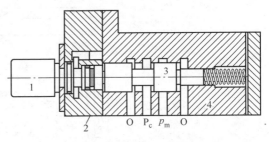

图 12-26 数字调压阀的结构
1—电磁线圈 2—脉宽调制阀 3—阀芯 4—双边节流阀
O—泄油口 P_c—闭锁离合器供油口 p_m—主油路口

端的油压也增大,如果右端油压力和弹簧力的合力超过了左端的推力,则滑阀左移,中间阀腔的油压下降,如此反复平衡,滑阀将稳定在某个位置,获得稳定的输出油压。

3. 闭锁离合器闭锁过程控制策略研究

无滑转的闭锁使液力传动转为机械传动,为吸收发动机或路面冲击引发的振动,在离合器中均装有扭转减振器,压紧片通过弹性元件连接到壳体上,可保证压紧片沿切向和轴向均具有弹性。即使如此,对发动机的低速振动仍很难衰减。而闭锁点一般多取为从耦合器工况点开始,效率损失仍较多,但过低的速比闭锁不仅会使闭锁产生冲击,车辆快速制动时还会使发动机熄火。故初期闭锁仅限于高档、高

速、小节气门开度这一很狭窄的范围。为了扩大闭锁范围,在变矩器工况与全闭锁工况之间用滑差控制进行过渡(图12-27),滑差是通过控制闭锁离合器摩擦片上的压紧油压来实现的(图12-28)。

闭锁离合器闭锁过程分阶段控制策略如图12-29所示:

1)快速充油阶段。电磁阀在这一阶段处于完全打开的稳定状态,油压迅速增长,闭锁离合器达到初始接合状态。

2)开环控制阶段(压力等斜度上升阶段)。快速充油之后进入开环控制阶段,直到监测到发动机转速下降为止。

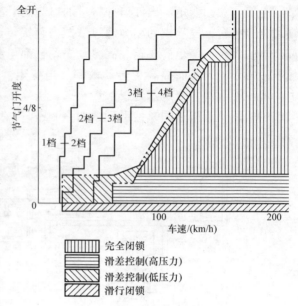

图 12-27 闭锁控制规律

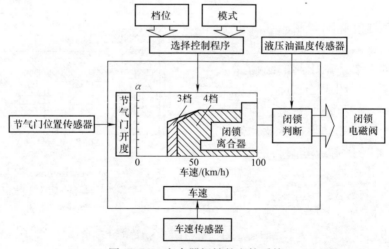

图 12-28 离合器闭锁的电控系统

3)闭环控制阶段。从发动机转速下降到监测到涡轮转速和泵轮转速同步的阶段。

4)完全接合阶段。当监测到涡轮转速和泵轮转速同步时,TCU发出电磁阀全开指令,闭锁离合器完全接合,完成闭锁。

闭锁离合器快速充油时间受油温、发动机转速以及闭锁离合器磨损等因素的影响,设定的初始值不能完全适应不同条件下的闭锁要求,需要采用自适应的控制策略,根据前次的闭锁参数来自动修正初始参数。图12-30所示为闭锁离合器快速充油过程自适应控制原理。将检测到闭锁前后发动机的转速变化量 Δn_{eg} 与参考模型

给定的标准值 Δn_{em} 相比较，对快速充油时间进行修正

$$\Delta n_{\text{eg}} = n_{\text{e1}} - n_{\text{e2}}。$$

式中　n_{e1}——闭锁离合器闭锁前的发动机转速；

　　　n_{e2}——闭锁离合器闭锁后的发动机转速。

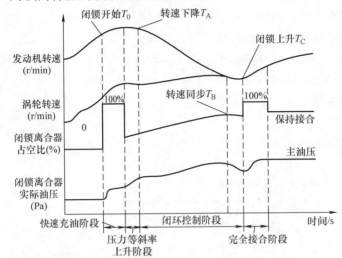

图12-29　闭锁离合器闭锁过程分阶段控制策略

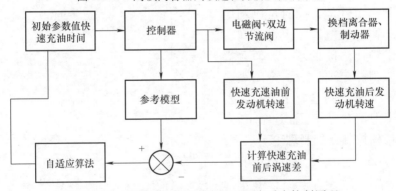

图12-30　闭锁离合器快速充油过程自适应控制原理

开环控制阶段采用等斜率占空比控制，这段控制的初始占空比的大小及增长斜率通过试验来确定。初始占空比的大小应随温度的变化而变化，因为相同占空比、不同温度时的闭锁油压是不同的，需要通过试验来标定。

闭环控制阶段以泵轮和涡轮滑差的变化为控制目标进行闭环控制，这个过程具有非线性、时变性的特性，因此采用了PID迭代学习控制算法。式（12-5）为P型控制算法公式，它是PID迭代学习控制算法的特例

$$D_k(t) = D_{k-1}(t) + L_p e_k(t) \tag{12-5}$$

式中　$D_k(t)$——电磁阀脉宽调制驱动信号的占空比；

　　　$e_k(t)$——泵轮和涡轮的滑差；

　　　L_p——迭代因子。

图 12-31 所示为实车道路试验的闭锁离合器闭锁试验曲线。闭锁离合器在闭锁过程中会产生很大的动载荷，这将影响传动系统的寿命和车辆的乘坐舒适性，所以在控制时要尽量减小这种动载荷。图 12-32 所示为液力变矩器闭锁控制效果，由图可知，在闭锁过程中，变速器输出轴转速变化平稳，发动机的动载系数约为 1.85。

对于滑差控制，可从变矩器工况的变扭比 $K = 1.3$ 左右开始。图 12-33 所示的 LA4 模式（城市行驶工况循环模式）试验表明，离合器全闭锁的工况很少，大部分是滑差工况，这不仅可以减少振动、噪声，还可以提高汽车的燃油经济性，改善其牵引性能，同时可以利用发动机制动，它不但解决了燃料润滑性与行驶平顺性之间的矛盾，而且提高了性能。但一定要注意，全闭锁必须在综合式变矩器的基础上进行，否则，效率不但不会提高反而还会下降。而滑摩的精确控制在控制理论上用 H_∞ 控制代替传统的 PID 控制，不仅响应快、稳定，而且鲁棒性好。从滑转控制来看，黏性联轴器有更佳的性能。

二、换档规律

换档规律，也即换档时机关系到动力传递系统各总成的整体潜力的挖掘与发挥。换档规律是指自动换档时刻随控制参数的变化关系。图 12-34 所示为发动机节气门开度 α 与车速 v 二参数控制实例，实线表示升档，虚线表示降档。实际上，汽车起步、换档时均处于非稳定状态，不是加速就是减速，

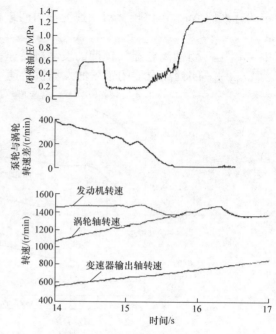

图 12-31 实车道路试验的闭锁离合器闭锁试验曲线

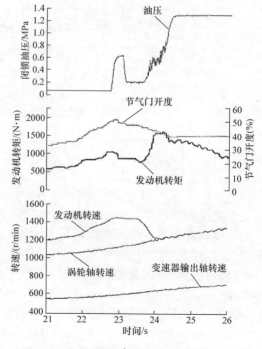

图 12-32 液力变矩器闭锁控制效果

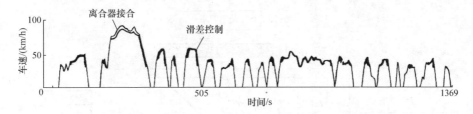

图 12-33　LA4 模式滑差控制

应该用反映动态过程的三参数（加速度 dv/dt、v、α）控制换档（图 12-35），这种以换档前后相邻档位的加速度相等为条件获得的规律，比以稳态牵引力相等为条件制定的二参数控制能进一步提高汽车的加速性、燃油经济性和乘坐舒适性，并可延长动力传递系统中零部件的寿命。二参数控制实际上仅是动态三参数换档在加速度 $dv/dt = 0$ 时的一个特例。

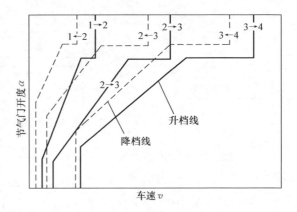

图 12-34　二参数控制换档图

电控系统可存储多种换档规律供驾驶人员选用，不仅有经济性规律、动力性（又称运动性）规律，还有一般（日常）规律、环境温度规律，以及随外界条件变化的规律等，即换档点可以自由设定为符合各种规律。例如，富康轿车存储了十种规律，它们可分别或同时或交替工作，共同控制自动变速状态。特别是采用了模糊逻辑控制和动力传递系统的综合控制技术，使其实现了智能化控制，但基本上仍然以二参数或动态三参数为基本控制规律，其他因素视为确定换档规律的辅助条件。变速器电子控

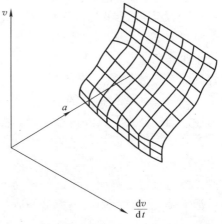

图 12-35　动态三参数最佳燃油经济性换档规律

制单元（TCU）根据选档杆的位置，从存储器中调出相应的规律，再对 dv/dt、v、α 等控制参数值与规律进行比较，当达到设定换档点时，TCU 便向电磁阀发出指令，实现自动换档。自动换档控制框图如图 12-36 所示。

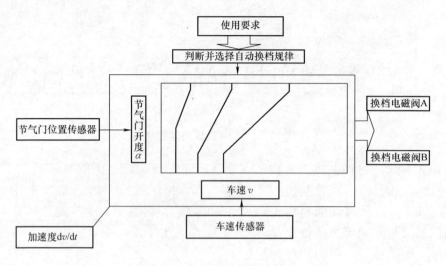

图 12-36　自动换档控制框图

由于 TCU 运算与控制功能的提高，在日常以一般规律行驶时，也可以不再用操纵手柄调用所需规律，而是可以自动选择。在前进档（D）中，当加速踏板踩下的速率 $d\alpha/dt$ 超过程序中设定的速率时，TCU 由经济性转变为动力性换档，故将车速 v 和节气门开度 α 的组合分成一定数量的区域（图

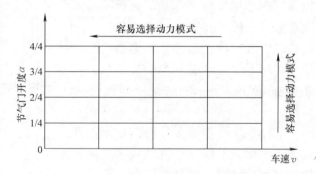

图 12-37　自动选择模式示意图

12-37），每个区域有不同的节气门开启速率程序值。当实际值大于程序值时，为动力性换档；反之，为经济性换档。程序值的分布规律是，车速越低或节气门开度越大，其值越小，即越易进入动力性换档，而且当节气门开度小于 1/8 时，动力性规律立即转为经济性换档。另一方面，为了使驾驶者体会自己开车的乐趣，或希望保持该档通过特定路面，手动－自动可转换的变速器日益增多。

为了避免因行驶阻力与速度的波动引起换档循环，不仅在图 12-34 中用两条线表示升、降档，形成换档速差 Δv，在经济性规律中，也引入了自适应控制装置。这样，当换档控制系统识别到行驶阻力较大且持续时间较长时，便增大换档速差 Δv；当发动机熄火或识别出行驶阻力小时，则自适应模式自动取消。

系统中有驾驶人员类型识别、环境条件识别、行驶状况识别等功能模块。其中驾驶人员类型识别是指通过对其踩加速踏板、制动和进行转向操作的特点来推断，据此自动选择换档规律，从而给自动变速器赋予了灵性；环境条件识别指是识别行驶阻力或轮胎与路面的附着状况等,调用或修正规律;行驶状况识别是针对当前的行驶状况(如减速、下坡、曲线行驶或停停走走等工况)对换档曲线做适当的改变等,结果是使自动变速器能因人、因时、因地而异进行换档控制。此外,汽车的性能会随使用时间的增加而发生变化,也需要对此变化进行识别并在控制中予以反映,则必须采用模糊控制、自适应控制、学习控制及神经网络控制等智能控制技术。

三、换档过程控制

换档品质包括换档过程的平顺性和零部件负载两方面。由于换档执行机构不可能按理想要求同时交替转换(如制动器分离和离合器接合),发动机等部件在换档过程中会因惯性形成冲击,执行机构中离合器的动态摩擦因数及油压波动也伴随着转矩扰动,故换档过程不可避免地会产生冲击。为此,应使其输出轴转矩扰动下降到人们能接受的程度。

(一)离合器系统建模

由于考虑的是两个离合器切换的过程,为了简化建模过程并且不影响估计问题的实施和验证,本章采用了一个 2 速 AT 自动变速器。一个行星齿轮排为换档齿轮,两个离合器为执行机构,两个比例压力控制阀分别控制两个离合器,如图 12-38 所示。

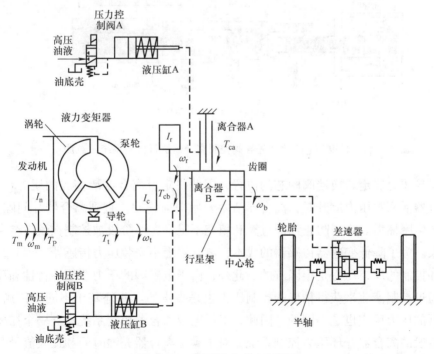

图 12-38 新型液力式 AT 简图

当离合器 A 接合，离合器 B 分开时，车辆行驶在 1 档，速比为

$$i_1 = 1 + \frac{1}{\gamma} \tag{12-6}$$

式中 γ——中心轮与齿圈的齿数比。

当离合器 B 接合，离合器 A 分开时，车辆行驶在 2 档，速比为

$$i_2 = 1 \tag{12-7}$$

图 12-39 为汽车变速器电磁比例先导阀控制离合器执行机构系统示意图。该系统由电磁比例先导阀（PSV）、减压阀（PRV）和离合器总成三部分组成，能够实现自动和高质量换档。

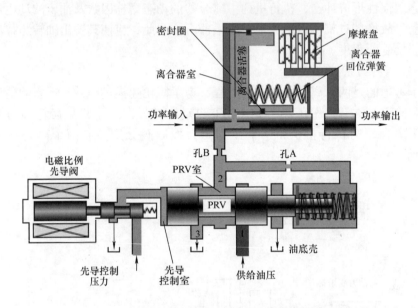

图 12-39　电磁比例先导阀控制离合器执行机构系统示意图

先导压力决定着换档阀阀芯的位置，因此决定着离合器活塞腔的压力和流量。当离合器活塞腔压力上升时，离合器活塞开始向前移动，直到离合器片间隙消除，然后产生摩擦力。为了防止油液过充和填充不足，充油阶段被控制在预设结束时间前结束。为了降低变速器传感器的成本，离合器上不安装压力传感器。因此，要获得闭环控制的反馈压力是很困难的。此外，由于电磁阀的压力非线性特性和反应延迟，通过控制液流来获得精确的控制压力也是很难的。此外基于不同的传输状态，离合器的压力反应也是不同的。因此，根据电液离合器控制系统建立一个在离合器充油阶段的离合器开环压力控制系统，对于满足离合器充油时间和最大流量要求是有必要的。变速器在长期工作后，不可避免地会发生磨损。因此，提出一个基于模糊控制的自适应充油方法，能够有效地提高换档质量。

(二)离合器预充油控制

离合器的充油控制目标是在特定的时间内平顺地消除离合器片间隙,离合器充油阶段,理想的活塞速度如图 12-40 所示。在 $T_0 \sim T_2$ 时期,活塞速度接近于 0,离合器液压缸间隙首先充满了 ATF 液体;在 $T_1 \sim T_2$ 时期,活塞的速度较慢,然后在 $T_2 \sim T_3$ 时期迅速增加到最大值;$T_3 \sim T_4$ 时期活塞速度保持不变,$T_4 \sim T_5$ 时期速度开始下降,离合器开始工作。

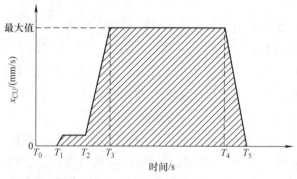

图 12-40 理想的活塞速度

图 12-41 所示为基于图 12-40 中活塞运动的两种离合器充油阶段的控制方法:三角形充油和方形充油。图中,P_{pre}、P_{FP}、P_{FTP} 分别是预充油压力、快速充油压力、稳定充油压力;T 为快速充油时间。这些参数决定着离合器充油压力的变化和活塞的移动。实际上,基于特性曲线,如压-电流曲线,目标压力被转化为电磁阀的控制电流。因此,分析目标压力和实际压力对于实现离合器控制最优化是有必要的。根据图 12-40 和图 12-41,离合器充油过程可分为三个阶段。

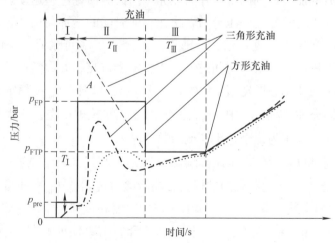

图 12-41 充油阶段

Ⅰ—预充油阶段　Ⅱ—快速充油阶段　Ⅲ—稳定充油阶段

注:1bar = 100kPa。

1. 预充油阶段

预充油压力 p_{pre} 应确保在变速器换档阀和活塞间的充油管道中充满 ATF，产生初始预压力，但不能超过活塞移动所需的压力（活塞的速度接近于 0）。因此，当离合器阻力较小时，p_{pre} 不能太高以至于过充。液压油流动必须在预充油时间内完成。此外，预充油时间在极大程度上受限于最小换档时间。

2. 快速充油阶段

活塞克服所有的阻力开始快速移动的时期为快速充油阶段。这个阶段是最重要的阶段，对应于图 12-40 中的 $T_2 \sim T_3$。采用三角形填充法可以大幅度地增加压力峰值，并且提高活塞速度。然而，这种方法也增加了充油阶段的不稳定性，并且过高的压力峰值需要更大的系统流量，从而影响了主压力供应。采用方形充油法时，压力的反应会相对较慢，但是比三角形充油法稳定。

快速充油压力和时间影响充油速度和稳定充油状态。提高快速充油压力，能够提高离合器压力反应速度，并提高初始阶段的充油压力，而充油压力的提高能缩短离合器压力达到目标值的时间。但是，当离合器片间隙消除完成时，因为活塞速度仍然很高，而 ATF 不能立即吸收剩余的能量，因此，在 $T_3 \sim T_4$ 阶段会不可避免地产生压力波动。

3. 稳定充油阶段

在稳定充油阶段，活塞平顺地移动来消除离合器片间隙，对应于图 12-40 中的 $T_3 \sim T_5$。此阶段控制电流恒定不变，随着活塞的移动，波形弹簧的弹力逐渐增大，从而使压力逐渐增加，直到离合器片间隙完全消失后活塞停止运动。

稳定充油阶段的实际充油压力随着快速充油时间的增加而增大，其原因是充油体积和离合器活塞最大速度在增大。随后，离合器活塞间隙消失并快速达到接触点。因此，如果快速充油阶段时间过长，将会发生过充，并影响换档质量。

快速充油时间 T_{II}、快速充油压力 p_{FP}、稳定充油时间 T_{III} 和稳定充油压力 p_{FTP} 共同影响离合器充油过程。其中，p_{FTP} 影响接合后的转矩传递，并优先于离合器充油控制，因此 p_{FTP} 应作为优于化于其他参数的输入。

快速充油时间 T_{II} 将会明显地影响离合器充油过程，稳定充油时间 T_{III} 的影响则较小，T_{III} 对于不同变速器充油过程的影响能够通过调整 T_{II} 来补偿。因此，首选策略是将 T_{III} 设为常数并调整 T_{II}，这由活塞的速度和位移需求所决定。

为了避免不良的换档表现，应严格控制离合器充油时间在整个换档时间中所占的比例，这里取为 47%。

同时，快速充油压力应能适应不同的环境，例如不同的 ATF 温度和主油路压力。这里，快速充油时间被约束为 $T_{II} = 0.7 T_{II,max}$（$T_{II,max}$ 为快速充油时间的最大允许值)。

(三) 转矩相的控制

离合器的接合与分离可以视为这样一个过程:一个离合器接合而另一个离合器分离。这通常分为两个相:惯性相和转矩相。在转矩相,发动机转矩从逐渐分离的离合器传递到逐渐接合的离合器。对离合器分离和接合的精确定时,对于防止离合器力矩干涉和动力中断是至关重要的。在惯性相,离合器的滑摩控制对换档冲击和换档时间有很大影响。

控制升档换档时,一般输出轴转矩会产生如图 12-42 所示的变化。换档开始后,高档用离合器的传递转矩上升,会使输出转矩发生变化(转矩相)。然后发动机开始降速,发动机转动惯量中积累的能量释放后使输出轴转速发生变化(惯性

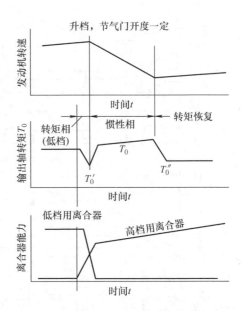

图 12-42 换档时输出轴转矩波形图

相)。最后发动机降速完成后转矩恢复至目标值。输出轴转矩变动幅度越大,换档冲击越大。各相的输出轴转矩 T_0、T'_0、T''_0 可以根据动力传递系统的构成以及连接方法计算出来。

在转矩相,离合器轴的转速变化不大,为了达到离合器间转矩传递的平顺性,即将分离的离合器需要模拟单向离合器的运作,以使其在传递转矩的方向切换完毕后能够分离。

图 12-43 所示为离合器不同分离时机导致的动力中断和转矩干涉。在转矩相,即将接合的离合器的压力增大,同时为了凸显即将分离的离合器的分离时机的影响,分别用三种控制模式进行控制。图 12-43b 所示模式的控制效果最好,因为离合器转矩在 7.93s 降为 0 时刚好分离。图 12-43a 所示模式释放离合器的时机比最佳时机提前了 0.1s,图 12-43c 所示模式则延迟了分离时间。试验结果表明,过早地分离离合器会导致动力中断,发动机转速和涡轮转速会骤增;延迟地分离离合器则会导致离合器片的转矩干涉,从而会放大换档冲击,并且摩擦损失会增大。

(四) 惯性相的控制
1. 控制问题描述

被控对象沿用图 12-38 所示的 AT,首先建立了 1 档到 2 档动力升档过程惯性相的运动方程。由于本章讨论利用离合器电磁阀进行离合器转速的控制,所以选取

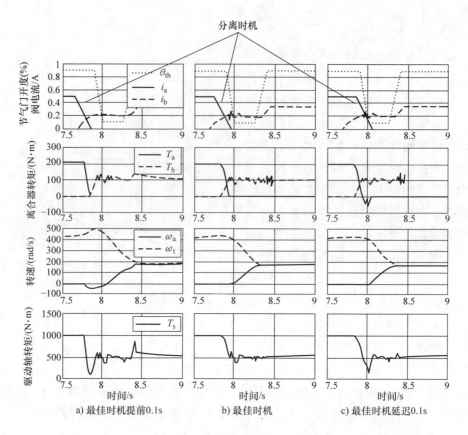

图 12-43 离合器不同分离时机导致的动力中断和转矩干涉

注释：θ_{th}：节气门角度；i_a：正在脱离的离合器；
i_b 正在接合的离合器；T_a：脱离离合器的转矩；T_b：结合离合器的转矩；
ω_t：涡轮转速；ω_a：分离离合器的转速差；T_s：驱动轴的转矩。

离合器 B 的转速差 $\Delta\omega$ 和离合器 B 的压力 p_{cb} 作为状态变量。值得指出虽然模型中没有包含涡轮转速 ω_t，但由于发动机的驱动力矩和车辆的行驶阻力都是受实际物理系统约束的，它们的特性是保证系统稳定的。可以得到 1 档到 2 档动力升档过程的惯性相的状态方程

$$\dot{x}_1 = (C_{13} - C_{23})\mu(x_1)RNAx_2 + f(\omega_e, \omega_t, x_1) \tag{12-8}$$

$$\dot{x}_2 = -\frac{1}{\tau_{cv}}x_2 + \frac{K_{cv}}{\tau_{cc}}u \tag{12-9}$$

其中，$x_1 = \Delta\omega$ $x_2 = p_{cb}$

$$f(\omega_e, \omega_t, x_1) = (C_{11} - C_{21})T_t(\omega_e, \omega_t) + (C_{14} - C_{24})T_{ve}(\omega_t, x_1) - (C_{13} - C_{23})\mu(x_1)RNF_S \tag{12-10}$$

式中 C_{ij}——车辆惯量和变速器各旋转轴转动惯量决定的常值系数；
u——阀 B 的电流，$u = i_B$；
T_t——涡轮力矩；
T_{ve}——变速器输出轴侧行驶阻力；
K_{cv}——电磁阀增益；
τ_{cv}——电磁阀时间常数；
μ——静摩擦系数；
F_S——离合器 B 回位弹簧力。

本节中，通过基本换档时刻来对发动机转矩进行开环控制。因此控制问题简化为单控制输入问题，控制输入为离合器 B 的电磁阀电流 i_b，控制目标为使离合器 B 的转速差 $\Delta\omega$ 跟踪设计好的目标轨迹 $\Delta\omega^*$，见图 12-44。

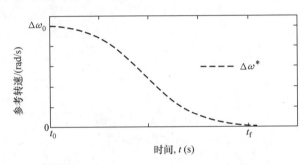

图 12-44　升档过程离合器转速差目标控制轨迹

惯性相应该同时满足好的舒适性和小的摩擦损失等要求。一般来讲，如果能够在较短时间内完成换档过程，且在此过程中能够控制好发动机输出转矩，则离合器滑摩损失不会过大。(即在合适的时间降低输出力矩)，离合器的摩擦损失不会过大。对于换档平顺性，由于离合器同步的瞬间容易引起较大的冲击，离合器的结合过程应该满足无冲击条件，即在同步时刻，离合器输入端的旋转加速度等于输出端的旋转加速度。因此，目标轨迹需要满足下列条件：

1) $t_f - t_0$ 不能超过期望的换档时间。
2) t_f 时刻离合器滑摩转速差的变化率为零。
3) 为了避免控制输入达到饱和，t_0 时刻的离合器滑摩转速的变化率应为一个小值。

2. 控制器设计

根据图 12-45 所示 92DOF 控制器框图，有

$$Y(s) = P(s)(P^{-1}(s)M(s)R(s)) + K_b(s)M(s)R(s) - Y(s) \quad (12-11)$$

其中，$R(s)$ 和 $Y(s)$ 为 r 和 y 的 Laplace 变换。如果对控制对象 $P(s)$ 的建模

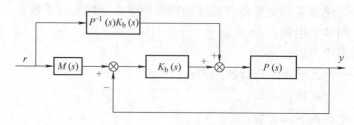

图 12-45 92DOF 控制器

足够精确，就可整理计算得到整个闭环系统的传递函数

$$\frac{Y(s)}{R(s)} = M(s) \tag{12-12}$$

也就是说，可以通过设计 $M(s)$ 来实现期望的输出响应。另一方面，可以设计反馈控制器 $K_b(s)$ 来实现良好的稳定性和鲁棒性。忽略摩擦特性的非线性特性，取动态摩擦因数为常数 $\mu_0 = 0.13$，然后将换档过程中离合器滑摩的动力学方程改写为下面的状态空间方程形式

$$\dot{x} = Ax + Bu + Ed \tag{12-13}$$

$$y = Cx \tag{12-14}$$

其中 $x = [\Delta\omega\ P_{cb}]^T, y = \Delta\omega$

$$A = \begin{bmatrix} 0 & (C_{13}-C_{23})\mu_0 RaNaAa \\ 0 & -\dfrac{1}{\tau_{cv}} \end{bmatrix}, B = \left(0\ \ \dfrac{K_{cv}}{\tau_{cv}}\right)^T \tag{12-15}$$

$$E = (1\ \ 0)^T, C = (1\ \ 0) \tag{12-16}$$

$$u = i_b d = f(\omega_e, \omega_t, x_1) \tag{12-17}$$

基于上面的状态方程，进行二自由度控制系统设计，可得到图 12-46 所示的 102DOF 离合器转速控制器。

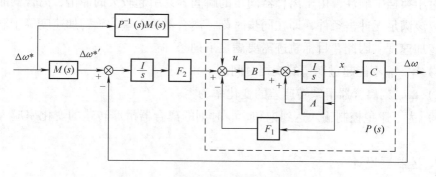

图 12-46 102DOF 离合器转速控制器

如果没有前馈补偿，增益 F_1 和 F_2 就构成了普遍采用的线性伺服系统。鲁棒极

点配置方法可以用来计算 F_1 和 F_2，采用 MATLAB 中的命令"place"可以方便地进行计算。

得到反馈增益 F_1 和 F_2 后，就可以进行前馈补偿的设计。首先，令图 12-46 虚线中的部分为 $P(s)$。这里的 $P(s)$ 并不是单纯的被控对象，还包含了状态反馈。通过这样的处理，计算得到

$$P(s) = C(sI - A')^{-1} B = \frac{P_n(s)}{P_d(s)} \tag{12-18}$$

其中，$A' = A - BF_1$。

$P_n(s)$ 为常数，$P_d(s)$ 为 s 的二次函数，因为 $P^{-1}(s)M(s)$ 必须满足正则条件，可令 $M(s)$ 为下面形式的三阶传递函数

$$M(s) = \frac{P_0^3}{(s + P_0)^3} \tag{12-19}$$

3. 仿真结果

利用建立的 AMESim 仿真模型进行控制器的验证。在此假定力矩相内能够很好地控制制好了离合器 A 和离合器 B 的配合。在惯性相，由设计的离合器控制器控制离合器 B 的滑摩。仿真采用的反馈增益为

$$F_1 = [-7.8 \times 10^{-3}, 1.9 \times 10^{-6}] \tag{12-20}$$

$$F_2 = [-0.081] \tag{12-21}$$

图 12-47a 所示为 $P_0 = 100$ 时的仿真结果，换档过程中没有发动机与变速器的配合控制，即发动机的节气门开度始终保持在 90% 的位置，不进行调整。换档过程从 5.7s 开始，5.7s 到 6.1s 为换档转矩相，6.1s 到 6.5s 左右为换档惯性相。期望的换档惯性相时间设定为 0.4s。离合器转速差的仿真结果如图 12-47b 所示，图中也给出了期望转速 $\Delta\omega^*$ 和 $\Delta\omega^{*'}$，其中，$\Delta\omega^{*'}$ 为原始期望轨迹，$\Delta\omega^*$ 为整形后的期望轨迹。可以看出，离合器转速差 $\Delta\omega$ 可以较好地跟踪 $\Delta\omega^{*'}$。

为了观察换档冲击，图中也给出了变速器的输出力矩 T_0 和车辆冲击度（车辆纵向加速度变化率 da 的结果。在惯性相开始和结束的时刻，有较大的输出力矩波动并导致了较大的车辆冲击度，也就是说有比较明显的换档冲击。

$P_0 = 30$ 时的仿真结果如图 12-48 所示，因为此时 $M(s)$ 的响应特性较慢，将期望换档惯性相时间设定为 0.2s，并以此实现真正的 0.4s 的换档惯性相时间。可以看出，在惯性相开始和结束的时刻，并没有出现电磁阀电流的急剧变化，也就相应减少了换档冲击。尤其是在 6.5s，即惯性相结束的时刻，电磁阀电流 i_b 有一个下降的过程，这就实现了离合器比较平顺的同步。

最后，结合发动机与变速器的换档综合控制，给出有发动机节气门调整的换档仿真结果，如图 12-49 所示。可以看出，虽然换档过程中发动机节气门开度有很大的变化，控制器仍然能够较好地工作，离合器转速差 $\Delta\omega$ 跟踪误差仍然可以满足使

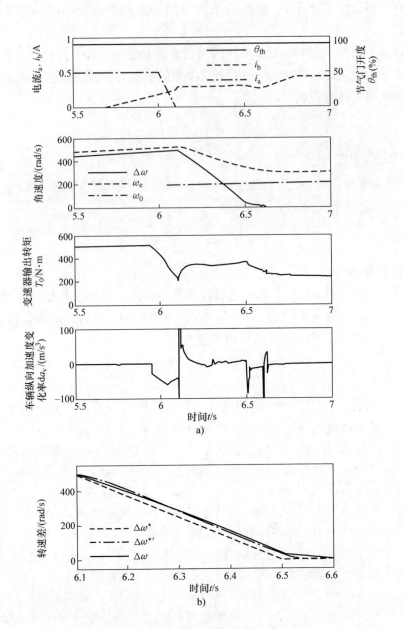

图 12-47 $P_0 = 100$ 时仿真结果（无发动机配合）

用要求。尤其是主动降低发动机转矩使变速器的输出力矩更加平顺。

上面三种仿真工况下离合器 B 的滑摩功见表 12-1。滑摩功由下式计算

$$W_B = \int_{t_0}^{t_f} T_{cb} \Delta \omega \mathrm{d}t \tag{12-22}$$

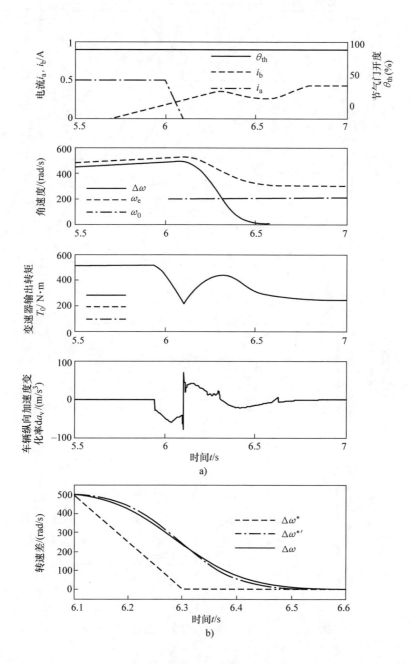

图 12-48 $P_0 = 30$ 时的仿真结果（无发动机配合）

可以看出，换档过程中的发动机主动转矩控制可以明显降低离合器的负荷，从而大大减少滑摩损失。

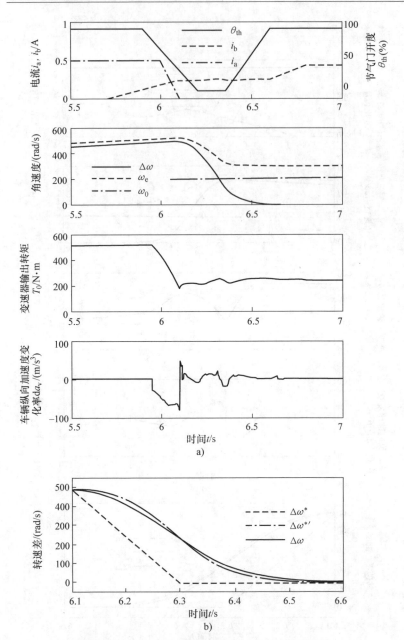

图 12-49 $P_0 = 30$ 时的仿真结果（有发动机配合）

表 12-1 离合器 B 的滑摩功 W_B （单位：J）

换档过程1	换档过程2	换档过程3
27400	25400	17800

参 考 文 献

[1] 王振锁,李君,梅近仁.自动变速器控制器平台开发[J].2013中国汽车工程学会年会论文集,2013.
[2] 日本自动车技术会.汽车工程手册4:动力传动系统设计篇[M].中国汽车工程学会,译.北京:北京理工大学出版社,2010.
[3] 汽车工程手册编辑委员会.汽车工程手册:设计篇[M].北京:人民交通出版社,2001.
[4] 李春芾,郑广军,李艳琴,等.液力变矩器闭锁过程控制策略研究[J].汽车技术,2010(10):15-17.
[5] 孙文涛,陈慧岩,关超华,等.液力变矩器闭锁过程控制技术研究[J].汽车工程,2009,31(8):761-764.
[6] Gao B, Chen H. Model-Based Control of Automotive Step-Ratio Transmissions [J]. International Journal of Powertrains, 2014, 3 (2): 197-220.
[7] Goetz M, Levesley M C, Crolla D A. Dynamics and Control of Gearshifts on Twin-Clutch Transmissions [J]. Proceedings of the Institution of Mechanical Engineers, Part D: Journal of Automobile Engineering, 2005, 219 (8): 951-963.
[8] Gao B Z, Chen H, Li J, Tian, et al. Observer-based Feedback Control during Torque Phase of Clutch-to-Clutch Shift Process [J]. International Journal of Vehicle Design, 2012, 58 (1): 93-108.
[9] 高炳钊.汽车动力传动系的若干非线性估计与控制研究[D].长春:吉林大学,2009.

第13章 汽车及变速器振动噪声

13.1 振动噪声基础

汽车的振动噪声是影响乘坐舒适性的一项重要因素。汽车的振动噪声是复杂而难以分析的,但大部分现象可用基本的质量弹簧模型来表示,借助质量弹簧模型来理解汽车的振动噪声是非常重要的。

一、振动基础

图 13-1 所示机械振动系统的受力平衡方程式为

$$m\frac{d^2x}{dt^2} + c\frac{dx}{dt} + kx = f(t) \quad (13-1)$$

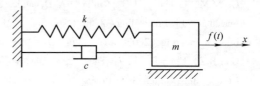

图 13-1 机械振动系统

式中 m——滑块的质量(kg);
c——阻尼系数;
k——弹簧刚度系数。

该系统的传递函数为

$$H(\omega) = \frac{\overline{X}}{F} = \frac{1}{k - \omega^2 m + j\omega c} \quad (13-2)$$

式中 ω——圆频率。

其幅频特性为

$$|H(\omega)| = \frac{1}{\sqrt{(k - \omega m^2)^2 + (\omega c)^2}} \quad (13-3)$$

当阻尼系数 $c=0$ 时,变成质量弹簧系统,此时若分母为 0,则式 (13-3) 为无穷大,系统处于共振状态,即

$$\omega_0 = \sqrt{\frac{k}{m}} \quad (13-4)$$

$$f_0 = \frac{1}{2\pi}\sqrt{\frac{k}{m}} \quad (13-5)$$

式中 f_0——固有频率。

当系统的激振频率等于或接近固有频率时,系统产生共振。

如果把多个图 13-1 所示的机械振动系统叠加起来，就称为多自由度系统，梁的振动便属于多自由度系统。图 13-2 所示为梁的振动模态，在各种振动模态中振幅最大的部分为波腹，振幅最小的部分为波节。

解决振动噪声问题的关键是理解并掌握共振、共振频率、防振、振动模态、波节、质量弹簧系统等概念，此外还有动态减振、质量减振、固有频率、阻尼等。所谓动态减振，就是在主振动系统的基础上增加一个小的质量弹

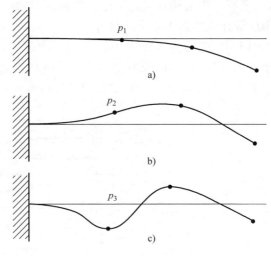

图 13-2 梁的振动模态

簧系统，利用小的质量弹簧系统的共振频率来抑制主振动系统的振动；所谓质量减振，就是在主振动系统的基础上增加一个小的质量，根据牛顿定律，若质量的位移为 $x(t)=\bar{X}\sin(\omega t)$，则 $F(t)=-\omega^2 \bar{X} m\sin(\omega t)$，即在相同激励力的作用下，质量越大，位移越小；所谓固有频率就是共振频率，系统有几个自由度就有几个固有频率；阻尼在机械振动系统中和弹簧并联在一起，其作用主要是衰减振动。

由于物体振动，在空气中产生压力变化，从而产生声音。传递振动的介质有固体和气体之分，振动和声音是同时存在的。例如，排气管的振动通过悬架传递给车身，使车身振动而产生噪声。

振动噪声用测声计测量，通常用[dB]表示

$$[dB]=20\log\frac{X}{X_0} \qquad (13-6)$$

式中 X——实测物理量（力、压力、速度、加速度等）；

X_0——基准物理量（力、压力、速度、加速度等）。

二、声音基础

噪声就是一类引起人烦躁或音量过强，进而危害人体健康的声音。从物理学的角度来看，噪声是发声体做无规则振动时发出的声音，噪声的波形是杂乱无章的。从环境保护的角度来看，凡是影响人们正常学习、工作和休息的声音以及人们在某些场合"不需要的声音"都属于噪声。

声压级是声频工程和噪声测量领域里一个基本的物理量，用以表征被测对象的声音大小。它的物理含义比较广，可以用一个单值量（如 Line 声级，即线性计权声压级或 A 计权声压级等）表示，也可以用各频段的声压级分别表示（如 NR 曲

线),还有一些诸如对空间不同点测量所得的声压级的统计平均量以及利用各频段的声压级计算得到的总声压级等。

图 13-3 所示为 Fritz – Mosion 等响曲线,人耳的可听声音频率范围为 20 ~ 20000Hz,对 2 ~ 5kHz 的声音敏感,对低频声音不敏感。当声压级达到 100dB 时,等响曲线呈水平状态,频率变化对响度级变化不敏感。

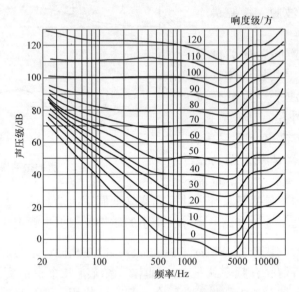

图 13-3 Fritz – Mosion 等响曲线

外力作用频率在空气的固有频率附近,使得声压增大。由于汽车驾驶室里在 70 ~ 200Hz 范围内有多个固有频率,因此驾驶室中形成了空腔共鸣声。

声音的特性主要包括共鸣、拍、杂声干扰、吸声和隔声等。

所谓共鸣是指声音的共振现象,它是由发声体及其周边环境的共振来实现的。在某一空间内,70 ~ 200Hz 范围内有几个共振点,有时会产生共鸣,尤其是 80 ~ 100Hz 范围内后排座位的中速共鸣声。

振动频率相近的两个声音加以合成,二者相互干涉,声音时大时小的现象就是拍,图 13-4 所示为拍的产生。汽车驾驶室内由于种种原因,

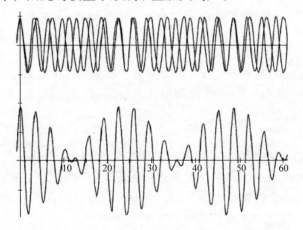

图 13-4 拍的产生

会产生声音时大时小的拍。

想听某一声音时,由于存在其他声音,导致想听的声音听不清,这是杂声干扰的结果。以汽车为例,适合在一般路面行驶时收听的收音机音量进入高速公路后需要重新调整也是杂声干扰的原因。

声音进入玻璃棉、毛毡等材料时,声波在细孔中传播,一部分声能以热能的形式消耗掉,这种现象称为吸声。这种吸声特性通常在低频范围不明显,高频范围内则较明显。汽车的发动机舱盖隔热罩就是利用发动机室内吸声原理来降低噪声等级的。

所谓隔声,就是在工作空间和声源之间设置障碍来防止噪声传播。例如,汽车发动机室和驾驶室之间的仪表板部分就采用了双重隔声板。

13.2 汽车振动噪声

一、汽车振动噪声的激振力

汽车产生振动噪声一定是因为存在激振力,汽车激振力主要有发动机产生的周期性激振力、传动系统旋转件产生的周期性激振力、路面凸凹的随机激振力、发动机转矩的瞬态变化阶跃状态的激振力。在这些激振力的作用下,会产生各种振动噪声。为了减少振动噪声,必须弄清楚产生这些振动噪声的原因,表13-1所列为汽车的激振源和振动及噪声现象。

表13-1 汽车的激振源和振动与噪声现象

激振源		振动现象	噪声现象
发动机	转矩(负荷)变化 转矩波动 往复质量惯性力 燃烧压力 进排气脉动	晃晃荡荡振动 急速振动	低速共鸣声 急速 加速噪声 共鸣声
齿轮啮合			齿轮噪声、差速器噪声
旋转件不平衡	传动轴、轮胎、负荷齿轮	摇动、摆振	共鸣声
传动系统联轴器	万向节不等速、传动轴万向节推力	FR汽车起步时振动	空腔共鸣声 (拍声)
离合器摩擦特性		离合器颤振	
轮胎的不一致性	一致性轮胎图案	振动跳动	轮胎图案噪声
路面凸凹			道路噪声
空气的流动			风声

发动机旋转产生的激振力对汽车室内噪声的影响是非常大的。例如，4缸发动机每转一圈产生2次激振力，激振力主要由以下两部分组成：

1) 燃烧引起的转矩变化。对于4缸发动机，曲轴每转180°燃烧1次，每转产生2次转矩变化；对于6缸发动机，曲轴每转120°燃烧1次，每转产生3次转矩变化。

2) 往复质量惯性力。活塞连杆机构往复运动，每转产生1次、2次、4次……惯性力，直列6缸发动机曲轴的配置可以平衡，但直列4缸发动机、V6发动机的2次成分不能平衡，将成为激振力。

二、汽车振动噪声现象频率范围

汽车振动噪声现象的频率范围（除乘坐舒适性范围）非常宽，为3~5kHz。各种现象的频率由激振源和传动系的频率特性决定。尤其是旋转件产生振动时，其振动现象的频率范围由激振源的转速范围决定。

发动机转速 n_e、发动机缸数 z 与共振频率 f 的关系为

$$f = \frac{n_e z}{130} \tag{13-7}$$

若发动机转速 n_e = 6000r/min，发动机缸数为4或6，则共振频率分别为200Hz或300Hz。

汽车振动噪声现象的频率范围见表13-2。振动感觉的频率范围是3~300Hz，噪声感觉的频率范围是20~20kHz，其中频率为20~40Hz的声音更有刺耳的感觉。

感觉噪声级别的具体情况因人而异。另外，对于某一频率声音的振动而言，当其他频率声音的振动变大时，有时会感觉不到这一频率声音的振动，此即杂声干扰现象。

表13-2 汽车振动噪声现象的频率范围

名称	频率范围	名称	频率范围
发动机噪声	80Hz~2kHz	风噪声	400~2000Hz
低速共鸣声	25~60Hz		
中速共鸣声	50~100Hz		
高速共鸣声	90~250Hz		
风扇噪声	250~1600Hz	摇摆振动	3~8Hz
差速器噪声	300~800Hz	跳动	8~15Hz
MT齿轮噪声	400~1600Hz	摇动	4.5~15Hz
MT法兰盘噪声	300~2000Hz	离合器抖动	10~16Hz
离合器噪声	160~500Hz	怠速振动	5~25Hz
拍声	80~160Hz	起步振动	8~25Hz
路面噪声	80~400Hz	制动抖动	13.5~25Hz
胎面花纹噪声	300~800Hz	变速杆振动	50~250Hz
粗暴声	25~100Hz	加速踏板振动	90~250Hz

三、汽车振动噪声的解决方法

无论哪一种汽车振动噪声现象，都可以看成如图 13-5 所示的激振源经传动系各部件，乘员最终感觉到振动噪声的过程。

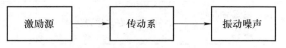

图 13-5　振动噪声产生的过程

要想减小振动噪声，最好的方法是减小激振源的激振力，减小传动系各部件的振动传递率。振动噪声的改进方法见表 13-3，这些方法的应用与质量、成本和其他性能相矛盾。此外，降低发动机悬架刚度，可以改进怠速振动和车内噪声，但如果摇动加剧，则应考虑其他振动噪声的平衡。

1. 目标值的设定

开发新车型时，应该设定振动噪声目标值，目标值必须适当，因为处理振动噪声多半与质量、成本相关。设定过高的目标值，会增加质量、成本；设定过低的目标值，则不仅会在产品竞争力上存在问题，还要考虑由此导致的索赔问题。因此，设定目标值时必须充分把握市场要求水平和竞争车型的实力，并须考虑市场要求水平的逐年提高。

表 13-3　振动噪声的改进方法

	改善方法	改善性能	不利性能
减小激振力	轮胎平衡 控制轮胎的一致性 减小、控制齿轮啮合的激振力 控制燃烧、减小发动机振动 提高消声器的消声性能 添加发动机平衡轴 减小万向节角度	摆动、振动 振动 差速器、齿轮噪声 加速噪声 共鸣声 共鸣声 起步时振动	设备、成本 设备、成本 设备 动力性 动力性、成本 成本、质量 布置
共振频率分离	提高转向共振频率 降低悬架车轮回振共振频率 采用空心驱动轴，提高共振频率	怠速振动、摆动 低速共鸣声 共鸣声	成本 起步时振动 成本
调整部件共振频率	悬架连杆的共振点从传动系共振频率中分离，如添加质量块	差速器噪声	成本、质量
降低衬套、悬架的刚度	降低发动机支架刚度 降低悬架连杆刚度	共鸣声 路面噪声	摆动 摆动、稳定性
双重防振结构	后置发动机支架双重防振 悬架、副车架防振	齿轮噪声 路面噪声	共鸣声、成本 成本、质量
增加振动部件质量，减小振幅	增加转向盘的惯性矩	摆动	稳定性、质量
基于动态减振器的减振	散热器的动态减振器 添加前悬架部件 添加传动轴	怠速振动 共鸣声 共鸣声	成本 成本、质量 成本、质量

(续)

改善方法		改善性能	不利性能
在振动模态节点处安装	排气管的安装位置选择	共鸣声	布置
振动模态的控制	发动机安装调整、上下振动共振的耦合	振动	布置
车体辐射特性的改进	贴减振材料	全部噪声	成本、质量
增加隔声—减少声音在空气中的传播	增大隔声材料的面密度部件贯穿孔、间隙的处理	发动机噪声	成本、质量
其他	传动比的选择（分离拍声）	拍声	动力性

2. 传动路线的判明（掌握输入贡献）

发生新的异常时，首先必须判明这种现象的激振源和传动路线，根据其结果研究解决对策。对于已知的通常传动路线产生的异常，必须从多个传动路线找出解决的办法，即输入贡献率高的路线通常是有效的。例如，道路噪声从分析前后轮的输入入手，由贡献率高的路线实施改进对策。

3. 激振源离散和车辆灵敏度

生产上的不一致性将引起轮胎、车轮的不一致性，对激振力有很大影响，该激振力产生的振动噪声现象（如此时的摆动），只通过评价汽车没有产生摆动，是不能判断该车摆动性能是否良好的。此时需要用增加不平衡量的摆动水平来评价该车，而且对不平衡量的灵敏度越不敏感，说明摆动性能越好。

生产上的不一致性对全部性能的影响都需要考虑，但是包括上述现象在内的如下现象对汽车灵敏度的评价尤为重要：轮胎、车轮不平衡引起的振动、摆动；轮胎不一致性引起的摆动；传动轴不平衡引起的共鸣声；变速器和差速器齿轮啮合引起的齿轮噪声和差速器噪声。

4. 振动噪声处理与其他性能的关系

如上所述，振动噪声处理大多对其他性能有不利影响，通常要折中处理解决相互之间的矛盾，找出可接受的平衡点。下面以怠速振动为例加以说明。

所谓怠速振动，就是怠速停车时车体和转向盘振动的现象，图13-6为怠速振动传动路线图。

要想减小怠速振动，需要减小发动机激振力，降低发动机激振力到车体的传递效率，采取相应措施达到即使发动机产生激振力车体也不振动的目的。下面以车体传递效率为例加以解释，如图13-7所示，图中发动机的激振力是主要振源，它经发动机悬置传入车体，其共振频率由悬置弹簧系数和发动机质量决定，若共振频率比发动机怠速转速频率低，则具有防振效果。减小悬置弹簧系数，则共振频率降低，怠速振动减小。

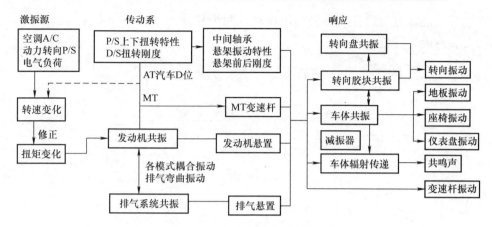

图 13-6　怠速振动传动路线图

另一方面，发动机悬置具有通过车体支承发动机的功能和支持发动机驱动力矩的功能。与此同时，行驶时发动机抖动舒适性降低，根据这些要求，最好是使发动机悬置变硬。上述两者相互矛盾，决定了需要折中考虑悬置弹簧系数。

以北美需求水平为例，北美人对低频振动的限制是非常严格的，图 13-8 所示为 FF 汽车怠速振动等级和抖动等级间的关系。由图可知，没有能兼容各种需求水平的车型，为了满足目标要求，反向调整发动机悬置的参数，通过减小发动机激振力，采取相应措施做到即使发动机产生激振力车体也不会产生振动等方法达到目标值。

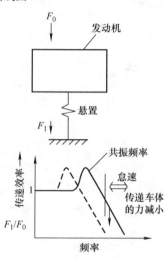

图 13-7　发动机振动

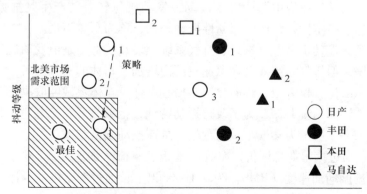

图 13-8　FF 汽车怠速振动等级和抖动等级间的关系

这样就能兼容怠速振动和发动机振动这两个相互矛盾的性能指标。图 13-9 所示为各种性能之间的相互关系。

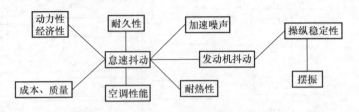

图 13-9　各种性能之间的相互关系

13.3　典型的汽车振动噪声

在研究汽车变速器振动和噪声之前，必须先弄清汽车的振动和噪声，汽车振动噪声产生的原因包括：空气噪声，由气体振动产生，气体的压力发生突变，会产生旋流扰动，从而引起噪声，电风扇噪声属于此类噪声；机械噪声，由固体振动产生，汽车工作时，齿轮、轴承等受到冲击摩擦及各种突变机械力的作用而产生振动，再通过空气传播，形成噪声；液体流动噪声，液体流动时由于液体内部摩擦、液体与容器壁面的摩擦或流体的冲击，都会引起流体和壁面的振动，从而引起噪声；电磁噪声，各种电气设备由于交变电磁力的作用，引起铁芯和绕组线圈等的振动，引起的噪声通常称交流声；燃烧噪声，燃料燃烧时向周围空气介质传递热量，使其温度和压力发生变化，形成涡流和振动，从而产生噪声。

一、怠速振动

现象：怠速停车时车体或转向盘振动；随着发动机转速、负荷的变化而变化（空调开闭、AT 档位）；有时有压迫耳朵的声音（怠速共鸣声）。

激振源：发动机燃烧引起的转矩波动，发动机每转一转产生其缸数一半的振动；发动机怠速稳定性差，产生间断性振动输入，称为怠速不良。

传播路径：发动机悬置、悬架、排气系统。发动机振动是由发动机和发动机悬置确定的共振，但排气系统共振在怠速范围内增加了车体的输入。

振动噪声部位：仪表板、转向盘、座椅、车体。车体灵敏度取决于怠速时车体的弯曲共振、转向系统共振，为了改善振动特性，把散热器和蓄电池作为动态减振器使用。图 13-10 所示为某汽车转向盘处的怠速振动测试结果。

目标值：通过汽车本身评价，车身（地板、座椅）加速度（RMS）为 $0.1 m/s^2$ 以下，转向盘振动加速度（RMS）为 $0.1 m/s^2$ 以下；通过发动机本身评价，曲轴飞轮盘旋转变动幅度变动量为 30r/min，平均旋转速度变动量为 60r/min。

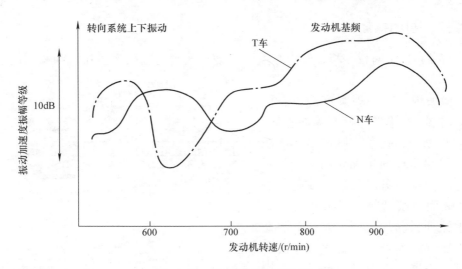

图 13-10 怠速振动测试结果

二、离合器颤振

现象：起步时离合器接合（半接合），车体前后抖动；半接合时，仪表盘发出声音引起振动；离合器完全接合时颤振消失。

激振源：离合器盘面破裂、粘油，离合器盘面摩擦特性不均，引起自激振动；绳索式操作机构中的绳索过紧或损坏，发动机的控制有时随意断续。

传播路径：由于驱动系统发生扭转共振，传动转矩产生不均；来自悬架的输入引起车体振动。

振动噪声部位：地板振动（地板振动时转向系统也晃动）；车体晃动。图 13-11 所示为离合器颤振测试结果。

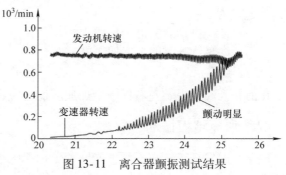

图 13-11 离合器颤振测试结果

自激振动产生的离合器颤振，摩擦片的摩擦系数随着滑动速度的增加而减小，摩擦面间产生黏滑现象，传递转矩发生波动，引起传动系统扭转振动，并激发汽车前后方向的振动；离合器表面不平整、盖板受力不均匀等因素造成单面摩擦，产生转矩波动，引起传动系统扭转振动，并激发汽车前后方向的振动；对于绳索式离合器操纵机构，在离合器接合时，车身和变速器出现相对位移，造成压盘推力波动，引起传动系统扭转振动，并激发汽车前后方向的振动。

三、制动抖动

现象：制动时仪表板、转向盘上下振动；从制动踏板产生振动和相同间隔的脉动。

激振源：制动毂圆度超差、偏心、摇摆、变形等引起摩擦面不均；制动盘划伤、锈蚀、厚度变化、摇摆等引起摩擦面不均。图 13-12 所示为由于制动盘厚薄差、轴向圆跳动、表面波纹度等几何形状不同而产生振动抖动的原因。此外，制动盘受热后温度升高，制动盘各处膨胀量不一致，造成制动盘厚薄不均匀，也会引起制动抖动。

传播路径：转向拉杆和悬架发生共振，使振动加大；来自悬架的输入传给车体；车体和车轮的振动传给转向系统；制动压力变化引起脉动，传给制动踏板。

振动噪声部位：转向盘上下振动；地板振动；制动踏板脉动。

制动抖动的评价指标是加速度比，其公式为

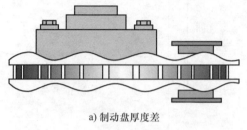

a) 制动盘厚度差

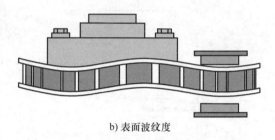

b) 表面波纹度

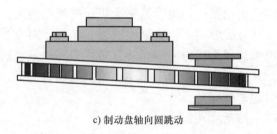

c) 制动盘轴向圆跳动

图 13-12 几何形状不同产生抖动的原因

$$加速度比 = \frac{发生抖动时的最大加速度}{汽车行驶时的平均加速度} \tag{13-8}$$

在前轮处，前后、左右任一个加速度比均应在 2 以下。

四、加速踏板振动

现象：因发动机转速不同，能够感觉加速踏板轻微振动；发动机转速高时振动增强。

激振源：对于机械加速踏板，由于加速踏板拉索安装部位发动机基频的振动，对拉索产生激励；对于电子加速踏板，踏板通常是通过踏板支架固定在防火墙上的，踏板振动的主要激励来源于发动机的二阶往复惯性力。

传播路径：对于机械加速踏板，加速踏板拉线为传动系，加速踏板拉索振动传递率取决于拉线长度、材质、弯曲半径；对于电子加速踏板，振动传递路径包括动力总成悬置、副车架及车身，最终传递至防火墙和踏板，造成踏板加速过程中的强烈振动。

振动噪声部位：加速踏板拉线的振动传递给加速踏板引起振动；发动机的振动频率有时和加速踏板拉线的固有频率重叠。图 13-13 所示为加速踏板振动测试结果。

五、变速杆振动

现象：行驶中变速杆振动，伴随高频振动噪声。

激振源：发动机的往复惯性力使驱动系产生振动；远距离控制变速杆系安装部位的共振。

传播路径：由于变速杆部间

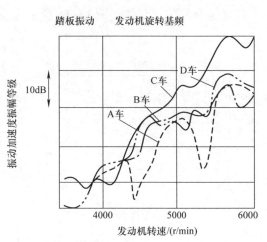

图 13-13 加速踏板振动测试结果

隙、变速杆弯曲振动，来自伸展的振动增长率；远距离控制变速杆系中控制杆、伺服杆的弯曲共振，杆的质量、支架橡胶的弹簧系数确定的振动增长率。

振动噪声部位：变速杆、换档捏手。图 13-14 所示为变速杆振动测试结果。

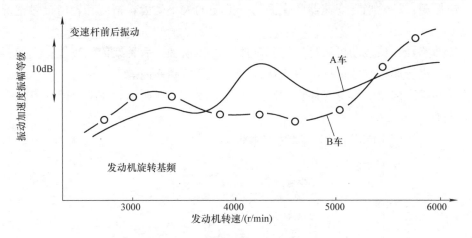

图 13-14 变速杆振动测试结果

六、发动机风扇噪声

现象：达到某一发动机转速时，在发动机处能听到"咯咯"等声音（风扇工作）。

激振源：风扇旋转产生的声音为激振源，主要是由于风扇叶片切割空气或由风扇后面的部件所产生的空气紊流产生的；风扇不工作时，噪声明显减小。

传播路径：在空气中传播。

振动噪声部位：车体。图 13-15 所示为发动机风扇噪声测试结果。

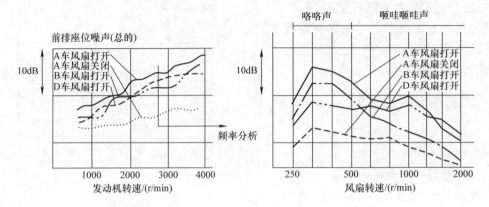

图 13-15　发动机风扇噪声测试结果

七、FR 汽车变速器齿轮噪声

现象：行驶中变速杆在某一位置时，从前座正下方发出大的声音。

激振源：齿轮啮合变速器产生振动，振动的大小受齿轮精度和轮齿接触情况的影响。

传播路径：从发动机后悬置传到车体；从传动轴、后悬架传到车体；变速器产生的辐射声音通过空气传播，由变速杆贯通部分传到室内。

振动噪声部位：车身壳体振动产生声音。图 13-16 所示为 FR 变速器齿轮噪声测试结果。

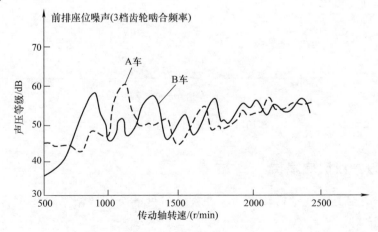

图 13-16　FR 变速器齿轮噪声测试结果

八、道路噪声

现象：在粗涩路面行驶时能听到大的噪声，在良好路面上噪声消失。

激振源：路面上连续的小凸凹成为轮胎激振力；输入频率特性因车速、路面不同而不同。

传播路径：路面不平输入轮胎产生振动，传到悬架，在轮胎共振频率附近振幅增大；在轮胎共振、悬架共振频率附近振动振幅增大，通过悬架推杆传到车体，通常悬架推杆弹簧系数高的部位振动输入也大。

振动噪声部位：通过悬架的振动传到车体，仪表板产生噪声。图13-17所示为路面噪声测试结果。

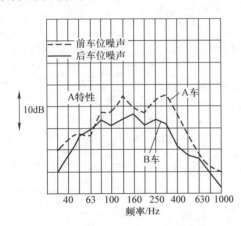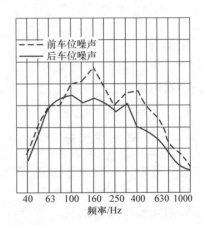

图13-17　路面噪声测试结果

九、轮胎花纹噪声

现象：雪地轮胎等强力型轮胎行驶时发出噪声。

激振源：胎面沟槽中的空气封闭、膨胀产生噪声；主要频率取决于轮胎转速与轮胎上橡胶块数量的乘积，轮胎胎面情况决定着噪声的大小。

传播路径：声音在空气中传播。

振动噪声部位：车体。图13-18所示为轮胎噪声测试结果。

十、操纵系统噪声

现象：离合器动作、加速踏板动作及变速杆动作时，发出压迫耳朵的低频声音，AT汽车闭锁时有时发生同样现象，尤其经常发生在FR汽车上。

激振源：操纵系统动作引起驱动转矩正负变化；驱动转矩变化，驱动系统有间隙的部位产生冲击转矩。

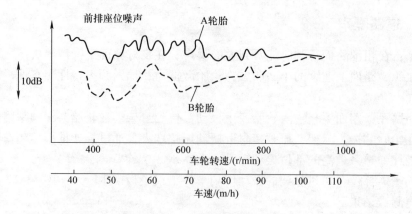

图 13-18 轮胎噪声测试结果

传播路径：后悬架为传动系；作为传动特性，轴套刚度、制动间隙等均受影响。

振动噪声部位：从悬架传到车体产生噪声。图 13-19 所示为操纵系统噪声测试结果。

十一、晃晃荡荡振动

现象：低中速行驶操作加速踏板时，整个车体产生大的前后振动（离合器接合）。

激振源：操作加速踏板时发动机转矩变化成为激振力；转矩呈阶梯状变化。

传播路径：发动机飞轮作为质量，离合器、传动轴、轮胎作为弹簧，这样的驱动系引起往复振动。

振动噪声部位：发动机悬置系统和驱动系耦合，决定汽车前后振动特性。图 13-20 所示为晃晃荡荡振动测试结果。

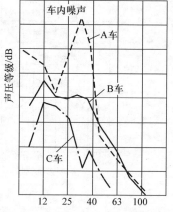

图 13-19 操纵系统噪声测试结果

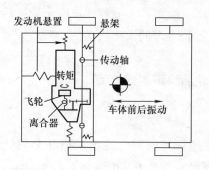
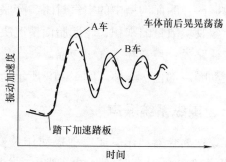

图 13-20 晃晃荡荡振动测试结果

13.4 变速器的振动噪声分析

开发汽车变速器时，振动噪声是一个重要的评价指标。在变速器设计阶段，需要对变速器壳体进行模态分析，以便获得变速器壳体的固有频率和固有振型；需要进行齿轮修形分析，以指导齿轮加工偏差设计，规避变速器振动噪声问题；需要进行变速器 NVH 竞品分析，了解同类变速器的 NVH 水平。对设计好的变速器进行 NVH 试验，获取基础 NVH 试验数据。

一、模态分析

变速器的模态分析包括计算模态分析和试验模态分析。计算模态由有限元计算的方法获得，就是利用仿真软件获取变速器的固有频率和固有振型等特征参数，有助于其结构性能的优化，在设计前期暴露结构设计缺陷，使结构达到最优。试验模态分析是指通过试验，将系统输入、输出信号经参数识别，获得变速器的固有频率等特征参数。

1. 变速器壳体模态分析

针对设计好的变速器壳体有限元模型，可以进行壳体的自由模态、约束模态和辐射噪声分析。进行自由模态分析时，变速器前后壳体采用 RIGIDS 单元模拟螺栓连接；而进行约束模态分析时，除前后壳体采用 RIGIDS 单元模拟螺栓连接外，还约束了变速器与发动机的结合面处的螺栓孔，并约束了悬置处的螺栓孔。两种模态分析的方法相同，本节只考虑自由模态分析。图 13-21 所示为某变速器壳体总成的有限元模型，变速器壳体总成前 8 阶自由模态固有频率值如表 13-4 所示。

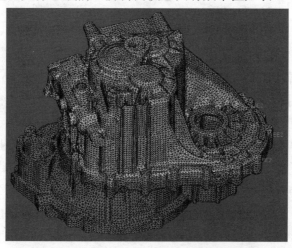

图 13-21 某变速器壳体总成的有限元模型

表13-4 变速器壳体总成前8阶自由模态固有频率值

阶次	1	2	3	4	5	6	7	8
固有频率/Hz	897.0	1153.5	1379.4	1583.9	1771.2	1806.0	1879.2	2001.6

应重点关注前8阶自由模态阵型位移云图及应变能云图，在此只给出变速器壳体1阶自由模态阵型位移云图（图13-22）及应变能云图（图13-23）。通过对变速器壳体总成的前8阶自由模态的分析，找出与齿轮啮合频率易于产生共振的模态和应力的位置，通过增加加强筋、增加厚度等方法优化壳体结构，满足设计需求。

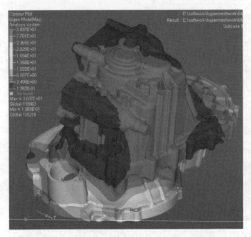

图13-22 变速器壳体1阶自由模态阵型位移云图（$f=897.0Hz$）

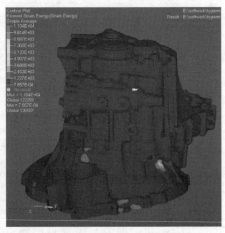

图13-23 变速器壳体1阶自由模态阵型应变能云图（$f=897.0Hz$）

2. 变速器系统模态分析

通过对变速器系统的空档、1档、2档、3档、4档、5档、6档等所有档位进行模态分析，得到各档位下的系统固有频率与固有振型。进行系统模态分析时，需要约束固定悬置点、固定前壳体与发动机的结合面，设置轴承刚度和齿轮刚度。表13-5所列为变速器空档时的模态固有频率值，表13-6所列为变速器5档时的模态固有频率值。通过模态分析得出如下结论：空档时低阶模态主要体现为齿轮轴的弯摆振动，而壳体的振幅很小，所以向外辐射的噪声不大。较高阶次模态的主要振动发生在壳体上，但激励较弱，影响不大；较高档位（5档）时，低阶模态（低于1350Hz）主要体现为齿轮轴的弯摆振动，壳体的振幅很小，所以向外辐射的噪声不大，第8阶模态时齿轮传动链的扭转模态，其固有频率为1385Hz，设计齿轮时应该避免齿轮按此频率长时啮合，以避免发生扭转共振。

表13-5 变速器空档模态固有频率值

阶次	1	2	3	4	5	6	7	8
固有频率/Hz	499	570	625	675	727	788	804	888

表13-6 变速器5档模态固有频率值

阶次	1	2	3	4	5	6	7	8
固有频率/Hz	553	629	662	895	947	1113	1310	1385

3. 变速器系统试验模态分析

变速器系统设置如图13-24所示的弹性吊挂状态，图13-25所示为变速器系统试验模态试验，对比变速器系统试验模态结果与计算模态结果，并指出造成结果差异的原因，为变速器计算模态分析的准确性提供理论基础。

4. 变速器频率响应分析

频率响应分析的目的是计算壳体典型点对来自轴承座处激励的频率响应，为提高壳体动力学性能的结构优化设计提供参考。其目标是确定频率响应过程中发生极大振幅点所处的壳体位置，确定对频率响应影响较大的模态。

图13-24 变速器系统的弹性吊挂状态

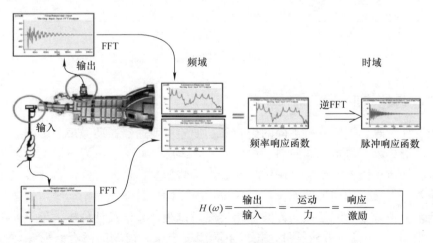

图13-25 变速器系统试验模态试验

由于前后壳体上，轴承座是壳体主要激励源的发生位置，每个轴承座的激励主要体现在 X 和 Y 方向（径向），依次沿单个轴承座的 X、Y 方向分别施加正弦激励，选择几个响应输出点,对某一激励,确定其响应幅值的最大节点以及最大响应幅值对应的固有频率,综合对比各激励对应的幅频响应值,可以确定整体最大的几个幅频响应值以及对应的固有频率,从而确定最大振幅所在的壳体面板以及相应的重要模态。

由于计算结果比较多,在此仅列举一例,图13-26所示为某一激励对某一输出点所产生的幅频响应结果。如果在某一激励作用下,多处在第1阶模态固有频率振动幅值最大,则应该抑制该激励点处的振型值,这样可以大幅度地降低各响应点的振动;如果在多个激励作用下某一处的振动幅值最大,则应增加该处的刚度,以降低对应点的振动幅值。

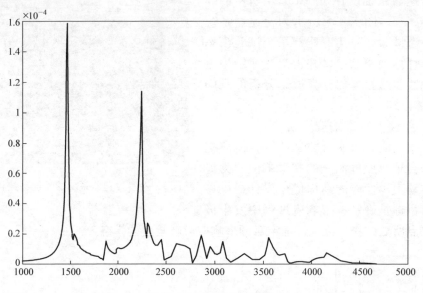

图 13-26　幅频响应结果

二、齿轮修形分析

在设计阶段,需要分析不同的齿轮加工偏差对变速器振动噪声的影响。通过分析微观修形参数,包括齿向倾斜、齿廓倾斜、齿廓鼓形量、齿向鼓形量以及齿顶修缘对齿轮静传动误差的影响,确定较为合理的修形参数,并将修形参数转换为齿轮加工偏差,指导齿轮加工偏差设计,在设计阶段即规避变速器振动噪声问题。根据仿真结果,拟订齿轮配齿试验方案,指导配齿试验,验证设计分析效果。

采用MASTA仿真分析软件,按以下顺序逐步修改齿轮的微观修形参数:分析不同齿向直线修形量对静传动误差的影响效果,确定最佳齿向直线修形参数;分析不同齿廓直线修形的修形效果,确定最优的直齿廓线修形量;分析齿廓鼓形量和齿向鼓形量的修形效果,评价齿顶修缘效果,最终确定较优的齿轮修形方案,并根据仿真效果拟定配齿方案。

1. 齿向修形

在一定的载荷作用下，分析不同齿向修形量对静传动误差的影响。通过不断试算，以静传动误差波动幅值为目标，仅考虑齿向直线修形时计算各啮合齿轮正反拖齿面的最佳齿向直线修形量。下面以某一档位齿轮的反拖工况为例，说明设计齿向直线修形量前后齿轮接触应力分布的改善情况。图13-27和图13-28所示分别为齿向直线修形前后接触应力的分布情况，由图可知，优化了齿向直线修形量后的齿轮接触应力沿齿向分布得更加均匀，集中应力减小。

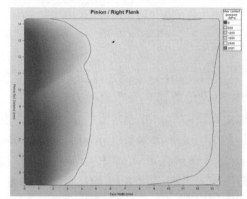 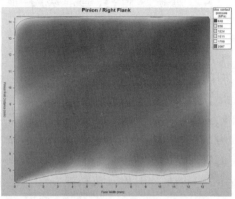

图13-27　齿向直线修形前接触应力的分布情况　　图13-28　齿向直线修形后接触应力的分布情况

2. 齿廓直线修形

在完成齿向直线修形量的基础上，分析不同齿廓直线修形量对静传动误差的影响。

3. 齿轮鼓形量

在完成最优齿向修形和齿廓修形的基础上，进行齿轮鼓形量优化计算，计算得到稳健性较好的最佳齿向鼓形量和最佳齿廓鼓形量。图13-29和图13-30所示分别为齿轮鼓形量优化前后的接触应力分布情况。

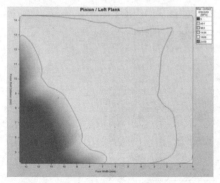 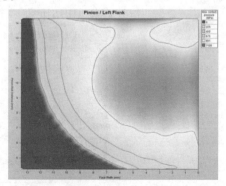

图13-29　未设计鼓形量时的　　　　　图13-30　设计鼓形量后的
　　　　　接触应力分布情况　　　　　　　　　　接触应力分布情况

4. 齿顶修缘

在优化了齿向直线修形量、齿廓直线修形量以及齿向、齿廓鼓形量的基础上，设计齿顶修缘，然后对比修缘前后的静传动误差，如果传动误差有明显改善，则建议进行齿顶修缘，否则不必进行齿顶修缘。

最后，将修形结果转换为齿轮制造偏差。其中，齿向直线修形量转换为齿向倾斜偏差，齿廓直线修形量转换为齿廓直线倾斜偏差，鼓形量和修缘量与齿轮偏差的相应设计关系一致。

三、变速器 NVH 竞品分析

变速器 NVH 竞品分析的目的是了解同类变速器各档位在加速、滑行等典型工况下的 NVH 等级，作为确定新开发变速器 NVH 的参考。以下主要介绍某汽车在 1 档时的变速器 NVH 情况，其他档位的分析方法与此相同。发动机舱内麦克风传感器布置在变速器正上方 20cm 左右处，车内麦克风传感器布置在驾驶人员座椅上右耳处。齿轮啮合 1 阶噪声是啮合齿轮噪声的主要贡献量，变速器 1 档主动齿轮的齿数为 17，主动齿轮齿数表示啮合 1 阶阶次。图 13-31 所示为 1 档加速时，车内驾驶人员右耳噪声彩色图，显然，车内驾驶人员右耳噪声在 17 阶次较明显；图 13-32 所示为 1 档加速时发动机机舱内变速器上方噪声彩色图，此时 17 阶次噪声不明显。

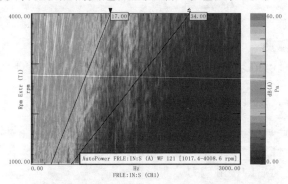

图 13-31　1 档加速时车内驾驶人员右耳噪声彩色图

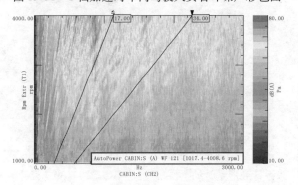

图 13-32　1 档加速时发动机舱内变速器上方噪声彩色图

图 13-33 所示为 1 档滑行时车内驾驶人员右耳噪声彩色图，显然，车内驾驶人员右耳噪声在 17 阶次较明显；图 13-34 所示为 1 档滑行时发动机舱内变速器上方噪声彩色图，此时 17 阶次噪声不明显。

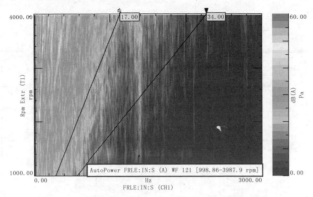

图 13-33　1 档滑行时车内驾驶人员右耳噪声彩色图

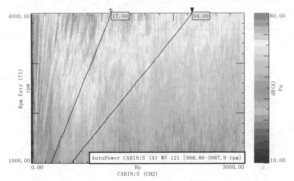

图 13-34　1 档滑行时发动机舱内变速器上方噪声彩色图

图 13-35 ~ 图 13-38 所示为典型工况下 1 阶噪声与总噪声情况，其中红线为总

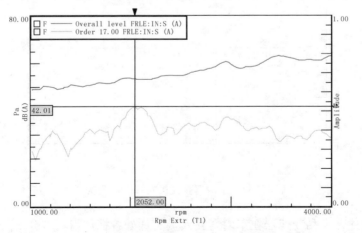

图 13-35　汽车加速时车内驾驶人员右耳噪声阶次图

噪声情况，绿线为一阶噪声情况。图 13-35 所示为汽车加速时，车内驾驶人员右耳噪声 17 阶次在转速 2052r/min 处有较明显的峰值 42.01dB（A）。图 13-36 所示为汽车加速时，发动机舱内变速器上方噪声 17 阶次在转速 3072r/min 处有较明显的峰值 81.89dB（A）。

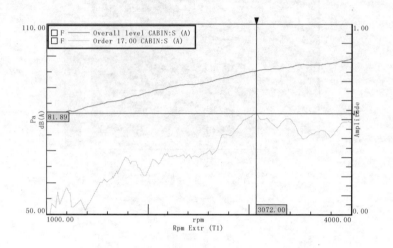

图 13-36　汽车加速时发动机舱内变速器上方噪声阶次图

如图 13-37 所示，车内驾驶人员右耳噪声 17 阶次在转速 2113r/min 处有较明显的峰值 42.26dB（A）；如图 13-38 所示，发动机舱内变速器上方噪声 17 阶次在转速 3130r/min 处有较明显的峰值 83.05dB（A）。

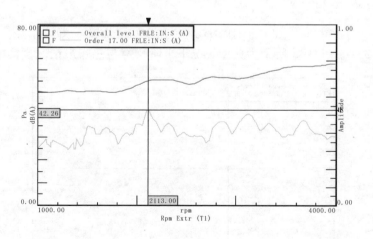

图 13-37　车内驾驶人员右耳噪声阶次图

综上所述，竞品变速器在车内驾驶人员右耳处各档位齿轮啮合 1 阶噪声大部分在 40dB（A）以下，可作为同类新变速器开发的参考目标。

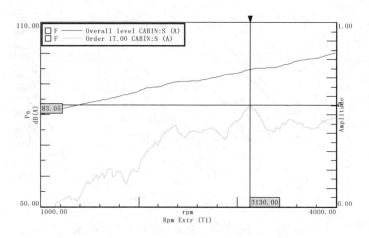

图 13-38 发动机舱内变速器上方噪声阶次图

13.5 变速器的典型振动噪声控制

变速器振动噪声的种类很多,其中最为典型的是齿轮啸叫和齿轮敲击,下面介绍其振动噪声的产生机理和抑制方法。

一、变速器齿轮啸叫(Gear Whine)

齿轮啸叫是一种极容易被人耳识别的中高频率纯音。产生齿轮啸叫的主要原因是受载齿轮副的传递误差引起齿面摩擦,进而产生一种周期振动,当它的任一谐波频率与传动系统的固有频率相同或非常接近时产生共振,从而产生啸叫。齿轮啸叫对大多数用户来说是难以忍受的,同时也可能对系统造成比较严重的影响。

1. 啸叫产生机理

完好的齿轮啮合条件是几何形状无偏差、对中完好、齿轮刚度无穷大。图 13-39 所示为实际齿轮啮合时存在的传递误差,即 $\omega_1 R_1 \neq \omega_2 R_2$,传递误差 T_E 为

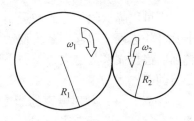

$$T_E = \int (\omega_1 R_1 - \omega_2 R_2) \mathrm{d}\theta \quad (13-9)$$

图 13-39 实际齿轮啮合

齿轮啸叫的其特点:由工作齿轮产生;具有明显的阶次特征,与齿数、发动机转速等相关;当箱体的固有模态被激励共振后,啸叫表现得更为明显。图 13-40 为齿轮啸叫图。

2. 齿轮参数对啸叫的影响

变速器噪声对人们听觉所产生的效应同时取决于噪声源和传播路径,因此,应

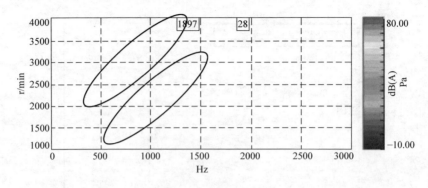

图 13-40　齿轮啸叫图

寻求影响两者的设计因素，并在结构、参数和材料等方面采取针对性措施，以更有效地降低变速器噪声。

齿轮啮合过程的不平稳引起了振动并产生噪声，齿轮是变速器的主要噪声源。在传递动力的运转过程中，产生振动的原因及其影响因素很多，主要有以下几方面：轮齿所受的力发生突变；轮齿进入与退出啮合时的冲击；啮合过程中齿面间相对滑动及摩擦力的变化；受载条件下，轮齿刚性发生变化以及产生弹性变形，导致载荷变化；轮齿存在制造误差造成运转不均。

与上述因素有关的齿轮设计参数有模数、齿数、压力角、螺旋角、齿面宽、齿顶高系数、变位系数、重叠系数、啮合角、齿轮修形、齿面粗糙度、接触区、安装刚性及精度、所受载荷及圆周速度、齿轮副间隙等。

（1）模数和齿数对噪声的影响　一旦中心距离确定，则齿数越大，模数越小。在相同重叠系数下，较小模数的齿轮比较大模数齿轮的噪声敏感度低。同时，模数小可使重叠系数增大，从而使载荷在轮齿上的分配更均匀，使传动更平稳。

（2）压力角和齿顶高系数对噪声的影响　若轮齿具有较大的柔性、较低的刚性，则可以降低轮齿进入和退出啮合的起始和终了点的载荷突变，并可在一定程度上弥补轮齿误差引起的载荷变动。压力角越小，则轮齿的刚性越低，这种适应性就越强。齿顶高系数越大，重叠系数越大，而且齿轮高度的增加在一定程度上增加了轮齿的柔性。

（3）重叠系数对噪声的影响　增大重叠系数，可使同时参与啮合的齿轮对数增多，载荷的分配变得均匀，啮合过程中载荷的变动便可减少，有利于降低噪声。

（4）螺旋角、齿面宽和接触区对噪声的影响　噪声与螺旋角及齿面宽的关系可归结为其与重叠系数的关系。若齿面宽增大，则重叠系数增大，噪声降低。但螺旋角与齿面宽对噪声的影响是有限的，在载荷较大时，螺旋角越大，则噪声级越低。

（5）齿面粗糙度对噪声的影响　对于变速器中速度较高的常啮合齿轮副，其齿面粗糙度值一般比低档齿轮小。现在不少汽车变速器中的常啮合齿轮副采用磨齿工艺，一则可提高尺寸精度，二则可降低齿面粗糙度值。

（6）载荷及圆周速度对噪声的影响　同一齿轮功率（速度、载荷）越大，噪声越大。声压随速度成线性关系变化，随载荷也呈现线性关系变化。

（7）齿轮误差和齿轮修形对噪声的影响　齿轮各类误差是客观存在的。即使绝对准确的齿轮，由于安装误差及受载后弹性变形的影响，也会呈现出啮合过程中的不均匀。对于某种齿轮，须经反复试验才能得到理想的修形曲线。

（8）润滑油质量及注油量对噪声的影响　润滑油有阻尼作用，且能防止齿面直接接触，故噪声一般随油量和黏度的增加而减小。但是，对于全部采用斜齿轮的变速器，如油量过多，则搅拌损失增大，油温升高，反而会使噪声加大。

3. 抑制啸叫的方法

抑制啸叫的方法有软件分析法和试验测试法。软件分析法就是利用 MASTA、KISSsoft 等分析软件，进行齿轮修形设计、接触斑点模拟、传递误差和振动噪声分析，对轮齿形状加以优化。试验测试法包括接触斑点试验、传递误差试验和振动噪声试验。采用图 13-41 所示的齿轮啸叫控制方法，可优化接触斑点，减少传递误差，降低振动噪声。

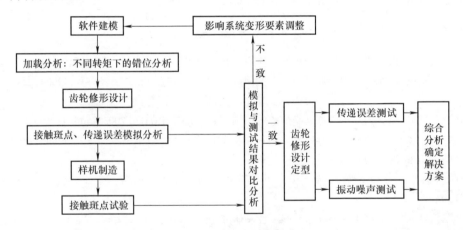

图 13-41　齿轮啸叫控制方法

二、变速器齿轮敲击（Gear Rattle）

齿轮敲击是由于轮齿啮合面之间存在侧隙，变速器输入转矩和转速有波动，在传动转矩较小的情况下，轮齿啮合面之间产生撞击所致，表现为不规律的间歇敲击声，没有特定的频率特征，难以通过频率分析来定性评价。齿轮敲击比齿轮啸叫容易忍受，需要从减少发动机转矩波动和减小齿轮侧隙等方面加以改善。图 13-42 为齿轮敲击原理图。

变速器齿轮敲击可以从以下三个方面加以控制：一是减少发动机转矩波动，具体方法包括增加飞轮的转动惯量、提高发动机的燃烧质量、精确控制喷油量和喷油

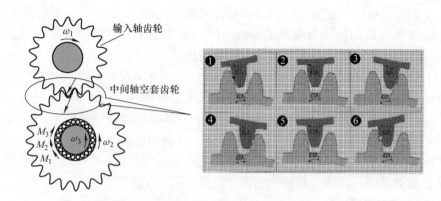

图 13-42　齿轮敲击原理图

时刻；二是减少变速器造成的敲击，具体方法包括减小轮齿间隙、增加轴的刚度、减小齿轮的转动惯量、增加轴承的支承刚度、增加变速器壳体的刚度、提高润滑油的黏度；三是离合器的优化，具体方法包括优化离合器的扭转刚度和阻尼特性、减小离合器从动盘花键与变速器输入轴花键之间的间隙。

参 考 文 献

[1] 庞剑，等．汽车噪声与振动：理论与应用［M］．北京：北京理工大学出版社，2006．

[2] 管迪华，宿新东．制动振动噪声研究的回顾、发展与评述［J］．工程力学，2004，21（4）：150 - 155．

[3] 俞明，柳文斌．轿车车内振动噪声源的识别［J］．机床与液压，2003（5）：117 - 119．

[4] 张立军，周鋐，余卓平，等．发动机振动引起的车内噪声控制研究［J］．振动．测试与诊断，2001，21（1）：59 - 64．

[5] 陈永新，张作洋，戴茂方．SUV 整车振动噪声的试验研究［J］．汽车技术，2005（7）：25 - 28．

[6] 黎勇，郭晓冬．汽车变速器振动噪声控制研究［D］．重庆：重庆大学，2004．

[7] 梁杰，王登峰，姜永顺，等．汽车变速箱噪声源识别及噪声控制［J］．噪声与振动控制，2006，26（3）：67 - 69．

[8] 杨亮，吴行让，张硕，等．汽车急速方向盘振动控制研究［J］．噪声与振动控制，2011，31（5）：80 - 85．

[9] 沈周行，李鹏忠．离合器自激振动的起步颤振作用机理分析［J］．北京汽车，2012（3）：8 - 9．

[10] 余卓平，尹东晓，张立军，等．盘式制动器制动抖动问题概述［J］．汽车工程，2005，27（3）：372 - 376．

[11] 赵常云，周立廷．汽车加速踏板振动问题分析与优化［J］．汽车与配件，2013（31）：48 - 49．

[12] 卢学军，魏智．变速箱噪声的频谱分析与故障诊断［J］．振动与冲击，1999，18

(2): 75-78.

[13] 蔡宣明, 王俊元, 马维金. 重型汽车变速箱箱体有限元模态分析 [J]. 机械设计与制造, 2011 (1): 22-24.

[14] 袁野. 齿轮噪声与齿轮修形 [J]. 机械研究与应用, 2006, 19 (5): 7-8.

[15] 施全, 龙月泉, 石晓辉, 等. 变速器齿轮参数优化与啸叫声控制的研究 [J]. 噪声与振动控制, 2010, 6 (3): 46-49.

[16] Fujikawa T, Koike H, Oshino Y, et al. Definition of Road Roughness Parameters for Tire Vibration Noise Control [J]. Applied Acoustics, 2005, 66 (5): 501-512.

[17] Gang Sheng Vehicle Noise, Vibration, and Sound quality [M]. Warrendale: SAE International, 2012.

[18] Matthew Harrison Vehicle Refinement: Controlling Noise and Vibration in Road Vehicles [M]. Amsterdam: Elsevier, 2004.

[19] Envia E. Fan Noise Reduction: an Overview [J]. International Journal of Aeroacoustics, 2002, 1 (1): 43-64.

[20] Sandberg U, Ejsmont J A. Tyre/Road Noise Reference Book [M]. New York: Springe, 2002.

[21] Alves Filho J M, Lenzi A, Zannin P H T. Effects of Traffic Composition on Road Noise: a Case Study [J]. Transportation Research Part D: Transport and Environment, 2004, 9 (1): 75-80.

[22] Liu G, Parker R G. Dynamic Modeling and Analysis of Tooth Profile Modification for Multimesh Gear Vibration [J]. Journal of Mechanical Design, 2008, 130 (12): 121402.

[23] Wang M Y, Manoj R, Zhao W. Gear Rattle Modelling and Analysis for Automotive Manual Transmissions [J]. Proceedings of the Institution of Mechanical Engineers, Part D: Journal of Automobile Engineering, 2001, 215 (2): 241-258.